考古學

普通高等教育“十一五”国家级规划教材

国家“985”工程资助项目

考古及博物馆学系列教材

总主编 杜斗城 樊锦诗

考古学通论

段小强 杜斗城 编著

兰州大学出版社
LANZHOU UNIVERSITY PRESS

图书在版编目(CIP)数据

考古学通论 / 段小强,杜斗城编著. —兰州:兰州大学出版社,2007.3(2019.3 重印)
(考古及博物馆学系列教材)
ISBN 978-7-311-02937-1

Ⅰ.考… Ⅱ.①段…②杜… Ⅲ.考古学—高等学校—教材 Ⅳ.K85

中国版本图书馆 CIP 数据核字(2007)第 036343 号

策划编辑 魏鸿彪
责任编辑 魏鸿彪
封面设计 张稳移

书　　名 考古学通论
作　　者 段小强　杜斗城　编著
出版发行 兰州大学出版社　(地址:兰州市天水南路 222 号　730000)
电　　话 0931-8912613(总编办公室)　0931-8617156(营销中心)
　　　　 0931-8914298(读者服务部)
网　　址 http://press.lzu.edu.cn
电子信箱 press@lzu.edu.cn
印　　刷 甘肃春宇印务有限公司
开　　本 880 mm×1230 mm　1/32
印　　张 11.875(插页 4)
字　　数 340 千
版　　次 2007 年 3 月第 1 版
印　　次 2019 年 3 月第 5 次印刷
书　　号 ISBN 978-7-311-02937-1
定　　价 24.00 元

总 序

兰州大学历史文化学院在文革前就曾开设《考古学通论》等课程,近年又筹建了考古及博物馆学专业,开设了一系列文物、考古方面的课程。这些课程不仅受到了历史文化学院学生的热烈欢迎,同时也吸引了其他院系的学生。为了进一步保证专业教学和人才培养质量,编写一套能够适合我校情况、具有区域和文化特色的考古及博物馆学系列教材,就义不容辞地成为我们的一项紧迫任务。从 2003 年开始,我们组织有关教师和校内外专家学者,投入了此项工作。2005 年 11 月,此套系列教材由兰州大学出版社申报,又被教育部列为"普通高等教育'十一五'国家级规划教材";与此同时,还得到了国家"985 工程"项目的支持。

众所周知,兰州大学所处的西北地区,是中国古代文明重要的发祥地之一。这里考古遗存星罗棋布,历史文化资源丰富,博物馆馆藏绚丽多彩。就以甘肃而言,即有以彩陶、简牍、石窟为代表的三大文化遗产,在此基础上形成的简牍学、敦煌学已成为国际显学。横贯甘肃的"丝绸之路"又将西北的众多历史文化遗产连成一线,成为国内外游客及学者倾心向往的地方。所有这些,都是我们编写具有自己特色的考古及博物馆学专业系列教材的珍贵资源和重要保证。而与我们共同办学的甘肃省博物馆及甘肃省考古研究所等单位,都有一批学有专长且在国内外学术界有一定影响的学者,他们都非常支持并亲自参与了这项工作。如这套系列教材中的《敦煌佛教艺术概论》即由著名敦煌学家樊锦诗教授参与编写;《简牍学通论》由汉简研究权威初仕宾教授挂帅编写;《文物鉴定基础》由多年从事文物鉴定工作的林健教授编写;等等。

兰州大学虽地处办学条件相对艰苦的甘肃,但已有近百年的历史,其深厚的文化底蕴与优良的教学传统以及师生们自强不息的拼搏精神一直为社会所公认。改革开放后,历届学校领导都把教学作为重中之重,把"做西部文章"作为办学、科研的战略方针之一,在教学、科研方面取得了许多成功经验和优秀成果。这套考古及博物馆学专业教材也正是本着兰州大学求真、务实、严谨的一贯精神所编写的。但由于时间紧、任务重,教材中难免存在一些疏漏和讹误,我们真诚期望得到有关专家的批评指正,以便在重印时加以修订和完善。

在此,我还要对积极支持此项工作的甘肃省博物馆馆长俄军先生、副馆长林健先生、甘肃省考古研究所所长杨惠福先生、兰州大学教务处前任处长张正国先生、现任处长钟承奎教授、兰州大学历史文化学院院长王希隆教授、兰州大学出版社陶炳海社长、张克非总编、魏鸿彪编辑,还有兰州大学发展规划办公室、兰州大学历史文化学院考古及博物馆系等单位的有关同志表示真挚的感谢!

杜斗城

2006年8月16日于兰州大学

前　言

“考古学通论”是高校历史学学生必修的一门专业基础课程。通过本课程的学习，可以使学生了解考古学的性质、目的和任务，学科的发展史及其前景，掌握其基本理论、方法和田野考古调查、发掘的基本技能，对考古学有一个知识性的了解；还可以使学生了解中国考古学的基本内容及其新的研究成果，并通过对中国考古学重要发现及材料的分析，可对中国考古材料的特点和性质有所认识，能够利用考古材料来研究中国古代史及其相关学科，如艺术史、民族史、宗教史等。因此该教材的编写既不可过分“专业化”，又不能失去“考古学”的应有特色。

本教材是在原兰州大学历史系《考古学通论讲义》的基础上，经多次修改、扩充而成。兰州大学历史系在20世纪50、60年代一直开设此课，“文化大革命”期间中断数年。1977年以后，在教育部武汉会议精神的指导下，兰州大学历史系又恢复开设此课，并配合一定的考古实习。其后，在历史系领导的支持下，由讲授“考古学通论”的教师杜斗城于1989年编成《考古学通论讲义》，经过三届学生的使用，反映良好，并被兰州大学和甘肃省教委先后评为“优秀讲义”。1994年9月，该《讲义》由兰州大学的杜斗城和西北民族大学的段小强改编，并由甘肃人民出版社正式出版，在高校学生中使用，并多次获奖。但当时由于经费所限，书中应配有的许多图片资料未能和读者见面。2005年11月，恰逢兰州大学出版社申报的考古及博物馆学系列教材被教育部列为“普通高等教育‘十一五’国家级规划教材”，因而该教材的进一步改写和完善则又一次提上议事日程。2007年3月，本教材在原《考古学通论》基础上重新改编、修订而成并出版发行，书中补充了许多图片和新资料，增写了部分章节，突出了西北特色，体例方面也有较大变化。改编后的教材，不但更适于历史学专业教学之用，还可用于一般古迹考证、文物鉴赏及旅游爱好者使用。

“考古学通论”教材在全国有几个版本，编写过程中，我们均进行了学习和借鉴，并力求把近年的考古新发现、新成果在教材中反映出来。但由于水平有限，难免疏漏。失误之处，恳请专家和读者批评指正。我们相信，随着考古学的发展和“考古学通论”课程教学水平的不断提高，将会有质量更高的教材问世。

本教材的编写，得到有关组织和专家的大力支持和悉心指点，这里我们要特别感谢兰州大学教务处、西北民族大学教务处、兰州大学历史文化学院、西北民族大学历史文化学院及兰州大学出版社的有关领导和专家，他们为本教材的出版提出了许多宝贵意见，提供了许多便利条件。没有他们的支持，此教材的改编、修订和出版是不可能按期完成的。同时，我们还要向本教材所参考和引用的有关论著的作者及专家们，一并致以深切的谢意！

编者

2007 年 3 月

目　录

第一章　概论……………………………………………………（1）
第一节　考古学的基本涵义………………………………………（1）
一、"考古学"名称的由来 ………………………………………（1）
二、考古学的定义 ………………………………………………（2）
三、考古学研究的对象 …………………………………………（2）
四、考古学研究的作用 …………………………………………（3）
五、考古学研究的范围 …………………………………………（3）
第二节　遗迹与遗物被埋藏的原因及"文化层"的形成………（3）
一、遗迹与遗物被埋藏的原因 …………………………………（3）
二、文化层的定义和形成 ………………………………………（4）
第三节　考古学文化………………………………………………（4）
一、考古学文化的基本涵义 ……………………………………（4）
二、考古学文化的命名 …………………………………………（5）
三、考古学文化的研究 …………………………………………（5）
第四节　考古学的方法论…………………………………………（6）
一、考古调查 ……………………………………………………（6）
二、考古发掘 ……………………………………………………（8）
三、整理资料和编写报告………………………………………（10）
第五节　考古学的分支 …………………………………………（12）
一、史前考古学和历史考古学…………………………………（12）
二、田野考古学…………………………………………………（13）
三、特殊考古学…………………………………………………（13）

第六节 考古学与其他学科的关系 ……………………………… (14)
一、与考古学相关的自然科学的关系…………………… (14)
二、与考古学相关的人文、社会科学的关系 ………… (14)
三、与考古学相关的工程技术科学的关系…………… (15)
第七节 考古学上的“年代学” …………………………………… (15)
一、相对年代…………………………………………………… (15)
二、绝对年代…………………………………………………… (16)
第八节 中国考古学发展简史 ……………………………………… (16)
一、金石学的萌芽时期(东周～北宋)…………………… (16)
二、金石学的产生和发展时期(北宋～清末)………… (17)
三、近代考古学的产生时期(1911～1949 年) ………… (19)
四、中国考古学的大发展时期(1949～现在)………… (21)
第二章 旧石器时代 ……………………………………………… (25)
第一节 概论 …………………………………………………………… (25)
一、旧石器时代及其特征………………………………… (25)
二、地质年代与考古学分期……………………………… (25)
三、关于人类起源的问题………………………………… (28)
四、旧石器的制作、类型和用途 ………………………… (30)
五、中国古人类的生活背景……………………………… (33)
第二节 中国旧石器时代早期文化 ……………………………… (35)
一、巫山猿人及其文化…………………………………… (36)
二、元谋猿人及其文化…………………………………… (36)
三、西侯度文化……………………………………………… (37)
四、蓝田猿人及其文化…………………………………… (38)
五、北京猿人及其文化…………………………………… (39)
六、金牛山文化……………………………………………… (43)
第三节 中国旧石器时代中期文化 ……………………………… (44)
一、大荔人及其文化……………………………………… (44)
二、许家窑人及其文化…………………………………… (45)
三、丁村人及其文化……………………………………… (46)

四、长阳人…………………………………………………………(47)
五、甘肃省庆阳地区旧石器时代中期地点……………………(48)
第四节 中国旧石器时代晚期文化 ……………………………(49)
一、柳江人…………………………………………………………(49)
二、河套人及其文化………………………………………………(49)
三、峙峪文化………………………………………………………(50)
四、山顶洞人及其文化……………………………………………(51)
五、甘肃省庆阳地区旧石器时代晚期地点……………………(53)
六、青藏地区旧石器时代晚期文化………………………………(53)
第三章 新石器时代 ……………………………………………(55)
第一节 概论 ……………………………………………………(55)
一、关于中石器时代………………………………………………(55)
二、中国新石器时代文化的分期…………………………………(55)
三、关于铜石并用时代……………………………………………(58)
第二节 黄河中上游地区 ………………………………………(58)
渭河流域、豫西和晋南地区
一、大地湾文化……………………………………………………(59)
二、仰韶文化………………………………………………………(60)
三、庙底沟二期文化………………………………………………(64)
四、客省庄二期文化………………………………………………(65)
豫中及其周围地区
一、裴李岗文化……………………………………………………(66)
二、大河村一、二期文化 …………………………………………(67)
三、秦王寨类型……………………………………………………(68)
四、王湾类型(王湾三期文化)……………………………………(69)
冀中、冀南和豫北地区
一、磁山文化………………………………………………………(70)
二、后岗一期文化…………………………………………………(71)
三、大司空一期文化………………………………………………(72)
四、后岗二期文化…………………………………………………(73)

甘肃中部和青海东部地区
一、马家窑文化……………………………………………………(74)
二、齐家文化……………………………………………………(80)
第三节 长江中上游地区 ……………………………………………(83)
一、大溪文化……………………………………………………(83)
二、屈家岭文化…………………………………………………(86)
三、青龙泉三期文化……………………………………………(90)
四、仙人洞下层文化……………………………………………(91)
五、山背文化……………………………………………………(91)
六、筑卫城中层文化……………………………………………(92)
第四节 东部沿海地区 ……………………………………………(92)
北部地区(海岱文化区)
一、北辛文化……………………………………………………(93)
二、大汶口文化…………………………………………………(94)
三、龙山文化……………………………………………………(98)
四、岳石文化 …………………………………………………(101)
南部地区(太湖流域和杭州湾地区)
一、河姆渡文化 ………………………………………………(102)
二、马家浜文化 ………………………………………………(105)
三、崧泽文化 …………………………………………………(106)
四、良渚文化 …………………………………………………(107)
江淮地区
一、薛家岗文化 ………………………………………………(110)
二、北阴阳营文化 ……………………………………………(110)
第五节 辽河流域…………………………………………………(112)
一、红山文化 …………………………………………………(112)
二、富河文化 …………………………………………………(114)
三、新乐下层文化 ……………………………………………(116)
四、小珠山遗存 ………………………………………………(116)
第六节 华南和西南地区…………………………………………(118)

鄱阳湖—赣江地区
一、仙人洞遗址 …………………………………… (118)
二、山背文化 …………………………………… (119)
闽台地区
一、昙石山文化 …………………………………… (120)
二、大坌坑文化 …………………………………… (120)
三、圆山文化 …………………………………… (120)
四、凤鼻头文化 …………………………………… (120)
广东地区
一、石峡文化 …………………………………… (122)
二、西樵山文化遗存 …………………………………… (122)
广西地区
川南、云贵高原地区
华南地区
第七节　北方荒漠草原地区…………………………………… (126)
一、卡若遗址 …………………………………… (126)
二、阿斯塔那遗址 …………………………………… (128)
三、阿善遗址 …………………………………… (128)
四、昂昂溪类型 …………………………………… (129)
五、新开流遗址 …………………………………… (130)
第四章　商周…………………………………… **(131)**
第一节　概论…………………………………… (131)
一、商周考古的特点 …………………………………… (131)
二、商周考古的分期 …………………………………… (132)
第二节　二里头文化和夏文化的探索…………………………………… (133)
一、二里头文化的发现及其文化面貌 …………………………………… (133)
二、关于夏文化的探索 …………………………………… (137)
第三节　商…………………………………… (138)
一、商代文化的发现、年代、分期与特征 …………………………………… (138)
二、城址 …………………………………… (141)

三、墓葬 …………………………………………………… (145)
四、青铜器 ………………………………………………… (149)
五、社会经济 ……………………………………………… (151)
六、雕塑、占卜和文字…………………………………… (153)
第四节 西周…………………………………………………… (154)
一、西周文化的分期 …………………………………… (155)
二、建筑 …………………………………………………… (158)
三、墓葬 …………………………………………………… (160)
四、西周经济与西周甲骨文 …………………………… (163)
第五节 春秋…………………………………………………… (166)
一、春秋文化的分期 …………………………………… (166)
二、列国城市的兴起 …………………………………… (168)
三、墓葬 …………………………………………………… (171)
四、社会经济的新发展 ………………………………… (172)
第六节 商周时期边远地区的青铜文化………………… (176)
一、江南地区的吴城文化 ……………………………… (176)
二、北方草原地区的青铜文化 ………………………… (176)
三、西南地区的巴蜀文化 ……………………………… (179)
四、西北地区的青铜文化 ……………………………… (187)
第五章 战国秦汉……………………………………… (193)
第一节 概论…………………………………………………… (193)
一、战国秦汉考古的特点 ……………………………… (193)
二、战国秦汉考古的分期 ……………………………… (194)
三、战国秦汉考古的分区 ……………………………… (195)
第二节 战国…………………………………………………… (198)
一、城址 …………………………………………………… (198)
二、墓葬 …………………………………………………… (199)
三、农业 …………………………………………………… (201)
四、手工业 ………………………………………………… (204)
五、货币 …………………………………………………… (212)

第三节　秦……（215）
一、遗迹……（215）
二、墓葬……（218）
三、砖瓦……（220）
四、度量衡、货币和文字……（222）
第四节　汉……（223）
一、城址……（223）
二、墓葬……（227）
三、农业……（232）
四、手工业……（234）
五、货币……（248）
第六章　三国两晋南北朝……（253）
第一节　概论……（253）
一、考古资料的发现和研究……（253）
二、三国两晋南北朝考古的特点……（255）
第二节　城址……（256）
一、曹魏邺城……（256）
二、魏晋、北魏洛阳城……（257）
三、六朝武昌城……（258）
第三节　墓葬……（259）
一、中原地区……（259）
二、南方地区……（263）
第四节　石窟寺艺术……（269）
一、敦煌莫高窟……（269）
二、麦积山石窟……（272）
三、云冈石窟……（274）
四、龙门石窟……（275）
第五节　农业、手工业和商业的发展……（277）
一、农业……（277）
二、手工业……（278）

三、货币 …………………………………………………… (284)
四、商业 …………………………………………………… (285)
第六节 边疆少数民族地区的文化遗存………………… (288)
一、东北地区 ……………………………………………… (288)
二、北方地区 ……………………………………………… (289)
三、新疆地区 ……………………………………………… (291)
第七章 隋唐……………………………………………………… (292)
第一节 概论………………………………………………… (292)
一、隋唐考古概况 ………………………………………… (292)
二、隋唐考古的重要发现与研究 ………………………… (292)
第二节 城址………………………………………………… (293)
一、隋大兴、唐长安城……………………………………… (293)
二、隋唐洛阳城 …………………………………………… (298)
三、隋唐扬州城 …………………………………………… (301)
第三节 墓葬………………………………………………… (303)
一、隋唐五代时期的埋葬制度 …………………………… (303)
二、隋唐五代的帝陵 ……………………………………… (304)
三、隋唐墓葬的分区与分期 ……………………………… (306)
第四节 手工业与商品经济的发展……………………… (312)
一、瓷器手工业 …………………………………………… (312)
二、隋唐铜镜 ……………………………………………… (321)
三、唐代金银器 …………………………………………… (323)
四、唐代纺织品 …………………………………………… (325)
五、隋唐五代货币 ………………………………………… (326)
六、隋唐佛教造像 ………………………………………… (328)
七、唐代的中外经济文化交流 …………………………… (329)
第八章 宋元明…………………………………………………… (331)
第一节 概论………………………………………………… (331)
一、宋元明考古的特点 …………………………………… (331)
二、宋元明考古的重要发现和研究 ……………………… (332)

第二节　城址……………………………………………………（333）
一、宋元明时期都城规划的发展和变化 ………………（333）
二、宋代城址 …………………………………………（334）
三、辽代城址 …………………………………………（335）
四、金代城址 …………………………………………（337）
五、元代城址 …………………………………………（338）
六、明代城址 …………………………………………（340）
第三节　墓葬……………………………………………………（342）
一、宋辽西夏明帝陵 …………………………………（342）
二、宋墓的分区和分期 ………………………………（348）
三、辽墓的类型和分期 ………………………………（349）
四、金元墓和明墓 ……………………………………（349）
第四节　制瓷手工业……………………………………………（350）
一、宋代陶瓷 …………………………………………（350）
二、辽金陶瓷 …………………………………………（355）
三、元代瓷器 …………………………………………（358）
四、明代瓷器 …………………………………………（360）
主要参考书目……………………………………………………（363）

第一章　概　论

考古学属于人文科学的领域，是历史科学的重要组成部分。它的任务在于根据古代人类通过各种活动遗留下来的实物，以研究人类古代社会的历史。考古学的渊源虽然很早，但到近代才发展成为一门科学。作为一门科学的近代考古学，其基础在于田野调查和发掘工作。北宋以来的金石学是中国考古学的前身，但直到20世纪20年代，近代考古学才在中国出现。作为一门科学，考古学有一套完整、严密的方法论。它包含史前考古学、历史考古学和田野考古学等分支，并与自然科学、技术科学领域内的许多学科以及人文、社会科学领域内的其他学科有着密切的联系。

第一节　考古学的基本涵义

一、“考古学”名称的由来

中国汉文中的“考古学”一词，是从欧洲文字翻译来的，最初来源于希腊文，但它各个时代的概念并不完全相同。在古代希腊，“考古学”是泛指对古代史的研究。17世纪，则指对古物和古迹的研究。18世纪，一般是指对含有美术价值的古物和古迹的研究。到了19世纪，才指对一切古物和古迹的研究。

我国早在东汉时期就已有“古学”的名称，如《后汉书》中说马融“传古学”，贾逵“为古学”，桓潭“好古学”，郑兴“长于古学”等等，这里的“古学”都专指古文经学，实际上也包括古文字学。到北宋中叶，专门研究古代青铜器和石刻的“金石学”诞生，成为中国考古学的先驱。北宋学者吕大临于1092年写成《考古图》一书，在我国最早把“考”与“古”联系起来，考古一词由此而产生，沿用至今。到清代中叶，金石学的研究对象从铜器、石刻扩大到封泥、瓦当、钱币等其它各种古物，因而有人主张将金石学改称为“古器物学”。清末至民国时期“古器物学”已和近代考古学相差不多,所以也有人把欧洲文字中的“考古学”译为“古物学”,但是,此说并没有被大多数人所采纳,因为我国的这种“古器物学”只是考古学的一部分。

二、考古学的定义

现在，考古学作为一门近代的科学已经有它充实的内容，周密的方法，系统的理论和明确的目标。它是伴随着近代资本主义的产生与发展，在田野发掘中，广泛地采用了自然科学的研究成果而产生的新兴学科。在欧洲这是 19 世纪中叶以后的事，在我国则是 20 世纪 20 年代才开始的。至于考古学的具体定义，目前在世界范围内并没有完全统一起来，但学术界对考古学一词的理解是大致相同的。我们是把考古学作为人文科学的一部分来看待，认为考古学是通过对实物资料的调查、发掘和研究来探讨人类社会历史发展规律的科学，它是历史科学的一个重要组成部分。

三、考古学研究的对象

实物资料是考古学研究的对象，大体上可分为遗物和遗迹两大类。遗物和遗迹又统称为文化遗存。具体地说，遗迹是指古代人类活动所遗留下来的形体较大或固定不可移动的文化遗存。如古代的房屋、城堡、墓葬、村落、矿坑、道路、沟渠、窑址、岩画、洞穴，甚至古代人耕种过的土地以及人类无意识留下的手印、足印等；遗物是指古代人类活动所遗留下来的工具、武器、日用品和装饰品等器物，这些东西形体较小而且可以移动。此外，农作物、家畜和渔猎、采集所得的动植物遗存，虽然多属自然物，但由于它们与人类的活动相关，有的更是人类活动的产物，因此也应归属于考古学研究的对象。

虽然考古学研究的对象是物质遗存，但作为历史科学的组成部分，其研究范围并不限于物质文化，而是通过各种物质遗存来研究人类古代社会的各个方面，不仅包括生产规模、技术水平等物质文化，还包括美术观念、宗教信仰和意识形态领域内的各种精神文化。

四、考古学研究的作用

考古学研究的对象是实物资料，但考古学并不等于实物资料，这正如同历史学不能同文献资料划等号一样，考古学的调查、发掘并不单单是提供了研究资料，而且它本身也是科学研究的一个组成部分。也就是说，考古学通过调查—发掘—整理资料—综合研究几个环节能够独立地研究历史。

对于人类的起源和发展，文字未出现的史前时期的研究，完全依赖考古资料。即使对于文字出现后的历史时期的研究，考古资料仍有很重要的作用。考古资料既可补充文献资料的不足，又能纠正文献资料中的错误。另外，中国文献资料对边远地区和少数民族的历史很少记载，要复原其古代史必须依靠考古资料。

五、考古学研究的范围

考古学研究的范围包括两个方面:一是时间范围,二是空间范围。

考古学研究的时间限于古代，与近代史和现代史的研究无关。我国考古学研究的时间范围一般起于人类诞生，止于明朝灭亡（公元1644 年）。当然，历史越古老，文字记载越少，考古学研究的重要性也就越显著。

考古学研究的空间范围只限于人类曾经居住和活动过的地方，因此那些长期以来人迹罕至的高山大泽、南北两极和大部分海域都是考古学研究上的空白地带。但是，今天的沙漠、原始森林和大洋中的孤岛，在古代却未必和现在一样，因此考古学研究的空间范围原则上讲是世界上的各个角落。

第二节　遗迹与遗物被埋藏的原因及“文化层”的形成

一、遗迹与遗物被埋藏的原因

古代遗迹与遗物被埋藏在地下的原因是多方面的。其中墓葬和窖穴是人们有意识的埋藏；城镇、街道、作坊、村落、房舍被埋入地下则有自然的因素和人为的因素两个方面。

首先是自然因素。一些激烈的自然灾害，如火山爆发、地震、洪水泛滥，往往在短时间内把整个城镇毁掉；海啸也可以吞噬掉港口和码头；风沙也可以埋掉城市和村庄，这种例子在我国新疆和内蒙古很常见。但是这种自然灾害造成的埋藏毕竟是少数，大多数遗址的被埋则是因为废弃之后的自然下沉加上流动的泥沙所造成的。这种自然下沉是缓慢的，肉眼在短时期内难以觉察到。

其次是人为因素。战争的破坏是古迹古物被埋入地下的人为因素之一。另外，在人们长期居住的地方，由于翻修房屋、倾倒垃圾、旧居之上建新居等原因造成原先古老的建筑埋入地下，加上长年累月的风沙吹刮、淤泥覆盖等形成新的堆积，使原先的遗址埋入地下。

二、文化层的定义和形成

文化层就是包含有文化遗物、文化遗迹和人类活动痕迹的地层。因为有人类活动痕迹，因而大部分文化层中含有有机质，土层一般呈灰色，或者由于先民用火的关系，土层呈灰褐色。由于积存时间和积存地点的条件不同，在同一地点便自下而上地形成了质地不同、土色不同和包含物不同的若干层次，这些层次越在下面的越古老。识别和划分文化层是考古工作者的基本功。文化层下面大都是没有被人们扰动过的“生土”。

第三节　考古学文化

一、考古学文化的基本涵义

我们通常理解的文化一词的涵义，是指人类社会在科学、艺术、教育、精神生活以及其它方面所达到的总成就，如中国文化、文化遗产等；但考古学中所讲的文化，有其特定的涵义。调查、发掘工作证明，“考古学文化”是代表同一时代的、集中于一定地域内的、有一定地方性特征的遗迹和遗物的共同体。这种共同体，应该是属于有着共同传统的某一特定的社会集团，与民族的形成有关。总之，确定一种文化，不能根据一种特征，因为在不同的文化中可能找到类似的文化因素，所以只有许多特征的总合，才能确定一种文化，把一种文化和另一种文化划分开来。

二、考古学文化的命名

考古学文化的命名应用得最为普遍的是以首次发现的典型遗址所在的小地名作为考古学名称的作法，如我国旧石器时代的周口店文化、小南海文化、丁村文化，新石器时代的仰韶文化、龙山文化、大汶口文化、河姆渡文化等，均以遗址所在的小地名的名称来命名。也有对发现地点的名称加前缀的，如河南龙山文化、陕西龙山文化等，说明它们和典型的龙山文化既有相同处，也有差异的地方。还有以某一遗址的某一期典型文化遗存作为文化名称的，如客省庄二期文化、大地湾一期文化、庙底沟二期文化、后岗二期文化等。以具有特征性的遗物作为考古学文化的名称，在20世纪60年代前也常被采用。如我国以前所称的细石器文化、彩陶文化、黑陶文化等。由于这种文化的命名容易以片面的特征代替整个文化的特征，同时这种个别类型的特殊遗物，还可能存在于其它不同类型的考古学文化中，因而近年来已不为人们所采用。此外，还有以族别来命名的，如吴越文化、巴蜀文化等，不过这种文化命名适用于较晚的青铜文化，并要经过精确考证，否则易于造成混乱。

至于历史时期的商周文化、秦汉文化或隋唐文化等，是一般用语的文化，是一个民族在特定时期中各方面的总成就，包括物质文化以外的一切文字记录所提及的各个方面，严格地说，这与考古学上有特定意义的文化是有区别的。所以，确定一种考古学文化决不可轻率从事。

三、考古学文化的研究

对考古学文化进行研究，一般包括以下几个方面的内容：文化时代和分期；文化的分布范围（包括中心地区及波及范围）；文化面貌及其特征；文化的渊源及发展演化；与邻近地区文化的关系；文化内涵所反映的社会经济形态等。而要充分了解一种文化的内容，至少应该对该文化的二、三处典型遗址进行较全面、深入的研究，以把握整个文化的内涵。

另外，对各种同时并存的考古学文化进行研究，要根据考古调查和发掘来搞清楚它们的分布范围，而且这种范围可能同自然地理的区划并不完全一致。一种文化在其发展过程中，各个阶段的分布范围可能会有所不同，文化面貌也会不断发生变化。当一种文化发展成不大相同的另一类型而没有发生质变时，可称为同一文化的不同分期，如果发生了质的变化，则应看作另一文化。某一考古学文化特征的形成，主要是由于其内部发展的结果，但也不能排除因接触另一文化而受到的外部因素的影响。

第四节　考古学的方法论

考古学的研究对象是古代的实物资料，如何收集被分为遗迹和遗物两大类的各种实物资料，是考古学方法论的主要内容。作为一门科学的近代考古学，收集实物资料的主要手段是用科学的方法进行田野调查和发掘。

一、考古调查

考古调查是为考古发掘作准备的。只有经过精细的调查，才能确定发掘地点和对象，并决定采用什么方法进行发掘。但是，考古调查本身也是一项科研工作。调查工作如果做得深入、广泛，即使不进一步进行发掘工作，也可以解决考古学上的一些问题。例如，通过调查，可以究明某一文化在地域上的分布范围，了解该文化与地理环境的关系等。

1. 调查前的准备工作

在调查前，一定要做好必要的准备工作。查阅有关古文献（如历代编纂的地方志、史籍中的地理志、古人的游记和笔记小说等）和考古书刊，并摘录有关资料。同时，充分利用地图和地名学的研究成果，以便得到各种遗迹、遗物的线索，并在地图上标出记号，便于重点调查。准备必要的用具，如照像机、望远镜、罗盘、皮尺、绘图用具、手铲、地质锤、探铲、地图、日记本等。

2. 考古调查的对象

考古调查的对象主要有平地上的居住址、洞穴中的居住址、都邑和城寨址、古代坟墓、矿穴和采石坑、摩崖造像和题刻、可移动的石刻（如造像、碑碣、经幢等）、古代建筑物、石刀、骨器、陶器等各种器物和它们的碎片等。

3. 具体的调查内容

调查人员到达调查地点后，首先要向当地居民了解附近有什么古迹和出土过什么古物，查看当地文化馆、博物馆或私人收藏的文物，并与出土地点相印证，然后再根据实际情况确定调查路线和每天的调查范围。实地勘察时要特别注意地形，仔细观察地面上的现象。要充分利用沟沿、路边、山崖等各种断面，寻找遗迹和遗物的露头，并了解文化层的情况。有些地点，如泉水附近、河流的交汇处及黄土地带的台地往往有居住址，石灰岩山坡往往有洞穴遗址，湖滨、海边往往有贝丘遗迹，都应十分注意。在调查过程中，要做好文字、绘图、照相和测量等各种记录，并采集标本，以供在室内作进一步的分析研究。文字记录可印制成表格填写下列内容。遗址编号、地名、隶属关系、遗址位置、海拔高度、关系人姓名和住址、地理形势、遗址面积、文化层深度、土堆高度、附近流水（河流、湖泊、池沼等）、土质和农作物、侵蚀情况、近代建筑物、文化性质和时代、绘图号、照相号、调查日记及记录者。

4. 采集标本的标准

一般来说，小件的如石器、骨器、铜币、玉器等，要全部收集。沉重的大件器物和石刻，不便运走的要作好记录，交给附近的学校、乡村妥善保护和保管，至于陶片，如果数量多，则应选择一部分有代表性的作为标本收集。现在，随着科学技术的发展，一些现代化的考古调查方法（航空摄影、卫星拍照和水下照相等）逐步应用起来，探明了许多遗迹和遗物。在我国，当前的问题是尽快掌握先进的科学技术，尽快地使用比较好的装备。总之，采用更加科学的方法，已成为现代考古工作的必然趋势。

二、考古发掘

1. 发掘工地的选择

考古调查的结果，常发现大批的居住遗址和古墓葬，然而这些遗迹我们不可能全部发掘，必须有所选择。选择发掘地点应把握以下几点：要尽量先发掘基建工程紧迫的地方和与考古学上亟待解决的问题相关的地方；古代名城遗址；遗物、遗存丰富且有典型代表性的遗址；有被自然力毁去的危险，如河岸坍塌的地方等；工作方便与否，例如工作站房子、民工来源、饮水和伙食条件等。

2. 发掘前的准备工作

确定发掘地点后，还需做些准备工作；（1）要向国家文物事业管理局和中国社会科学院申请发掘许可证；（2）制订发掘计划，编制预算；（3）组织工作班子，选择工作人员；（4）准备发掘工具（专业用的工具和掘土、运土工具），领购必要的技术业务方面的仪器文具（照相、测量、修补器材、文具和日用品等）；（5）筹办有关解决生活方面的一切事宜；（6）测绘遗址或墓址的地形图（也可与发掘工作同时进行）。

考古发掘的地点一经确定，紧接着就要进行铲探，以了解遗址的范围、深度和内涵，然后，再定点布置探方。

3. 遗址的发掘

居住遗址的发掘，以前多用探沟法，现在采用探方法。探沟法一般用于小面积的试掘，或者对某一古建筑物或城墙遗迹进行解剖。探沟的长度和宽度依需要而定，一般是宽 2 米，长 10 米。探方法最适合于发掘一整片遗址，其布方方法是在遗址已确定发掘的地方划好方格，方格的大小与遗址堆积层的深度有关，一般是 5 米 × 5 米的正方。方与方之间留一道一米宽的隔梁，以便在方内掌握地层的变化和运土方便。当方内所有的遗迹清理完毕后才可打掉隔梁，只留关键柱。如果某些遗迹或地层现象还没有完全包括在方内，则视需要适当扩方。

考古发掘要有正确、详细的记录。记录可分为文字、绘图和照相三种。居住遗址发掘的文字记录一般利用记录表格填写“发掘地点”、“记录者姓名”和“年、月、日”。记录的内容有：遗迹的地层划分，每层所显露的现象及出土物，各层的时代和断定时代的证据或说明，遗迹的尺寸和结构。遗物中普通陶片及兽骨等，只标举探方或探沟号和层位即可。特殊重要的陶片、骨器、铜器和完整陶器等，一般用座标记录法。其方法是以探方的西南角为基点，测量遗物距纵、横坐标的垂直距离及深处。此外，还记载器物编号、层位（第几层及何种土质）、器物名称及简单描述，最后为备注（可附绘器物草图）。居住遗址的绘图工作，包括各探方和探沟的侧壁上的剖面图和每一文化层的平面图、单项遗迹图（包括平、剖面图）。照相记录也很重要。发掘过程、地层的剖面、遗物的平面分布、遗迹的揭露和它的结构、重要遗迹或遗物的出土情况等，都可以用照相记录下来，以便与文字及绘图记录相对证。

4. 墓葬的发掘

一般土坑竖穴墓的发掘可按下列步骤进行：

(1) 找墓口。先做钻探工作，弄清层位关系、分布位置及范围，找到墓葬的确切周边范围。

(2) 发掘墓坑中的填土。应在一定部位取一定厚度，水平成层地向下掘，每层掘完后观察和记录填土的变化，不能一下子挖下去。另外，还要注意下列几项：墓坑侧壁是否已到边；是否经过盗掘及盗掘坑的范围，区别被扰部分和未扰部分的界限；是否有晚期墓打破早期墓的情况；合葬墓是否有二次葬入现象，收集并保存填土中所夹杂的陶片等零杂物件，近底部时区分随葬物和弃置填土中的杂物。

(3) 清理墓室。这是墓葬发掘的主要环节。要先将上面的填土或淤土都掘到接近墓底并露出部分随葬物，然后将随葬物和人骨逐件仔细清理。另外，清理墓室和墓底时还应特别注意下列几项：一是墓室的结构。竖井墓要注意是否有二层台，二层台是生土还是熟土；洞室墓要注意洞室的形状、封门的方法及质料。二是葬具及其痕迹。苇席、木椁和木棺，除非在特别情况下，一般都已腐朽，但有时仍可根据它所留的痕迹，察知它们的大小和形状。三是人骨架的葬式。如仰身、俯身、直肢、屈肢以及头向和面向等。四是随葬器物的位置和它们相互间的关系。发现每件器物都要联系与此相关的其它部分资料。例如发现斧头时，要找安装的木柄的痕迹；发现人骨左右有大量的珠子，作为装饰品，应该注意可能有一定的组合和佩带方式，弄清它的细节。每墓中出土器物的编号自成一单位，平面图和记录簿上都使用同一编号。

其他如帝王贵族大型陵墓、砖室墓、土洞墓（即洞室墓）、石板墓（或大石墓）、积水墓、陪葬坑（人殉坑、兽殉坑、车马坑等）等都有各自的发掘方法，应按规定的发掘程序和原则进行清理。

在墓葬发掘过程中和发掘终了时，要做好文字、绘图和照相记录。文字记录除了情况复杂的大墓之外，尽量采用表格记录，必要时也可用绘草图的方法来表示。绘图记录除了绘在记录簿上的示意草图外，还要正式绘制墓地地形和墓葬坑位分布图、墓葬平面图、剖面图和随葬物或骨骼的细部详图。照像记录是田野考古取得真实资料的主要手段。拍录要点和项目主要有：发掘前原古迹（墓葬或居址）所在的自然环境，要将工作地点突现出来；开工情况；发掘中各环节的工作情况（包括发掘、清理细部和现场观察研究等）；工作进程中所发现的异常现象（如墓坑填土中出现的殉葬物和人的遗骸，遗址中的打破关系和相关现象）；主要研究对象的主体图像和特点（如墓葬和居址的形制、结构、图像、总的布局图形）；遗迹、遗物清理后的全景（包括墓葬的形制、人骨及随葬物的分布、房屋的布局和相互关系）；特写细部照相包括人骨姿势、装饰品佩带组合的细部保存状况、随葬物叠压堆积情况、地层错综复杂的交叠关系、层内陈设物的保存状况等。

三、整理资料和编写报告

1. 整理资料

在一般情况下，考古发掘的所有出土物都要送交工地的室内整理登记。室内整理分两部分进行，一部分是陶片，另一部分是“特殊品”（小件）。小件是用纸包、纸盒或小塑料袋送来的，可以洗刷的加以洗刷，需要马上加固的易碎物，便要加以初步处理，使之稍微牢固，干后将器物号依照标签写在器物上，然后填写器物登记簿，做卡片登记、陶片是用编织袋送到室内的，也要加以洗刷，干后在陶片上写上出土的探方、单位号，一般写到层位为止。

研究整理器物的工作，第一步是将器物依性质分类和定名，然后设法断定各器物的年代。又根据记录（文字、绘图、照相），将器物和地层关系及遗迹现象综合研究，断定各地层和各遗迹的年代，以明了该地古代人类不同时代的生活情况。关于器物的分类，要依据器物的质料和颜色，分成若干大的类别，然后根据一个因素、几个因素或各因素的综合，分成若干小的类别。最后分成器物类型时，要使每一型有它独有的特征。至于器物的定名，一般采用当时人定名，如果当时定名已不可考，可以用后世的或现今的形状相近的器物名称。要尽量采用大家都采用的名称，不要专找意义不明的冷僻字命名。

推断文化遗存的年代，是资料整理工作中的一项重要的研究工作。断定年代的主要方法有下列五种：

(1) 依据文字资料。发掘物中有记年文字的自可用以断定它的年代，但同层或同墓出土物并不一定都与它同时，应全面观察，不能利用个别出土物的孤证来断定一地层或一个墓的年代。另外，由书本记载（或碑）知道某种古物或某一建筑是属于哪一年代亦应属于文字资料的内容。

(2) 地层学的研究。先决定地层中层次的先后（即相对年代），再以各层中所出土的可确定绝代年代的遗物，推定各层的年代。应遵循两条原则：一是除非有混入物，各墓或各层中年代最晚的一件器物，是这一墓或这一层可能的最早的年代。二是一墓或一地层的年代，间接地可由其所压的或被压的上下层的时代以定其上下限，最后依已定年代的层位或墓别来推断各层或各墓中未能确定的遗物的年代。

(3) 类型学的研究。将同类遗存（遗迹和遗物）按其形态的差异程度不同排成“系列”，设法推断这一“系列”中最早的或最晚的一环。

(4) 地质年代学。田野地质的结构或古物学（包括动物化石和花粉孢子）的证据，也可以推求文化层的年代。

（5）利用自然科学方法断代。常用的方法有：碳的放射性同位素断代法（简称碳14法）、热释光法、钾—氩法和古地磁法等。

2. 编写报告

考古调查和发掘的结果都应该以报告的形式直接与读者见面，以便让他们使用考古资料。因此，编写发掘报告，是发掘工作的最后一环。如果发掘工作完毕，应立即着手写正式报告，如果发掘工作要继续几年才能完成或正式报告要几年以后才能出版，那就应在工作告一段落后先发表简报。此外，还可写通俗性报导，像报纸上所发表的有关考古发掘的通讯，至于综合性的研究报告，需要较长时间的研究，要求标准也较高，一般发掘工作者是不易做到的。发掘报告的具体内容，一般分为三部分：

（1）序论。包括遗址的地点，发掘的历史和前人的工作，发掘经过，负责发掘的单位与工作人员，所采取的发掘方法。

（2）正文。包括工地的地理环境，所发掘的遗迹，可依时代先后排列；遗物的叙述，或先依种类，后依时代，或先依时代粗分，再分种类。墓葬可选择典型或特殊的加以叙述。

（3）结论。包括发掘区域所代表的时代，遗留的建筑遗存的性质，最常见或特别珍贵的遗物，断定时代的论证，这次工作对考古学上的贡献等。

（4）附录。包括专家审查各种遗物资料的鉴定书和参考书目等。

第五节　考古学的分支

按照考古学研究的年代范围、具体对象、所用手段和方法等的不同，考古学可以划分为史前考古学、历史考古学、田野考古学及各种特殊考古学等。

一、史前考古学和历史考古学

把考古学划分为史前考古学和历史考古学是按照考古学研究的年代范围来划分的。它们所研究的时间范围以文字的发明为界限。史前考古学研究文字未出现之前的人类历史，而历史考古学仅限于文献记载以后的人类历史。由于世界各地区文字出现的时间有早有晚，因此世界各地区史前考古学的年代下限和历史考古学的年代上限各有不同。

这两大分支所研究的对象都是遗迹和遗物，这是它们的共同性。但它们的研究任务却不同。历史考古学必须参证文献记载，可以与历史学分工合作，相辅相成，共同究明历史时代人类社会的历史；而史前考古学没有任何文献记载作依据，它承担着究明史前时代人类历史的全部责任。

这两大分支的研究方法也不同。史前考古学主要是研究旧石器时代和新石器时代（有时也包括青铜时代和早期铁器时代），并要充分与地质学、古生物学、古人类学和民族学等学科相结合。从断定绝对年代的手段来说，史前考古学在很大程度上要依赖物理学、化学等自然科学技术；而历史考古学则主要是研究青铜时代，尤其是铁器时代，它必须要与历史学相配合，同时还要依靠古文字学、铭刻学、古钱学和古建筑学等分支，在断定绝对年代上则主要依靠文献记载和年历学的研究。

二、田野考古学

“田野考古学”的名称是20世纪初被正式提出来的。但当时的田野考古学主要是勘察地面上的遗迹与遗物，依靠地图进行调查，有时也将调查结果测绘成图，作为记录的附件。1904年美国考古学家彭北莱和德国的赫伯特·施密特共同主持了对中亚科佩特山北麓安诺遗址的发掘，开创以大型探方发掘的先例，并注重发掘技术，田野考古学开始成为一门科学。从此，世界各地的田野考古均以发掘为中心，并扩大了调查的对象和范围，广泛地采用了各种自然科学的手段，许多机械设备也被用作调查发掘的工具。

田野调查和发掘有一套完整的方法论，需要使用许多特殊的器材和设备，还要广泛采用各种自然科学的手段，这就使得田野考古学有其相对的独立性。把它作为考古学的一个重要分支是必要的、科学的。

三、特殊考古学

史前考古学、历史考古学和田野考古学是考古学诸分支中较重要的三大分支学科。除这三大分支外，考古学还包括其他许多特殊门类的分支。有的是按研究对象不同而分的，如美术考古学、宗教考古学、古钱学、古文字学和铭刻学等；有的是按所用的手段和方法不同而区分的，如航空考古学、水底考古学等等。

考古学除以上几种重要的分支外，还可按地区的不同分为“欧洲考古学”、“埃及考古学”、“中国考古学”和“日本考古学”等各种分支，而各地区的考古学则又可按时代不同分为“古典考古学”（希腊、罗马考古学）、“商周考古学”等许多分支。

第六节　考古学与其他学科的关系

考古学是一门涉及面很广的科学，与其他许多学科都有关系。与考古学有关的学科大体可分为自然科学、人文、社会科学和工程技术科学三大方面。

一、与考古学相关的自然科学的关系

主要有自然地理学、地质学、气象学和生态学以及生物学（动物学和植物学）、体质人类学等。前四种学科主要用来协助研究遗址所在地区的地史和天然资源，从各个方面复原当时的自然环境；后两种学科主要是用来鉴定发掘出土的植物遗存、动物和人类的骨骸，并断定它们的年代。至于物理和化学则应用于对遗迹的勘探，对遗物成份和性质的分析，并测定它们的年代。

二、与考古学相关的人文、社会科学的关系

在人文、社会科学方面，民族学、民俗学、语言学、人文地理学、社会学、宗教学、经济学、法学和政治学等，都是分别就遗迹和遗物所提供的有关资料，进行解释和研究。美术史学和建筑史学主要是对发掘出来的美术品和各种建筑物遗存，就其样式、风格、年代、建筑技术及保存等问题进行研究、判断和说明。历史学是为发掘出来

的遗迹和遗物帮助判断它们的年代并就古代的政治组织、社会结构、经济制度以及涉及精神文化方面的各种问题提供文献上的资料，并作出详细的说明，以补考古学在这些方面的欠缺和不足。

三、与考古学相关的工程技术科学的关系

在工程技术学科方面，建筑学和土木工程学应用于考古发掘、测量、绘图，对发掘出的遗迹进行复原或在现场加以保存等。采矿冶金学、陶瓷学和染织学应用于对工场址、矿址、窑址等遗迹的考察，对铜器、铁器、陶瓷器、玻璃器、纺织品等遗物的分析和研究。造船学则专门应用于对发掘出来的造船工场遗址和船舶的遗物进行考察和研究。

在上述有关的学科中，考古学与第四纪地质学、考古植物学、考古动物学、体质人类学和民族学的关系最为密切。

第七节　考古学上的“年代学”

考古学属于时间的科学。在整理调查发掘资料时，最基本的一环是要断定遗迹和遗物的年代，这就是考古学上的“年代学”。

考古学上的年代可分为“相对年代”和“绝对年代”。

一、相对年代

相对年代是指各种遗迹和遗物在时间上的先后关系。断定相对年代，通常是依靠类型学和地层学的研究，这是考古学研究中两种常用的断代法。此外，相对年代还可以利用某些自然科学的手段来断定。

地层学是考古学研究的基本方法之一，它是对地层堆积的层位上下、堆积时代的相对迟早关系的研究。这里，有两条必须遵守的原则：一是迭压关系，即上层的堆积晚，下层的堆积早；二是打破关系，即打破别人的比较晚，被别人打破的比较早。

类型学也是考古学研究的基本方法之一。它是将同类遗存（遗迹和遗物）按其形态的差异程度不同进行排比，研究其相互序列和相互关系。这里也有两条必须遵守的原则：一是类型学所研究的遗存（遗迹和遗物）必须是同一类的；二是类型学必须要有“地层学”作依据，这样才能断定这个“系列”中的最前一端和最后一端的遗存（遗迹和遗物）。

二、绝对年代

绝对年代是指遗迹和遗物形成时距今的具体年代。在历史考古学的领域内，断定绝对年代主要是依靠文献记载和年历学的研究，其次，碑碣、墓志、铜器铭文、甲骨简牍以及其他各种器物的纪年铭文都是确定绝对年代的可靠依据。在没有文字记载的史前考古学的领域内，断定绝对年代就不能不在很大程度上借助于自然科学的测定年代方法。

第八节　中国考古学发展简史

中国是世界上文明产生较早的国家之一，很早就有学者注意进行古代遗迹的考察和古代遗物的研究。金石学作为中国考古学的前身，留下了许多可贵的成果。而以田野调查和发掘为基础的近代考古学则是在20世纪20年代后期才在中国形成的。中华人民共和国成立以后，随着考古队伍的壮大，调查发掘的全面和研究工作的深入，逐步建立起了中国考古学的体系，取得了举世瞩目的巨大成就。

限于本书篇幅，下面只把中国考古学发展的大体轮廓作一个勾勒。

一、金石学的萌芽时期（东周～北宋）

中国金石学的萌芽大约可以上溯到东周时代。据《荀子》及《论语》记述，孔子曾到太庙研究过欹器。例如“孔子观于鲁桓公之庙，有欹器焉。孔子问于守庙者曰：‘此为何器?’守庙者曰：‘此盖宥坐之器，虚则欹，中则正，满则覆。’”韩非子在《十过》中指出尧时食饮用“土簋”、“土铏”，舜时斩木漆为食器，禹时更“墨漆其外而朱画其内”，觞酌蹲樽俎皆有彩饰。殷人则“食器雕琢、觞酌刻镂。”

司马迁在《史记·自叙》中说：“年十岁则诵古文，二十而南游：

上会稽、探禹穴；窥九嶷，浮于沅、湘；北涉汶、泗，讲业齐鲁之都，观孔子之遗风，乡射邹、峄、戹（同厄）鄱、薛、彭城，过楚、梁以归。”司马迁在旅途中注意采访文物古迹。例如，到箕访许由冢，到长沙观屈原沉渊，至开封访信陵君夷门故址，北登长城，南探禹穴，过淮阳韩信母墓等。汉宣帝时，张敞“好古文字”，曾考释过美阳（今陕西武功县）发现的尸臣鼎。东汉许慎撰《说文解字》注意收录郡国山川所出鼎彝等青铜器的铭文。

晋太康二年（281 年）汲郡人盗掘魏国古冢，出土大批竹简，经荀勗、束皙等人整理，编次为《纪年》、《周书》、《穆天子传》等十几种佚书。

北魏郦道元的《水经注》一书，对古代城址、陵墓、寺庙、碑碣及其他遗迹都有过记载，至今对考古研究都有重要的参考价值。

隋唐五代时期的知识分子注意力多集中于诗文方面，从而影响了金石学的发展。但也有一些知识分于继续研究金石学。例如，唐代李吉甫撰写的《元和郡县图志》中提到了很多古代遗迹，唐代吴协的《三代鼎器录》及封演的《续钱谱》都是重要的金石学著作。唐初，石鼓文在陕西凤翔出土，当时就有一些学者和书法家对石鼓文进行研究。但北宋以前基本上没有金石学的专门著作问世。

二、金石学的产生和发展时期（北宋～清末）

具有一定学术系统的金石学，产生于1000 年前的北宋，到清代更为发达，形成中国考古学的前身。它是以古代青铜器、石刻和碑碣为主要研究对象的一门学科，偏重于著录和考订文字资料，以达到证经补史的目的。曾巩的《金石录》最早提出“金石”一词，清代王鸣剑、王昶等人，正式提出“金石之学”的名称。

对宋代金石学有开创之功的是宋仁宗时期的刘敞。他的《先秦古器图碑》（已佚）和《先秦古器记》是古代最早的金石学著作。他在《先秦古器记》中提出了古器的研究方法，即“礼家明其制度，小学正其文字，谱碟次其世谥。”至于北宋元祐七年（1092 年）吕大临撰写的《考古图》则是现存年代最早且较有系统的古器物图录。吕大临在书中指明，研究古代的器物是为了“探其制作之源，以补经传之阙亡，正诸儒之谬误。”30 年后《宣和博古图》成书，该书对铜器的分类和定名也有不少贡献，充分反映了宋代古器物研究所达到的水平。此外，薛尚功的《历代钟鼎彝器款识法帖》、欧阳修的《集古录》、赵明诚的《金石录》、洪遵的《泉志》都是很著名的金石学著作。在宋代还有不少人研究画像石、古印章、封泥、瓦当等古代文物，金石学盛极一时。

元、明两代金石学少有成就。较有成就的是元初入仕中国的色目人葛逻禄遒贤。他撰写的《和朔访古记》一书，突破了一般金石学家闭门考证铭刻的学风。此外，元朱德润的《古玉图》则是现存最早的一部专录玉器的著作。明曹昭的《格古要论》是有关文物鉴赏的早期著作。元潘昂宵的《金石例》开碑志义例研究之先。

清代乾隆以后是金石学发展的鼎盛时期，研究偏重于石刻。乾隆年间“御纂”的《西清古鉴》、《宁寿古鉴》、《西清续鉴甲编》和《乙编》四书，对古器物研究的复兴起了重要的推动作用。此时其他较重要的著作有顾炎武的《金石文字记》、王昶的《金石萃编》、冯云鹏与冯云鹓同辑的《金石索》、端方的《陶斋吉金录》等。清代金石学家的特点是精于鉴赏，详于考订，研究范围较广，玉器、镜鉴、兵符和砖瓦、封泥等也都开始专门研究，并且有一定集成性和综合性的工作。例如吴大澂的《古玉图考》专门著录玉器；陈介棋的《十钟山房印举》著录玺印，李佐贤的《古泉汇》著录钱币。此外，墓志、造像、题名和画像石的研究，也有专著问世。

清末民初，金石学的研究范围更加扩大，不再限于文字，不仅包括新发现的甲骨、简牍，而且兼收明器和各种杂器。罗振玉和王国维是当时集大成的金石学家，均有多种著述。马衡的《中国金石学概要》对金石学作了比较全面的总结。

总之，金石学的著作中，保存了许多古代铭刻资料，有些著录还记录了一些器物的图像，说明其名称和用途，具有一定史料价值。但不足之处是，未曾对花纹、形制进行深入研究，也没有进行断代研究，故未能发展成完整的科学体系。

三、近代考古学的产生时期（1911～1949 年）

19 世纪末，欧洲的考古学已经日渐兴盛，趋于成熟，当时中国的一些学者对他们的业绩已十分重视，并在著述中加以介绍。正当此时，1898 年安阳小屯再次发现有字甲骨，1900 年敦煌石窟又发现储存大量古代写本文书和其他文物的藏经洞。这两项惊人的发现成为中国近代考古学诞生的前兆。但由于当时清王朝行将崩溃，无力妥善保护考古遗迹，更没有条件进行考古发掘，因此一些外国“学者”纷纷进入中国边疆，掠取珍贵文物，以非科学的方法进行调查发掘，致使许多古代遗迹遭到破坏，造成中国文化遗产的巨大损失。

从 1920 年开始，中国北洋政府开始聘请外国学者或外国学术单位进行合作考古工作。1921 年，中国政府聘任的矿政顾问、瑞典地质学家、考古学家安特生与奥地利人师丹斯基在北京周口店发现龙骨山遗址。同年，安特生在河南渑池县仰韶村发现以彩陶为特征的新石器时代遗存，并进行首次发掘，提出“仰韶文化”的命名。随后，他又在甘肃、青海进行史前遗址的调查发掘，将甘肃地区的远古文化作了分期。

第一次由中国学者主持的田野考古工作，是 1926 年李济主持的山西夏县西阴村史前遗址的发掘。但这次发掘还不是由中央学术机关独立进行的考古工作，发掘的规模也很小。

1922 年北京大学研究所国学门成立考古学研究室。1924 年，北京大学考古研究室设立考古学会。1927 年，西北科学考察团成立，这次考察工作一直持续到 1933 年。期间，中国学者在吐鲁番附近调查发掘高昌古城、交河古城遗址及鞠氏高昌墓地，在塔里木盆地周围调查汉唐时期的城堡、寺庙、沟渠和屯戍遗址，在罗布淖尔附近调查发掘史前遗址和汉代烽隧遗址，勘察并实测了唐北庭都护府遗址。同年，日本东亚考古学会和北京大学考古学会在东京联合组成“东方考古学会”，当年在旅大地区共同发掘貔子窝（今皮口镇）附近的单砣子遗址。

1928 年，中央研究院历史语言研究所成立，内设考古组。同年 10 月，派董作宾在安阳小屯进行调查发掘，准备大规模地展开工作，这是中国考古学诞生的重要标志。从1928～1937年，史语所考古组在殷墟进行了15次发掘，累计发掘面积达46000多平方米。后梁思永学成归国，进行了安阳后岗遗址的发掘，从地层上解决了仰韶文化、龙山文化和商代文化的相对年代问题。小屯遗址的发掘，在发掘方法上有明显的改进，从而使殷墟发掘走上了科学的轨道，取得了较大收获，为中国考古学和中国史的研究积累了极为宝贵的科学资料。与此同时，史语所又发掘了浚县辛村西周卫国墓地、汲县山彪镇和辉县琉璃阁的战国时期的魏国墓葬，在山东历城县城子崖发现了龙山文化，以及日照两城镇、永成造律台等地的龙山文化遗址。

1929年，中国地质调查所新生代研究室及北平研究院史学研究会考古组分别成立。从此，中国有了自己的从事考古研究的学术机构。随后，在裴文中的主持下先后发现了第一个北京人的头盖骨化石、大批石制品和人类用火痕迹，从而使北京人的文化遗存得到确认。1933年由裴文中和贾兰坡发掘山顶洞人及其文化。

1930年，北平研究院史学研究会考古组与北京大学考古学会等单位合作对燕下都遗址进行了发掘。1933～1935年该会在陕西渭河流域对宝鸡斗鸡台遗址进行了调查发掘，后又对河北邯郸附近的响堂山石窟作了比较详细的勘察。另外，西湖博物馆于1933～1936年发现并发掘了良渚遗址，还有人进行了六朝陵墓和古代窑址的考察。

抗日战争期间，史语所考古组与中央博物院筹备处合作于1939～1940年发掘了云南大理附近的史前和南诏时期的几处遗址，后又分别与中国营造学社、四川省立博物馆、北京大学文科研究所等单位合作，先后发掘了四川彭山的汉代崖墓和成都附近的前蜀王建墓，并在河西走廊进行了两次考古调查。1944年，夏鼐在甘肃广河县阳洼湾发掘了齐家文化的墓葬，第一次发现齐家文化晚于仰韶文化的地层证据，纠正了安特生1925年在甘肃远古文化分期上的错误论断。

1945～1949年期间，田野考古工作陷于停顿。在东北和华北解放区，民主政府对吉林团山石棺和邯郸附近的汉墓作过清理发掘，又曾收集景县封氏墓群出土的文物。在国民党统治区，只有裴文中于1947～1948年前往甘、青地区进行过史前遗址的调查。

总之，1928～1948年，中国考古学作为一门新兴学科已初具规模。尽管考古工作不多，主要限于周口店、殷墟以及黄河流域和长江下游的史前遗址，存在较多的年代缺环和地区空白，未能形成完整的考古学体系，但是，中国考古学终归开辟了自己的发展道路，摸索出一套适合中国特点的田野工作方法，积累了一批通过正规发掘获得的科学资料，为中华人民共和国成立后考古学的发展奠定了基础。

四、中国考古学的大发展时期（1949～现在）

中华人民共和国建国伊始，政府就颁发了关于保护古代文物的法令。中央文化部设立文物局，中国科学院设立考古研究所，各大行政区和各省、市、自治区也相继成立文物管理委员会，建立了文物保护和考古发掘的工作体制，为中国考古事业的发展做好了准备。

中央文化部、中国科学院和北京大学从1952年起，连续4年联合举办了考古工作人员训练班，对300多名人员进行了短期业务培训。同时，又在北京大学历史系创办了考古专业，并于1983年独立建系。此外，吉林大学也设立了考古系；中山大学和厦门大学建立了人类学系，内设考古专业；山东大学、南京大学、西北大学、四川大学、武汉大学、山西大学、郑州大学等，均在历史系内设立考古专业。

中国考古学会于1979年4月在西安成立，它是中国考古事业走向繁荣的最重要标志。后又相继成立了安徽、湖北、青海、吉林、黑龙江、江苏、河南、辽宁、湖南、山东、陕西、内蒙古、河北、山西14个省区的地方学会（或文物、博物馆学会），以及文字、古陶瓷、古外销瓷、铜鼓、楚文化等研究会，开展了各种学术问题的讨论，促进了考古研究的发展。

中国考古学发展的突出特点是田野工作扩大到全国各地，基本上消除了地域上和时间上的大片空白。

20世纪50年代初，中断了12年的周口店洞穴遗址和安阳殷墟的发掘得到恢复，著名的武官村大墓就是这次得到清理的。此后，中国科学院考古所和黄河、长江流域的部分省级文物单位对新石器时代的半坡遗址、北首岭遗址、庙底沟遗址、大汶口墓地、屈家岭遗址、北阴阳营遗址、崧泽遗址。青铜时代的二里头遗址、郑州商代遗址、丰镐遗址、洛阳东周城遗址、侯马晋城遗址、信阳楚墓；秦汉以后的则有汉唐两京城址。元大都遗址和明定陵等其它重要遗址分别进行了较大规模的发掘。

最近几十年来，几乎每个省都选择了较好的史前遗址进行了重点发掘，这是繁荣期开始的一个重要标志。黄河流域有二里头宫殿遗址、小屯南地甲骨遗址、姜寨遗址、大地湾遗址、王湾遗址和陶寺遗址、柳湾墓地。长江流域和华南地区有关庙山遗址、河姆渡遗址、草鞋山遗址和石峡遗址等。西南地区有西藏昌都的卡若遗址等。

在此期间，各地大面积发掘和勘察的重要遗址还有：登封王城岗城堡、淮阳平粮台城堡、二里头宫殿遗址、堰师商城、黄陂盘龙城、周原遗址、三星堆遗址、纪南城遗址、曲阜鲁国故城、凤翔秦国宗庙遗址、居延烽燧遗址，以及汉唐两京的某些遗址。又发掘了殷墟妇好墓、随州曾侯乙墓、平山中山王墓、秦公1号墓、广州南越王墓、马王堆汉墓、满城汉墓等结构复杂、埋藏丰富的大型墓葬，以及秦兵马俑坑、法门寺地宫等。

通过一系列重要遗址和墓地的大规模发掘，田野考古的科学水平有了显著提高。20世纪50年代初期，在辉县琉璃阁的发掘中，第一次成功地剔剥出一座完整的车马坑，曾被西方考古学家誉为考古发掘方法的新的进步。在对原始聚落遗址和民族公共墓地进行发掘时，力图比较全面地揭露整个遗址或墓地，以了解其整体布局，复原当时社会的面貌。对古城址的勘察，着重了解其整体布局，先确定城垣范围和城门的位置，再以城门为基点寻找主干道和主要建筑遗迹。对于古今重合的城市，则充分利用古文献资料提供的线索，根据地面现存的古代建筑和旧街道等遗址，结合钻探与发掘，来复原古代城址的平面布局。在清理大型墓葬的过程中，对于散乱的玉衣、铠甲、简牍，特别注意各个部件的位置和相互关系，做好照像、绘图记录工作，以复原其整体面貌。对于糟朽不堪的漆木器、丝织品、帛书、帛画，则通过各种科学方法及现代技术手段使之较好地保存下来。

现代自然科学方法的广泛采用。20世纪50年代初，国际上开始应用放射性碳素断代的方法。1965 年，中科院考古研究所建成中国第一个放射性碳素断代实验室，1972 年开始公布年代数据，使放射性碳素断代成为中国史前考古学的必要手段。此外，其他几种断代方法，如：热释光断代、古地磁断代、钾—氩法断代、骨化石含氟量断代、铀系法断代等，都已陆续采用。另外，鉴别各种遗物的原料、成份、产地和制造工艺的化学分析和光谱分析、金相分析、X 射线分析、穆斯堡尔谱分析、同位素质谱分析等，也已在中国考古学中应用，并取得了重要成果。以考古研究为中心的多学科协作已经开始行动，地震、水文、音乐、艺术、建筑等方面史的研究，都与考古工作紧密联系起来，大大拓展了考古学研究的新领域。

20 世纪 90 年代，中国考古学的发展进入到更新期，并跨入到一个新的世纪，这是赶超国际学术潮流的新时期。由中国历史博物馆组织的有多学科研究人员参加的考古发掘，首次在河南渑池班村新石器时代遗址实施，组织者采用考古、古环境、古动物、古植物、体质人类学、文化人类学及物理、化学等多学科综合发掘与研究的方法，聘请多学科多单位的学者合作，参与其中的还有外国学者。这样的合作增进了相关学科的了解和渗透，开拓了考古学研究过去涉及不多和未曾涉及的领域。可以将这次考古活动看作是中国考古学进入更新期的重要标志之一。此外，一些对外合作项目也突破禁区，相继实施，涉及到西北、东北、中原和华南地区，有的已取得明显成绩。1991 年国家公布了《中华人民共和国考古涉外管理办法》，中国社会科学院考古研究所以及内蒙古、辽宁、河南、山东、湖北、四川、宁夏、新疆等省区的文物考古研究机构，先后同日本、美国、德国、澳大利亚、加拿大等国的相应学术团体，在我国境内开展了合作考古研究项目。

中华人民共和国成立以来，广大考古工作者坚持实事求是的科学态度，详细占有新发现的大量考古资料，开展各种问题的深入研究，取得了一系列重要的学术成果，从而逐步建立起中国旧石器时代、新石器时代、商周、战国秦汉、三国两晋南北朝、隋唐至宋元明考古学的体系，使中国古代史许多方面的研究得到很大的充实和改善。一些重要的研究课题受到广泛关注，如夏商周断代工程、人类的起源、中国史前文化序列、中国文明的起源、农耕文化的起源、中国青铜器文化、中国城市的起源与发展等课题的研究深度逐渐加强，研究体系也逐渐形成。注意相关理论的探讨，传统的器物本位开始动摇，居落、环境考古日益受到重视，宏观与微观研究兼顾，“区系类型”学说确立，并受到普遍重视。自然科学方法在考古学研究中运用更为广泛，已经运用的方法得到改善，新方法不断引进，考古学研究加速实现现代化。新方法使田野考古获取的信息量大大增加，也使综合研究更为深入。相关学科向考古学渗透和考古学向外扩张，一些分支学科逐渐形成并得到完善。

综上所述，中国考古学的发展道路是曲折的，从20世纪20年代后期少数几位中国考古学家开始跑出书斋，从事田野考古工作，到田野考古成为中国考古学发展的主流，考古学已远远超出了“证经补史”的范畴。可以说，中国考古学在近一个世纪的奋发成长中，展示出了华夏百万年历史的辉煌。一个个重要发现难以枚举，一部部巨著价值难以估量。这充分说明，中国考古学已获得了巨大成就。

第二章 旧石器时代

第一节 概 论

一、旧石器时代及其特征

“旧石器”是考古学上的一个术语。1819年，丹麦皇家博物馆馆长C.J.汤姆森把哥本哈根的古物按石器时代、铜器时代、铁器时代的顺序进行了分类展出。1865年，英国学者J.卢伯克在《史前时代》一书中又把石器时代再分为旧石器时代和新石器时代，创造了“旧石器”和“新石器”两个名词。

旧石器时代人类开始出现，生产工具以打制石器为标志，人类的体质具有原始的性质。遗存与若干灭绝动物共存，其地质时代属于更新世。旧石器时代在人类历史上延续的时间最长，从300万年前开始至1.2万年前为止，占人类历史的99.8%。

中国旧石器时代是中国历史的最早阶段，时间与地质上的更新世大致相当。这一时期的人类，以打制石器为主要生产工具，过着采集渔猎的原始生活，在人类和历史发展阶段上相当于前氏族社会到母系氏族社会时期。

二、地质年代与考古学分期

1. 地质年代

人类和人类赖以生存的地球的历史大约为45亿年。地史和古生物学家根据生物的演化，将地球的历史分为5个“代”，即太古代、元古代、古生代、中生代和新生代，并将“代”划分为若干个“纪”，再将纪分为若干个“世”。

在太古代早期，地球是个炽热的球体，既无水又无空气，故地球上是无生物的。到太古代中期，地球上才有水和空气，具备了产生生命的条件，生物（菌藻类）开始出现，这是一些肉眼看不见的微生物。到元古代后期，大型的肉眼可见的藻类在世界各地普遍出现。

古生代分为六个纪，即寒武纪、奥陶纪、志留纪、泥盆纪、石炭纪和二迭纪。前三个纪地史上称为早期古生代，后三个纪称为晚期古生代。

早期古生代是一个以海生无脊椎动物为主的时代，陆上无生物。三叶虫和笔石是较为重要的两类低等无脊椎动物。早期古生代的植物只是一些低等的生活在海洋中的藻类。

在早期古生代末期的晚志留纪发生了一次剧烈的地壳运动，许多海洋隆起为陆地，原来的海生藻类也随之登陆向陆生植物发展，慢慢演化为原始的陆生植物——光厥类。泥盆纪，低等的无脊椎动物演化为鱼类——低等的脊椎动物。石炭纪，两栖类开始繁育；到二迭纪，两栖类继续发展。

中生代包括三迭纪、侏罗纪和白垩纪。中生代是爬行动物兴盛的时代。爬行动物广布于水、陆、空，总称为“恐龙”。此外，一种属于软体动物的“菊石”也相当繁育，称霸于海洋。中生代后期，爬行动物向两个方向演化：一类向鸟类演化；另一类向哺乳动物演化。中生代，藻类植物衰退，裸子植物繁育。

新生代是地史上最近的一个时代，距今约7000万年。新生代包括第三纪和第四纪共七个世：古新世、始新世、渐新世、中新世、上新世、更新世、全新世。前五个世属第三纪，后两个世属第四纪。

新生代裸子植物大量灭绝，为被子植物所取代；爬行动物大量灭绝，代之而起的是哺乳动物，并且向各个方向演化，其种类、数量及演变速度都达到了高峰。在第四纪，人类在地球上出现，同时，也出现了全球性的冰川作用。第四纪的更新世开始于距今约300万年前后，结束于距今约1.2万年，这就是人类历史上的旧石器时代。全新世是地史上的现代，开始即进入新石器时代。

2. 考古分期

旧石器文化在世界范围内分布广泛，由于地域和时代的不同，文化面貌存在着相当大的差异，因而有许多不同的文化和分期。关于旧石器时代的划分，一般采用三分法，即旧石器时代早期、中期和晚期。

具体地说，旧石器时代早期距今 300 万年到 20 万年之前，在地质年代上相当于更新世的早期和中期，即泥河湾期和周口店期。这一时期人类刚刚从猿类转化过来，在体质形态上具有较多猿的特征，属于直立人阶段。生产工具极其简单粗糙，石器工具没有明确的用途分工。其社会发展阶段处于原始人群时代，即前氏族社会的发展阶段。

旧石器时代中期，距今 20 万年到 5 万年前，在地质年代上相当于更新世中期之末到更新世晚期之初，即周口店期之末到黄土期之初。这一时期的人类处于早期智人阶段，其体质形态虽然还带有很多原始性，但比猿人有了许多明显的进化。生产工具有了较为固定的形状，并且有了明确的用途分工。其社会发展阶段处于氏族制度的萌芽期。

旧石器时代晚期，距今 5 万年到 1.2 万年前，在地质年代上相当于更新世晚期的末期，即黄土期的中末期。这一时期的人类在体质形态上已与现代人没有明显的差别，处于晚期智人阶段。人类已经能够制造各式各样的石器和骨器，打制石器的技术水平很高。人们的活动范围比以前大为扩大，不只限于旧大陆和陆地，而且扩大到新大陆和水上。此时的社会处在母系氏族公社时期。

中国大地上埋藏着十分丰富的人类化石和旧石器时代遗物，目前已发现早、中、晚各个时期的地点共 200 多处，包括直立人、早期智人、晚期智人各个阶段的人类化石，其中早期遗存有巫山人文化、元谋人文化、西侯度文化、蓝田人文化、北京人文化、观音洞文化；中期遗存有大荔人文化、许家窑人文化、丁村人文化；晚期遗存有峙峪文化、下川文化、山顶洞人文化、小南海文化等。

三、关于人类起源的问题

1. 关于人类起源问题的争论

人类起源是一个古老的命题。长期以来，在人类起源问题上，存在着唯物主义与唯心主义、科学与宗教的激烈斗争，直到现在这种斗争仍在继续，而且日趋激烈。

在古代，世界各民族中曾有过各种神话和传说。一种是自然发生的说法，如一只怪鸟下了蛋，孵化成人，在树上居住。另一种说法是，人是神创造出来的。如中国就有女娲氏抟土造人的传说。这些说法都是人们还处在文化发展的低级阶段时产生的。在原始社会时期，出现了“图腾”崇拜，人们相信他们的每个氏族都与某种生物或非生物有关，并将他们看作本氏族的标志和保护者。如女娲是母系氏族的缩影，是对妇女崇敬的反映。

人类进入文明时代以后，关于人类起源的问题，在西方，几千年来一直受着基督教教义所宣扬的“上帝造人”的观念的统治和影响，认为现代人都是亚当和夏娃的子孙后代。现代西方资产阶级从他们的阶级利益出发，宣扬一种“特创论”，说什么世界上的各种生物都是按照特殊的目的而被神创造出来的，而且以后保持不变。在美国，许多州制定中学生物教科书都要同时讲授进化论和创世论。他们认为，进化论是一种理论，创世论也是一种理论，有些科学资料可以用进化论来解释，而另一些科学资料可用创世论更好地解释。1980 年美国总统竞选中，里根对这个问题的表态是：有关人类进化的理论有“很大的缺点”，愿意支持“等时间”的原则。如今，进化论和创世论的斗争仍在继续，在西方的一些国家中斗争还很激烈。

2. 进化论的产生和发展

1809 年，法国学者拉马克发表《动物学的哲学》一书，承认进化，承认物种可变，并主张生物是通过用进废退和获得性遗传的原则而进化的。

1859 年，英国博物学家达尔文发表《物种起源》一书，包括两种学说：一是生物由进化而来的学说，一是自然选择的学说，说明生物进化的原因和过程；并首先提出了人类起源于古猿的理论。

1863年，达尔文学说的支持者、英国生物学家托·亨·赫胥黎发表《关于人类在自然界的位置的证据》一书，他从比较解剖学、发生学、古生物学等方面，详细阐述了动物和人的关系，确定了人类在动物界中的位置，提出了人、猿同祖论。但由于赫胥黎不了解人类区别于动物的最本质的特征，因此一进入人类历史的领域，他的论据就显得不足了。

3. 人和猿的界限

在过去，主要从体质特征上来区分早期人类和古猿。曾有两种学说，即“界河说”和“直立说”。

所谓“界河说”，指的是凡脑容量达到750毫升的为人，达不到的就是猿。界河说是一种错误的理论。在非洲发现的“能人”是公认的“有能耐的人”，能够制造工具，其脑容量却只有680毫升。

所谓“直立说”，即把能否直立作为人和猿的区别，能直立的是人，不能直立的是猿。这种学说也是不正确的。从化石材料看，直立姿势的确立是很早的，从猿到人的过渡期间的生物（腊玛古猿，南方古猿）在没有能制造工具时，已能直立行走，但不属于人类的系统。

到了19世纪末叶，由于科学材料日渐被发现，从猿到人的学说已基本上被大多数人所接受。能否制造和使用工具，是否有社会意识、语言及自觉能动性，才是区别人类和猿类的根本标志。

4. 从猿到人的过渡

从现有资料来看，在距今大约3000万年前的第三纪渐新世，猿类从低级的猴中分化出来。因为这种猿的化石最初发现于埃及，所以叫“埃及猿”。到了第三纪的上新世，猿类又分化为两支：一支是森林古猿，它渐渐发展成为现代猿类；另一类是腊玛古猿，它渐渐发展成为人类。因此腊玛古猿是人类的猿类祖先，是从猿到人过渡阶段的早期代表，其生存的时代距今1400万年到300万年间。

在上新世期间，地球的环境发生了巨大的变化。由于森林减少，猿类的一支——腊玛古猿不得不从树上转到地面生活，这是促成从猿到人转变的外部因素。作为内部因素来说，就是腊玛古猿原先就具有半直立行走、手脚之间有某些分工、群居、杂食等一系列特征。外因加内因使得腊玛古猿渐渐发展到直立行走，完成了从猿到人关键性的一步。直立行走促成了手和脚的明确分工，同时也引起了脊柱、胸腔的相关变异，喉头得到了解放，视野也得以扩大。这样，手愈来愈多地从事其他活动，变得灵巧起来。当这些猿类在使用天然工具积累了大量经验的基础上，开始用一块石头去敲击另一块石头并使之产生尖或刃的时候，我们说这就是制造工具的开始。人和猿最后的分道扬镳也就是在这一时期（距今约 300 万年）。手在劳动中不断获得新的技巧并逐渐完善。由于劳动，人和人之间已经到了彼此间有些什么非说不可的地步，于是语言就产生了。语言和劳动成为两个最主要的推动力，进一步使猿的脑髓变成人的脑髓，古猿也就转化成了人。

四、旧石器的制作、类型和用途

旧石器时代，人类以打制石器为主要生产工具。这种打制的石器，考古学上称为“旧石器”。下面我们就旧石器的原料、制作方法、类型及用途作简要的介绍。

1. 石器的原料和来源

旧石器时代人们对制造石器的石材是有所选择的。往往要求选择的石材要有一定的硬度和韧性，同时产量要丰富。所谓一定的硬度，是指要选择较坚硬的石材（一般要求在五度以上），以便制作较坚硬的工具。要求石材有一定的韧性，是为了打击出一定形体的石片。硬度大的矿物，如火石、浅燧石、石英、玛瑙、碧玉、黑石和软玉；硬度较大的火成岩，如安山岩、流纹岩、玄武岩、辉长岩和绿辉岩；质地稍软的水成岩，如页岩、砂岩等，都是经常选用的石材。不过往往受到附近地区所产石料种类的限制。

石材的来源，最普遍采用的是在山谷、河床和海滩下采集经水冲磨的砾石（河卵石）。中国的石器时代人们多采用砾石制作石器。第二种是在山下开采石料，并就地打成石器的粗坯。如内蒙古呼和浩特大窑旧石器制作场和广东南海西樵山遗址都是采石场遗址。第三种是贸易交换，通过以物易物的方式，获得附近不出产的石材，如获取软玉、松绿石、黑石等比较珍贵或性能较好的石材，多采用这种方式。

2. 石器的制作工艺

打制工艺是石器制作的一种原始方法，从旧石器时代起就被广泛采用，直到新石器时代甚至更晚的时期仍然使用。

打制石器的制作一般分两个步骤进行。

(1) 第一步是打片。在此之前，先需要修理石材，如系球形砾石，先在顶部打一个平面，叫做“台面”或“打击面”（也有利用砾石面作为台面的)。沿台面的边缘向下打制石片，被打击的地方叫做“打击点”。打击点之下出现一个半圆形凸包，叫做“半锥体”。在半锥体之中，又有一个小凹坑，叫做“疤痕”。石片上环绕打击点的地方，有许多同心圆的纹道，叫做“弧形纹”。由打击点放射出许多细小的裂痕，叫做“裂纹”。

上述关于打制石器的“名词”和“术语”，是指一些质地较好的石料（如火石、燧石）经人工打制时才会出现的特征。而一些质地较差的石料（如砂岩和角页岩）经人工打制，以上所有的特征并不都能在石片或石核上见到。另外，经过第二步加工的石片，有些特征如台面、打击点等就会被破坏，但还可根据其他特征，推知其原来的位置。

打制石片的方法，总的来说有两种：直接打击法和间接打击法。直接打击法在整个石器时代一直被使用，而间接打击法是到旧石器时代晚期才被广泛使用的。

直接打击法是石锤直接在石料上打击的方法。直接打击法最常用的是锤击法、碰砧法、摔击法和砸击法四种。锤击法是一手拿石锤，一手拿石料，用石锤直接打击石料的方法，这样产生的石片大多是长大于宽，石片角小。碰砧法是将手中的扁平石块在石砧的边缘上碰击而产生石片，一般都有清楚而集中的半锥体和较小的石片角。摔击法是将较小的石核向另一块较大的石块（石砧上）摔击，使它产生石片，往往宽大于长，石片角较大，有时也会出现双生半锥体。砸击法是把打击石块用手夹住放在石砧上，用石锥在石块上砸击的方法，这样产生的石片由于受到力的反作用，两端常常有相同的打击痕迹。

间接打击法不是石锤与石料直接碰撞，而是借助于木棒或骨棒作中间媒介来打击石器，它是一种比较进步的打片方法。用这种方法产生的石片，一般薄而狭长，像片树叶，所以也叫石叶，以别于直接打击法产生的石片。间接打击法又分几种打击方法，如压制法就是间接打击法之一。压制法共有三种方法，其中近代美洲印第安人所使用的“胸压法”，就是一种较进步的压制法。其制作程序是：先把修理好的石块放在地上，用脚踩住然后用一个“T”形的木工具横的一端紧靠胸部，另一竖的木尖端装以硬木或尖骨、角等，以胸压横木具，使石片从石核上分离开来。据说墨西哥的阿基克族用这种方法一小时可产生一百多片石叶。

（2）第二步是加工，也称修理。旧石器时代早期一般用锤击法修整石器，产生的石片疤（由于石片的剥落留在石核上面的疤）短而深，不整齐。到了中、晚期，人们普遍用骨棒或木棒来修理石器，产生的石片疤浅而长。有的是用直接打击法取得石片之后，再在上面用间接打击法反复修整，产生出比较理想的石器。

除人工打制以外，自然力也可以使石块破碎，如急流冲击、冰川移动、冷热变化等都能使石块破碎，但所产生的石片多棱角，缺乏固定的形状，既没有台面，半锥体也不显著。不难与人工打制的石片相区别。

3. 石器的分类

旧石器时代初期的前一阶段主要使用用砾石制作的石器，故称为“砾石工具”。这种石器制作粗糙，只是将砾石进行简单的打击即行使用。

打制石器时用石锤（或角、木锤）打击石料，打下具有锋刃的碎片，称为石片，用之加工成的石器叫“石片石器”。石料被打下若干片之后，失去其原来形状，表面遗有许多石片的剥离痕迹，称为石核，用石核制作的石器叫做“石核石器”。

旧石器时代晚期用间接打击法打击下来的石片薄而狭长，形似树叶，故称“石叶”，用石叶制作的石器叫“石叶工具”。石叶工具从旧石器时代一直延用到青铜器时代。

五、中国古人类的生活背景

地球历史上的更新世和考古学上的旧石器时代相当。根据动物群的性质、堆积物的特点和其他环境变化的因素，可以把更新世再划分为早、中、晚三期。早期为距今约300万年至100万年，相当于旧石器时代早期的最早阶段，中期为距今约100万年至10万年，相当于旧石器时代早期的中、后阶段；晚期为距今约10万年至1万年，包括了旧石器时代的中期和晚期，在中国又以距今约4万年作为晚期的起点。

更新世地球上的气候有几次波动变化。北半球的高、中纬度地区以及低纬度地区的高山区，在更新世出现过大规模的冰川活动。冰川的进、退，形成了寒冷的冰期和温暖的间冰期的多次交替，并导致海平面的大幅度升降，气候带的转移和动植物的迁徙或绝灭，对早期人类文化的发展产生了巨大的影响。中国地质学家李四光根据中国庐山冰碛物和冰蚀地貌建立起了中国东部冰期序列，依次为鄱阳、大姑和庐山冰期，每两个冰期之间同样为间冰期。以后又有人确定了大理冰期（末次冰期）和龙川冰期，作为更新世分期的主要标准，即早更新世包括龙川冰期、翻阳冰期以及龙川——鄱阳和鄱阳——大姑两个间冰期；中更新世包括大姑冰期、庐山冰期以及大姑——庐山间冰期；晚更新世包括大理冰期和庐山——大理间冰期及一部分冰后期。

根据地层堆积和动物群的性质，中国华北地区的更新世可分为四期：泥河湾期、公王岭期、周口店期和马兰黄土期。泥河湾期相当于早更新世，公王岭期和周口店期分别相当于中更新世的早期和晚期，马兰黄土期则相当于晚更新世。

泥河湾期的地层以由砾石、砂、泥灰岩及粘土构成的堆积为代表。动物群由长鼻三趾马、板齿犀、后裂爪兽等典型的第三纪末期的残余种属和象、马、骆驼、野牛、羊等许多近代哺乳动物的种属组成。其中有许多是北方典型的动物，反映一种比较凉爽的疏林草原环境。目前，从泥河湾期的地层中已发现了山西省芮城县西侯度，河北省阳原县小长梁和东谷坨三个旧石器时代早期最早阶段的地点。

公王岭期的地层以夹有古土壤的厚层原生黄土（又称“午城黄

土”）为代表。标准地点是陕西省蓝田县公王岭。动物群由38种动物组成，其中包含一些巨剑齿虎、奈王爪兽等第三纪的种属和较多的更新世种属，现生种属仅占整个动物群的13%。在公王岭动物群中有一批未曾在秦岭以北发现过的南方种类，如大熊猫、东方剑齿象、后貘、中国貘、中国爪兽、毛冠鹿和苏门羚等，这表明当时华北地区的气候比较温暖、湿润，至少蓝田地区的气候具有亚热带的特点。

周口店期的标准地点是北京人遗址，属洞穴堆积。这时黄土堆积在华北广泛形成，地质学上称为“红色土”或“离石黄土”。动物层由近100种哺乳动物组成，可分为三类：一是泥河湾期残留的种属，如剑齿虎、居氏大河狸、三门马等；二是真正的更新世种属，如纳玛象、披毛犀、肿骨鹿、中国缟鬣狗、洞熊和杨氏虎等；三是一些最早出现的现代哺乳动物种，如狼、棕熊和许多小型啮齿类动物。它们所反映出的气候和地理环境十分复杂，但大部分是温带古北界的种类。这表明当时周口店一带的气候具有温带特点，和今日华北接近。不过，其间曾发生过多次冷暖、干湿波动变化，并且向大陆性气候发展。

马兰黄土期地层以分布极广的晚更新世的马兰黄土和河流或河湖的相堆积为代表，标准动物群为“萨拉乌苏动物群”。主要有纳玛象、野驴、普氏野马、披毛犀、诺氏驼、马鹿、河套大角鹿、王氏水牛、原始牛和最后斑鬣狗等，多半是适应草原生活的动物。从动物群总的特征来看，华北在马兰黄土期的气候要比前一时期寒冷和干燥。

更新世早、中期，东北的气候和华北的气候差别不大，但从更新世晚期起，差别则越来越明显。更新世晚期生活在东北地区的是“猛玛象——披毛犀动物群”，如狼、洞熊、猛玛象、披毛犀、马鹿、大角鹿、野牛、原始牛等。其中猛玛象和东北野牛等种属不见于“萨拉乌苏动物群”，森林动物所占的比重也大于华北地区。从动物群的特征来看，更新世晚期东北的气候是比较寒冷和潮湿的。

中国长江以南地区，更新世期间的气候变化不如华北显著。产生于石灰岩洞穴中或裂隙堆积中的“大熊猫——剑齿象动物群”，从早更新世一直延续到晚更新世。但华南河湖相堆积中也存在可以区分早更新世和晚更新世的哺乳动物群，如早更新世有云南的元谋动物群，晚更新世则有四川的资阳动物群。元谋动物群反映一种比较凉爽的疏林草原环境，大熊猫——剑齿象动物群则反映温暖湿润的森林环境。资阳动物群的成份比较复杂，它除含有犀牛、水鹿和剑齿象等大熊猫——剑齿象动物群的成份外，还包括一般只生活在高寒地区的猛玛象。

在更新世冰期和间冰期的气候影响下，植被也发生了相应的变化。华北位于温带区域和亚热带区域之间的过渡地带，所以受冰期、间冰期气候交替变化的影响尤为强烈。根据孢粉分析，华北地区从早更新世到晚更新世至少可以划出五个冷期和四个暖期。在冷期中，年平均气温要比现在低 4～7.5 ℃，从而导致冷杉林或云杉、冷杉、松林等暗针林发育，从高山、河谷和平原从北向南蔓延。但在冷期的极盛阶段则代之以适应干冷气候的草原植被。暖期到来时，针叶阔叶混交林或阔叶林发育。公王岭的蓝田人生活在暖期里，许家窑人生活在冷期里。北京猿人延续达 50 万年，其间曾发生过几次冷暖期的交替变化。

由于冰川作用引起的海平面升降及新构造运动的影响，中国东部在第四纪以来发生过多次海侵和海退。在晚更新世低海面时，哺乳动物和人类由东亚大陆分别通过几条路线向美洲及东亚的沿海岛屿（包括日本列岛）迁徙。全新世到来时，气候变暖，海面回升，部分陆地又被海水淹没，东亚同日本列岛等沿海岛屿及美洲的人类之间的联系和文化交流受到阻隔。

第二节 中国旧石器时代早期文化

旧石器时代早期是人类历史的开端，大约相当于古人类发展阶段中的直立人（或称猿人）阶段。直立人又分为早期直立人（早期猿人）和晚期直立人（晚期猿人）两个发展阶段。早期直立人延续的年代为距今约 300 万年至 200 万年或 150 万年，晚期直立人生存的年代为距今约 200 万年至 20～15 万年，中国发现的旧石器时代早期的人类化石和石器文化大多属晚期直立人阶段。

一、巫山猿人及其文化

巫山猿人遗址位于重庆市巫山县庙宇镇龙坪村龙骨坡，占地约700平方米，是1984年中科院古脊椎动物与古人类研究所和重庆市自然博物馆等单位发现的。从1985年开始发掘以来，专家们已经在这里发现了一段古人类下颌骨化石，以及100多种与人类化石同一地层的巨猿、剑齿虎、乳齿象、双角犀等动物化石。经考证，这些化石属早更新世，距今有200万年。特别是巫山人化石，包括一段左侧下牙床和一个上内侧门齿，牙床上带有下第四前臼齿和下第一臼齿。研究显示，这个化石的时代超出了周口店北京人和印度尼西亚桑吉标本下限，接近东非上新世——更新世人的下限，同东非早更新世能人处在同一进化水平上，这标志着华夏大地有了人属中最早的代表。这一重大发现，填补了我国早期人类化石空白，把中国的史前文化向前推进了100万年，其中发掘的人类化石和石制品为我们在亚洲寻找更古老的人类、研究人类的起源和演化提供了重要依据。这些都将证明中国的三峡地区很可能是地球上早期人类的发源地之一。

二、元谋猿人及其文化

元谋猿人的化石是中国地质科学院于1965年5月在云南省元谋县上那蚌村附近发现的。这里地处元谋盆地边缘，盆地内外露的河湖沉积厚达695米，从下到上分为4段28层，元谋猿人牙齿发现于第4段第22层中，包括两颗上内侧门齿，一左一右，属于同一成年人个体。此后，又在同一地点的同一层位中，发掘出少量石制品、大量的炭屑和哺乳动物化石。

元谋猿人的石制品先后共出土了7件，上面人工痕迹清楚，它们和人牙虽不居于同一水平面上，但距离近，层位又大致相同，无疑是元谋猿人制造和使用的。石器的原料为脉石英，器形有石核和刮削器，但比较小。

在同一地点发现的炭屑多掺杂粘土和粉砂质粘土，少量的砾石凸镜体。炭屑大致分为3层，每层间距30～50厘米。最大的炭屑直径可达 15 厘米，小的为 1 毫米左右，炭屑常常和哺乳动物化石伴出。此外还发现两块黑色的骨头，可能是当时人类用火的痕迹。

与元谋人共生的哺乳动物化石，有泥河湾剑齿虎、桑氏缟鬣狗、云南马、爪蹄兽、中国犀、山西轴鹿等 29 种，绝种动物几乎占 100%，其中上新世和早更新世的占 38.8%。从上述动物化石分析，元谋猿人的生存时代应为早更新世。根据古地磁断代，其年为距今约 170 万年。

三、西侯度文化

西侯度文化是中国已知比较早的旧石器时代遗存。发现于山西省芮城县西侯度村附近，文化遗存埋藏在黄河中游左岸高出河面约 170 米的古老阶地中。文化遗物和动物化石集中分布在平均约 1 米厚的交错砂层中。1961 年和 1962 年，山西省文物工作委员会作过两次发掘，发现石制品、烧骨、带切痕的鹿角和动物化石。

西侯度文化共发现石制品 32 件，其中包括石核、石片和经过加工的石器。石器的原料主要是石英岩，有少数几件为山岩和脉石英。制作方法主要采用的是锤击法、砸击法和碰砧法。器形主要有刮削器、砍砸器、三棱大尖状器等。其中，刮削器有凹刀、直刃和圆刃之分；砍砸器有单面加工和两面加工的两种，并以单面加工的为主。三棱大尖状器只发现一件，但这种石器在丁村、匼河和蓝田等地也可见到，因此是一种富有特色的工具。

与文化遗物共生的哺乳动物化石有 22 种，包括巨河狸、鬣狗、剑齿象、平额象、纳玛象、步氏羚羊、古中国野牛、粗壮丽牛、山西披毛犀、古板齿犀、中国长鼻三趾马、三门马以及双叉麋鹿、步氏夏梳鹿、粗面轴鹿等一批鹿类。此外，还有鲤、鳖和驼鸟等。其中绝属动物占 100%。根据动物群的性质判断，西侯度文化的地质时代属早更新世。据古地磁断代，年代为距今约 180 万年。

在动物化石中，有两种具有人为砍砸和切割痕迹的鹿头盖骨，说明当时的人们可能已制作骨器。此外，化石中还有一些颜色呈黑、灰和灰绿色的鹿角、马牙和动物肋骨，经化验表明是用火烧过的，因而大大提前了人类用火的历史。

四、蓝田猿人及其文化

“蓝田人”曾泛指中国陕西蓝田县的公王岭和陈家窝两地发现的直立人化石，其中，陈家窝化石是1963年中国科学院古脊椎动物与古人类研究所在蓝田县城西北的陈家窝附近发现的，公王岭化石是1964年在县城以东的公王岭发掘出土。但许多学者分析认为，公王岭和陈家窝的人类化石显示的原始性状程度明显不同，两个地点的时代又有先后之分，因此“蓝田人”这一名称应专应用于公王岭的直立人化石，陈家窝的直立人化石应称作“陈家窝人”。下面就公王岭直立人——“蓝田人”的文化作一简单介绍。

蓝田人的头骨化石包括完整的额骨，大部分顶骨，右侧的颞骨和上颌骨（附有第二、三臼齿），左上颌骨的体积和额突部，大部分左鼻骨和右鼻骨的鼻根部，以及一颗左上第二臼齿，同属于一个30多岁的女性个体。

蓝田人的头骨，眉嵴硕大粗壮，在眼眶上方几乎形成一条直的横嵴，两侧端明显向外侧延展。眉嵴与额鳞之间的部位明显缩窄。额骨非常低平。头脊骨壁极厚，表现出许多明显的原始性状。蓝田人头骨同北京人、爪哇人的头骨相比较，其各部分厚度基本上都位于它们的变异范围的上限，有时甚至超过最大数值，这足以说明蓝田人比北京人和爪哇人都要古老。

在蓝田人的文化遗物中共发现200多件石制品，其中包括砍砸器、刮削器、大尖状器和石球，还有一些石核和石片。这些石器多半用石英岩砾石和脉石英碎块制成，比较粗糙。其中以大尖状器最富有特色，它的断面呈三角形，因此又叫“三棱大尖状器”（图1）。这种石器共存于西侯度文化、丁村遗址和匼河文化中。

与蓝田人共生的哺乳动物化石共发现42种。不仅包括中国缟鬣狗、李氏野猪、三门马和葛氏梅花鹿等较多的华北中更新世常见的种属，还包括蓝田剑齿虎、中国奈王爪兽、更新猎豹和短角丽牛等少量的第三世纪残存种和第四纪早期典型种。表明蓝田人化石的时代比北京人要早，属中更新世早期。用古地磁法测定的年代数据，一是距今约100万年，一是距今约80万年至75万年。

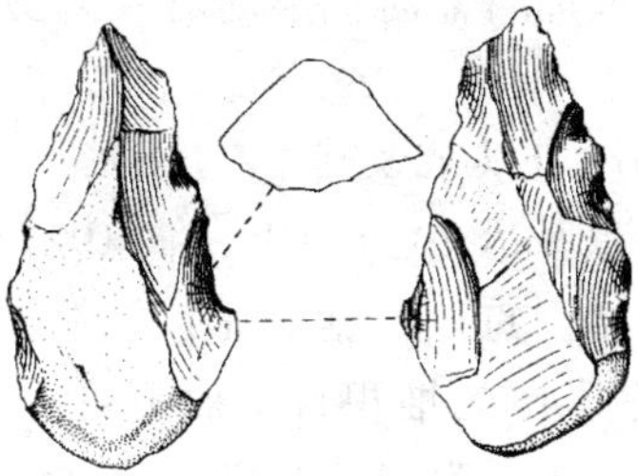

图 1 蓝田的大尖状器

另外，在公王岭化石层里还发现了三、四处灰烬和灰屑，散布范围不大，可能是蓝田人用火的遗迹。

五、北京猿人及其文化

1. 发现和意义

1921 年，中国北洋政府聘请的矿政顾问、瑞典地质和考古学家安特生和奥地利古生物学家师丹斯基首先在北京周口店龙骨山北坡发现闻名于世的北京人遗址——“周口店第一地点”。1921 年和 1923 年，在这里先后发掘出两颗人牙，并定为人属。由于这一发现，1927 年，由瑞典古脊椎动物学家 B·步林和中国地质学家李捷主持，在周口店进行大规模的系统发掘，当年发现了一颗人的左下恒臼齿，通过对先后发现的三颗牙齿进行研究，美国古生物学家葛利普定名为“北京人”。

1929 年 12 月 2 日下午，在中国考古学家裴文中的主持下发现了一个完整的北京人头盖骨，随后又发现了石器和用火痕迹。这一消息一公布，震动了世界学术界。它使直立人的存在得到肯定，从而基本上明确了人类进化的序列，为“从猿到人”的伟大学说提供了有力的证据。

中华人民共和国成立后，又恢复了周口店的发掘。这样把前后的发现计算到内，总共得到了属于 40 多个个体的北京人化石。同时，发现了 10 万件石制品，以及丰富的骨器、角器和用火遗迹。北京人遗址的材料，在全世界发现的同一阶段人类遗址的材料中，是最丰富也是最系统的，为研究旧石器时代早期的人类及其文化提供了宝贵的资料。

2. 北京人洞穴堆积及其地层划分

北京人洞穴的堆积厚达40米以上，自1927年正式发掘以来，只掘去全部堆积的1/3多一点。根据对北京人洞穴40多米堆积的综合观察和研究，这40多米厚的堆积自上而下可分为三大组，共13层，代表着中更新世的早、中、晚三个时代。

第一组（或称C组）包括第1层到第3层的堆积，厚约7.8米，由粗角砾岩及胶结坚硬的粉红色土组成。其中只有第2层出土人的化石、动物化石和石器。人的化石比较零散，动物化石与周口店第15地点出土的有些相似。石器较少，但比较进步。

第二组（或称B组）包括第4层到第10层，厚约21～24米，是整个洞穴堆积的主要部分。第4层（也叫上文化层）是红、黄、黑、炭灰、紫色的细土层。在这层发现了用火烧过的石块、骨块，也发现了石器。第5层是古化石的黑硬灰层，但没有人类文化遗物出土。第6层为角砾岩，出土有化石但石器很少。第7层是深灰色的松沙薄层，其中有云母。动物化石中以野猪最多，鹿次之，肉食动物较少。第8层和第9层（也叫下文化层）为角砾岩层，包含有大量的鹿、马、猪、鬣、狗、犀牛等动物化石，也有人类化石和石器，厚达6米以上，说明北京人曾在这里长期居住过。第10层上部为包含化石的红色土，下部为灰烬。

第三组（或称A组）包含第11层到第13层，厚约6～8米。第11层为含化石的角砾岩层，发现少量石器。第12层为红色砂层。第13层为红色粘土层。这三层出土的石器比较原始，出土的动物化石与周口店第13层地点相似。在整个堆积的底部还发现了不少鬣狗化石，说明在北京人占领这个山洞之前是由鬣狗居住着。

3. 北京人洞穴堆积中出土的动物化石及其所代表的时代

在北京人洞穴堆积中发现了115种动物化石，其中哺乳动物化石占94种。这94种哺乳动物化石可分为三大类。

第1类多出自第11～13层，如中国鬣狗、剑齿虎、居氏大河狸、中国貉、三门马和梅氏犀牛等，代表了上新世和更新世初期的残存种属。

第2类多出自第4～10层，如肿骨鹿、洞熊、纳玛象、披毛犀、斑鹿等，是更新世中期才出现的动物，也是更新世动物的典型。

第3类多出自第1～3层，如狼、熊猫及其小齿类动物。它们是一些最早出现的现代哺乳动物，其中多半是在中更新世较晚一些时候才多见的。

上述三类动物尽管在层位上有区别，但总的来看这三大类动物都是中更新世的动物。因为这儿既看不到下更新世的典型化石，如长鼻三趾马，也没有上更新世的标准东西，如河套大角鹿、王氏水牛。因此，周口店第一地点的堆积时代便被确认为中更新世。据铀系法断代、裂变径迹法断代及古地磁断代，北京猿人的年代为距今约70万年至20万年。北京猿人文化的年代，早期为距今约70万年至40万年，中期为距今约40万年至30万年，晚期为距今约30万年至20万年。

4．北京人的体质特征

在周口店第一地点发现的猿人化石材料之丰富在世界上也是名列前茅的。截止1979年，共发现较完整的头盖骨6块、头骨碎片9块、下颌骨15个、股骨7段、肱骨3段、胫骨1段、锁骨1段、牙齿152颗。这些标本共代表40多个不同性别和年龄的个体。

北京人头骨的最宽处在左右耳孔稍上处，向上逐渐变窄，剖面呈抛物线形。这与现代人头骨的最宽处移到脑颅的中部不同。北京人的头盖骨低平，比现代人约厚二倍。颅顶正中有明显的矢状嵴，头骨后部有发达的枕骨圆枕。额向后倾，并低于现代人。脑量平均为1043毫升（现代人平均脑量为1400毫升），介于猿和现代人之间。眉嵴粗壮，向前突出，左右互相联接。面部较短，吻部前伸，没有下颏。北京人的牙齿，无论齿冠或齿根都比猿类弱小，齿冠的纹理也简单，但比现代人的粗大、复杂。另外，犬齿、上内侧门齿和舌面，有由底结节伸向切缘的指状突；上内侧和外侧门齿的舌面为明显的铲形。北京人的门齿呈铲形，鼻子宽而扁，面孔低而平，下颌骨内面靠前部有下颌圆枕等，表明他们具有明显的现代蒙古人种的特征。

北京人的下肢骨髓腔较小，管壁较厚，股骨髓腔只占骨干最小直径的1/3（现代人占1/2）；胫骨的髓腔更小，显示了其原始性。但在尺寸、形状、比例和肌肉附着点方面都已和现代人相似，说明他们已经善于直立行走。北京人的上肢骨除了髓腔较小管壁较厚外，和现代人的接近程度更甚于下肢骨，说明他们的上肢骨已能进行与现代人相似的活动。北京人的身高从一条比较完整的股骨长度推算，约为1.56～1.57米。

从北京人整个体质形态来看，其四肢已基本上具有现代人的特征，而头骨却带有较多的原始性。因而国外有人认为周口店同时存在着两种人，具有较多原始性的头骨代表的是一种原始人类，而具有进步性较多的肢骨代表着另一种进步人类，否认了人体发展过程中的不平衡性。中华人民共和国成立后，我国的学者根据辩证唯物主义理论，认为在人类进化的过程中，首先是手足分化，两足直立行走姿势的确立，手从支撑中解放出来，从事生产劳动。人的脑髓是在直立行走确立之后，在长期生产劳动的实践中发展起来的。没有劳动就得不到进一步的发展。

5. 石制品

在周口店第一地点，和人类化石一起曾发现过大量的石器及经过人加工过的石片、石核，其数量不过10万件，但其中真正可以称为石器的只占总数的1/10，大部分是石片。北京人石器以细小石器为主要成份，是华北旧石器时代两大文化传统之一，即“周口店第一地点——峙峪系”的主要组成部分。石器的原料有以下几种：脉石英（占78%）、石英岩（占18%）、燧石、水晶、角页岩、蛋白石、砂石都占少量，多半取自龙骨山下的小河河滩。在北京人洞穴的堆积中，上层的燧石石器比下层多，说明北京猿人对石料性能的鉴别力在逐步提高。石器的制法是直接打击法，也有用砸击法和碰砧法制成的石片，还有不少砸击法生产的两端刃器及有敲砸痕迹的砾石。经过第二步加工的石器极少。石器的类型有砍砸器、刮削器、雕刻器、尖状器、石锤和石锥等（图2）。“砍砸器”是挑选扁圆的砂岩或石英砾石，从一面或两面打出刃口制成的，尺寸较大。“刮削器”是用大小不同的石片加工而成的，有盘状、直刃、凸刃、凹刃和多边刃等形状，在石器中数量最多。“尖状器”和“雕刻器”数量不多，制作比较精致，反映了一定的技术水平。石锤和石砧是北京人制造石器的工具。

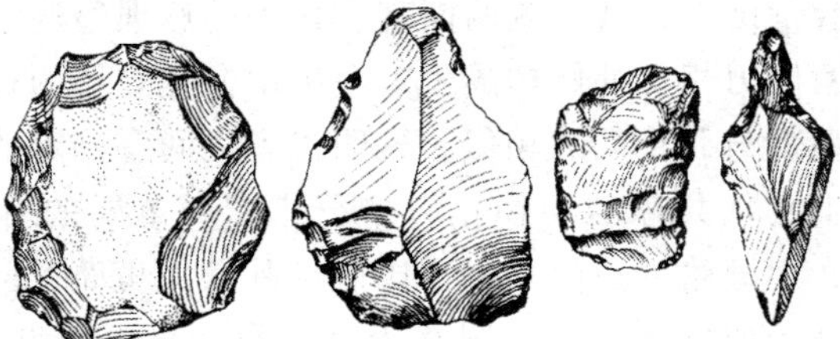

图 2　北京人的石器

1. 盘状砍斫器　2. 砍斫器　3. 矩形刮削器　4. 石锥

6. “骨器”

在北京人的洞穴堆积中，有许多破碎的兽骨，有人认为这是洞顶塌陷时砸碎的；也有人认为这是北京猿人敲骨吸髓的食剩物；还有人认为这是北京猿人的“骨器”。对前两种观点，学者们意见不大，对于后者有些人却不以为然。因此，迄今为止，北京猿人使用“骨器”的问题还没有解决。

在北京人洞穴里的灰烬层中，有许多被烧过的土块、石头、骨头和朴树籽，还有一块紫荆木炭，说明北京猿人已懂得用火。虽然目前无法证明北京人已能人工取火，但他们显然学会了保存火种的方法。

六、金牛山文化

金牛山文化发现于辽宁省营口县田屯村附近的金牛山。1974～1976 年和 1978 年对该遗址的 A、B、C 三个地点进行了发掘，其中 A 点的堆积分上、下两部分。金牛山文化是指下部堆积的遗存。1984 年 9 月，在发掘 A 点洞穴第 6 层时，发现了一批人类化石和用火痕迹。

金牛山文化的人类化石有较完整的头骨（缺下颌骨）、脊椎骨、肋骨、髋骨、尺骨、腕骨等共50余件，属一个刚成年的男性个体。

金牛山文化的石制品用脉石英制成。石核较少，为两极石核，形制与北京人的两极石核相似。石片较多，用锤击法和砸去法打制。石器有刮削器和尖状器，其中刮削器的数量最多，全部用石片制成，有单刃、复刃和半圆形3种，以一面加工为主，也有两面加工修理成刃的。尖状器数量极少，其一侧两面都有较细的修理痕迹，另一侧只稍微加工，于两侧刃相交处修理成尖。金牛山文化石器的打片方法、加工方法或类型都与北京人的相似，说明二者之间有一定的联系。

与金牛山文化共存的动物化石十分丰富，重要的有最后似剑齿虎、变种狼、中国貉、三门马、梅氏鹿、肿骨大角鹿、巨河狸和硕猕猴等。其中最后似剑齿虎和中国貉为第三纪和早更新世的残余种属，肿骨大角鹿是中更新世的典型动物。它们的存在表明该文化的地质时代属中更新世。

在金牛山文化的地层中发现有厚约30厘米的灰烬层，其上还有两处圆形的灰堆。灰烬层与灰堆内有大量烧骨（多为兔类、鼠类和鹿类的肢骨）和烧石，说明当时的人类不仅会用火而且会管理火。

第三节　中国旧石器时代中期文化

旧石器时代中期，人类已由晚期猿人阶段发展到早期智人阶段，大约距今20万年至5万年。在中国境内现已发现的旧石器时代中期文化遗存和早期智人阶段的人类化石地点约有50处，分别发现于北京、辽宁、河北、山西、陕西、甘肃、湖北、广州和贵州等省市，下面我们就较为重要的加以介绍。

一、大荔人及其文化

大荔人化石是1978年在陕西省大荔县解放村附近的洛河第三阶地砂砾层中发现的。1978年和1980年进行了两次发掘，出土物有石器和哺乳动物化石。时代为中更新世末期，大约距今10万余年。

大荔人化石是一个不足30岁男性头骨，除下颌骨外，基本保存完好。其特点是；头顶相当低矮，前额扁平；眉骨粗壮，甚至超过北京人；眉脊上方有一道横沟，沟两端的脑颅前部向内侧缩窄；骨壁很厚，与北京人相近。这些都是直立人原始性的表现。但大荔人吻部不很前突，颧骨细弱，颅骨最宽处在颞骨鳞部后上部而不接近颅底，颞骨鳞部不成三角形，而呈圆鳞状，这些又都是智人进步的特征。脑量为1120毫升，比北京猿人的平均值稍大。总的来说，大荔人的体质特征介于直立人和早期智人之间。大荔人颧骨较朝前，面部扁平，鼻梁不高，鼻根处凹陷不深，额骨正中有一矢状隆起，顶骨和枕骨之间夹着一块小的三角形的“印加骨”，表现出与现代黄种人相近的一些特点。

和大荔人同出的石制品约500多件，大多数是石片和石核，但器形较小，长度不足4厘米，重量小于20克，其中石器约占30%。原料是当地砂砾层中的石英石和燧石。制法以锤击法为主，偶尔用砸击法。器型以刮削器为主，尤为凹刃刮削器数量最多。其次为尖状器，还有少量的雕刻器和石锥。大荔人用锤击法修理石器，多向背面加工，但相当粗糙。大荔人的石器在类型和修理方法上与北京人有许多相似之处，说明二者关系密切。

另外，与大荔人伴生的动物化石有古菱齿象、肿骨大角鹿、驼鸟等十余种。草木植物有蒿、菊、藜等。针叶树种有松、柏、云杉等，但没有阔叶树种，说明当时的气候已不如北京人时期那样温暖、湿润。

二、许家窑人及其文化

许家窑人于1973年在山西省阳高县许家窑村和河北省阳原县侯家窑村之间发现。1974～1975年中科院古脊椎动物与古人类研究所发掘。与人类化石同时出土的有大量石制品，许多骨、角器，还有丰富的哺乳动物化石。地质时代为中更新世末或晚更新世初，距今约10万年。

许家窑人的化石近20件，包括三件完整的顶骨，两件枕骨，一件附着牙齿的左上颌骨和一些单独的牙齿，一些骨骼的残片，分属于十多个不同的个体。其特征是：头骨相当厚，达到了北京人的平均值。顶骨曲率比北京人的大。脑面动脉沟后枝比前枝长，但比北京人的细且分叉复杂。枕骨圆枕位置较高，但不如北京人的那么突出。枕骨曲率比北京人的大。枕外隆凸点之间的距离比北京人小。大脑窝比小脑窝大，但不及北京人的明显。上颌骨粗壮，外壁不平，前鼻棘清楚，吻部前倾程度中等，不象北京人的那么显著地向前凸起。下颌枝低而宽，后缘较直，下颌角比现代人的小。牙齿粗大，齿冠嚼面纹理复杂，和北京人的很相象。

许家窑人文化以石制品和骨、角器为代表。已发现石制品1.4万余件，包括石核、石片和石器，其中石器约占20%，石器的原料主要是石英、燧石和石英岩。器型有各种形式的刮削器、雕刻器、石钻、砍砸器、石球等。其中刮削器占石器总数的55%，石球占36%左右。目前已发现石球1079个，其中最大的直径达100毫米以上，最小的50毫米以下。从石器的外表就可清楚地看到石球制作工艺的全过程。除石球外，其他石器器形较小，加工精细，加工技术和基本类型与北京人十分相似，但存在一些进步的成份，如原始棱柱状石核、圆头刮削器、尖状器和短身圆头刮削器，是北京人文化中所没有的。

许家窑人具有较多的原始性，而许家窑人文化在某些方面却有较进步的性质，对于这一人类进化与文化发展的不平衡现象，目前还没有作出完满的解释。

三、丁村人及其文化

丁村遗址位于山西省襄汾县丁村。1954年中科院古脊椎动物研究所和山西省文物管理委员会由贾兰坡主持进行了发掘。遗址中出土有属早期智人阶段的丁村人牙齿化石和以三棱大尖状器为突出特征的文化遗物。地质时代属晚更新世早期。1961年国务院公布为全国重点文物保护单位。

1. 人类化石

丁村人化石包括三枚牙齿。一为上内侧门齿，一为上外侧门齿，另一为下第二臼齿，全是右侧的，属同一个体。两枚门齿舌面呈铲形，有明显的舌面突隆和指状突，和北京人的门齿相近，但不如北京人的复杂。齿冠和齿根都比北京人的细小，与现代蒙古人种没有明显不同。下第二臼齿的齿冠和齿根远比北京人的细小，齿冠的相对高度远比北京人的为大，咬合面的纹理不如北京人的复杂，说明丁村人的臼齿比北京人的进步，但比现代人的原始。丁村人是介于北京人与现代人之间的人类，由于其出土层位较早，故把它归入早期智人阶段。

2. *动物化石*

在丁村各地点共发现哺乳动物化石 28 种，大部分为生活在森林、山林和水中的种类。例如，在砂砾层中发现了鲤鱼、青鱼、鲩、鲶、鲇等鱼类化石，还有大量软体动物的介壳化石，其中最引人注目的是一种大型蚌壳。这些种类代表湿润、温暖的气候，也说明汾河的水势当时相当大，丁村人过着采集和渔猎的生活。

3. *石制品*

在丁村各地点共发现石制品 2000 多件，以石片和石核为最多，具有加工痕迹的石器只占 6.6%，石制品的原料绝大多数为角页岩，约占整个石制品的 95%，其次为燧石、石灰岩。石器分石核石器和石片石器两种，以后者为主。石核石器有砍砸器、手斧、石球三类。其中砍砸器是用交互打击法加工而成的，与北京人单面打击加工的不同。手斧只是一件采集品。石球是用石锤打击而成的。石片石器有砍砸器、厚尖状器、小尖状器和刮削器。其中，石片砍砸器多是一面打击制成的，刃比较薄。厚尖状器用石片制成，分为较厚的三棱大尖状器和较薄的鹤嘴形尖状器两种。丁村文化中最富有特征的器物是三棱大尖状器，因首次在丁村发现，因而又叫“丁村尖状器”。小尖状器用较薄的石片制成，个别刃缘打制得相当平齐，反映出丁村人较高的石器制作水平。

另外，1976 年以来，山西省考古所等单位发现的一件幼儿顶骨化石和两种新的不同于丁村文化的旧石器时代遗存，扩大了人们对汾河流域旧石器文化的认识，同时也为探索华北古文化的来龙去脉和建立文化序列提供了重要资料。

四、长阳人

长阳人的化石是 1956 年在湖北省长阳县西南下钟家湾村一个叫作“龙洞”的石灰岩洞穴中发现的。

长阳人化石包括一件不完整的上颌骨（仅保留着第一前臼齿和第一臼齿）和一颗单独的左下第二前臼齿，其中上颌骨一方面保持了其原始性质，如梨状孔的下部较宽，鼻腔底部不如现代人那样凹；另一方面又有许多与现代人相近的进步性质，如颌的倾斜度没有北京人的显著，鼻棘较窄而向前，上颌窦前壁向前扩展超过第一前臼齿，颚面凹突不平等。牙齿相当大，咬合面纹理复杂。齿冠较低，齿根很长，下第二前臼齿的齿根有两个分枝。从整体看，长阳人比北京人进步。

与长阳人化石共存的动物化石有豪猪、竹鼠、古豺、大熊猫、最后斑鬣狗、东方剑齿象、巨貘、中国犀等，均属华南洞穴中常见的“大熊猫—剑齿象动物群”成员。还有以竹为食的竹鼠、大熊猫，说明当时这里有大片竹林，也说明这里的气候是温和湿润的。

长阳人化石的发现与研究，不仅在古人类学和考古学研究上具有重要价值，而且对第四纪地质学的研究有重大意义。同时，由于长阳人化石和动物群共存，长阳人又具有比北京猿人进步的体质特征，推翻了学术界曾把“大熊猫—剑齿象动物群”的时代限定在更新世的错误，从而证明了这一动物群的时代可以延续到晚更新世。

五、甘肃省庆阳地区旧石器时代中期地点

庆阳地区是中国最早发现旧石器的地区。1920 年，法国古生物学家桑志华在庆阳县城北（今华池县境）的黄土层及底部的砾石层中首次发现旧石器。60 年代以来，又陆续发现了姜家湾、寺沟口等旧石器时代中期遗址。

姜家湾遗址和寺沟口遗址，位于镇原县的蒲河西岸。文化遗物主要是石器。在姜家湾采集到石制品 39 件，包括杏仁状石核、龟背状刮削器、复刃刮削器、砍砸器和石球等；在寺儿沟采集到 9 件石制品，以白色石英岩尖状刮削器和交叉加工的盘状器修制最好。此外，在姜家湾还发现了 1 件有人工痕迹的鹿角。这两处遗址出土的动物化石有披毛犀、大角鹿等，地层剖面和丁村第 100 点相似，因而时代定为旧石器时代中期。

第四节 中国旧石器时代晚期文化

旧石器时代晚期，早期智人进化到晚期智人（新人），大约距今5万年至1.2万年。在我国有20个省、市、自治区发现了旧石器时代晚期的文化遗存或现代智人化石。

一、柳江人

柳江人化石是1958年在广西壮族自治区柳江县通天岩旁的一个洞穴中发现的。根据对所发现的动物化石和人类化石的综合研究，证明这个洞穴是更新世晚期形成的。

和柳江人共同出土的动物化石有：大熊猫、东方剑齿象、巨貘等华南“大熊猫——剑齿象动物群”成员的化石。

柳江人的化石包括一个头骨（无下颌骨）、两段股骨，还有髋骨、骶骨和椎骨。其中，股骨可能属于女性，其余都同属于一个中年男性个体。柳江人是现代智人，与现代人相比较，还有若干原始性，如头骨没有现代人那么高，额比现代人低平，股骨髓腔小。另外，头型属中头型，颧骨高，鼻骨低宽，门齿舌面呈铲式等，这些都是现代蒙古人种所具有的特征，说明柳江人属蒙古人种。柳江人所处的地质时代比山顶洞人和资阳人早，因此，柳江人代表蒙古人种的一种早期类型，它是中国以至整个东亚迄今所发现的最早的晚期智人化石。

二、河套人及其文化

萨拉乌苏遗址是1922～1923年，由法国古生物学家桑志华和德日进首先发现并进行发掘。其中采集品中的一颗八、九岁幼童的左上外侧门齿化石被加拿大解剖学家步达生定名为“鄂尔多斯牙齿”，20世纪40年代裴文中将其译为“河套人”，该文化故名“河套文化”。萨拉乌苏遗址是中国境内最早发现和研究的两个旧石器遗址中的一个。其地质时代为晚更新世，距今约5万年至3.5万年。

“河套人”化石共发现23件。出自原生地层的有额骨两件，枕骨、下额骨、肩胛骨、胫骨各1件。河套人体质特征已很接近现代人，但头骨骨壁很厚，骨缝较简单，下颌体较粗壮，颏孔位置偏低，股骨骨壁很厚，髓腔很小，说明仍保留着一些原始性状，属于晚期智人。“河套人”门齿内面呈铲形，枕鳞上方有顶间骨，说明“河套人”与现代蒙古人种接近。

与河套人共出的动物化石有诺氏古菱齿象、野驴、野马、披毛犀、普氏羚羊、河套大角鹿、原始牛、王氏水牛、诺氏驼等。另外，出土了许多大型食草动物和啮齿类、鸟类的碎骨，它们与石器、炭屑共生，是河套人的“庖厨垃圾”。

河套人的石制品共500多件。原料多为石英岩和燧岩，其中石器占很大比例，并以细小为其特征，不见两极石核、两极石片。制法是锤击法。器形有刮削器、钻具、尖状器和雕刻器等。其中刮削器数量最多，种类最复杂。

在过去，曾将萨拉乌苏和宁夏水洞沟的人工制品合称“河套文化”，但最近的研究表明，水洞沟不仅年代较晚，而且石制品尺寸大，技术风格另具特色，不宜再将萨拉乌苏和水洞沟看作同一文化。

三、峙峪文化

峙峪文化是1963年在山西省朔县城西北峙峪城附近发现的。同年由中科院古脊椎动物和古人类研究所发掘。地质时代属晚更新世，距今约28945 ±1370和28135 ±1330年。时代早于山顶洞而晚于丁村。

遗址的地层堆积，上部为晚更新世，下部为二迭纪含煤地层。上更新世的地层由上至下为马兰黄土层、白砂层、文化层和砂砾层。

动物化石中的灭绝种有披毛犀、河套三角鹿、王氏水牛、斑鬣狗等。动物群中有蹄类占的比例最大，如蒙古野马、野驴、普氏小羚羊、鹅喉羚、诺氏驼等，代表一种比较干燥的草原环境。当时的气温较现在低且干旱。

文化遗物有石器、骨器和装饰品。石器的原料有脉石英、石英岩、硅质灰岩、燧石和火成岩等。制法既沿用北京人文化的某些传统技术，如用砸击法生产两极石核、两极石片，还掌握了较进步的制作技术，如用间接法打制小石叶。器型主要是小型的，以尖状器、雕刻器和刮削器数量最多。刮削器形制复杂，有圆头、盘头、双边刃和单边刃等类型。其他如扁形石核、斧形小石刀和石链，制作十分精致，虽数量不多，但在研究细石器工艺的发生上具有重要意义。石镞的出现，表明当时人们已掌握了弓箭，狩猎技术获得了长足发展。斧形小石刃等复合工具的使用，也显示了峙峪文化的进步性质。

另外，还发现一件由一面穿孔而成的石墨装饰品，一件骨制尖状器和一些刻画痕迹的骨片。

四、山顶洞人及其文化

山顶洞人遗址是1930年在北京周口店龙骨山北京人遗址顶部的山顶洞发现的。1933～1934年进行了发掘，与人类化石一起出土了石器、骨角器和穿孔饰物，并发现了中国迄今最早的埋葬。

1. 洞穴和出土物

山顶洞分为洞口、上室、下室和下窨四部分。洞口高约4米，下宽约5米，口朝北。上室南北宽约8米，东西长约14米，位于洞穴的东半部。在上室地面中间发现一堆灰烬，底部的石钟乳层面和洞壁的一部分被烧炙，说明上室是山顶洞人居住的地方。同时，在上室堆积层中发现婴儿头骨碎片、骨针、装饰品和少量石器。下室深约8米，位于洞穴的西半部稍底处。在下室发现了三具完整的人头骨和一些躯干骨，人骨周围散布有赤铁矿粉末及一些随葬品，说明下室是墓地。下窨在下室深处，是一条南北长3米，东西宽约1米的裂隙。在下窨发现许多完整的动物骨架，据推测在人类入居之前这里是个天然“陷阱”。

2. 动物化石和年代

在山顶洞堆积中发现的脊椎动物化石共54种，其中哺乳动物有48种，大多数属华北、内蒙古和东北地区的现生种，如虎、洞熊、狼、似鬃猎豹、果子狸、牛、羊、野兔、北京斑鹿等。绝灭动物只有洞熊，最后斑鬣狗和驼鸟3种，仅占动物总数的12.1%。因此表明山顶洞的地质时代是晚更新世末，距今约18865±420年。

3. 人类化石和种族

山顶洞的人类化石共代表8个不同的个体。其中5个成年人，1

个少年，1个5岁的小孩，1个婴儿。其体质特征是：头骨的最宽处在顶结节附近，鼻骨较窄，有鼻前窝，颧骨突出并且较直，齿冠较高，下颌前内曲极为明显，下颌突出，有下颌圆枕，脑量达1300～1500毫升，这些特征都与现代或化石的蒙古人种相近，表明山顶洞人代表原始蒙古人种。

4．文化遗物

山顶洞人的文化遗物有石器、骨角器和装饰品。石器数量很少，总共25件，且不具代表性。砍砸器只有3件，用砂岩砾石打制而成。刮削器都是用燧石或脉石英石片制成的，其中一件凹刃刮削器制作比较精致。骨角器中最有代表性的是骨针，除针孔残缺外，其它部分保存完好。针身残长82毫米，微弯，刮磨得很光滑，针孔是用小而细锐的尖状器挖成的，这是中国发现的最早的旧石器时代的缝纫工具。此外，还有一件赤鹿角，枝叉被截去，表面经过刮磨，尖头残缺，可能是做矛头使用的。装饰品很丰富，有穿孔的兽牙、海蚶壳、小石珠、小石坠、鲩鱼眼上骨和刻沟的骨管等。其中穿孔兽牙最多，共125枚，除一枚虎门齿外，均在牙根部位两面对挖成孔。孔眼已磨光变形，这是长期佩带的结果。其中五件出土时呈半圆形排列，可能是成串的项饰。穿孔海蚶壳三个，在铰合部以下处磨穿成孔。制作得最为精巧的是七颗小石珠，孔眼由一面钻成，珠表面被染成红色，散布在头骨附近，可能是头饰。石坠是用天然的椭圆形黄绿色岩浆岩小砾石制成，其中一面经人工磨过，在中央对钻成孔。还发现一件鲩鱼的眼上骨和四件骨管。前者在边缘处钻一小孔，局部染成红色，后者用鸟骨制成，管体光滑，有磨擦痕迹，表面有短而深的横沟，多少不等但排列一致，显然是为了接系其它饰物特意刻出来的。这一切足以表明山顶洞人已熟练地掌握了一面直穿和两面对钻的钻孔技术，同时，也掌握了磨制技术来制造装饰品，为以后新石器时代磨制工具的出现打下了基础。另外，山顶洞人还懂得用赤铁矿粉染色的方法使得装饰品更加鲜艳美观。总之，钻孔和染色技术都是以前时期所没有的，这些新技术的运用显示出人类生产技能的提高，生活内容的更加丰富。骨针的出现，意味着山顶洞人已会缝纫。装饰品的出现，表明山顶洞人已有了审美观念。将死者埋入下室，表明山顶洞人已有了原始的宗教信仰。

五、甘肃省庆阳地区旧石器时代晚期地点

甘肃庆阳地区的巨家塬、楼房子、刘家岔和黑土梁遗址是20世纪60年代以来陆续发现的旧石器晚期遗址。

巨家塬遗址位于庆阳县城南，其中最具代表性的石制品是雕刻一尖状器。楼房子遗址位于环县城南的合道川附近，以三棱尖状器最具代表性。以上两处遗址属于旧石器时代晚期的较早阶段。刘家岔遗址位于环县城西，发现二件有人工痕迹的鹿角。动物化石有野马、披毛犀、河套大角鹿、羚羊、原始牛、虎、鸵鸟等十四种。石制品发现一千多件，其中经第二步加工的石器有487件。器形有尖状器、刮削器、砍砸器、雕刻器和石球等。其中，刮削器占85%，刃口陡厚，器形较小。尖状器加工比较精细。黑土梁遗址位于镇原县西南的洪河上游，在这里采集到11件石制品，其中以石球和凹刃刮削器加工最好。动物化石有披毛犀等。

六、青藏地区旧石器时代晚期文化

青藏地区发现的旧石器时代地点有青海省的霍霍西里、西藏地区的定日和申扎。

霍霍西里地点位于青海省霍霍西里西南曲水河的河岸上。1956年在这里采集到5件石器。器形有石核、刮削器和砍砸器。其中石核上有打片痕迹，但大部分保留着砾石面；刮削器是利用一面保留砾石面的石片制成的，边缘加工成凸刃。砍砸器由砾石的一面加工成刃，其余部分不加修理以便于手握。

定日地点位于西藏自治区定日县东南10公里的苏热山南坡热久藏布河的阶地上。共采集到石制品40件。石料以片麻岩为主，石英砂岩次之，有少量石英岩。剥制石片采用锤击法。石器器型有刮削器和尖状器，以刮削器的数量最多。刮削器分一边加工的长边刮削器和相邻两边加工的复刃刮削器。尖状器只有2件，具有两边修成的粗短钝尖。

申扎地点位于西藏自治区申扎县雄梅区珠洛河畔和色林错东南。珠洛河畔共采集到石片石器14件，特征是石片厚大，质料为角页岩。器型有长边刮削器、圆头刮削器、双边刮削器和尖状器等。器形比较固定，具有典型性。色林错东南共发现石器20多件，质料为燧石。打片使用锤击法。器形有刮削器和尖状器，其中以长石片制成的端刃刮削器最具有代表性。

青藏高原过去被认为不适于远古人类居住，但近几十年的发现说明，从旧石器时代晚期起，这里已有人类活动。同时，这里的椭圆形长边刮削器、长条形圆头刮削器和纯尖的尖状器等，在华北地区旧石器时代晚期的遗址中也屡有发现，从而表明在旧石器时代晚期青藏高原和华北可能就有着一定的文化联系。

第三章　新石器时代

第一节　概　论

大约距今 1.2 万年左右，更新世结束，全新世开始，旧石器时代向新石器时代过渡。新石器时代是继旧石器时代之后的一个历史时期，它以农业、家畜饲养业和磨制石器的产生为主要标志。

一、关于中石器时代

“中石器时代”作为旧石器时代和新石器时代之间的过渡阶段，其地质时代为全新世早期，属冰后期。这时的人类仍然过着采集、渔猎的经济生活，农业和畜牧业还没出现。工具以打制石器为主，有少量琢制石器，磨制石器尚未出现。在欧洲的中石器文化（阿齐尔文化和塔德努瓦文化）中一般都将间接打击法制作的“细石器”作为其主要的生产工具。在中国，“细石器”在北方荒漠草原地区只能代表旧石器向新石器过渡的一种形式，至于中国有无“中石器文化”，考古学界的意见尚不一致。但从近几十年所公布的考古资料来看，旧石器时代向新石器时代过渡并非一种形式，而且它们之间的时间间隔是很短的。所谓“中石器文化”只能作为某些特定地区的一种“石器文化”，而不能作为世界各个地区普遍存在的一种石器文化。所谓“中石器时代”也不是世界上所有地区都出现的统一考古时代。

二、中国新石器时代文化的分期

在过去，考古学界将磨制石器、制陶业、农业和家畜饲养业作为新石器时代文化的四个基本要素。将许多未出现陶器，而农牧业和磨制石器已出现的时代都归属于所谓“中石器时代”。近年来，随着世界各地石器时代遗址发掘的增多和考古研究的逐步深入，证明在新石器时代陶器还没有出现的时候就存在着一个早期阶段，称“前陶新石器时代”或“无陶新石器时代”。这样，对于新石器时代的分期，不仅要考虑石器、陶器等文化遗存的发展变化，而且也应把农业和家畜饲养业及发展变化作为新石器时代分期的一个依据。

根据新石器时代石器、陶器等文化遗存的发展变化以及经济生活的变革，中国新石器时代可分为早期、中期和晚期三个发展阶段。

1. 早期阶段

新石器时代早期阶段大约距今 11000 年至 7500 年，可分为前、后两期。前期为前陶新石器时代，遗址有广东省阳春县独石仔，广西壮族自治区柳州白莲洞第二期文化，贵州省平坝县飞虎山洞第二文化层，陕西省大荔县沙苑，青海省贵南拉乙亥，山西省怀仁县鹅毛口，内蒙古自治区哲里木盟扎鲁特旗南勿呼井、科尔沁右翼中旗嘎查等，主要集中于中国的华南地区和黄河中上游地区。后期为有陶新石器时代，即陶器的盟芽时期，遗址有广东翁源青塘几处洞穴遗址，潮安石尾山，广西壮族自治区柳州市大龙潭鲤鱼嘴第一期文化，江西省万年县仙人洞第一期文化等。

新石器早期的石器以打制为主，磨制石器的数量很少，并且磨制石器只是局部磨光，通体磨光的石器罕见。石器中出现砍伐器、石斧、石锛、石磨盘和石磨棒等农业生产工具和农作物加工工具。

新石器时代早期的陶器，烧造火候低，质地粗疏，吸水性强。器形为圜底器和平底器，不见三足器和圈足器。华南地区的陶器大多为夹砂绳纹陶。

新石器时代早期的农业为一种“砍倒烧光”的“火耕农业”，其特点是不翻土耕种，只是在播种前将野外的树木砍倒、晒干、烧光，尔后播种或挖穴播种。家畜饲养业以羊、牛之类的食草动物为主，猪的数量很少。

2. 中期阶段

新石器时代中期阶段大约距今 7500 年至 5000 年左右，可分为前后两期。前期有黄河中上游地区的磁山·裴李岗文化、大地湾文化；东部沿海地区的北辛文化、河姆渡文化和马家滨文化早期；长江中上游地区的前大溪文化等。后期有黄河中上游地区的仰韶文化；东部沿海地区的马家浜文化、河姆渡文化晚期、大汶口文化早期和长江中下游地区的大溪文化等。

新石器时代中期的前期和后期的陶器制作水平是不同的。前期和后期相比，陶器的制作水平虽有一定的进步，但仍保留有许多原始性。陶器以夹砂陶为主，泥制陶数量较少，制法为手制，陶胎较厚且厚薄不均，器形不规整，常有歪扭现象，还以圜底器和平底器为主，并出现少量的三足器和圈足器。后期陶器的制作水平有了明显的提高，夹砂陶的比例下降，泥质陶的比例上升，并普遍出现慢轮修整口沿的技术。形制比较规整，胎体厚薄均匀。器形有圜底器、平底器、圈足器和三足器等，新出现了尖底器。

新石器时代中期的石器以磨制的为主，打制石器所占的比例很少。磨制石器从局部磨光已发展到通体磨光，并且普遍出现穿孔石器。器形有石斧、石锛和数量较多的石铲、石耜、石锄等翻土工具。

新石器时代中期的农业已从火耕农业发展到锄耕农业阶段，其特点是翻土耕种，熟荒耕作。在黄河流域普遍种植的农作物是粟，在长江流域则以水稻为主，说明当时长江流域已进入到灌溉农业阶段。此时，在农业发展的基础上，猪已成为一种主要家畜。

3. 晚期阶段

新石器时代晚期距今大约5000年至4000年，也可分为前、后两期。属于前期的有黄河中上游地区的庙底沟二期文化、马家窑文化晚期；长江中下游地区的屈家岭文化；东部沿海地区的大汶口文化晚期、薛家岗文化晚期、崧泽文化等。属于后期的有黄河中上游地区的后岗二期文化、客省庄二期文化、齐家文化；长江中上游地区的青龙泉三期文化和东部沿海地区的龙山文化、良渚文化等。

新石器时代晚期的陶器制作水平有了长足的进步。陶器几乎都以灰、黑陶为主，中期阶段盛行的彩陶到晚期阶段趋于衰落，轮制法在前期已经出现，但不普遍，到后期各文化系统中则普遍使用轮制。器形规整、浑圆，胎壁薄，造型美观。龙山文化的蛋壳陶则是这期陶器中最杰出的作品。器形中新出现了斝、鬲、鬶、甗等为代表的袋足类炊器。

新石器时代晚期的石器磨制精致，器形变小，穿孔石刀、石镰等收割工具最为常见，说明各地区都在广泛使用。有段石器和双肩石器是中国东南沿海地区最富特征的器形。三角形穿孔石犁、耘田器是太湖流域最富特征的生产工具。太湖流域的良渚文化和粤北地区的石峡文化的墓葬中则普遍发现玉琮、玉璧、玉瑗和玉斧等具有礼器性质的随葬品。

新石器时代晚期，黄河流域、长江流域和华南地区的农业已进入到发达的锄耕农业阶段。中国北方荒漠草原地区在整个新石器时代，农业经济一直处于不发达状态，以渔猎经济为主。到新石器时代晚期，狩猎经济逐渐向游牧经济过渡。

三、关于铜石并用时代

铜石并用时代也叫金石并用时代或红铜时代，属于新石器时代到青铜时代的过渡时期。这一时期人们使用红铜（纯铜）工具，已掌握铜的冶炼技术，用冷锻或铸造法制作红铜器。但由于纯铜（红铜）质软且比较珍贵，因而不能取代石器，石器仍然是主要的生产工具，铜器只用来制作小型的手工工具和饰物。在铜石并用时代，农业有了长足的进步，出现了灌溉。手工业方面快轮制陶十分普遍，并且这一时期出现了地区之间的贸易，也是原始国家——城邦形成的时期。

西亚是世界上最早进入铜石并用时代的地区。中国黄河上游的马家窑文化和齐家文化中既有红铜器，又有青铜器，因此，中国有无经历过铜石并用时代，中国是否可以将铜石并用时代作为独立的考古时代，学术界尚未取得一致的意见。

第二节　黄河中上游地区

中国迄今已发现的新石器时代遗址有 7000 多处，已命名为考古学文化的有数十种。这些遍布全国各地的新石器时代遗存，其分布范围、文化内涵和起迄年代各不相同，有些在生产经济方面也呈现出较大的差异，从而在一定地域内先后产生出几支新石器文化，往往形成自身的发展序列。这是形成不同文化区系的根本原因。

中国新石器文化系统的划分比较复杂。根据现有资料，大体可以划分为以下几个大的区系：黄河中上游地区；长江中上游地区；东部沿海地区；辽河流域；华南、西南地区；北方荒漠草原地区等。

黄河中上游地区的新石器文化，大致可以分为四个小的文化区系：(1) 渭河流域、豫西和晋南地区；(2) 豫中及其周围地区；(3) 冀中、冀南和豫北地区；(4) 甘肃中部和青海东部地区。

渭河流域、豫西和晋南地区

该地区的文化发展序列为：大地湾文化（或称老官台文化）→仰韶文化→庙底沟二期文化→客省庄二期文化（关中地区）和三里桥二期文化（豫西北和晋西南地区）。山西汾河中下游地区的新石器晚期文化以“陶寺类型”最具特征性，它与豫西和晋南地区的新石器晚期文化有一定的区别，它的早期相当于庙底沟二期文化，晚期相当于三里桥二期文化。

一、大地湾文化

大地湾文化（或名老官台文化），主要分布在渭水流域及丹江上游地区。主要遗址有甘肃秦安大地湾、陕西宝鸡北首岭、华县老官台和元君庙等。

大地湾文化的石器以打制的为主，器形有刮削器、敲砸器、石核等。磨制的比较少，一般只在刃部磨光，通体磨光的很少。不见穿孔石器。主要器形有石斧、石刀、石铲、石凿等。骨器有镞、鱼镖、锥等。陶质工具有用陶片改制的纺轮。

陶器以夹细沙红陶和褐陶为主，泥质红陶、灰陶和黑陶数量很少。由于火候不高，受热不均，陶质疏松，陶色不纯正，有的陶器出现内壁黑外壁红的现象。制法为手制和模制。器形以三足器和圈足器为主，圜底器和平底器次之。常见的器形有三足钵、圜底钵、圈足碗、假圈足碗、三足筒状罐、小口圆腹壶等。纹饰简单，三足器多为网状交叉绳纹，碗的口沿下往往饰锥刺纹一周，三足钵和圜底钵的口沿上大多饰红色宽带。此外，还有少量划纹、线纹、锯齿纹和附加堆纹等。

房屋仅在大地湾遗址中发现了三座圆形半地穴式建筑。面积五、六平方米，有斜坡式门道，不见灶坑，柱洞向中心倾斜，说明是一座简陋的窝棚式房屋。

大地湾和北首岭遗址发现的墓葬都有比较集中的墓区，形制为长方形土坑竖穴，有合葬和二次葬现象。随葬品一般只有陶器等三、四件，最多十几件。大地湾有随葬猪下颌骨的现象。大地湾文化可分为早、晚两期。早期为大地湾一期文化，晚期为北首岭下层。其文化时代属新石器时代中期，距今大约为7200～6300年，延续了900年左右。

在北首岭遗址中，大地湾文化和仰韶文化也有一定的承袭关系。这说明仰韶文化的半坡类型晚于大地湾文化，是由大地湾文化发展而来的。

二、仰韶文化

仰韶文化因最早发现于河南省渑池县仰韶村而得名。其分布的中心地区在渭河流域、豫西和晋南地区。因其内涵的差异，该文化又可分为四个先后相承袭的类型：半坡类型→史家类型→庙底沟类型→西王村类型（或叫半坡晚期类型）。这四种类型的代表遗址分别是陕西省西安市半坡村、渭南市史家、河南省陕县庙底沟、山西省芮城县西王村等。

仰韶文化的石器有打制和磨制两种。其中，半坡类型的石器以磨制为主，但制作比较原始，加工的部分主要在刃部，器形主要有斧、铲、锛、刀、凿、磨盘和磨棒等。打制石器均采用直接打击法，制作粗糙。到史家类型磨制石器增多，并出现少量穿孔器。西王村类型的石器大多通体磨光，钻孔石器较为普遍，几乎不见打制石器。

仰韶文化的陶器主要有泥质红陶和夹砂红陶两种，一般采用泥条盘筑法。其中，半坡类型的陶器皆为手制，器形多圜底器、平底器和尖底器，缺少三足器和圈足器（图1）。典型器形有尖底瓶、细颈壶、

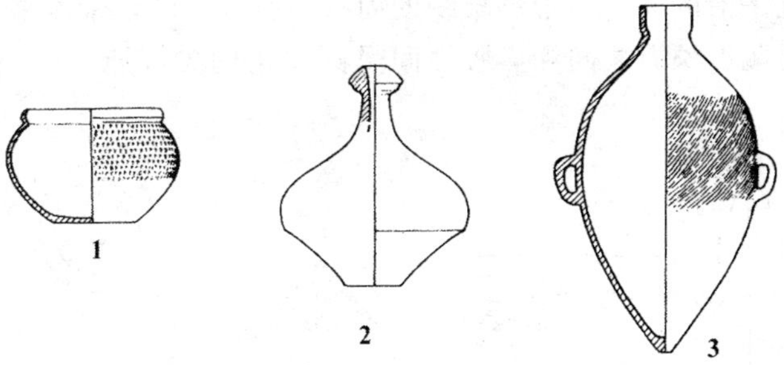

图 1　半坡类型的陶器

1. 罐　2. 蒜头壶　3. 小口尖底瓶

红顶碗、红顶钵和彩陶盆等。纹饰有绳纹、线纹、锥刺纹和指甲纹等。彩陶总量较多，常见的纹饰有宽带纹、平行条纹、三角纹、网纹、鹿纹、人面纹、鱼纹和由鱼纹演变而来的各种图案，其中人面和各种鱼纹是最具特色的彩纹。宽带纹施于器表，其他纹饰多施于器皿的内壁。彩陶图案多用彩色直接表现，线条一般是直的，很少用弧曲线条。彩绘多用黑色，很少用红色。值得注意的是，半坡类型的陶器上往往有刻画符号，加上其他遗址的共 52 种，其中某些符号，如“|”、“↑”、“↿”、“↾”、“∧”、“×”等，在半坡、姜寨、李家沟等遗址中均有出现，间隔距离达 100 公里。在这样大的范围内使用相同的符号，说明这些符号在不同氏族内有着相同的涵义。史家类型的陶器出现少量泥质灰陶。已出现慢轮修整口沿的技术。器表多素面磨光，纹饰和半坡相同。彩陶数量较少，纹饰有窄条、宽带、弧线、圆点等组成的各种图案，以及人面纹、鱼纹和鸟纹等。新出现了带盖直沿敛口鼓腹平底罐、高直领罐、敛口钵和葫芦瓶等（图 2）。庙底沟类型的陶器以泥质红陶的数量最多，慢轮修整口沿相当普遍。彩绘多施于细泥红陶器的外壁腹部和口沿上，无内彩。器表打磨光亮，有一部分施红衣或白衣（图 3）。到西王村类型时期，陶器以泥质红陶和夹砂红陶的数量最多，泥质灰陶和夹砂灰陶次之，泥质黑陶最少。制法出现模制，但还以手制为主，口沿轮修已相当盛行。纹饰以绳纹最多，篮纹和附加堆纹次之。彩陶很少。新出现的器形有敛口曲腹平底

碗、钵、宽平沿的盆、条带形堆纹的筒状深腹罐、敞口带流罐、喇叭口束腰尖底瓶、颈肩之间和肩腹之间呈圆折角的尖底瓶（尖底圆钝）等（图 4）。

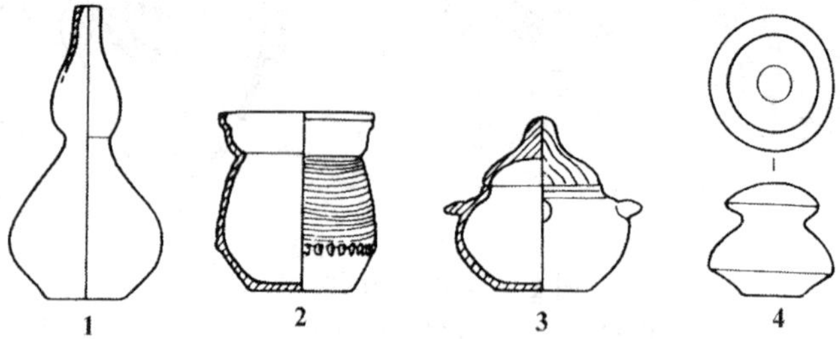

图 2　史家类型的陶器

1. 葫芦瓶　2. 罐　3. 四鼻罐　4. 壶

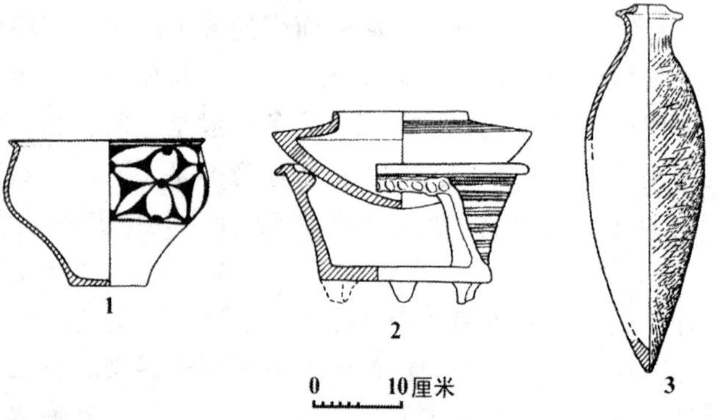

图 3　庙底沟类型的陶器

1. 彩陶盆　2. 釜和灶　3. 小口尖底瓶

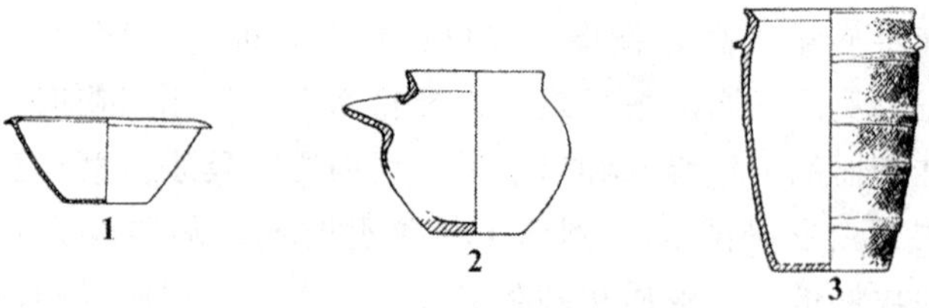

图 4　西王村类型的陶器

1. 盆　2. 带流罐　3. 瓮

仰韶文化的房屋，在半坡类型大多为半地穴式的四面坡式建筑，只有少数是平地起建。形制有方形和圆形两种。大多数房屋都有一个门道。正对门道的房屋中部有一个小坑，以保存火种。到庙底沟类型时期，地上建筑增多，新出现长方形形制的房屋。屋顶构成呈人字形。有的房屋内部有一排木柱，说明这种房屋已开始分间，中间以间架为单位的古典木构框架体系已开始出现。柱洞的底部，一般是垫一层粘土夯打结实，有的加垫陶片、石片或完整陶器的底部，这些加垫物已起柱础的作用，是柱础的前身。西王村类型时期，房屋的营造技术有较大进步，地上木构建筑较多，房屋面积较大，分间房屋比前期增多。有的大房屋已呈现出“前堂后室”的布局。

仰韶文化的墓葬，在半坡类型分为土坑墓和瓮棺葬两种。土坑墓分布在氏族公共墓地内，排列整齐，葬式以单人仰身直肢葬为主，有一定数量的多人二次合葬和同性合葬，还发现男女分区合葬。瓮棺墓除个别为成人二次葬外，绝大多数埋葬幼儿，葬具一般都是一个夹砂红陶瓮上扣一个泥质红陶钵或盆，盆和钵上往往钻一个小孔，这是一种原始的宗教观念，可能是为幼儿的“灵魂”出入的。此外，在半坡遗址的墓葬中还发现断肢和断指的现象。史家类型的墓葬大多数为多人异性二次合葬，墓坑大多数为土坑竖穴，形制为方形圆角或长方形圆角。头向大多数为头西面东，少数头东面西。人骨头部和下肢骨上涂有黑色颜料。随葬品很少，大多为三、四件实用陶器，个别墓为一、二件生产工具。到庙底沟类型时期，同性合葬和多人二次合葬不见，有的墓出现二层台。葬式为仰身直肢，头向西北。死者头上涂朱的现象普遍。

仰韶文化时期，黄河流域的人们过着十分稳定的定居生活，社会经济以农业为主，农作物主要是粟。饲养的家畜主要有猪和狗。骨针、纺轮等工具的出现，陶器底部的席纹、布纹的痕迹，表明当时原始的编织、纺织、缝纫已出现。

仰韶文化延续的时间很长，早、中、晚期的文化面貌及其所反映的社会形态各不相同。早期即半坡类型和史家类型时期，应为母系制的繁荣阶段。婚姻和家庭形态处在母系制的对偶家庭阶段。中晚期即庙底沟类型和西王村类型时期，母系制向父系制过渡。发现的陶祖——男性生殖器的陶制品和男性陶塑头像则是男子地位已开始发生变化的有力证据。

根据仰韶文化的四种类型用碳 14 测定的数据可知，仰韶文化大约距今 6100 年至 4400 年。

三、庙底沟二期文化

庙底沟二期文化主要分布在关中、豫西和晋南地区。主要遗址有关中东部的华县泉护村、华阴横阵村、晋南的芮城西王村、平陆盘南村等。

庙底沟二期文化的石器除沿用仰韶文化时期的一些器形外，还出现了半月形穿孔石刀等新的器形。骨器有骨铲、骨镞、骨针等。此外，还发现双齿木耒的遗迹。房屋以半地穴为主，结构多为圆形和椭圆形的单室或双室，居住面上常铺一层称为“白衣面”的白色石灰质。

陶器以粗灰陶为主，红陶极少。制法为手制和轮制，以手制为主，且多用泥条盘筑，口沿多经轮修。部分陶器使用接底法。纹饰以篮纹为主，绳纹次之，有少量的方格纹、划纹和附加堆纹。彩陶极少，彩纹为斜方格带纹，多见于泥质陶罐。有少量陶碗和彩陶杯。器形有鼎、斝、灶、盆、杯、碗、豆、罐、尖底瓶等（图 5）。器形多大型厚重，风格粗犷。鼎的数量很多，大多为圆底罐形和盆形。有一部分鼎的上部有一对鸡冠耳，有的腹壁附有数道条带式的附加堆纹。斝是中原地区最早出现的一种袋足炊器。陶罐多为筒形，饰篮纹及数圈附加堆纹。陶灶呈筒状，下部无底，近底部有一灶门，上部有四个烟孔可通烟。

根据考古发掘资料，庙底沟二期文化晚于仰韶文化，而早于三里桥二期文化和客省庄二期文化。据放射性碳素测定，其年代为公元前 2780±145 年（树轮校正）。庙底沟二期文化时期的农业和饲养业比仰韶文化时期有了很大发展。猪、狗、牛、羊已是常见的家畜。在意识形态方面，陕西华县泉护村和河南信阳三里店发现的对男性祖先崇拜的陶祖，说明庙底沟二期文化时期，父系制可能已经确立。

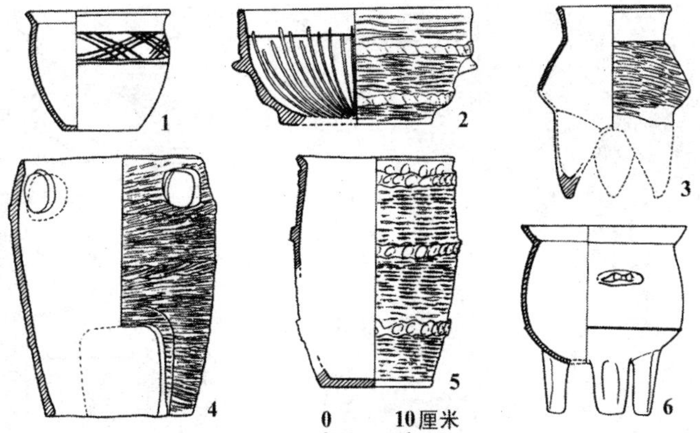

图 5　庙底沟二期文化的陶器

1. 彩陶罐　2. 刻槽盆　3. 斝　4. 灶　5. 罐　6. 鼎

四、客省庄二期文化

客省庄二期文化主要分布在关中及其周围地区，主要遗址有陕西长安县客省庄、西安米家崖、临潼县姜寨等。

客省庄遗址的石器以农业生产工具为主，约占总数的1/3；渔猎工具次之，约占1/4。器形有刀、斧、锛、矛、凿、镞、盘状器等。石刀多为长方形，有单孔或双孔。石斧有剖面呈椭圆形和扁平长方形两种，后者为穿孔石斧。骨器有铲、针、锥、镞、鱼钩等。蚌器有刀、镰。陶质工具有陶刀、陶压锤和纺轮。

陶器以灰陶为主，有少量的黑陶和红陶。制法有手制、轮制和模制。纹饰以绳纹和篮纹最普遍，有少量的附加堆纹、弦纹、方格纹等。陶器的口沿上常加锯齿花边。典型器形有单把鬲、双耳斝、单耳罐、双耳罐、三耳罐、小口高颈折肩瓮和盆等（图6）。其中，鬲、斝是数量最多的炊器。鬲的口沿至腹部都安一个把手。斝的颈部有两个对称的半环状耳。

房屋有半地穴式和地面式建筑两种，平面呈方形或圆形，大多数是分前后室的双室房屋。房屋内部都有一个储藏物品的袋状窖穴。

墓葬有成年男女合葬墓。其他的墓葬分布不集中，头向和葬式也不一致，客省庄还有用废弃的窖穴埋人的现象。

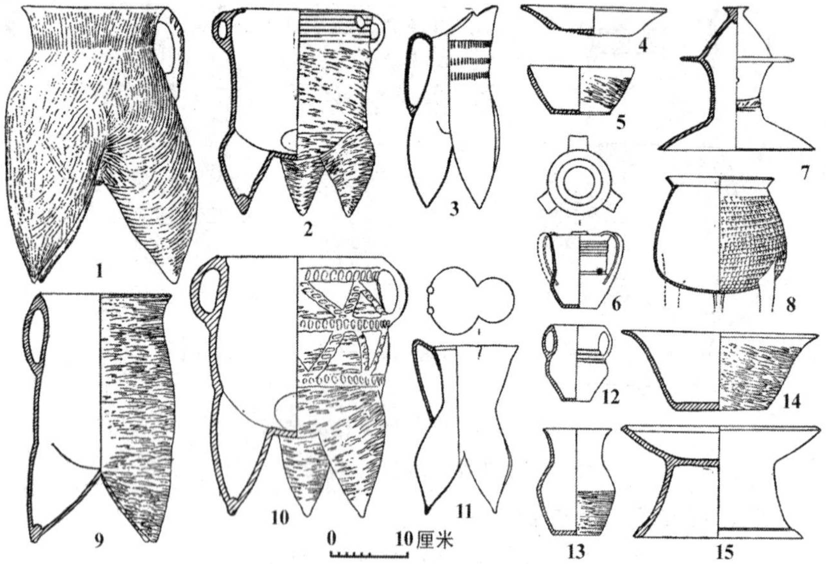

图6 客省庄二期文化的陶器

1、9. 鬲 2、10. 斝 3. 盉 4. 盘 5. 碗 6. 三耳罐 7. 器盖
8. 鼎 11. 鬶 12. 双耳罐 13. 罐 14. 盆 15. 豆

豫中及其周围地区

该地区的文化发展序列为：裴李岗文化→大河村一、二期文化→秦王寨类型→王湾三期文化。以郑州大河村一、二期文化遗存为代表的新石器文化遗存和仰韶文化的庙底沟类型，两者在文化面貌上的区别很大，文化渊源也应不同，因此，应把郑州大河村一、二期文化作为一种独立的文化类型。在过去，考古界将河南地区的新石器时代晚期文化统称为“河南龙山文化”，现在看来，所谓“河南龙山文化”，在豫西、豫东、豫北，其文化渊源是不同的，在文化面貌上的区别也很大，不应属于一个文化系统。

一、裴李岗文化

裴李岗文化的分布，北到豫北的安阳地区，南达豫南的淮河以北地区，西到洛阳以东，东抵开封地区。主要遗址有河南省新郑县裴李岗、密县莪沟北岗、临汝县中山寨、长葛县石固等。

裴李岗文化的石器以磨制为主，且比较精致。器形有铲、镰、斧、石磨盘和石磨棒等。石铲多为两端刃，有少量的有柄石铲、桂叶状石铲。石镰为弓背弧刃，刃部有细密的锯齿，背部末端上翘，下端有缺口以缚柄。石磨盘和石磨棒最具特征，不仅数量多而且成套出现。磨盘大多为鞋底状，底部有四个圆柱足。

陶器以泥质红陶为主，占陶器总数的68%以上；夹砂红陶次之，占总数28%以上；泥质灰陶最少。器表大多是素面。纹饰有指甲纹、篦点纹、弧线篦纹、划纹和乳钉纹等。器形有平底或圜底的碗与钵、圈足的碗和钵、盘、三足钵、三足壶、双耳壶、圈足壶、双耳罐、深腹罐等（图7）。其中，双耳壶最多，三足钵次之，碗和三足钵再次之。

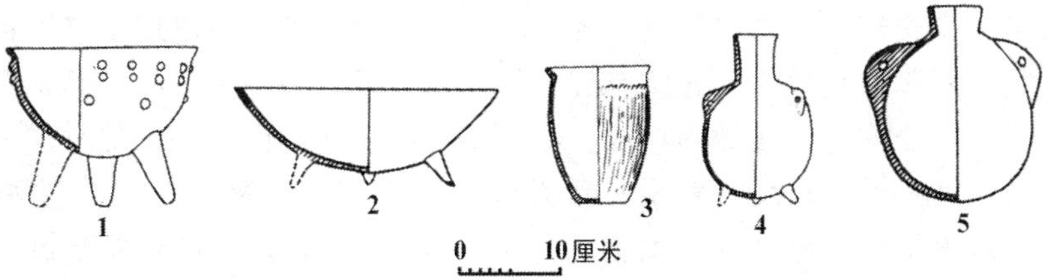

图7 裴李岗文化的陶器

1. 鼎 2. 三足钵 3. 深腹罐 4. 三足壶 5. 双耳壶

根据测定的数据，裴李岗文化开始的年代大约为公元前5300年前后，结束的年代为公元前4600年前后。

二、大河村一、二期文化

大河村遗址位于郑州市东北郊，其新石器文化遗存分为六期，其中大河村第一、二期文化遗存和仰韶文化的庙底沟类型时代相当。据碳14测定，大河村二期文化的年代为距今5120±100年。

大河村一、二期文化的陶器均以红陶为主，灰陶次之。制法以手制为主，部分器物的口沿经慢轮修整。器表多素面磨光。第一期文化的纹饰有线纹、弦纹、附加堆纹等。有一部分彩陶先施白衣。彩绘多用黑色和棕色，彩纹有宽带、弧线三角、钩叶、圆点、直线等，多施于盆、钵、碗、器座的口部或上腹，有的陶盆内外均施彩。典型器形是釜形鼎、敛口红顶钵、宽沿盆、鼓形器座。第二期文化的典型器物有盆形鼎、敛口钵、卷沿盆、矮领罐等。彩陶比第一期增多，彩绘多用黑色，黑、红或棕、红两色并用。新增加的纹饰有睫毛纹、月牙纹、月亮纹。圆圈纹和网纹等。

三、秦王寨类型

秦王寨类型的文化遗存主要分布在洛阳以东的豫中地区，主要遗址有郑州大河村（三、四期）、林山砦、临汝大张、鲁山邱公城、南召二郎岗等。

秦王寨类型的石器有斧、铲、锛、犁、镰等，蚌器有蚌镰。其中石犁和蚌镰是新出现的器形。

陶器以红陶为主，灰陶次之。制法仍以手制为主，但整修已从口部扩大到腹部。纹饰有弦纹、附加堆纹、方格纹等。新出现了篮纹和镂孔。彩陶数量较多，花纹有红、棕、灰、黑几种颜色，红、黑彩有时并用。彩陶绝大多数施白衣，红衣很少。彩陶有网纹、宽带纹、三角纹、睫毛纹、S纹、X纹、锯齿纹、同心圆纹、平行线纹、波浪纹、六角星纹、梳形纹、太阳纹等。典型器形有侈口束颈球腹罐形鼎、平沿曲腹小平底盆、敛口圆肩曲腹钵、敛口深腹彩陶罐等（图8）。

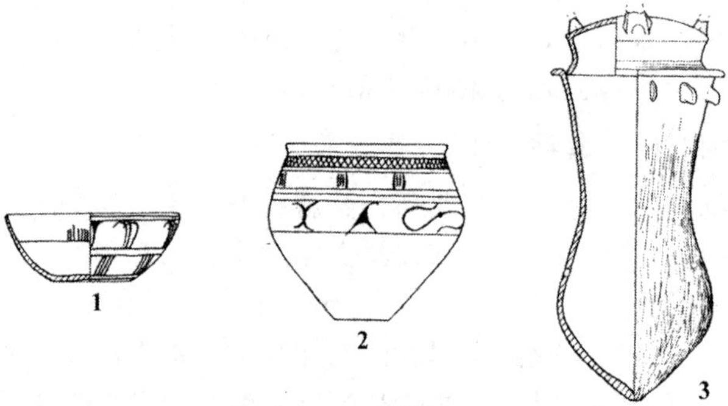

图8 秦王寨类型的陶器

1. 彩陶碗 2. 彩陶罐 3. 鼎和大口尖底器（瓮棺葬具）

房屋多为地上建筑，半地穴式很少。形制有方形、长方形和圆形三种。分间房屋已普遍出现。房屋附近有窖穴。窖穴有袋形椭圆形等。以袋形居多。

墓葬分土坑墓和瓮棺葬两种。土坑墓多为单人仰身直肢葬，头向西，一般无随葬品。瓮棺葬多为幼儿葬，少数为成人二次葬。瓮棺有瓮与钵、盆与缸相扣的，也有鼎与缸相扣的，还有两缸及缸和盆相扣等，式样很多。

秦王寨类型的相对年代和仰韶文化西王村类型的年代相当，绝对年代已测定了四个碳14数据，其最大数据为距今5025±100年，最小数据为距今4500±140年。

四、王湾类型（王湾三期文化）

王湾类型主要分布在伊洛水流域至郑州一带，主要遗址有洛阳王湾、孟津小潘沟、偃师灰嘴、临汝煤山、郑州大河村、登封王城岗、淮阳平粮台等。

王湾类型的陶器以灰陶为主，有少量黑陶。制法有手制、模制和轮制。胎壁薄而匀称，陶质坚硬。纹饰有绳纹、篮纹和方格纹等。典型器物有圜底罐形鼎、束腰盆式斝、平沿鬶、甑、鼓腹双耳罐、双腹盆、大口鼓腹小平底罐、单耳杯和澄滤器等。

1975年和1979年，在河南省登封县王城岗和淮阳平粮台都发现了相当于王湾三期文化时期的城堡。王城岗的城堡分东西两城，西城西端城墙长94.8米，南墙长97.6米，东墙和北墙已被破坏，长度不明。在南墙东端有一宽约10米的城门。西城墙基槽口宽4.4米，底宽2.54米，深2.04米。西城内的中部和西南部较高地带，发现与城墙同时的夯土遗存。部分坑内的夯土层之间，埋有成人和儿童的骨架，每坑少者两具，多者七具。

平粮台的城址平面呈正方形，长宽各185米，城内面积共4000多平方米。现存城墙顶部宽约8－10米，下部宽约13米，残高3米多。城墙用小版筑法筑成。城门在南城墙和北城墙的中部，其中南城墙有用土坯垒砌的门卫房。南门门道路土之下0.3米处挖一条宽、深各0.74米的沟，沟底铺三列陶排水管道，残留长度5米多。在城内有房屋、陶窑和灰坑。值得注意的是在H_{15}底部发现铜渣一块，呈铜绿色。

王湾类型文化的归属问题，目前学术界尚未定论。有的学者认为二里头文化是从王湾类型发展来的，王湾类型晚期应归入夏文化的范围；但也有人认为，王湾类型并未发展成二里头文化，不能归入夏文化的范围。

冀中、冀南和豫北地区

该地区文化的发展序列为磁山文化→后岗一期文化→大司空一期文化→后岗二期文化。后岗一期和大司空一期文化遗存在磁山文化发现之后，考古界一般认为它们是从磁山文化发展而来的，从而纠正了以前把它们看作仰韶文化的“后岗类型”和“大司空类型”的错误。

一、磁山文化

磁山文化主要分布在冀南和豫北地区。河北三河县孟各庄和保定市以北的客城坡上遗址所发现的磁山文化遗存表明，磁山文化分布的北界在燕山南麓一带。1979 年发现并试掘的豫北淇县花窝遗址的文化遗存中，有类似磁山出土的陶盂和长条形石斧，又有类似裴李岗出土的双耳壶和两端刃的石铲，这说明豫北地区磁山文化和裴李岗文化分布的交错地区。

陶器以夹砂褐陶的数量最多，夹砂红陶和泥质红陶次之。制法均为手制。一些器皿内壁凹凸不平，器形不规整，常见歪扭变形的现象。纹饰以绳纹最多，编织纹和篦纹次之，有少量的附加堆纹和剔刺纹。器形有陶盂、支座、深腹罐、小口双耳长颈壶、三足钵、平底钵、碗、杯、盘等（图 9）。

石器有打制和磨制两种，以磨制为主。石器的制作比较粗糙，器形有石斧、石铲、石锛、石凿、石磨盘和石磨棒，其中以石斧和石铲的数量最多。石磨盘，一端为尖状，另一端为圆弧形，大多有四足或三足，少数无足。石磨棒为长条形，断面为圆形或椭圆形。

房屋大多为半地穴式，平面为圆形或椭圆形。早期的房屋一般无门道，晚期（磁山二期）有阶梯式门道。窖穴有长方形、圆形、椭圆

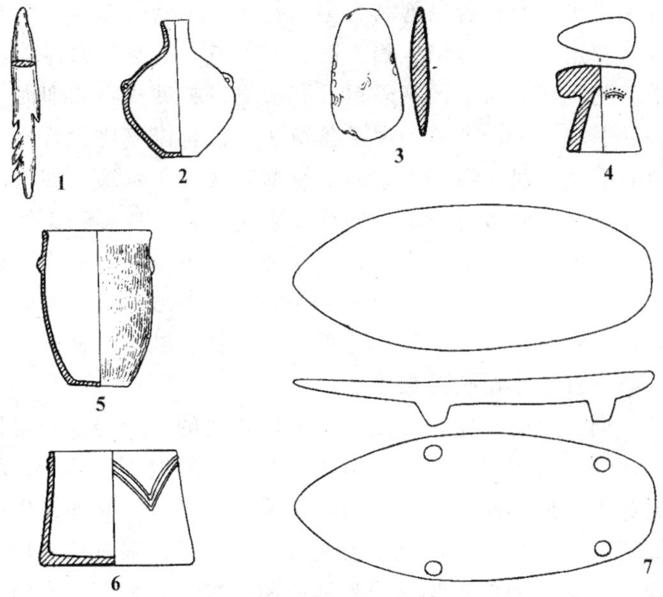

图 9　磁山文化的遗物

1. 骨鱼镖　2. 双耳壶　3. 石铲　4. 陶支架　5. 深腹罐　6. 盂　7. 石磨盘

形三种，其中长方形最多，坑壁较直，周壁规整。

磁山文化时期，黄河流域的农业生产已进入到“锄耕农业”阶段。发现最多的石铲就是当时翻土的工具。在磁山遗址第一文化层（磁山一期）中发现的 62 座长方形窖穴中有厚达 0.3～2 米的粮食堆积（可能是粟），表明当时人们过着以粟为主要粮食作物的农业经济生活。另外，在磁山和花窝遗址都有猪和狗的骨骼出土，说明当时家畜饲养业有了一定的发展。

磁山遗址的年代和裴李岗文化相当，其碳 14 测定的数据有两个：一是距今 7355±100 年，二是距今 7235±105 年。

二、后岗一期文化

后岗一期文化主要分布在豫北和冀南地区，主要遗址有河南省安阳市北郊后岗、高井台子、同乐寨，浚县大赉店，河北武安县赵窑、西万年村，磁县下潘汪、界段营，正定县南扬庄，平山县田兴村等。

后岗一期文化的石器以磨制为主，打制和琢制的较少。一部分器形只在刃部磨光。器形有铲、斧、锛、刀、镞、磨盘和磨棒等。

陶器以泥质红陶为主，夹砂粗红陶次之，夹砂灰陶和细泥黑陶最少。制法以手制为主，大多用泥条盘筑法，慢轮修整比较普遍。晚期出现轮制的小型器皿。器表多素面，纹饰有线纹、弦纹、划纹、锥刺纹和附加堆纹。彩陶数量较少，彩绘主要用红色，黑彩较少使用。彩绘较简单，常见口沿下面一道宽带，或在口沿下画三四道或六道一组的平行竖线，或用平行斜线组成正倒相间的三角形；有少量的菱形网纹、波形纹、同心圆等。器形有红顶式碗和钵、锥刺纹盆、大口小底罐、罐形鼎、缸、小口长颈瓶等。

后岗一期文化的房屋在豫北都是半地穴式的。形制有圆角长方形和椭圆形两种。圆角长方形房屋南北各有一个斜坡式的门道，居住面用草拌泥抹平，柱洞在中央；椭圆形房屋门道朝南。此外，后岗还发现过类似地穴式的房屋。灰坑多为椭圆形，少数为圆角长方形。

龙虎在中国人的传统观念中是神武和权力的象征。在河南省濮阳县西水坡第45号墓的中央，男性墓主的两侧用蚌壳精心摆塑着一龙一虎。龙居右侧，长1.78米，昂首曲背；虎居左侧，长1.39米，张牙舞爪。另外，葬于同墓东、西、北三面小龛内的三个12岁左右的少女，头部都有刀痕，应系非正常死亡的殉葬。这说明墓主已非一般氏族成员，可能是氏族或部落首领。

后岗一期文化的两个碳14年代分别为距今5680±105年、5485±105年。

三、大司空一期文化

大司空一期文化主要分布在豫北和冀南地区。主要遗址有豫北的安阳大司空、大正集老磨冈和鲍家堂，河北省邢台柴庄、邯郸北家村、磁县下潘汪和界段营等。

大司空一期文化的生产工具以石器为主，有少量的骨器和蚌器。石器器形有斧、锛、穿孔石刀、穿孔盘状器等。

陶器以灰陶为主，红陶次之，黑陶极少。制法豫北多模制，口沿轮修较普遍；冀南多手制，兼用模制。器表以素面或磨光占多数。纹饰以篮纹为主，有少量绳纹、方格纹、划纹、附加堆纹、戳印纹、席纹和锯齿纹。有少量彩陶。彩陶大多为红色和赭色，黑色很少。最常见弧线三角和曲线两种母题组成的带状花纹纹饰，内填半环、雁形、同心圆、蝶须、叠人字、螺旋、水波、S形、睫毛等纹饰。早期的彩陶，弧线三角的空白中不填其他纹饰；晚期的彩陶，弧线三角的空白中常填半圆形、同心圆等纹饰。陶器的胎壁一般比较厚。器形有碗、钵、盆、罐、缸、杯等，其中以敛口或侈口的平底钵、碗、假圈足碗、折腹盆、高领罐等最具特征，数量也最多（图10）。

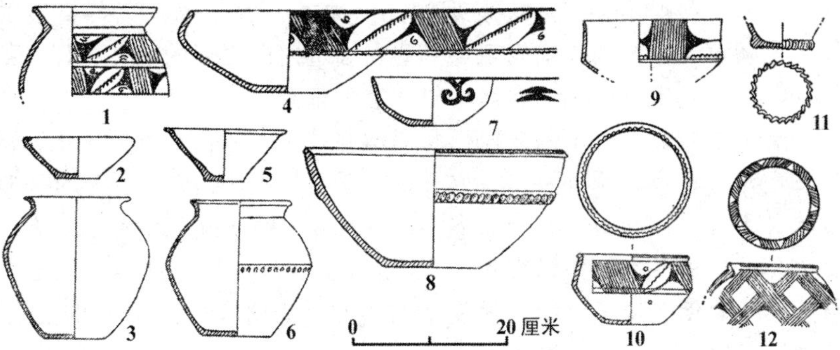

图10　大司空一期文化的陶器

1、3、6、12. 罐　2、4. 钵　5、7. 碗　8、9、10. 盆　11. 残器底

后岗一期文化和大司空一期文化在冀南和豫北地区交错分布，在磁县下潘汪和界段营等遗址两种文化遗存则共存于同一个遗址中，但未发现二者有叠压或打破关系。这两种文化的相对年代，还未在地层上得到证实。但从二者的文化面貌上来看，后岗一期文化要早于大司空一期文化。

四、后岗二期文化

后岗二期文化主要分布在豫南地区，其文化因素波及到鲁北地区。主要遗址有河南省安阳市后岗、大寒南岗、八里庄、汤阴县白营，冀南的邯郸市涧沟和龟台、磁县下潘汪、永年县台口等。

后岗二期文化的陶器以泥质灰陶和夹砂灰陶为主，有少量的泥质黑陶和红陶。制法有轮制、手制和模制。纹饰以绳纹最多，篮纹和方格纹次之，还有少量的弦纹、附加堆纹、划纹和指甲纹等。器形有罐形鼎、斝、侈口束颈深腹小平底罐、小口高颈双耳罐和大口平底罐等。

房屋大都是圆形的“白灰面”建筑，一般房屋的居住面中央有圆形灶坑，门开在房屋的东、东南或南面。有的房门有门槛。在汤阴白营等遗址房屋的居住面下的填土中，紧贴房基的墙外、墙基下，甚至柱洞下都发现婴儿墓，有的有瓮棺。这种婴儿墓，可能与房屋建造时举行的奠基仪式有关。

墓葬发现得不多。后岗发现的几座墓葬，大都为单人仰身直肢葬，无随葬品。涧沟遗址发现了一些在圆坑内或废弃的水井内埋人的“丛葬坑”，其中骨架相互叠压，男女老少都有。

后岗二期文化时期的居民已发明凿井技术。涧沟遗址发现水井两口，白营遗址发现水井一口，水井都位于房屋的附近。白营遗址发现的水井平面呈圆角方形，口大底小，深8米，贴靠井壁用木棍凿榫交叉扣合成井字形木架作为支护，上下依次堆垒46层。这是中原地区迄今发现的年代最早、结构最复杂的水井，为研究中国水井和“井”字的起源提供了十分宝贵的资料。

另外，后岗二期文化中还经常发现卜骨和穿孔甲骨。

甘肃中部和青海东部地区

该地区文化发展序列为含有半坡类型因素期→含有庙底沟类型因素期→马家窑文化→齐家文化。洮河流域的新石器文化受渭河流域新石器文化的影响，其文化序列中含有半坡类型因素期和庙底沟类型因素期，即是受到渭河流域仰韶文化影响的结果。

一、马家窑文化

马家窑文化可分为石岭下、马家窑、半山和马厂这四种先后相承袭的文化类型。

1. 石岭下类型

石岭下类型主要分布于渭河上游及其支流葫芦河流域，以及西汉水与洮河流域。但中心区域在甘肃东部的天水至武山一带。主要遗址有天水杨家坪、西山坪、关子镇罗家沟，秦安山王家，甘谷王家坪，武山石岭下、灰地儿，临洮马家窑等。

石岭下类型的陶器以泥质红陶为主，夹砂红陶和泥质灰陶次之。制法以泥条盘筑法为主，纹饰有绳纹、弦纹、划纹、附加堆纹等，部分陶器的外表施白衣。彩绘有几何形和动物形两种。几何纹有单线或多线平行条纹、波形纹、连弧纹、锯齿纹、弧线三角构叶纹、叶形纹和草叶纹等。动物花纹有各种姿态的鸟形纹，主要表现鸟的头部和颈部形象。彩绘大都绘于陶器的上腹，在近底部留一段空隙不施彩绘。典型器形有卷沿盆、敛口碗、彩陶壶和彩陶罐等（图 11）。石岭下类型的一个碳 14 年代为距今 5140±160 年。

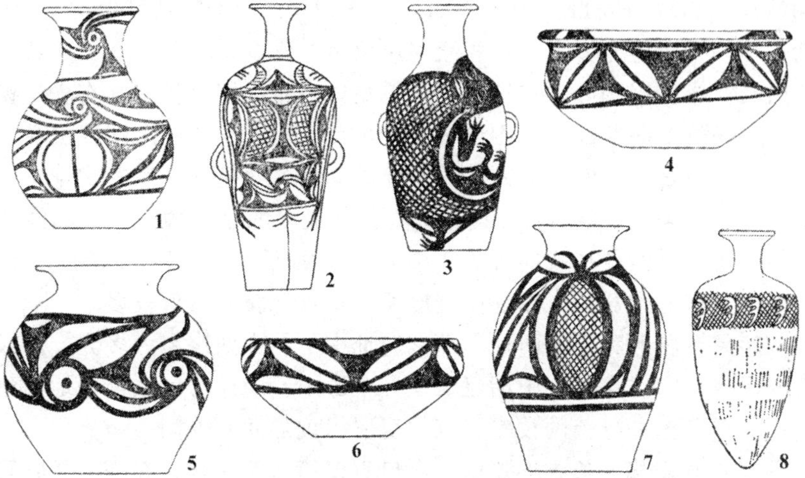

图 11　石岭下类型的陶器

1、2、3. 瓶　4. 盆　5、7. 罐　6. 钵　8. 尖底瓶

2. 马家窑类型

马家窑类型主要分布在甘肃东部的泾、渭水上游和西汉水及白龙江流域；湟水、大夏河、洮河、庄浪河、祖厉河流域，宁夏的清水河流域，青海的贵德盆地和河西走廊的武威以东地区，也有分布。主要遗址有甘肃省兰州市曹家嘴、王保保城，永登蒋家坪，永靖范家村，东乡林家，临洮马家窑，甘谷灰地儿，天水罗家沟，青海省民和阳洼

铺、核桃庄，大通上孙家，贵南尕马台等。

马家窑类型的石器有打制和磨制两种，以磨制石器为主。打制石器有刀、铲、盘状器和细石器；磨制石器有铲、斧、锛、弹丸、磨谷器、网坠、穿孔刀等，磨制得比较精致。从孔壁笔直的石环来看，当时的管钻技术已达到相当高的水平。骨器有带槽骨梗刀柄、骨铲、骨镞、骨针等。陶质工具有陶刀和纺轮。东乡林家遗址发现完整的铜刀一件，碎块几片。

陶器以红陶为主，有少量的泥质灰陶。纹饰以绳纹为主，有少量的附加堆纹、刻划纹、篮纹和凸饰。大量的夹砂陶以交错绳纹为最多，次为附加堆纹；泥质陶多为红陶，大多为素面，也有少量的绳纹和篮纹。彩陶的数量占陶器总数的1/5以上。彩陶多以橙黄色为底色，一般打磨得比较光滑。彩绘多用黑色，有少量红色。有一定数量的内彩。彩纹以钩叶圆点纹、弧线三角纹及带状网纹较多，有少量锯齿纹、涡纹、葫芦纹、圆圈纹、S形纹等。典型器形有侈口长颈双耳彩陶壶、敛口小平底彩陶钵、卷唇曲腹彩陶盆、短唇圆肩彩陶瓮、小口长颈瓶、矮柄豆等（图12）。彩陶数量最多的是长颈壶。盆和钵的腹部较浅，口沿齐平或向外卷。壶和瓶多细颈宽肩，最大径在上腹。马家窑类型的陶器，形体都比较瘦长，长颈深腹的器形较多。

房屋有圆形和方形两种。林家遗址中早、中期房屋大多为方形或长方形半地穴式建筑。中期建筑在夯土层中。晚期房屋大都是地面建筑，出现了挖基打墙的技术，有的房屋出现隔间和连间。

窖穴有袋状、长方形弧壁、大口直壁筒状等几种。在一个袋状窖穴中发现炭化的粟及带穗粟。

墓葬的葬式有二次葬、仰身直肢葬和瓮棺葬等。墓葬多位于居址的近旁。此外，在甘谷灰地儿遗址中，曾采集到一件陶祖。

3. 半山类型

半山类型主在分布在黄河上游及其支流湟水、洮河和庄浪河流域，在河西走廊的分布仅限于永昌市以东地区，渭河上游的天水、武山一带和宁夏南部地区也有少量发现。主要遗址有兰州市青岗岔、花寨子，景泰张家台，广河地巴坪，青海省乐都柳湾，宁夏回族自治区

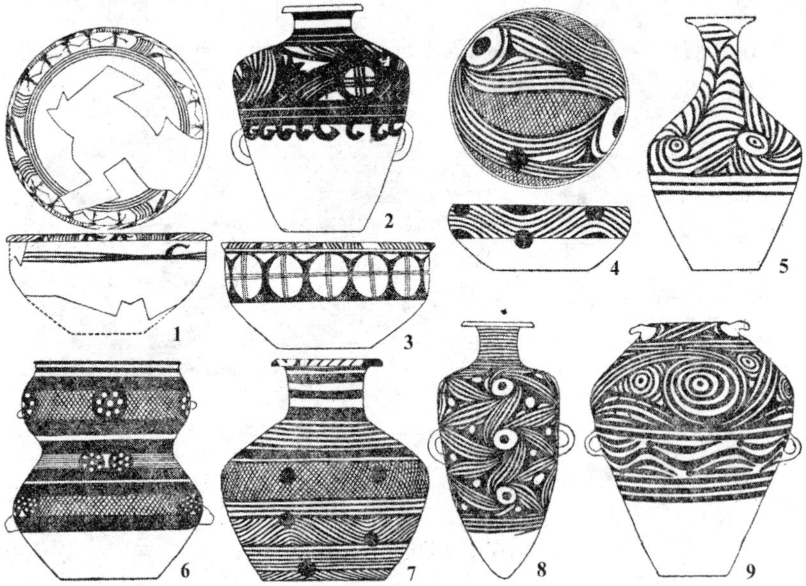

图 12　马家窑类型的陶器

1、3. 盆　2、7. 壶　4. 碗　5. 瓶　6、9. 罐　8. 尖底瓶

固原陈家湾等。

半山类型的石器有斧、锛、刀、凿、弹丸等，其中有一种石刀为长方形圆弧刃、双孔。骨器有镞、匕首，这件骨匕首，两侧有镶嵌石刃的凹槽。

陶器以红陶的数量最多，有少量的灰陶和白陶。制法多为手制，以泥条盘筑法为主。粗砂陶多为素面，也有些饰划纹、锥刺纹、绳纹和附加堆纹。彩陶质地细腻，表面光滑，胎色为澄黄色或砖红色。彩陶的纹饰常用黑、红两色相间的线条勾画出各种花纹图案。彩纹主要有螺旋纹、菱形纹、圆圈纹、葫芦纹、同心圆纹、折线三角纹、平行弧线纹、网纹、锯齿纹等。彩绘图案一般是四面或六面成组，均匀对称。形制绝大多数是平底器，有少量的圈足器，不见三足器。典型器形有壶、瓶、瓮、罐、碗、盂、豆、杯、带嘴锅等（图 13）。其中以小口高颈双耳壶、单耳大口罐、短颈双腹耳瓮等数量最多，也最具有代表性。形制特点为形体匀称，高矮、宽窄比例适宜，腹部浑圆，最大径在器腹的中部，彩壶的口沿两侧或腹部的两侧大多有对称的双耳，有的在颈部安一个器耳。

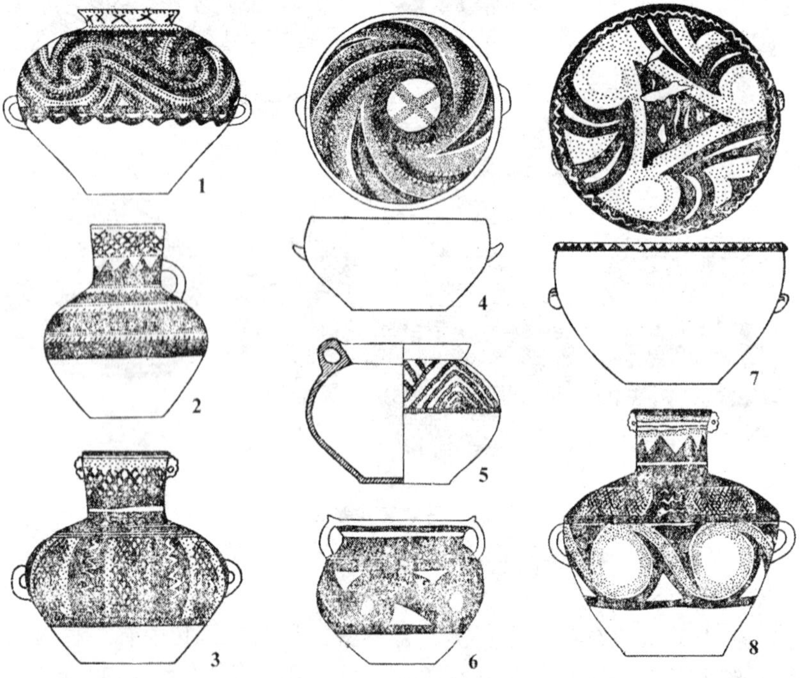

图 13 半山类型的陶器

1. 瓮 2、5、6. 罐 3、8. 壶 4、7. 盆

墓葬已发现400多座。形制有土坑墓、石棺墓和木棺墓三种。葬法早期多二次葬、仰身葬。中、晚期多一次葬、侧身屈肢葬。随葬品一般很少，只有少数墓有较多的随葬品，表明已出现贫富分化的现象。在随葬工具方面，男性多随葬石斧、石锛、石凿，女性多随葬石、陶纺轮，反映出男耕女织的劳动分工。

4. 马厂类型

马厂类型的分布范围大体与半山类型一致，唯河西走廊地区延伸较广，直达玉门一带。主要遗址有甘肃省永昌鸳鸯池，永靖马家湾，永登蒋家坪，青海省乐都柳湾等。

马厂类型的石器有斧、锛、刀、镰、凿、杵、研磨器、磨谷器、砺石等，大多数制作得比较精致。也发现少量的细石器，器形主要有刮削器和石叶。骨器有骨梗刀柄，分单槽和双槽两种。1975 年，在兰州永登蒋家坪遗址发现铜刀一件。

陶器以红陶为主，灰陶次之。制法多为泥条盘筑法，个别器物有慢轮修整的痕迹。纹饰有绳纹、附加堆纹、弦纹、划纹、锥刺纹等。彩陶数量较多。陶器的上半身普遍施一层红色或紫色陶衣。彩绘主要是黑色，也有红、黑二色兼用的。彩绘的主体花纹是几何形图案，也有少量的人像或人面纹及蛙纹。常见的几何彩纹有四大圆圈纹、三圈纹、折线三角纹、菱形纹、漩涡纹、多圈纹等。其中，漩涡纹和圆圈纹都比较大，且中间往往填以十字、井字等富于变化的花纹。典型器形有彩陶壶、素面壶、双耳罐、双耳彩陶罐、长颈壶、葫芦罐、小口垂腹罐、豆、瓮等（图 14）。其中以大口筒形罐等最具特征。一部分器形较小的双耳彩陶罐，双耳的一端连于口沿上，另一端连于颈腹交界处。1974年，在柳湾收集到一件属于马厂时期的彩陶壶，器表有

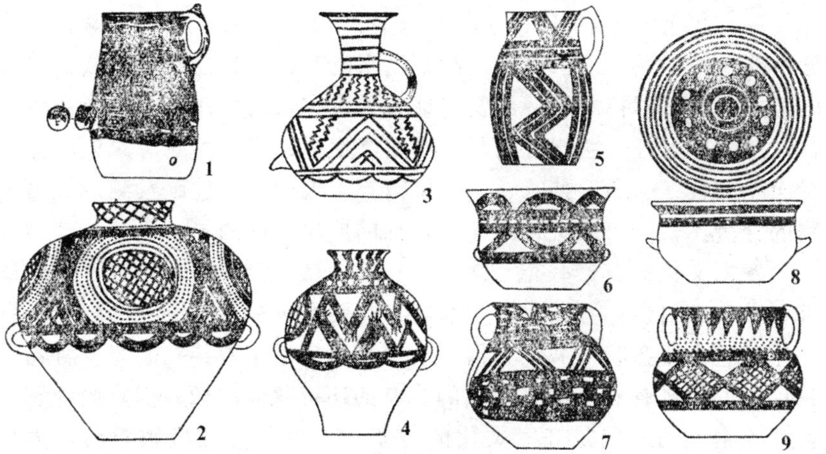

图 14　马厂类型的陶器

1、5. 杯　2. 瓮　3、4. 壶　6、8. 盆　9. 罐

彩绘和雕塑相结合的女性裸体像，形态逼真，引人注目。彩陶部分器物的下腹绘有符号，常见的有“+”、“-”、“×”、“○”、“卐”、“|”等十几种。这些符号可能是陶器制造者的记号，也可能是氏族或家族的族徽，或有其他涵义。

房屋形制有方形、长方形和圆形三种。在蒋家坪遗址发现“吕”字型双室和多元套房屋。屋内普遍设有袋状窖穴，最大窖穴的容积达三立方米。房屋有门道，门向东、西、南三面都有，屋内中央有圆形灶坑。

墓葬已发掘的约有1200余座。葬式以仰身直肢葬为主，也有二次葬、屈肢葬和俯身葬。随葬品多寡现象非常突出，有些小墓只有一、二件随葬品，甚至仅用残破陶器随葬，而有的大墓随葬陶器多达90余件。有的墓随葬骨珠，真贝（海贝）和石贝。

马家窑文化从石岭下类型到马厂类型，大约延续了1000多年，可分为早、晚两个阶段。早期阶段可能处在母系制的对偶婚和对偶家庭阶段，晚期已进入父系制阶段。

二、齐家文化

齐家文化因1924年首先在甘肃省广河县齐家坪发现而得名。其分布范围东起泾、渭河流域，西至湟水流域，南达白龙江流域，北入内蒙古自治区阿拉左旗。主要遗址有甘肃省永靖大何庄，武威皇娘娘台，广河齐家坪，兰州青岗岔，秦安寺嘴坪，宁夏固原海家湾，青海贵南尕马台，大通上孙家、乐都柳湾等。根据放射性碳素测定及出土物的分析比较，齐家文化的年代东部的要比西部的早。

齐家文化的石器有斧、锛、铲、刀、镰、镞、刮削器等，有的遗址还发现细石器。石器大多为磨制，打制的很少，如镞、刮削器、带缺口的石刀、盘状器和细石器。石刀和石镰大多数穿孔磨光。骨器是用动物的肩胛骨和下颌骨制成的，有的还带弯曲的柄，刃宽而锋利。

冶铜业的发展是齐家文化的一个重要特征。在皇娘娘台、大何庄、秦魏家、齐家坪、尕马台等遗址均出土铜器，说明齐家文化时期已进入铜石并用时代并向青铜时代过渡。铜器的种类有斧、刀、镰、匕首、镜、指环、锥等，质地分红铜（纯铜）和青铜两种。制造有冷锻，也有冶铸。其中，齐家文化的铜镜是迄今已知年代最早的铜镜。青海贵南尕马台第25号墓发现的一件铜镜，保存较好，直径9厘米，厚0.4厘米，表面平滑，背面有钮，饰有七角星图案，角与角之间有斜线相连接，镜边钻两个小孔，供系绳穿挂之用。

陶器有泥质红陶和夹砂红陶两类。制法有手制和轮制两种，以手制为主。纹饰有绳纹、篮纹、划纹、印纹、附加堆纹等。彩陶数量较少，彩绘以黑色为主，红色较少。彩纹有宽带纹、三角纹、网纹、菱形纹等。以斜线构成的菱形带状纹和两边对称的方格纹为其特点，图案规整。器形有鬲、斝、甗、罐、盆、盉、碗、豆等，其中以罐的数量最多（图15）。罐有单耳、双耳、三耳，其中最具特征的器形为双大耳罐、侈口高颈深腹双耳罐、侈口鼓腹罐。陶罐大都有发达的颈部和显著的棱角。彩陶多为罐类，口沿下有对称的双耳。

房屋大多是方形或长方形的半地穴式建筑，屋内大多有白灰面铺设的居住面，中间有一个圆形灶坑，门道一般朝南。大何庄第七号房屋的结构比较特殊，是一种四周有回廊的房屋。

墓葬已发掘的约有500座左右。墓坑大都为长方形竖穴，头向西或西北。柳湾的部分墓有木棺（大都为独木舟形），有的有墓道。葬式有仰身直肢葬、屈肢葬、俯身葬等。大多为一次葬，二次葬比较少。以单人葬为主，合葬次之。值得注意的是齐家文化的墓葬普遍发现成年男女合葬墓和殉人墓，随葬品多寡悬殊和由其表现的贫富分化及阶级对立十分显著。成年男女合葬墓一般是男性仰身直肢，女性侧身屈肢面向男性，随葬品大都集中在男性身边。成年男女合葬墓皆为一次葬，说明女性是为男性殉葬。随葬品多者100余件，寡者一无所有。有的墓还用象征财富多寡的猪下颌骨随葬，多者达68块，少者仅1块。此外，齐家文化中还发现用灰坑或废弃水井埋人的现象，这些都是阶级产生的表现。

在齐家文化的遗址和墓葬中还普遍发现卜骨。卜骨大都使用羊的肩胛骨制成，也有用猪和牛的肩胛骨制成的。大部分卜骨，只灼不凿，个别遗址的卜骨上有钻痕。

齐家文化的年代大约为距今4100年至3600年。齐家文化时期，

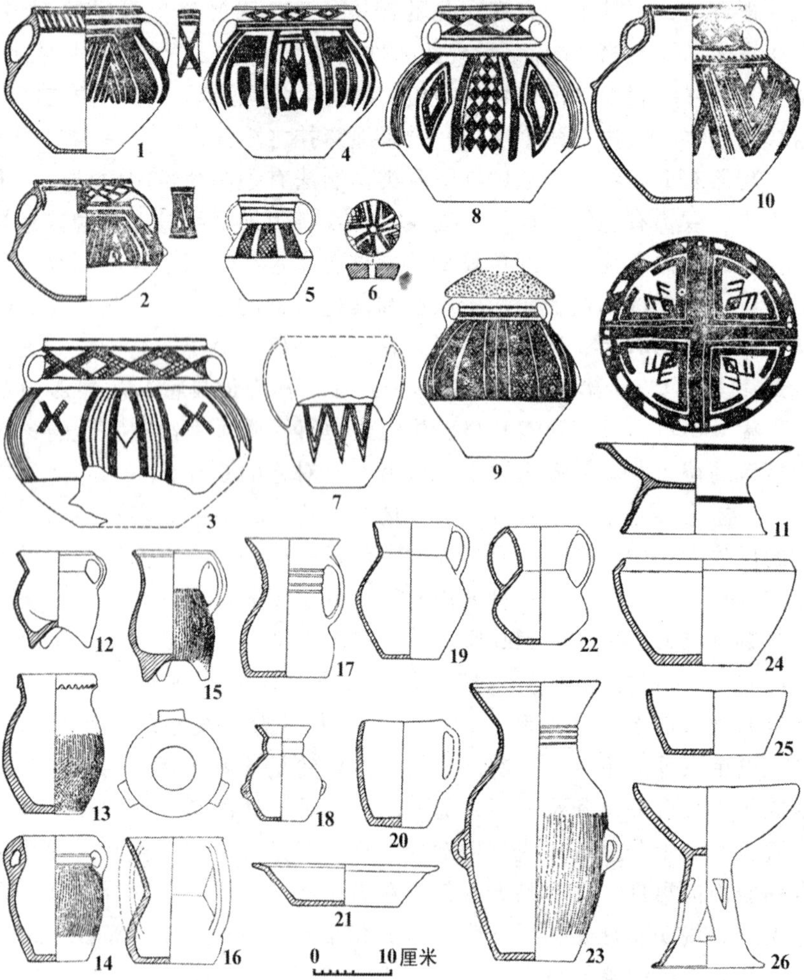

图 15 齐家文化的陶器

1～4、8、10. 双耳罐 5、7. 双大耳罐 6. 纺轮 9. 盖罐 11. 豆 12、15. 鬲 13. 罐 14、22、23. 双耳罐 16. 三耳罐 17、19. 单耳罐 18. 曲颈罐 20. 杯 21. 盘 24. 盆 25. 碗 26. 豆

是氏族制度已趋瓦解，文明即将到来的时代。

第三节　长江中上游地区

长江中上游地区新石器时代文化主要有大溪文化、屈家岭文化、青龙泉三期文化。大溪文化主要分布在长江三峡和鄂西地区，在大溪文化之后是一种带有屈家岭晚期因素的遗存，再后是所谓“鄂西龙山文化”的新石器晚期文化。屈家岭文化主要分布在江汉平原，关于其文化渊源，目前还有争议。青龙泉一、二、三期文化主要分布在鄂西北和豫西南地区，既受到黄河流域同时代新石器文化的影响，又受到长江流域同时代新石器文化的影响，但又自具特征。青龙泉一期文化带有中原地区仰韶文化的因素，二期文化带有屈家岭文化晚期的因素，三期文化则带有龙山文化的因素，因此，有人将青龙泉三期文化称为“湖北龙山文化”。

此外，在鄱阳湖和赣江流域有早期的江西省万年仙人洞下层文化遗存，晚期的赣北“山背文化”和“筑卫城中层文化”。近年来，在湖南省石门县皂市，湖北省宜都县城背溪，秭归县柳林溪、朝天嘴遗址的下文化层中，都发现了一些可能早于大溪文化的遗存。

一、大溪文化

因重庆市巫山县大溪遗址而得名。其分布东起鄂中南，西至重庆市，南抵洞庭湖北岸，北达汉水中游沿岸，主要集中在长江中游西段的两岸地区。据放射性碳素断代并经校正的年代，其时代约在公元前4400～前3300年左右。大溪文化的发现，揭示了长江中游的一种以红陶为主并含彩陶的地区性文化遗存。

大溪遗址位于长江瞿塘峡南侧，1959年和1975年曾3次发掘。其间，在西陵峡又发现几处同类遗址。约在20世纪70年代初期，这一类遗存被普遍地称为大溪文化。迄今发掘的主要遗址还有：湖北宜都红花套、枝江关庙山、江陵毛家山、松滋桂花树、公安王家岗，湖南澧县三元宫和丁家岗，安乡汤家岗和划城岗等10多处。

大溪文化的陶器以红陶为主，普遍涂红衣，有些因扣烧而外表为红色，器内为灰、黑。盛行圆形、长方形、新月形等戳印纹，一般成组印在圈足部位。有少量彩陶，多为红陶黑彩，常见的是绹索纹、横人字形纹、条带纹和漩涡纹。主要器形有釜、斜沿罐、小口直领罐、壶、盆、钵、豆、簋、圈足盘、圈足碗、筒形瓶、曲腹杯、器座、器盖等（图16）。石器中两侧磨刃对称的圭形石凿颇具特色。有很少的穿孔石铲和斜双肩石锛。偶见长达三四十厘米的巨型石斧。同时，有相当数量的石锄和椭圆形石片切割器等打制石器。另有大量的实心陶球和空心裹放泥粒的陶响球。大溪文化流行红烧土房屋并较多使用竹材建房。葬式复杂多样，跪屈式、蹲屈式的仰身屈肢葬是该文化的特殊葬俗。

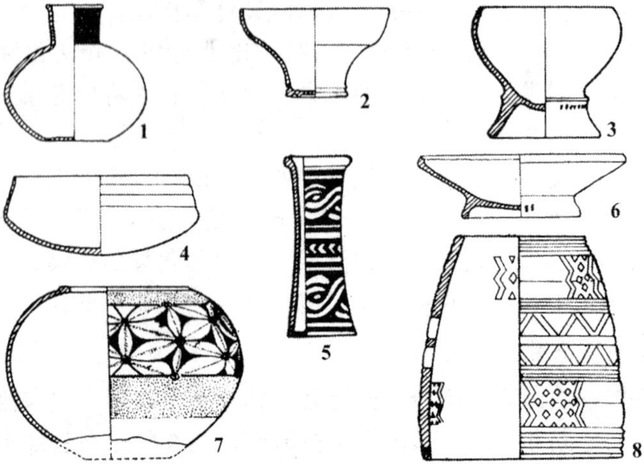

图16 大溪文化的陶器

1. 彩陶壶 2. 曲腹杯 3. 簋 4. 圜底钵 5. 彩陶筒形瓶
6. 圈足盘 7. 彩陶罐 8. 大器座

大溪文化初步可分两个地区类型。长江沿岸的鄂西重庆地区，如大溪、红花套、关庙山等地的遗存，可称为大溪类型。长期多夹炭陶，夹砂陶比例始终很小，白陶也很少。圈足盘、陶簋多见，典型器有彩陶筒形瓶。圈足上盛行各种成组的戳印纹。彩陶纹饰有横人字形纹、曲线网格纹，有的器形和彩纹，明显受仰韶文化庙底沟类型的影响。洞庭湖北岸、西北岸地区，如三元宫、丁家岗、汤家岗等地的遗存，可称为三元宫类型。夹砂陶比例大，红褐胎黑皮陶和白陶占一定数量。有特征鲜明的盘口圈足罐和筒形圜底罐。圈足盘少，彩陶筒形瓶仅有个别发现。以通体装饰的印纹、刻划纹为特色，漩涡纹、变体卷云纹彩陶也具特点。至今没有发现受庙底沟类型彩陶影响的迹象。有人认为，这类遗存虽确有许多与大溪文化相同的文化因素，但可能是受大溪文化强烈影响的另一种原始文化。

大溪文化以大溪类型为例，可归纳为 3 期。早期：夹炭红陶最多，戳印纹简单、细小，彩陶极少，以折肩圈足罐、三足盘、鼓形器座等为代表。中期：戳印纹发达，彩陶兴盛，常见内折沿圈足盘、簋、高把豆、折腹盆、曲腹杯、筒形瓶等。晚期：泥质陶占绝对优势，灰陶和黑陶剧增，有细颈壶、折敛口圈足碗等。

大溪文化居民以稻作农业为主。在房屋建筑遗迹的红烧土块中，经常发现稻草、稻壳的印痕。红花套遗址的稻壳印痕经鉴定为粳稻。除饲养猪、狗外，从大溪、三元宫、丁家岗遗址的发现看，鸡、牛、羊可能也已成为家禽家畜。同时，渔猎、采集等辅助经济仍占一定的比重。特别在大溪有些地段的文化层内，夹杂较多的鱼骨渣和兽骨，包括鱼、龟、鳖、蚌、螺等水生动物以及野猪、鹿、虎、豹、犀、象等的遗骸。

制陶业方面，以白陶和薄胎彩陶最为突出，代表了较高的工艺水平。在白陶圈足盘上，通体饰有类似浅浮雕的印纹，图案复杂精细。薄胎细泥橙黄色的彩陶单耳杯和圈足碗，胎厚仅 1～1.5 毫米，绘以棕红色的多种纹样，显得精美别致。划城岗遗址发现一座保存稍好的窑址，由斜坡状火道、火膛和出烟口 3 部分构成。火膛下半部挖在生土中，上半部用大块红烧土垒成。火膛之上未见窑箅，围绕窑壁内侧有一周放置陶坯的平台，大多数陶器火候较低，据测试，烧成温度为 750～880℃。

在红花套、关庙山发现的房屋基址，普遍经过烧烤，已成红烧土建筑。分半地穴式和地面建筑两类，前者常呈圆形，后者多属方形、长方形。地面建筑的房子，往往先挖墙基槽，再用粘土掺和烧土碎块填实，墙内夹柱之间编扎竹片和植物秆茎，再涂抹掺有少量稻壳、稻草末的粘土。有的房子还有撑檐柱洞或专门的檐廊，或在墙外铺垫一段红烧土渣地面，形成原始的散水。可见，为适应南方的气候条件，建造住房已采用了多种有利于防潮、避雨、避热的技术措施。

现共发现300余座大溪文化的墓葬。其中大溪墓地的最多，人骨保存较好。该墓地死者头向普遍朝南，除个别为成年女性和儿童的合葬外，绝大多数实行单人葬。葬式一类为直肢葬，数量占半数以上，另一类为屈肢葬，其中多数是仰身屈肢。下肢弯屈程度很大的屈肢葬，可能是将死者捆绑后埋葬的。绝大多数有随葬品，最多的30余件。女性墓一般较男性墓丰富。有的石镯、象牙镯等饰物，出土时还佩戴在死者臂骨上。在几座墓里发现整条鱼骨和龟甲，有的把鱼摆放在死者身上，或是置于口边，也有的是两条大鱼分别垫压在两臂之下。以鱼随葬的现象，在中国新石器文化中尚属少见。另外，还有以狗作为牺牲的。大溪墓地儿童与成人的墓制基本相同，但在红花套和关庙山则是瓮棺葬。

大溪文化与仰韶文化比较，两者都有外形近似而各属自身系统的折沿盆、敛口钵、弇口瓮和小口直领罐等陶器，反映了在同一时期南、北所流行的器物形制和作风。另一方面，明显存在互相交流影响的因素。如淅川下王岗的早一、早二期遗存中的陶豆、盂、筒形瓶式细高器座等，是受大溪文化影响的产物；大溪、关庙山、红花套等处发现的圆点钩叶纹和花瓣纹的彩陶罐、垂幛纹彩陶钵片、双唇小口尖底瓶片等，是仰韶文化庙底沟类型南下影响所及的实物例证。至于大溪文化与时代稍晚的屈家岭文化的关系，两者当是先后直接继承发展的，也有人认为是不同系统的两种文化，目前尚无定论。在湖南石门皂市、湖北宜都城背溪、秭归柳林溪，新发现一种较早的新石器遗存，为探讨大溪文化的渊源提供了重要线索。大溪文化的分布地域，湘北一类遗址的文化性质及其归属等问题，都有待进一步深入工作和研究。

二、屈家岭文化

因首先发现于湖北省京山县屈家岭遗址而得名。主要分布在湖北地区，以江汉平原为中心，东起大别山南麓，西至三峡，北到豫西南，南抵洞庭湖北岸。放射性碳素断代并经校正的年代，屈家岭文化后期约为公元前 3000～前 2600 年左右。

1955～1957 年两次发掘屈家岭遗址，揭示了一种崭新的遗存。1959～1960 年间，开始普遍把这种遗存称为屈家岭文化。1959～1961 年发掘的湖北郧县青龙泉遗址，中层为屈家岭文化，下层和上层分别与仰韶文化和龙山文化相当，由此明确了屈家岭文化的相对年代。现经发掘的重点遗址还有：湖北钟祥六合、京山朱家嘴、天门石家河、武昌放鹰台、枝江关庙山、松滋桂花树（中层）、公安王家岗，湖南澧县三元宫、安乡划城岗、华容车轱山，河南淅川下王岗和黄楝树等。

屈家岭文化的陶器主要是泥质黑陶和泥质灰陶。圈足器发达。凹底器较多，这是同时期的其他文化所缺乏的。常饰凸形弦纹和镂孔，还有少量朱绘陶和彩陶，尤以薄胎晕染彩陶最具特色。主要器类有鼎、甑、豆、罐、壶、盂、盆、碗、三足碟、杯、缸等（图 17）。石器常见的有斧、锛、凿、镞。石斧平面多呈长梯形或长方形，侧边较齐平。石凿以方柱体的为代表。石镞主要为两面起脊或扁平的带铤柳叶形。还有少量穿孔石斧、穿孔石铲、石镰等。有的地点发现有较多的打制石锄。彩陶纺轮是重要的文化特征之一，一般先在两面涂抹橙黄陶衣，再在单面绘以红褐色或红色花纹，彩纹图案主要有同心圆

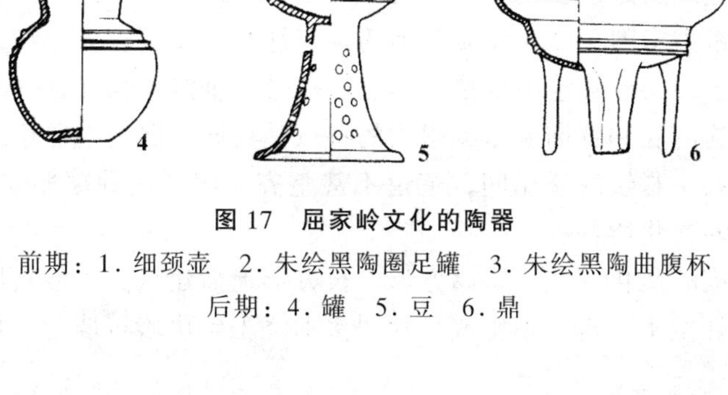

图 17　屈家岭文化的陶器

前期：1. 细颈壶　2. 朱绘黑陶圈足罐　3. 朱绘黑陶曲腹杯

后期：4. 罐　5. 豆　6. 鼎

纹、漩涡纹、对顶三角纹、平行的短直线或短弧线纹、卵点纹等。有为数较多的篦点纹空心陶响球和极少的彩陶球。

屈家岭文化初步可分为前、后两期。①前期：以屈家岭遗址早期、朱家嘴遗址、放鹰台遗址、划城岗遗址中一期为代表。泥质黑陶占首位，次为泥质灰陶。主要器形有球腹锥形或凿形足的小鼎、扁腹圈足罐、碗形豆、细颈壶、窄肩筒腹瓶、曲腹杯等。②后期：以屈家岭遗址晚期、青龙泉遗址中层、划城岗遗址中二期等为代表。泥质灰陶居首，泥质黑陶次之。典型陶器有双腹盆形鼎、双腹高圈足豆、双腹圈足碗、直领凹底罐、大口扁腹壶、折腹盂、高柄杯、筒腹圜底缸等。新出现了薄胎晕染彩陶、彩陶纺轮、石镰和较多的规整小型锛斧类加工工具。屈家岭文化的后期，分布范围扩展，存在着一定的地域性差异。在江汉地区和洞庭湖畔，或可划分出不同的地方类型。

屈家岭文化的居民以种植水稻为主，兼营渔猎和采集。主要农具是扁平穿孔石铲和石镰。地处鄂西北山区的郧县青龙泉和大寺，较多地使用打制的凹腰或双肩石锄。有些地点还发现很少的磨制长方形穿孔石刀。在放鹰台、朱家嘴、屈家岭、青龙泉和黄楝树等地，在建筑遗迹的红烧土中普遍发现稻谷壳印痕。放鹰台、屈家岭的稻壳印痕经过鉴定，确定属于人工栽培的粳稻，与现在长江流域普遍栽培的稻种相近。发现了猪、狗等家畜的骨骼。另外，还有形似鸡、羊之类的陶塑，有人认为可能是家养禽兽的简朴造型。

制陶工艺有所发展。屈家岭文化后期，很多盆形鼎、豆、碗的腹壁仰折，形成双腹状，器身特点相当一致，下部则根据不同用途分别安装三足或圈足，反映出部分陶器的制作已趋向定型化。出现了精美的薄胎晕染彩陶，多属泥质黄陶的碗、杯类。在灰、黑、红或橙黄色的陶衣上，用黑彩绘出框格、卵点、条带、垂幛等纹饰，一般是器壁里外均施陶衣和纹饰。这类彩陶的特点是在同件器物上兼用两三种颜色的陶衣，彩纹浓淡相间，笔道不甚整齐分明。这种薄胎晕染彩陶，为屈家岭文化所特有。

屈家岭文化的住房多属方形、长方形地面建筑。一般筑墙先挖基槽，立柱填土，再以粘土或草拌泥掺加烧土碎块培筑墙壁。居住面下部铺垫红烧土块或黄砂土，以利防潮，表面敷“白灰面”或涂抹细泥并经烧烤。在室内中部或偏一角处筑火塘，有的火塘附近还遗留保存火种的陶罐。室内的柱洞大体排列有序，有的洞底以碎陶片垫实，起着柱础的作用。单间房屋的面积一般10平方米左右。出现了以隔墙分间的较大住房，有的是出入一个大门的里外套间式房子；有的是长方形双间、多间的连间式房子，各间分别开门通向户外，其隔墙上无门或还设门相通，甚至有多达二、三十间成排相连的。青龙泉的一座双间式大房子，南北总长14米，东西宽5.6米，室内面积合计70多平方米。这种隔墙连间式住房，形式新颖，建筑结构有了明显的进步。有人认为，它可能是在父系家庭生活的背景下产生的。

在六合、屈家岭、关庙山等地，均发掘了屈家岭文化的墓葬。成年死者多实行单人仰身直肢葬，也有屈肢葬，无葬具。曾盛行于大溪文化中的下肢甚为蹉曲的屈肢葬，在屈家岭遗址也发现一例。大部分墓有数量不等的随葬品，前期多小型明器，后期有个别墓随葬猪头骨。划城岗墓地的90多座墓葬分南北两区，土坑竖穴墓与少量的瓮棺交错分布。土坑墓的墓向比较一致，大部分为东西向。随葬品一般为4～8件，但少数墓十分丰富。位于南区墓地西端首排的3座并列土坑墓，随葬器物分别有77、50、65件，均有多件朱绘陶器，两座墓内各随葬一件“风”字形穿孔石钺，其中一件还朱绘卷云纹。这三座墓死者生前可能在氏族中居于重要地位。

关庙山遗址有专辟的儿童瓮棺葬墓地，通常用大型圜底陶罐再扣一件鼎或盆、钵作为葬具，竖埋在小土坑内。一般无随葬品。有的葬具底部中心特意凿出一孔，可能是作为儿童灵魂出入的孔道。

屈家岭文化的北部外围分布区，已到南阳地区伏牛山南麓一带，这里原是仰韶文化的分布范围，后来屈家岭文化扩展及此，并与黄河流域腹地的末期仰韶文化和早期龙山文化先后发生接触和交流。例如，在具有仰韶文化向龙山文化过渡性质的河南禹县谷水河第三期和郑州大河村第四期文化遗存中，分别出有双腹豆、高领圈足壶、高圈足杯、盆形瓦足鼎等，都与屈家岭文化的器形相同和近似，显然是屈家岭文化影响的结果。在陕县庙底沟二期文化遗存中和青龙泉中层、屈家岭，又都存在喇叭口红衣小陶杯、圜底罐形鼎等相似的器物，反映了相互间的联系。

关于屈家岭文化的来源，一种意见认为，屈家岭文化与大溪文化在部分地区互相重合，有明确的地层叠压关系，陶器有承袭、演变的因素，因而是直接继承大溪文化发展来。另一种意见认为，大溪文化和屈家岭文化属于不同的文化系统，湖北黄冈螺蛳山遗址为代表的一类遗存，应是探索屈家岭文化渊源的线索。有的更进一步提出，由螺蛳山遗存直接演变为典型屈家岭文化。这一问题有待于通过积累更多资料和深入研究来解决。

屈家岭文化的发展去向现已明确，其后应为“青龙泉三期文化”。目前暂归入“青龙泉三期文化”范畴的遗存，分布地域较广，延续时间较长，其年代大体与中原龙山文化相当，部分器物上也有若干相似之处，尤其是在南北相毗连的鄂西北、豫西南两地区，关系更为密切。因此，有人把江汉地区继屈家岭文化之后的这类遗存，称作“湖北龙山文化”。也有人把湖南地区与之相当的遗存都包括在内，泛称为“长江中游龙山文化”。今后，应通过发掘有代表性的遗址和深入分析研究，将此类遗存作为独立的考古学文化，另行正式命名。

三、青龙泉三期文化

青龙泉三期文化现又被称作湖北龙山文化。主要分布在长江以北的江汉流域以及鄂西北和豫西南地区。主要遗址除青龙泉外，还有湖北郧县大寺，均县乱石滩，房县七里河，枝江县关庙山，江陵蔡家台，河南省淅川县下王岗（晚一期）和信阳市阳山等。

石器以琢制和通体磨光的最多，打制的很少。器形有斧、锛、锄、刀、镞、纺轮等，其中以长方形穿孔石刀和双肩石锄最具有特征性，陶纺轮的数量最多，少数纺轮的外表彩绘旋曲的尖条纹，与天门石家河屈家岭文化晚期的彩陶纺轮相似。

陶器以泥质灰陶最多，次为泥质红陶和夹砂红陶，泥质黑陶最少。制法仍以手制为主，比较粗糙，有些遗址已出现轮制的陶器。器表多素面磨光，纹饰以拍印的篮纹最多，次为附加堆纹、方格纹、弦纹、锥刺纹、绳纹和镂孔。彩陶数量很少，花纹简单。彩纹有平行线纹、圆点纹、方格纹和旋曲的条纹。彩绘大都为红底黑彩或紫红彩，橙黄底红彩或紫红彩。彩绘多饰于罐、鬶、杯和纺轮的外表，无内彩。新出现了盆形鼎、厚胎喇叭形杯、喇叭形擂钵、腰鼓形罐、筒形缸、斝、鬶、盉等器形。

四、仙人洞下层文化

仙人洞下层文化是鄱阳湖地区的新石器时代早期文化的代表，时代大约相当于新石器时代早期的后一阶段，碳 14 测定的数据为公元前 6625 ± 235 年。

石器有打制和磨制两种，且数量相当。打制器形有刮削器、砍砸器和石核石器；磨制器形有棱形器、有孔石器和砾石，比较粗糙。骨器均经不同程度的磨制，器形有针、锥、鱼镖、镞、凿等。角器皆有凿形器。蚌器有人工穿孔，有的器形为单孔，有的则为双孔或多孔。牙器为牙刀。

陶器都是碎片。均为夹砂红陶，手制，器壁凹凸不平，厚薄不均。纹饰以绳纹为主，有少量的刻划纹和圆窝纹，有的陶片上涂朱。

另外，还发现烧土堆遗迹。火堆没有坑穴，底部大部分堆有石块，有的周围还散布着扁平的大石块。可能是当时人们围坐篝火旁炊煮、进餐或取暖时遗留下来的。

五、山背文化

山背文化是赣江中、下游地区新石器晚期文化的代表之一，碳 14 测定的年代为公元前 2335 ± 95 年，树轮校正为公元前 2810 ± 145 年。

石器磨制精致，器形长大、浑厚，种类有锛、斧、铲、镰、刀、镞、网坠、石球等，其中以大型厚重的长条形有段石锛、扁平长方形石斧和半月形穿孔石刀最具特征。有段石锛均属高级型，下段比上段长。石斧除常见的形制外，还有有段石斧和有肩石斧。石刀分无孔和有孔两种。有孔石刀的穿孔为单孔、双孔和四孔，其形制以半月形居多，有少量为梳形和梯形。此外，还有少量细石器，一般长 2～4 厘米。

陶器可分为夹砂红陶、夹砂灰陶、泥质灰陶、泥质黑陶和黑皮陶，其中以夹砂红陶的数量最多。制法大多为手制，少数器物兼以轮修。纹饰以弦纹最多，有少量的锯齿纹和镂孔；一部分器物上拍印方格纹、编织纹、圆圈纹等几何印纹等。盛行三足器和圈足器，圜底器和平底器较少。典型器形有鼎、鬶、钵、豆、壶、罐、盂、器座、器盖和纺轮等。鼎以侈口束颈鼓腹侧扁足的罐形鼎的数量最多。鬶的特点是细长颈、瘦长袋足。豆有子母口的浅盘豆、盖豆和高杯形豆。壶有直口高颈扁腹圈足壶和高颈圆腹圈足壶两种。罐以直口或侈口的高颈球腹罐为主。

六、筑卫城中层文化

筑卫城中层文化是赣江中、下游地区晚于山背文化的新石器晚期文化的主要代表。石器均为磨制，常见的器形有斧、锛、刀、镞、钻和磨棒等，其中以半月形穿孔石刀、有段石锛和各种形制的带铤石镞最具特征。

陶器以磨光黑皮陶为主，次为泥质灰陶和夹砂灰陶。主要器形有鼎、鬶、釜、豆、罐、盘、器盖等，其中以子母口的盘形鼎、长颈瘦长袋足的鬶、子母口的盘形豆、柄部有突棱的豆等最具特征。

筑卫城中层文化的子母口的盘形鼎和石峡文化三期的同类器相似，有段石锛也和石峡文化相似，说明其文化时代大体和石峡文化的二、三期相当。

第四节　东部沿海地区

东部沿海地区主要是指从渤海湾到杭州湾的这一区域。该区的新石器时代文化主要呈现出南北两大块的发展趋势。北部地区（今山东省的鲁中、鲁南山地和鲁东丘陵地区，即海岱文化区）的新石器文化发展序列为：北辛文化→大汶口文化→典型龙山文化或称山东龙山文化→岳石文化。继龙山文化发展起来的岳石文化时期已出现少量青铜器，说明岳石文化时期已进入了青铜时代。辽东半岛沿海地区的新石器时代文化和胶东半岛沿海地区的新石器文化有许多相似性，这是两个地区文化相互交流的结果。南部地区（今太湖平原和杭州湾地区）在太湖周围和杭州湾以北的新石器文化发展序列为：马家浜文化→崧泽文化→良渚文化。崧泽文化因素向北影响到江淮地区。良渚文化因素向北影响到鲁中地区，在大汶口文化晚期的遗存中可见到良渚文化的因素。分布在杭州湾南岸宁（波）绍（兴）平原上新石器文化属河姆渡文化系统。河姆渡文化晚期和马家浜文化晚期，其文化因素逐渐融合。该地区继河姆渡文化发展起来的是一种带有良渚文化因素的新石器晚期文化。江苏和安徽的长江以北和淮河以南的江淮地区的新石器时代文化是南、北两大地区文化的过渡区域。这一过渡地区的新石器文化既受海岱文化区大汶口和龙山文化的影响，又受到长江以南宁（南京）镇（江）地区和太湖流域新石器文化的影响。如安徽省潜山县薛家岗文化，其早、中期遗存既带有大汶口文化因素，又带有宁镇地区北阴阳营遗址下层文化因素；晚期遗存则带有龙山文化因素。江苏省海安县青墩文化遗存中，既含有太湖流域崧泽文化和良渚文化因素，又含有海岱文化区大汶口文化和龙山文化因素。

北部地区（海岱文化区）

一、北辛文化

北辛文化主要分布在泰沂山区的南侧及西侧的湖东山前平原地带，多数遗址位于山区至冲击平原的过渡地区。主要遗址有山东省滕县北辛、泰安县大汶口（1974 年发掘的第一期遗存）、兖州市王因（下文化层），江苏省邳县大墩子（下文化层）、连云港市二涧村（下层）和大村等。经放射性碳素断代，北辛文化大约距今 6700 年至 5600 年，跨越年代约 1000 年。

石器有打制和磨制两种。打制石器采用直接打击法。器形有斧、敲砸器、铲、刀等，其中石斧和敲砸器的数量最多，盘状器和小型石铲次之。磨制石器有铲、刀、磨盘和磨棒等，其中石铲的数量最多。骨、角、牙器发现得很多，常见的器形有镞、鱼镖、锄、凿、匕首、针、锥、梭形器等，其中镞和针的数量最多。此外，还有少量的蚌铲、镰、镞等蚌制工具。

陶器有夹砂陶和泥质陶两种，以夹砂陶的数量最多。夹砂陶以夹粗砂的黄褐陶为主，夹砂灰陶和黑陶很少。泥质陶多红陶和红褐陶。均为手制。纹饰有竖直或斜行的短泥条组成的花纹带、人字形或菱形的压印纹、划纹、剔刺纹、乳钉纹等。彩陶数量很少，纹饰简单，仅在陶钵口沿的外壁绘一周红色或黑色宽带纹（图18）。

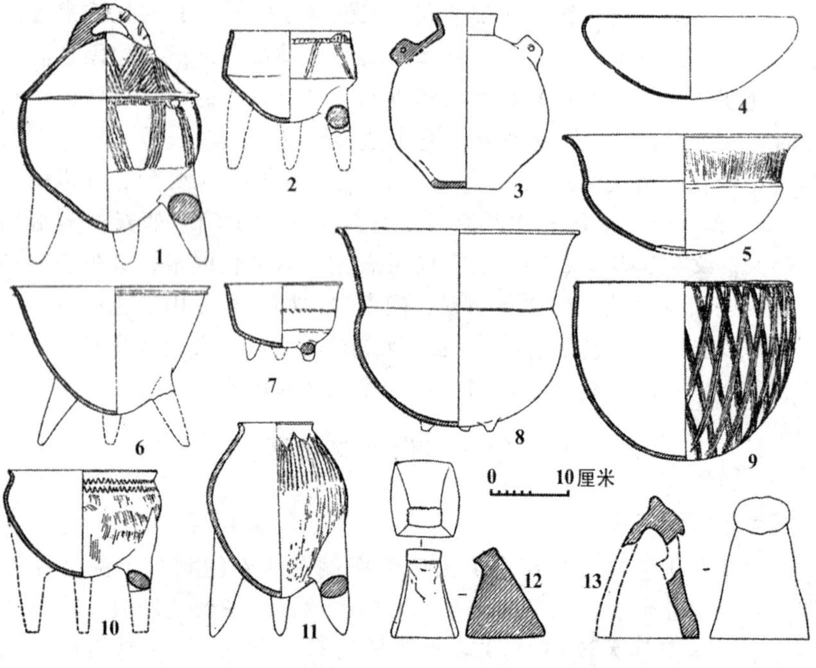

图18 北辛文化的陶器

1、2、6、7、10、11. 鼎 3. 壶 4、9. 钵
5. 釜 8. 三足釜 12、13. 器座

墓葬大多为单人仰身直肢葬，头向东。随葬品很少，一般只有二、三件陶器，有的无随葬品。有些墓葬，死者的头部覆盖一个红陶钵。此外，在北辛遗址还发现两座幼儿瓮棺葬。

二、大汶口文化

大汶口文化主要分布在鲁中、鲁南和苏北的淮北地区，但其晚期遗址分布较广，西达豫中、豫西，西南到皖北，北到鲁北。东北的辽东半岛，也受到该文化的影响。据放射性碳素断代，大汶口文化的年代大约始于公元前4300年，结束于公元前2200年。

根据大汶口、大墩子、刘林、王因等遗址的地层关系，并结合碳14年代，可将大汶口文化分为早、中、晚三期。

早期阶段的遗址分布在鲁中、鲁南、胶东半岛和苏北的淮北地区，分布范围比北辛文化广泛。主要遗址有山东省兖州市王因、滕县岗上村、泰安大汶口，江苏省邳县大墩子、刘林等。早期的石器均为磨制，制作较精致，石器的穿孔技术发达。种类有斧、锛、铲、刀、凿、镰、纺轮、弹丸、砺石等。骨、鱼、牙器主要有骨锥、角锥、骨针、獐牙勾形器、骨栖、骨梳、雕花骨筒、骨管、穿孔龟甲等。高超的制作技术，大量的骨、角、牙器，是大汶口文化的特色之一。

陶器以夹砂陶和泥质红陶为主，有少量的灰陶和黑陶。制法以手制为主，轮修技术已普遍使用。纹饰有弦纹、划纹、乳钉纹、附加堆纹，锥刺纹和指甲堆纹等。彩陶的数量较以前增多，有单彩，也有白衣多彩，花纹繁缛。彩纹有圆点、弧线、勾叶、波折纹等。典型器形有罐形鼎、釜形鼎、钵形鼎、盆形鼎、平底觚形杯、三足觚形杯、三足带把罐、豆、壶、钵等（图19）。这些器形皆为实用器，只有三足觚形杯无实用价值，可能是专门为宗教活动而制作的“法器”。

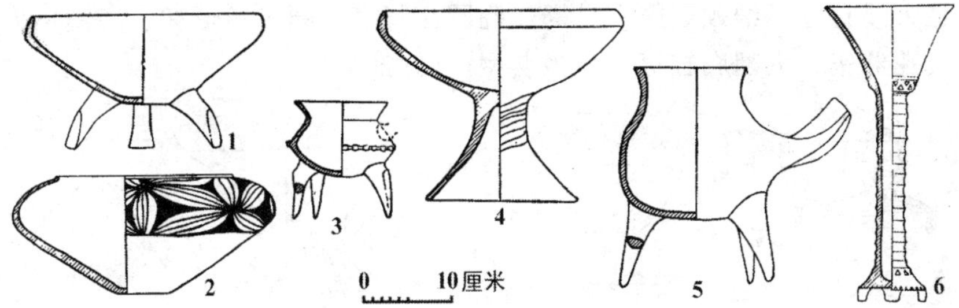

图19　大汶口文化早期的陶器

1、3、5．鼎　2．钵　4．豆　6．觚形器

早期的墓葬，头向一般朝东，也有朝北的，如刘林遗址。墓制以单人葬为主，有较多的合葬墓。合葬墓以同性合葬和多人二次合葬为主，一对成年男女合葬墓是到早期的后期阶段才出现的。在该时期

中，随葬品多寡不一的现象比较显著，多者达四、五十件，寡者则一无所有。早期的墓葬，还普遍使用獐牙和獐牙勾形器及龟甲随葬。男女的随葬品有一定差别，男性多随葬生产工具，如石斧、石锛、石凿等，女性多随葬纺轮之类的生活用具。墓葬的人骨中还普遍存在对成年男女拔除侧门齿和头骨人工变形的情况。

中期文化遗存的分布大体和早期一致。主要遗址有山东省邹县野店、滕县山岗上村、泰安大汶口（第五、六期），江苏省新沂县花厅村、邳县大墩子（晚期墓）等。

石器一般棱角整齐，通体磨光。穿孔有琢穿和管穿两种。主要器形有斧、石锛、有段石锛、铲、刀、镐、纺轮等，其中有段石锛和石镐是新出现的器形。骨、角、牙器有獐牙勾形器、骨镰、骨镞、骨针、骨锥、骨匕、骨筒、骨鱼镖、角锥等。

陶器以夹砂红陶为主，泥质黑陶和灰陶次之，还出现一些火候较高和质地细密的白陶。制法以手制为主，轮修比较普遍，如豆等一些小型器皿已开始轮制。纹饰有弦纹、划纹、绹索纹、附加堆纹、编织纹和镂孔等。有少量彩陶，彩绘母题有弧线三角纹、圆点纹、弧线纹、勾连纹、波折纹、网折纹等。器形有鼎、鬶、钵、觚形杯、壶、豆、罐、瓮等，其中以高凿形足的钵形鼎、锥形足带盖罐形鼎、高圜足大镂孔豆、细颈圆腹实足鬶、椭圆腹背壶、圈足觚形杯、高圈足大镂孔器座、尖圜底缸等，最为典型。(图20)

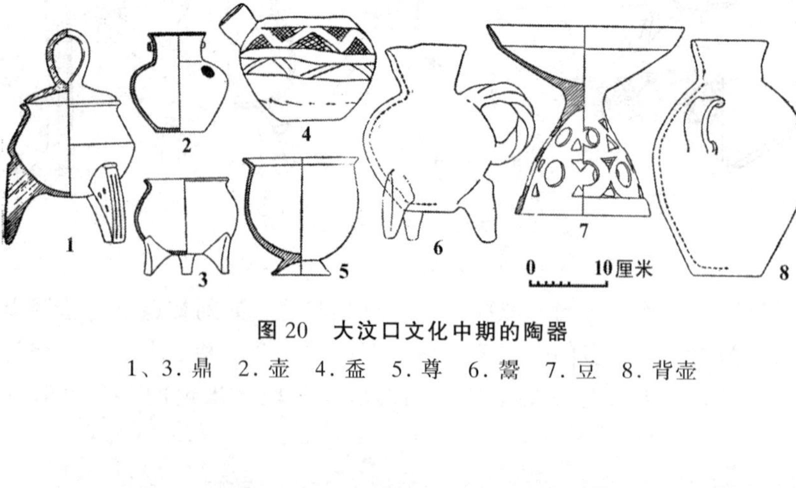

图 20 大汶口文化中期的陶器

1、3. 鼎 2. 壶 4. 盉 5. 尊 6. 鬶 7. 豆 8. 背壶

墓葬发现较多。头向大多朝东或东北。葬式以单人仰身直肢葬为主，有一定数量的合葬墓。合葬墓有同性合葬、一对年龄相当的成年男女合葬、大人和小孩合葬三种形式，其中一对年龄相当的成年男女合葬的数量最多。随葬品多寡不一的现象比以前突出，富有的大墓，不但随葬品多，而且用数量较多的象征财富多寡的猪下颌骨和猪头随葬，甚至用整猪、整狗来随葬。大墩子发现的两座墓葬（M117、M160），其随葬的石斧上涂有红色颜料，这种现象在黄河流域的齐家文化和辛店文化中也有发现。这是一种崇拜太阳和崇拜火的遗存，具有一定的宗教意义。

晚期文化遗存的分布已从鲁中、鲁南和苏北扩大到鲁北、皖北和豫中等地区。主要遗址有山东省泰安大汶口、曲阜西夏侯、胶县三里河、日照东海峪，安徽省肖县花家寺，河南省偃师县滑成、禹县谷水河、平顶山寺岗等。

陶器以灰陶为主，黑陶次之，白陶最少。制法有较大发展，轮制技术已用来生产大件陶器。烧窑技术也有了改进，烧制出的所谓“蛋壳陶”，胎厚仅一、二毫米，通过提高窑温，烧出薄胎、质硬和色泽美丽的白陶、黄陶和粉色陶器。典型器形有薄胎黑陶高柄杯、平底或圈足觚形杯、袋足鬶、盉、宽肩壶、通体瘦小的背壶都是新出现的器形。彩陶到晚期减少，但仍有纹样复杂的多色陶器。（图21）

大汶口文化晚期出现了比较复杂的刻划符号。有的在一个陶尊上同时刻两种不同符号，有的遗址同时发现数个符号，而在不同的遗址里又会出现相同的符号。有的学者将这类符号视为比较成熟的意符文字，也有人持不同意见。

东海峪遗址发现的晚期房屋是一种夯筑的土台建筑。一般房屋都由土台、墙基、墙外护坡、室内地基、灶址及出入口等部分构成。长方形土台由两层筑成，中部平坦，四周边缘呈漫坡状，以便散水。室内基地分三层筑成。屋顶为两面坡式，屋顶的南北端直接搭在南、北墙上。这种由台基、护坡、室内地基分层夯筑的建筑，是中国建筑史上夯筑技术的开端。

晚期的墓葬仍以单人仰身直肢葬为主，有少量的合葬墓。合葬墓

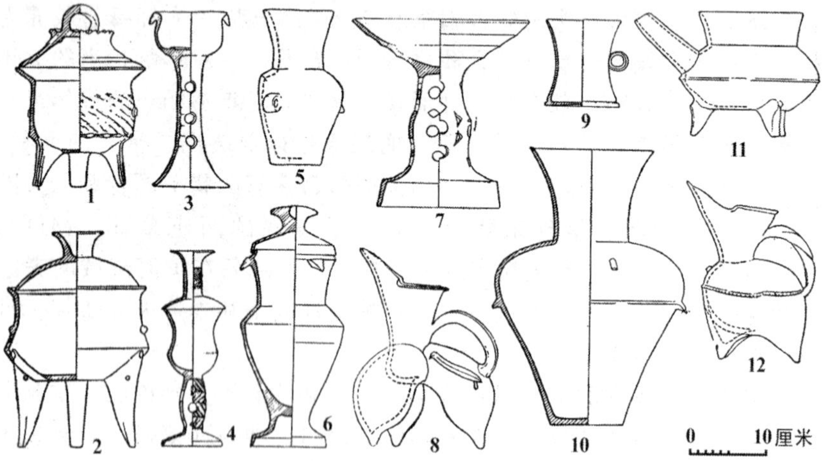

图 21　大汶口文化晚期的陶器

1、2. 鼎　3、4. 高柄杯　5. 背壶　6. 瓶　7. 豆

8、12. 鬶　9. 杯　10. 壶　11. 盉

多为一对成年男女合葬墓，同性合葬消失。头向一般朝东，胶东半岛的一些地区则盛行头向西或西北的葬式。氏族墓地上已出现小片的家庭墓地。家庭墓地之间已出现了贫富分化的现象。墓地中出现的无尸富墓、断头富墓，应是对氏族新贵“凶死者”的一种厚葬。

关于大汶口文化的性质，目前比较一致的看法是，早期处在母系制的末期，中期阶段已进入到父系社会，晚期氏族制度已处于崩溃的前夜。

三、龙山文化

龙山文化是 1928 年在山东省历城县（现属章丘县）龙山镇城子崖首先发现而得名的。其文化遗存主要分布在黄河下游地区，其中包括山东全境、江苏和安徽两省的淮河以北地区，其中影响所及西到豫东和豫北，东北达辽东半岛南端。主要遗址有山东省章丘县城子崖，胶县三里河，诸城县呈子，茌平县尚庄，泗水县尹家城，江苏徐州市高皇庙，连云港市二涧村等。龙山文化的年代大约距今 4100 年至 3800 年。

石器绝大多数为磨制，打制的罕见。穿孔技术发达，一般是用石钻头两面对钻法。器形以斧、锛、穿孔石铲、长方形或半月形双孔石刀、柳叶形或菱形石镞的数量最多。鲁东的一些遗址还出土细石器。有些遗址还出土一些精制的玉器，如三里河出土成组的玉器，日照两城镇出土的兽面纹玉斧等。山东龙山文化时期已出现冶铜业，在三里河遗址曾出土两件铜锥，经鉴定为黄铜，栖霞杨家圈遗址出土的铜锥，可能是青铜制造的。

龙山文化的陶器，轮制极为发达，故使器形浑圆，胎壁厚薄均匀，器身各部分比例匀称、和谐，造型规整、优美；陶色纯正，表里透黑，火候较高。一套磨光黑陶器物群构成龙山文化的突出特征。陶器多素面，纹饰有凹凸弦纹、竹节纹、划纹、镂孔和附加堆纹，个别大型夹砂陶器上有篮纹。器表常有显著的分格和凸棱。器形以三足器和圈足器为主，平底器次之。器身上常加盖，并有流、耳、鼻、把手等附件。典型器形有“鬼脸式”足的曲腹盆形鼎、三角形足的罐形鼎、三环足盘、高圈足豆、蛋壳高柄杯、袋足鬶、甗、盉、曲腹盆、双耳带盖罍和各种形制的杯等，其中蛋壳陶的高柄杯的制作技艺达到了史前制陶业的顶峰（图22）。

龙山文化可分为早、中、晚三期。早期还带有大汶口文化晚期特征，背壶仍然存在，鬶的颈部和腹部有明显的分界。“鬼脸足”的鼎数量很少。中期，泥质黑陶的数量增加，制法以轮制占多数。龙山文化的典型器形均已出现。甗是中期出现的器形。晚期陶系以黑陶为主，有少量白陶、黄陶和橙红陶。普遍采用快轮制陶，器形规整。鼎的典型器形是“鬼脸足”，腹为曲腹盆或曲腹碗式。鬶的颈部和腹部浑然一体。蛋壳陶的高柄杯，杯身陷入杯柄，形成内外两层，内层是容积部分，外层有花纹和镂孔。

房屋有半地穴式和地面式建筑两种。形制有圆形和方形。东海峪还发现过土台式建筑。房屋建筑大多采用挖槽筑基的方法，居住面及墙壁经过夯打。城子崖还发现过防御性围墙，可能是城墙建筑，南北长约450公尺，东西长约390公尺，为一正方位的长方形。在山东省寿光县城南10余公里的孙家集，发现了一座龙山文化中期的古城遗

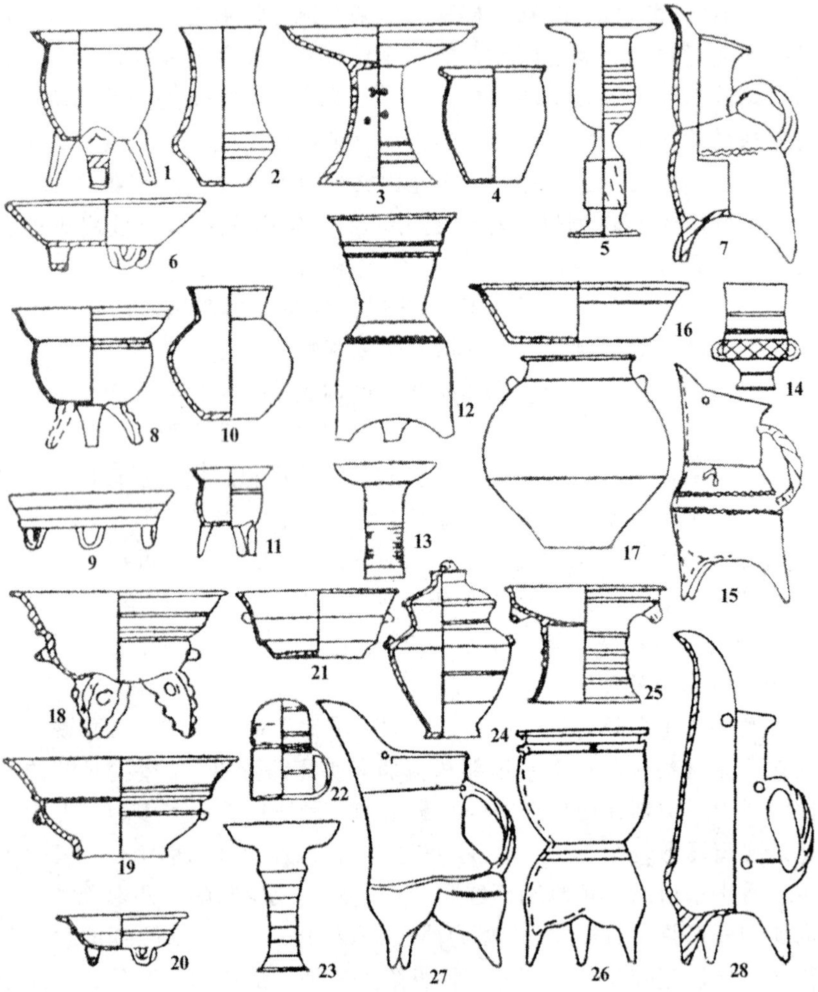

图 22 龙山文化的陶器

早期：1. 鼎 2. 觯 3. 豆 4. 罐 5. 高柄杯 6. 盘 7. 鬶

中期：8、11. 鼎 9. 盘 10. 罐 12. 甗 13. 高柄杯 14. 双耳杯 15. 鬶 16. 盆 17. 瓮

晚期：18. 鼎 19、21. 盆 20. 盘 22. 单耳杯 23. 高柄杯 24. 罍 25. 豆 26. 甗 27、28. 鬶

址。城址呈不规则的圆角梯形，南北长 175 米，东西宽 220 米，总面积为 44000 平方米。地面上的城墙已被破坏，但墙基保存尚好。城墙东、西、北三边都有缺口（可能是城门）。城墙的地面基槽宽 4～6 米。基槽内的填土经过夯打。填土中有完整的人骨架及猪、狗的骨架，这可能是一种祭祀遗迹（奠基）。

墓葬虽在许多遗址中都有发现，但都比较零星，很少发现分布集中和排列有序的墓葬群。墓葬均为长方形竖穴的墓坑。各个地区都发现了一些有葬具的墓葬。葬式以单人仰身直肢葬为主，有极少数的屈肢葬和俯身葬。随葬品一般很少，个别大墓有较多的随葬品。

龙山文化时期，手工业的巨大进步，冶铜业的产生，设防城堡的出现，礼器以及体现奴隶主阶级意识形态的饕餮纹、云雷纹的问世，都反映出龙山文化时期已进入了阶级社会。

四、岳石文化

岳石文化主要分布在山东胶东、昌潍、淄博、济宁、临沂等地区，在江苏连云港附近的赣榆一带也有发现。主要遗址有：山东省平度东岳石，牟平照格庄，烟台芝水，寿光火山埠，诸城前寨，临淄于家，泗水尹家城等。

岳石文化的生产工具多石质，有长方形舌形铲、半月形双孔石刀。在照格庄遗址出土了青铜锥，说明岳石文化是一种铜石并用文化。

陶器以灰陶为主，红褐或黄褐陶次之，黑陶数量不多。泥质陶以素面磨光为主，纹饰有凸棱纹（竹节纹）、压印纹、划纹等，器胎较厚。器形主要有甗，其次为豆、盆、罐、缸等。最具特征的器物是：夹砂红陶或灰褐陶甗，其腰、裆部饰的附加堆纹上有圆圈印戳纹或立人形划纹；泥质灰黑陶的黑胎竹节纹尊形杯；泥质灰陶或灰黑陶的菌式钮的器盖；泥质灰陶浅盘豆及少量鼎、罐等。

岳山文化的相对年代晚于龙山文化而早于商文化。但是岳石文化与典型龙山文化之间是否存在着一脉相承的关系以及它与中原二里头文化、商文化的关系仍是尚待解决的学术问题。

南部地区（太湖流域和杭州湾地区）

太湖及其周围地区的新石器时代先后发现有四种文化，即河姆渡文化、马家浜文化、崧泽文化和良渚文化。

一、河姆渡文化

河姆渡文化因1973年首先在浙江省余姚县河姆渡遗址发现而得名。该文化主要分布在杭州湾以南的宁波绍兴平原及其沿海的舟山群岛。主要遗址除河姆渡外，还有余姚龙山乡朱山、下庄、历山茅湖，鄞县辰蛟，宁波市人字桥、妙山，舟山白泉、大巨，慈溪龙南童家岙等。

河姆渡遗址共分四个文化层。第三、第四文化层为河姆渡文化的早期阶段，文化特征最强，也最能反映河姆渡文化的面貌。第一、第二文化层为河姆渡文化的晚期阶段。

1. 早期阶段

骨器是河姆渡文化生产工具的主要部分。种类有耜（铲）、镞、哨、凿、匕、锥、针、管状针等，其中以骨耜的数量最多，它是主要的农业生产工具。骨耜的大量出现，说明在六、七千年前，杭州湾地区已进入“熟荒耕作制”的“耜耕农业”阶段（即“锄耕农业”或“村居农业”）。

木器也是河姆渡文化中数量较多、品种丰富的一类器物。种类有矛、匕、铲、纺轮、槌、器柄、划桨、矢、碗、桶、卷布棍、齿状器、经轴等。利器（矛、矢）前端用火烧法硬化。在木碗和桶上发现有一层光滑发亮的涂料，可能是生漆。木桨的出现，说明当时已用船作为水上运输工具。木匕、卷布棍、经轴、齿状器等，都是纺织工具。

陶器有夹炭砂的黑陶和灰陶，以夹炭黑陶的数量最多和最具有特征性。所谓“夹砂黑陶”是因为陶土中羼和大量的植物茎、叶和谷壳等有机物，由于火候低，又在缺氧的还原焰中烧成，使陶土中的有机物仅达到炭化的程度。制法皆为手制，以泥条盘筑为主。造型简单，器形不规整，常有厚薄不均、色泽不匀、弧度不一甚至器形歪扭的现象，反映制作技术的原始性。纹饰有拍印的绳纹、刻划或锥刺的弦纹、斜线纹、水波纹、圆点纹、堆塑的动物纹和彩绘等。彩陶的器表为黑色，外壁印有绳纹，绳纹上涂一层细泥，表面经打磨，彩色浓厚而有突出感，彩面有光泽，是河姆渡文化制陶工艺的精华。种类有釜和支架、罐、钵、盘、盆、盂、豆、器座、器盖和贮水尊，其中以釜和支架、罐的数量最多，钵和盘次之（图 23）。

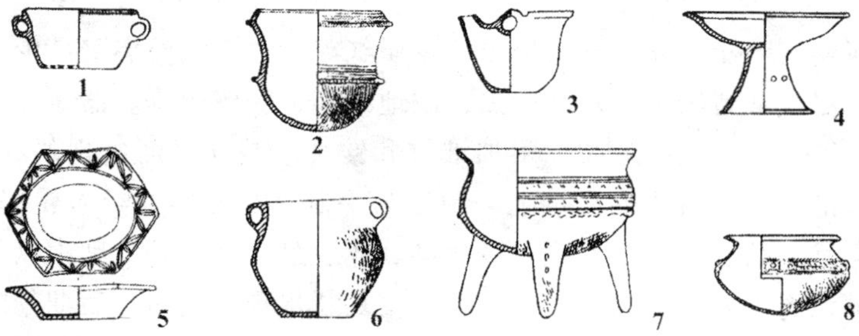

图 23　河姆渡文化的陶器

早期：1. 盆形甑　2. 敛口肩脊釜　5. 盘　6. 罐

晚期：3. 垂囊式平底盉　4. 豆　7. 鼎　8. 敞口釜

早期的房屋是一种栽桩架板的干拦式木构建筑。其建筑程序是，先在地面上打下数排木桩，然后在排桩上架梁（龙骨），再于其上立柱架梁，建成高于地面的“干栏式”房屋，使居住面和潮湿的地面相隔离。

河姆渡遗址中普遍发现稻谷、谷壳、稻干、叶等堆积，最厚处达七八十厘米。陶胎中也羼和大量的谷壳，据鉴定稻谷属于栽培稻中的籼稻。说明在六七千年的这一地区，已人工栽培水稻，故中国是世界上水稻栽培的起源地之一。在第二期发掘中还发现薏仁米。在孢粉分析中还发现豆科植物。

河姆渡文化遗址的第三文化层发现墓葬 13 座。这些墓葬皆无墓坑和葬具。全为单人屈肢葬，头向东。只有个别墓有少量的随葬品。

据放射性碳素测定，河姆渡遗址的第四文化层的两个年代分别为距今 6725 ± 140 年、6960 ± 100 年。

2. 晚期阶段

河姆渡文化的晚期阶段可分为前、后两期。前期以河姆渡遗址的第二文化层为代表，后期以河姆渡遗址第一文化层为代表。

前期的石器大都通体磨光，已出现管钻技术。主要器形有锛、斧、凿、刀、纺轮、磨石等，其中穿孔石斧、双孔石刀和石纺轮是新出现的器形。后期的石器与前期相比变化不大，只是增加了一种穿孔石铲。

前期的陶器以夹砂红陶最多，泥质红陶次之，泥质黑陶最少。泥质红陶器表常施陶衣，外红内黑，质地细腻，胎壁较厚。器表以素面为主，纹饰有弦纹、绳纹、附加堆纹和镂孔。镂孔是新出现的纹饰，施于豆把和一些器物的圈足上。制法为手制，少数器物经慢轮修整。器形有釜、鼎、盉、鬶、罐、豆、盆、钵、盘、器盖等，其中以釜和鼎数量最多，罐和豆次之。鼎、盉、鬶是新出现的炊器。后期的陶器以夹砂红衣陶为主，其次为泥质红陶和泥质灰陶。

泥质灰陶是新出现的陶系。泥质红陶较细腻，胎壁较薄，很少有陶衣，表里色泽一致。纹饰沿用前期的弦纹、绳纹和附加堆纹。鼎足上新出现以曲线、短线组成的刻划纹。豆柄上新出现了弧形三角、方形和圆形组成的镂孔纹饰，同时出现竹节形豆把。制法仍以手制为主，有些器物如豆、杯、小罐等，已采用轮制。器类与前期大致相同。

晚期阶段的建筑遗存前、后期有所不同。前期的柱洞内垫木板作柱础，后期的柱洞内填砂粒和陶片。前期还出现木构水井。

河姆渡第二层的碳14年代为距今5050±100年，5370±95年。

以河姆渡遗址第4层为代表的河姆渡文化早期遗存，与以罗家角遗址第4层为代表的马家浜文化罗家角类型，年代相当，陶器中的六角形口沿的盘盆类和弧敛口双耳钵等形制接近，表明两者之间存在一定的联系。

河姆渡文化晚期的前、后阶段，分别与马家浜文化马家浜类型和崧泽文化大体同时。马家浜类型发达的素面腰沿釜（或称宽檐釜），在河姆渡文化晚期前一阶段偶有所见，反之，河姆渡文化晚期数量虽少但富有特征的垂囊式盉，在马家浜类型中也有个别发现。河姆渡文化晚期后一阶段，长条石锛、突棱镂孔豆、花瓣形圈足、凿形鼎足等，均与崧泽文化的风格相同。河姆渡文化晚期可能受到马家浜文化、崧泽文化的强烈影响。也有人认为，河姆渡遗址第4层、第3层是新发现的河姆渡文化，第2层、第1层则应分属于马家浜文化马家浜类型和崧泽类型（或单独命名为崧泽文化），并进而提出由河姆渡文化发展为马家浜文化的意见。

河姆渡文化的早、晚期衔接关系及发展去向，有待于在发现更多的材料的基础上进行深入分析；对其晚期遗存的性质和归属，需要作进一步的研讨。

二、马家浜文化

马家浜文化的主要遗址有浙江省桐乡县罗家角、嘉兴马家浜、吴兴邱城，江苏省吴江县梅埝、吴县草鞋山、苏州越城、常州圩墩、武进县潘家塘，上海市青埔县崧泽等。据放射性碳素测定，马家浜文化的绝对年代为距今6400±100年。根据地层关系，可将马家浜文化分为早、晚两期。

早期石器制作比较粗糙，主要器形有斧、锛、刀、凿、臼、砺石等；晚期制作得比较精致，大多通体磨光，器形规整，穿孔技术比较进步，已出现管钻技术，常见的器形有斧、锛、穿孔石铲、锄、凿、镞、纺轮等。装饰品有璜、玦、环等。骨器的数量比较多，制作比较精致，器形主要有镞、鱼镖、匕、凿、锥、勾形器、靴形器、器柄、针等。陶质工具有网坠、陶杵等。

早期的陶器以红褐陶为主，灰黑陶次之，红陶最少。器表以素面为主，纹饰有各种刻划纹、拍印的绳纹和附加堆纹等。器形有釜和支架、盉、盆、碗、罐、网坠、纺轮等。晚期的陶器以夹砂红陶的数量最多，其次为泥质红陶、夹砂灰陶和泥质黑陶。夹砂红陶质地粗松，有的外表施红衣。泥质红陶都有红色陶衣，有一部分泥质红陶外红内黑。器表多素面，纹饰有弦纹、绳纹、附加堆纹、网纹、指甲纹和镂孔等。陶器皆手制，有少量的慢轮修整。常见的器形有釜和支架、鼎、碗、钵、盆、盘、豆、罐、壶、盉、炉等（图24）。

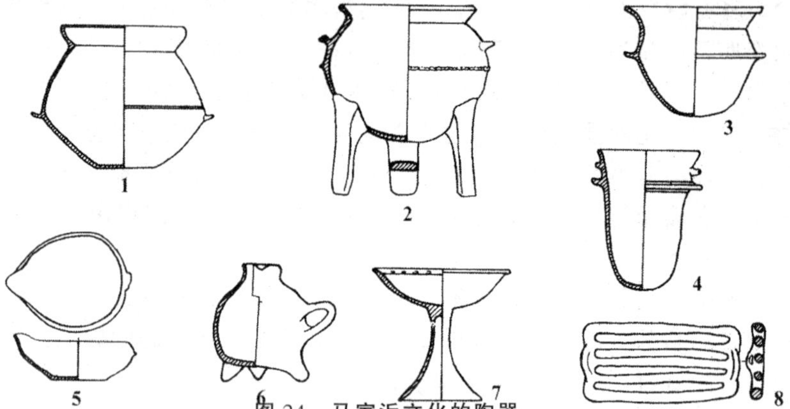

图 24 马家浜文化的陶器

1. 罐 2. 鼎 3、4. 釜 5. 带流钵 6. 盉 7. 豆 8. 炉箅

墓葬分布集中，排列有序，都有比较整齐的墓列。房屋多为长方形，个别为圆形。一般无墓坑，就地堆土掩埋。盛行头向北的单人仰身直肢葬，有少量的仰身屈肢葬、侧身葬和二次葬。随葬品一般都少，大多数只有几件日用陶器，如钵、豆、釜等。随葬生产工具的很少。武进圩墩个别女性墓还随葬猪、狗的下颌骨、龟甲和其他兽骨。个别女性墓有稍多的随葬品。

三、崧泽文化

崧泽文化以上海市青浦县崧泽遗址中层遗存作为典型遗存的。其分布范围大体和马家浜文化的一致，即以太湖流域为其中心地区，但传播的范围比马家浜文化广大。主要遗址有上海市青浦县崧泽（中层），江苏省武进县圩墩（第二层）、吴县草鞋山（第4～7层）、张陵山（下层）、武进县潘家塘等。

石器皆通体磨光，刃部锋利，器形规整，厚薄均匀，孔大都由两面对琢而成，晚期出现管钻技术。常见的器形有斧、锛、铲、锄、凿、矛、纺轮、网坠等，其中穿孔石斧、穿孔石铲、有段石锛和石锄最具特征性。

陶器以灰陶为主，红陶次之。器表多素面，纹饰有弦纹、瓦棱纹、竹节纹、绳纹、压划纹、附加堆纹、镂孔和彩绘。制法以手制为主，晚期出现轮制。器形有鼎、釜、甑、鬶、罐、盆、盘、豆、钵、炉箅、器盖等，其中以扁铲足的鼎、高柄竹节形豆、折腹或折肩折腹的罐和壶、花瓣圈足的杯和壶、折肩盆、瓦楞纹罐等最为典型（图25）。炊器中还有一种甑和鼎相套合的甗。个别器物的肩部、底部有刻划的动物形象。

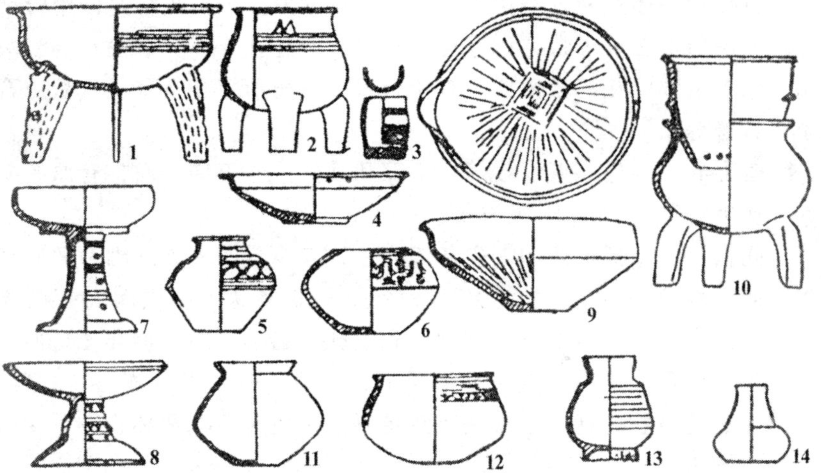

图 25　崧泽文化的陶器

1、2. 鼎　3. 杯　4. 盆　5、6、11. 罐　7、8. 豆

9. 澄滤器　10. 甗　12. 釜　13、14. 壶

墓葬大多为头向南的单人仰身直肢葬，开始出现一对成年男女合葬墓。随葬品多为日用陶器，个别随葬少量石器。随葬品已出现多寡不一的现象，多者达二三十件，寡者只有一、二件或无随葬品。随葬陶器的基本组合为鼎、豆、罐，有的墓还随葬盆、壶。生产工具随葬在男性墓中，生活用具和纺轮随葬在女性墓中。有的墓还随葬玉璜，玦基本上不见。

四、良渚文化

良渚文化分布的中心地区在太湖流域，但其影响的地区很广，北达苏北和鲁南，西到安徽的江淮地区，南抵赣北和北粤。主要遗址有江苏省吴县越城、张陵山、草鞋山、武进寺墩，吴江梅捻，上海市青浦福泉山，松江广富林，金山寺林，浙江省嘉兴雀幕桥，吴兴钱山漾，杭州水田畈，余杭县长命乡反山，安溪瑶山等。据放射性碳素测定，良渚文化的年代，早期大约距今5000年至4500的年，中期大约距今4500至4000年，晚期大约距今4000年至3700年。

石器均通体磨光，制作精致。穿孔技术发达，穿孔普遍使用管钻法。典型器形有扁平长方形穿孔石斧、有肩穿孔石斧、有段石锛、两端上翘中上部穿孔的耘田器、有柄石刀、三角形穿孔石犁、石镞、石矛、石镰等。

玉器有斧、琮、璧、瑗等。玉琮和其他一些玉饰表面常有原始型的“饕餮纹”、云雷纹、鸟纹等。

陶器以泥质黑皮陶和夹砂灰陶为主，有少量的夹砂红陶和泥质红陶。制法以轮制为主，器形浑圆、规整，胎壁薄。泥质陶面打磨光滑。纹饰有弦纹、竹节纹、刻划纹和镂孔。器形以圈足器和三足器为主，典型器形有鱼鳍足或丁字形足的鼎、袋足鬶、贯耳壶、贯耳罐、高颈壶、竹节状高柄豆、镂孔矮圈足豆、带流有盖宽把杯、卷唇深腹瓮等（图26）。

良渚文化的墓葬常用玉器随葬，有的墓随葬玉璧、玉琮达几十件之多。用玉器随葬（有的学者称为玉敛葬）是太湖流域良渚文化时期的一种葬俗。玉器中璧、琮、瑗、斧等，已失去装饰品的意义，而具有奴隶制时代的“礼器”性质。周礼中的“苍璧礼天”、“黄琮礼地”、“璧琮以敛尸”的记载，说明玉琮、玉璧、玉斧等均属于祭祀的礼器。

良渚文化的钱山漾、水田畈等遗址都发现许多农作物的种子，其种类有水稻、蚕豆、芝麻、花生、西瓜子、酸枣核、毛桃核、葫芦等，说明此时太湖流域的农业经济已较发达。

良渚文化遗址中还发现不少竹编器物、草编织物和丝麻织品。竹编器物有席、篓、篮、箩、千篰、簸箕等。麻织品有麻布和麻绳。丝织品有绢片、丝线和丝带。这些竹编器物和丝麻织品的工艺水平都很高，如竹编的编织方法，有一经一纬人字纹、二经二纬人字纹、梅花眼、菱形花格和密纬疏经十字纹等。丝织品的出现说明中国早在四、五千年前就已开始养蚕织绢，中国是世界上养蚕织绢最早的国家。

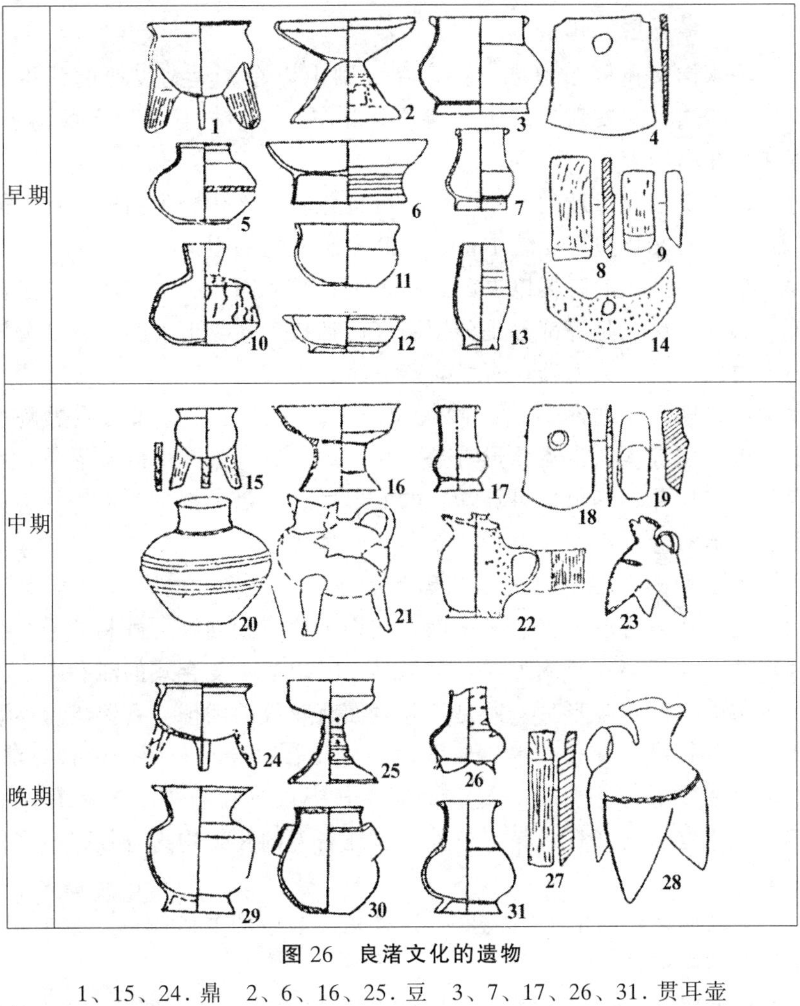

图 26　良渚文化的遗物

1、15、24. 鼎　2、6、16、25. 豆　3、7、17、26、31. 贯耳壶

4、18. 石斧　5、10、29. 壶　8、9、19. 石锛　11、12. 盆

13、22. 杯　14. 耘田器　20、30. 罐　21、23、28. 鬶

江淮地区

大别山以东、巢湖以西的江淮地区及其周围，现主要发现有薛家

岗文化及北阴阳营文化。

一、薛家岗文化

薛家岗文化分布地域，主要在大别山以东、巢湖以西的江淮之间，主要遗址有安徽省潜山县河镇乡薛家岗、宿松县程岭乡黄鳝嘴、望江县汪洋庙等。

根据薛家岗遗址的地层关系，可将薛家岗文化分为四期，其中第二、三期的文化遗存比较丰富，是薛家岗文化的主体。

第一期文化的陶器以夹砂红陶为主，泥质陶较少。制法为泥条盘筑，器耳、鼻、足等部分是分别制好后粘接到器身上去的。一部分器物为内黑外红。典型器形有鼎、釜、罐、甑等。

第二期文化的陶器以夹砂灰陶为主，夹砂红褐陶和泥质黑陶次之，黑皮陶最少。常见器形有鼎、豆、罐、碗等，其中以罐形鼎、盆形鼎、釜形鼎、柄上部呈算珠状的盆形豆、三足带把罐、壶等最为典型。石器有穿孔石铲、石锛、石凿、石球等。

第三期的陶器仍以夹砂灰黑陶为主，泥质陶次之。制法均为手制，轮修比较普遍。器表多素面，纹饰主要有刻划纹、戳刺纹、弦纹和镂孔。典型器形有罐形鼎、盆形鼎、釜形鼎、复合式的甑和甗、三足带把罐、敛口盘形豆、圈足壶和表面有花纹的陶球。石器均通体磨光，刃部锋利。穿孔技术比较发达，穿孔有对穿和一面穿两种方法。器形有铲、钺、刀、锛、凿、镞等，其中以多孔石刀、条状有段石锛、扁平穿孔石铲等最具特征性。多孔石刀的孔数均为奇数，最多达13孔。

第四期文化的出土物很少，只有几件残破的夹砂陶鼎、鬶形器、泥制黑陶高柄杯。

薛家岗文化第三期测定的碳14年代数据有三个，即公元前3160±170年，公元前3230±125年，公元前3030±205年。

二、北阴阳营文化

北阴阳营文化以南京北阴阳营下层文化为代表，该文化遗存主要分布在南京地区。

石器磨制得比较精致，穿孔技术比较进步，有用管状工具对旋或一面旋和用锥状工具对钻或对琢两种方法。器形有斧、锛、刀、凿、纺轮等，其中石锛的数量最多，石斧次之。扁平舌形穿孔石斧、条形石锛、有段石锛、七孔石刀是北阴阳营下层的典型石器。

陶器以夹砂红陶的数量最多，泥质红陶、泥质灰陶和夹砂灰陶次之。制法以手制为主，兼以手制轮修。器表以素面为主，纹饰有划纹、弦纹、附加堆纹、锥刺纹、压印纹及镂孔。泥质红陶施红色。彩陶一般先施橙色陶衣，然后再绘彩。彩绘颜色有红、黑两种。有一部分内彩。彩纹有三角纹、弧线纹、网纹、十字纹、圆圈纹等。器形以圈足器和三足器为主，器身上常附有把手、鋬、耳、嘴、流等，其中以角状把手和半环耳最富特征性。主要器形有鼎、釜、豆、碗、钵、盉、杯、尊、壶、罐等，有一种带角状把手的三足罐是该文化的典型器形之一（图27）。

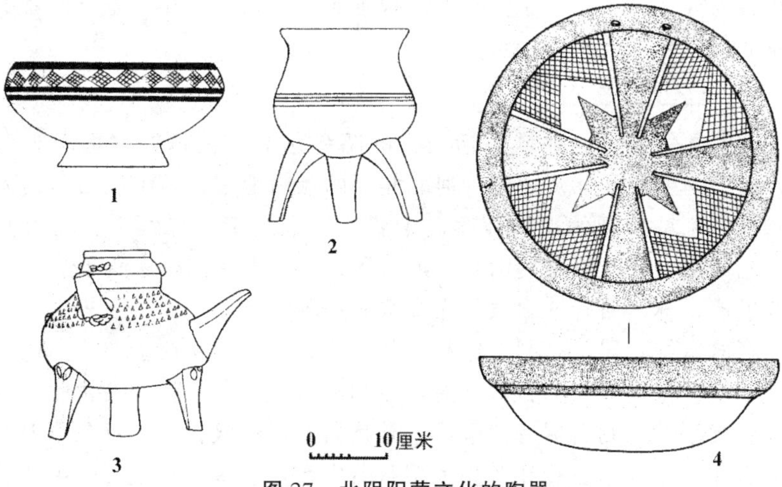

图27　北阴阳营文化的陶器

1. 彩陶碗　2. 鼎　3. 盉　4. 彩陶钵

北阴阳营遗址的墓葬大多数集中分布，无墓穴，均用含烧土和陶片的黄土掩埋。头向大多朝东北。葬式以仰身直肢葬为主，有少量的俯身葬和二次葬。随葬品大多为生前使用过的实用品，其中包括生产工具、陶器和装饰品。用生产工具随葬是北阴阳营上层文化葬俗的一个特点。

江苏和安徽的长江以北和淮河以南的江淮地区的这类新石器时代文化应是东部沿海南北两大地区文化的过渡区域。

第五节 辽河流域

这里所说的“辽河流域”还应包括辽河流域以外的周边地区。辽河上游地区的新石器时代中晚期文化主要有红山文化和富河文化。这两种文化在西拉木伦河、克哈河、英全河一带交错分布，但红山文化的分布偏南，富河文化的分布偏北。在文化时代上，红山文化早于富河文化。从文化特征来看，红山文化与中原地区的仰韶文化有一些联系，可能受到该文化的影响。辽河下游的新石器时代文化以新乐下层文化较为典型，新乐下层文化在时代上则早于富河文化。至于两者的关系如何，目前还难以确定。

一、红山文化

红山文化分布的地域包括内蒙的昭乌达盟，吉林的哲里木盟南部，辽宁的朝阳和锦州地区，河北北部的燕山地带，其中以昭乌达盟的老哈河流域发现的遗址较多。主要遗址有辽宁赤峰红山、三道井子、土城子、敖汉旗四棱山和三道弯子，巴林左旗南杨家营子、丰水山太平地，林西西门外山坡，赤峰水龙泉等。

石器有细石器、打制石器和磨制石器，三者常共存于同一文化层中。细石器包括窄小的石叶、拇指盖刮削器、两边修整的尖状器和石镞等。大型的打制石器有砍砸器、斧状器、桂叶状石器、双孔石刀和叶形石耜等。叶形石耜在各种大型石器中数量最多，是主要的生产工具之一，也是红山文化最具特征的农业生产工具（翻土工具）。

陶器有夹砂褐陶和泥质红陶两种，以夹砂褐陶的数量最多。夹砂陶制法为手制，器形以大口深腹平底罐最多，有少量敞口曲腹平底碗、敛口筒状瓮和斜腹瓮罐等，纹饰有纵横“之”字形线纹、纵横“之”字形点纹、席纹等。泥质陶制法为手制，外表常有黑色彩纹，彩纹有三角涡纹、斜方块纹、竖行和斜行的平行线纹、菱形纹、鳞形纹等。器形有小口双耳罐、长颈深腹筒状罐、敞口深腹平底碗、敛口曲腹平底盆、钵等（图 28）。

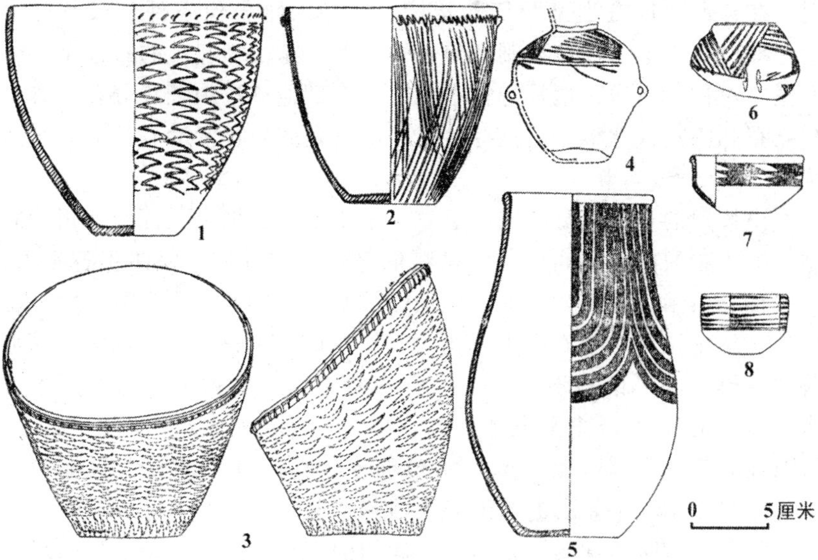

图 28　红山文化的陶器

1～6. 罐　7、8 碗

房屋遗存在水泉村和杨家营子都有发现。水泉遗址发现三座保存较好的半地穴式房址，其中一座大型的长 11.7 米、宽 9 米，平面呈长方形，门向东南，房内中央有椭圆形大灶坑，靠墙处有小型袋状窖穴。

在凌源牛梁河遗址发现了一座“女神庙”。它有主室和侧室，陶塑残块中有体型较大的主神，也有小型的女神。有一尊基本完整的女性头像，大小与真人接近。头像面部的艺术刻画既强调外型轮廓的美观柔和，又追求内蕴神态的情感流露。眼珠是用晶莹碧绿的玉镶嵌而成。陶塑残块中还有因年龄差异而发育不同的乳房、圆润的肩膀、肉感极强的修长手指。

在喀左县东山嘴遗址发掘出一组南北长 60 米、东西宽 40 米的石砌建筑址，其中部有一个 10 米见方的方形基地，内树成组立石，南部有一直径 2.5 米的圆台址，东西两侧相距 6 米，分别有一道南北走向的基石带，整个建筑用的石材均经加工，有的很方正，砌筑也很规则。在圆台附近有小型孕妇陶塑像、大型人物坐像残件、双龙首玉璜、绿松石鸮形饰件和形制特异的彩陶器。东山嘴遗址的石建筑讲究方位、对称、主次，遗址选择在梁顶，全部遗迹按中轴线分布，有成组立石和陶塑人像群等。这些特点说明它是同祭祀活动有关的建筑遗迹。

牛梁河的积石冢分布在附近三十个山巅、高坡上，面对河川，向阳，与牛梁河的女神庙以及东山嘴的祭坛遥相呼应。每座积石冢内，一般都有数十人“列棺”而葬。他们因身份不同被分别安置在大小各异的石棺中，数十个石棺上都覆盖石块构成一个整体，外围放置筒形陶器，形成圆形的积石大冢。一座积石冢，一般占地三、四百平方米，最大的达 1000 多平方米，平均垒石高度在一米以上。积石冢四周围绕的筒形彩陶器无底，高约 50 厘米，直径约 30 厘米，一座积石冢往往竖立 100 件左右的筒形彩陶器。

关于积石冢的性质，目前比较确切的一种说法是，每个冢内埋藏的可能是同一氏族的成员，中心大墓的墓主可能是部族的首领或其中受尊敬的长者。

二、富河文化

富河文化是以内蒙古巴林左旗富河沟门遗址的文化遗存作为典型遗存的。这种文化主要分布在西拉木伦河以北的昭乌达盟的北部地区，西拉木伦河以北的吉林省哲里木盟境内也有发现。富河沟内遗址的一个碳 14 测定年代数据为 4735 ± 110 年。

石器有细石器、大型的打制石器和磨制石器。细石器数量较多，占全部石器的 1/3 以上，种类有石叶、锥状器、扁体石核、圆柱状石核、圆头刮削器、条形尖状器、石锥和石镞等，其中以石叶的数量最多。制法除圆刮器直接打击法剥片外，其余都是用间接打击法制成的长条形石片，再加工成各种器形，个别的有磨制痕迹。大型打制石器的数量仅次于细石器，种类有砍砸器、尖状器、棱形器、刮削器、锄、斧、锛、凿等，其中砍砸器占全部打制石器的1/4左右。长条形石锛和双肩石锄是两种很有特征性的农业工具。打制石器经过精致的打制加工，只在锋边刃角有极少的磨制修整，表现了纯熟的打制技术。磨制和琢制的器形较小，种类有斧、锛、磨盘和磨棒。骨器的数量较小，器形有锥、镞、针、匕、鱼镖、鱼钩、复合工具中的刀柄、压印陶器纹饰的齿状器。

陶器以质地粗糙的黄褐色夹砂陶为主，灰褐色陶次之。陶器的内壁多为黑色。皆手制，以泥条盘筑为主。纹饰有纵横“之”字形线纹、横“之”字形点纹、席纹、刻划纹和附加堆纹，其中以横“之”字形点纹最多。器形以大口深腹筒状罐的数量最多，占全部陶器的99%以上，有少量的直腹钵、豆、小杯、纺轮等。多筒形罐和横“之”字形线纹，横“之”字形点纹，是富河文化陶器的重要特色(图29)。

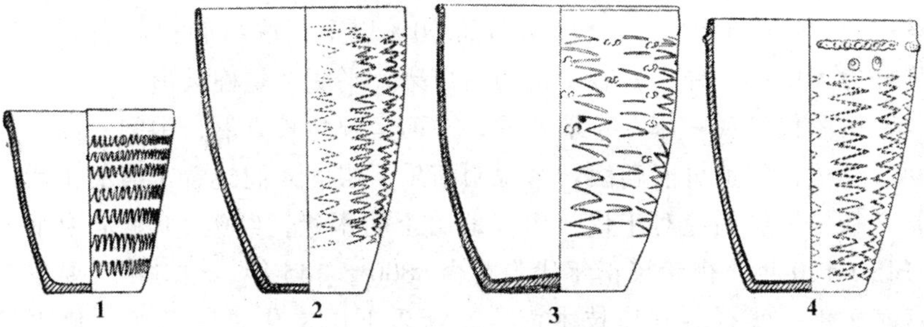

图29　富河文化的陶器

1～4. 罐

房屋遗存在富河遗址发现较多。形制有方形和圆形两种，以方形为多。屋址皆借山坡建成，排列很有次序。门开在南面，居住面经过夯打，中央有灶。灶分两种，一种是土坑式的，另一种是土坑内加砌石板。依山的北墙有柱穴。有的屋址内部靠南处有窖穴。

富河遗址还发现了卜骨，系用鹿或羊的肩胛骨制成，不加修整，只有灼的痕迹，不钻不凿。

三、新乐下层文化

新乐下层文化是1973年在沈阳市郊新乐工厂发掘后命名的。该文化层厚0.3～1米，发现有居住遗迹和陶器、石器、细石器等。目前仅在沈阳地区沿浑河和辽河流域，以及新民县境内发现有新乐下层文化层的遗存。

新乐下层的石器中，打制石器包括细石器约占石器的一半以上。细石器中有长条形石片加工成的钻、长身镞和等腰三角形镞，均在腹面两侧加工而成。磨制石器占1/3以上，器形有斧、凿、镞；其中磨制石镞最具特色，长三角形，横断面呈六边形。没有发现骨器和动物骨骼，可能与土壤的酸蚀有关。

陶器以夹砂红陶为主，占全部陶片的90%以上，火候较低，陶质疏松。也有少量的泥质陶。纹饰以竖"之"字线形和弦纹为特色，其中竖"之"字线纹占85%以上。没有发现素面的陶器。器形主要是一种大口筒形罐，占全部陶器的90%以上，按口沿和器底的规模可分为大中小三种，另有少量的斜口罐，平底，呈椭圆形。

房屋仅发现一座，半地穴式，平面呈圆角长方形，中间有两个椭圆形灶坑，门道可能朝南。这说明新乐下层的人们过着定居的生活。

新乐下层的绝对年代，用房址出土的木炭，经碳14测定为距今6145±120年，树轮校正年代为距今6800±145年。相对年代要早于富河文化。就石器制作技术而言，新乐下层文化要比富河文化更发达。可见，它们虽同处辽河流域，但文化内涵却有所不同。

四、小珠山遗存

因辽宁长海县的小珠山遗址而得名。分布于辽宁东部地区。小珠山遗址的下、中、上3个文化层，亦可分别称为一、二、三期，代表了这一地区新石器文化发现的3个阶段。小珠山二期和三期遗存，放射性碳素断代并经校正的年代，约分别为前4300～前3400年和前3000～前2500年。一期至三期共经历了大约2000余年的发展过程。

小珠山一期遗存，在长海县的柳条沟东山、上马石（下层）、清化宫，新金县塔寺屯等遗址也有发现。上马石遗址的一座圆角方形半地穴式房址，面积近9平方米。这一时期的石器以打制的为主，磨制石器只见石斧一种。陶器多呈黑褐色，绝大多数压印竖“之”字形线纹，主要是一种直口筒形罐。动物遗骸有狗（家畜）、鹿和大量的贝壳。当时既有原始农业，渔猎也占相当大的比重。

小珠山二期遗存，在长海县吴家村、旅顺市郭家村（下层）、新金县三砣子等遗址也有发现。房址亦为圆角方形半地穴式，面积比一期的要宽大些。郭家村遗址的11座房子，一般长宽各约4米。吴家村的一座还设有短宽的台阶式门道。石器分打制、磨制两种，后者数量较多。还发现骨镞、陶刀和很少的蚌刀、蚌镰等。陶器多呈红褐色，纹饰以刻划的斜线三角纹和人字纹为主，还有些彩陶。器形主要有筒形罐、平底钵（碗）。定居的房址和石铲、石刀、石磨盘、石磨棒等工具，表明有原始农业；从出土的猪骨、狗骨和泥塑陶猪来看，当时已饲养家畜；大量的石镞、网坠以及鹿、獐、海贝等动物遗骸的发现，表明渔猎在经济生活中也占相当的比重。

小珠山三期遗存，在长海县的上马石（中层）、南窑，旅顺市郭家村（上层），新金县乔屯等均有发现。房址有圆角方形和圆形两种，均为半地穴式，居住面为红烧土硬面，柱洞底还垫有础石。石器绝大多数磨制，以直背弧刃双孔石刀、双斜肩厚体石斧、阶脊形有段石锛、穿孔石铲最有特点。打制石器极少，主要是网坠和磨盘、磨棒。陶器多呈黑褐色，仍为手制，纹饰主要有附加堆纹和划纹。器形主要是大口或小口折沿鼓腹罐，其次有豆、壶、钵、碗等。在郭家村发现有炭化粟，表明当时从事粟作农业。还饲养猪、狗等家畜。出现有鹿、獐的遗骸和大量的贝壳，并有极少的鲸骨，表明当时也兼营渔猎。

小珠山遗存的发现，对了解辽宁东部地区新石器时代文化的面貌和年代序列有重要的意义。小珠山一期遗存的陶器与新乐文化的有些相似，表明它们有着密切的关系，也有人主张同属一个文化。二期遗存中少量的陶器如实足鬶、盆形鼎、三足觚形器，与大汶口文化的相似，三期遗存中少量的陶器如袋足鬶、三环足盆，与山东龙山文化的相似，表明它们分别受到这两个文化的影响。

第六节　华南和西南地区

中国华南和西南地区，包括江西、福建、台湾、广西、贵州、云南、四川和西藏等省、区。这里的新石器遗址一般座落在河湖或海边的山岗、台地、沙丘和洞穴内。自20世纪30年代起，在这一地区便开始了考古工作，但当时多限于调查，数量有限。广西武鸣和桂林发现的4处洞穴遗址，因打制石器和磨制石器共存，不见陶片，曾被推定为中石器时代遗存。对广泛分布于华南地区、以几何印纹陶和有段石锛为代表的遗存，过去都被统称为"几何印纹陶文化"，并一概归属新石器时代晚期。从50年代后期开始，通过考古普查并经重点发掘，逐渐揭示出各地区新石器遗存的文化面貌。目前一般认为，华南地区较早期的新石器文化，大体以打制石器、磨制石器和简单的绳纹粗红陶等为基本内涵；新石器晚期遗存的大量发现，并开始细加区分，有些已被命名为不同的考古学文化，如江西的山背文化、福建的昙石山文化、广东的石峡文化等。同时，明确了不能把"几何印纹陶文化"视为统一的考古学文化。作为一种独特的制陶工艺和重要文化特征的"几何印纹陶"，自新石器时代晚期萌芽发生，至商周时期兴盛发展，到战国时期才日益衰退，在中国古代文化史上占有重要的地位。至于西南地区，70年代以来，对云南宾川白羊村、西藏昌都卡若等遗址的发掘，也有不少新的发现。对华南、西南的一系列遗址还作过年代测定，但由于华南石灰岩地质条件对放射性碳素断代标本的影响，误差往往较大，因此，有关的年代数据只能供参考。

根据目前的考古发现及文化面貌的差别，暂分下列6个地区。

鄱阳湖—赣江地区

这一地区较早期的新石器文化为江西万年仙人洞一期文化遗存，晚期主要有山背文化。

一、仙人洞遗址

仙人洞遗址的下层和上层即一、二期，是有较大差别的两个阶段的文化遗存。一期的放射性碳素断代年代，为公元前 6800 年左右（未校正），在南方较早期的新石器遗存中具有代表性。打制石器多于磨制石器，骨、角、蚌器丰富，陶器均为低火候粗砂红陶，主要是绳纹圜底罐形器。文化堆积中夹杂大量的兽、禽、蚌、螺、鱼、鳖类遗骸。经济生活以渔猎和采集为主。仙人洞二期文化遗存陶器变化较大，除有与一期相同的大量绳纹粗砂红陶外，出现了新的陶系、纹饰和器形。仙人洞的一、二期文化经历了较长时期的发展，它们都远远早于山背文化。

二、山背文化

山背文化以江西修水山背村跑马岭遗址、杨家坪遗址为代表，经发掘的遗址还有清江营盘里、筑卫城、樊城堆等。主要分布在鄱阳湖地区周围和赣江中下游。据放射性碳素断代并经校正的年代，约为前 2800 年。在跑马岭和杨家坪分别发现有圆角长方形和近圆形的地面房屋基址。石器以大型厚重的长条形有段石锛、带孔的半月形、梳形、长方形石刀为代表。陶器中夹砂红陶最多，纹饰以凹凸纹为主。出现了少量的几何印纹陶，拍印的方格纹、曲折纹、圆形纹、漩涡纹等。主要器形有罐形鼎、直壁盘形鼎、瘦高袋足鬶、圜底罐、圈足壶、豆、簋等。从草拌泥中的稻壳、稻秆痕迹，表明当时的居民主要从事稻作农业生产。由山背文化的筑卫城下层遗存，发展为筑卫城中层文化，陶器以灰褐色为主，增加了叶脉纹、席纹、云雷纹等几何纹样，特别是新出现了少量的几何印纹硬陶。有人认为它处于新时器时代末期，而不归属山背文化，也有人认为仍可考虑归属山背文化而作为其晚期遗存。

闽台地区

福建地区发现了许多新石器遗存，目前比较清楚的是昙石山文化。台湾及其附近的澎湖、兰屿等岛屿，重要的原始文化有台东县长滨八仙洞遗存、大坌坑文化、圆山文化和凤鼻头文化。此外，在金门岛上还发现有以饰弧线篦点纹、贝齿纹的陶器为特点的蚵壳墩贝丘遗址。

一、昙石山文化

昙石山文化以闽侯昙石山遗址中、下层为代表，同类遗址有闽侯庄边山贝丘下层和溪头贝丘、福清东张下层等。主要分布在闽江下游一带。石器以锛为最多，除扁平型锛、有段石锛外，以带人字形纵脊的石锛最具特色。当时居民经营农业并有较发达的渔猎经济。陶器有釜、鼎、壶、罐、豆、簋、杯等。存在少量饰曲尺纹、圆尺纹、叶脉纹等纹样的几何印纹陶和绘红色条带、卵点的彩陶，是其文化特征之一。昙石山有 5 座横穴式陶窑，集中分布在一起，表明烧窑已具有一定的规模。在溪头遗址发现一座成年男女的同坑合葬墓，男性仰卧直肢，女性侧身屈肢依附于男性的身旁，当是原始父权制时期的一种葬俗。昙石山文化的发展去向，是青铜时代的昙石山上层一类遗存。

二、大坌坑文化

大坌坑文化因台北县大坌坑遗址而得名。同类遗址有台北市圆山贝丘下层、台南县八甲村、高雄县凤鼻头贝丘下层等。集中分布在台湾北部淡水河下游和西海岸一带。据放射性碳素断代并经校正的年代，约为前 4400 年。石器类型比较简单。陶器多为红褐色砂陶。当时渔猎经济比较发达，甚至可能占主要地位。

三、圆山文化

圆山文化以台北市圆山遗址上层为代表，同类遗址有台北县大坌坑贝丘上层、土地公山遗址等。主要分布在台北盆地，延伸到北部沿海一带。据放射性碳素断代并经校正，年代约为前 2400～前 1100 年，下限还当更晚。石器主在有锄、铲、有段石斧、双肩石斧等。也有鱼镖、箭头一类骨器。陶器以棕灰色细砂陶为主。有红彩而未见绳纹。晚期已出现少许青铜器，如大坌坑上层的一件两翼青铜镞，与商周时代的同类器近似。

四、凤鼻头文化

大坌坑文化结束后，以台湾西海岸中南部地区为中心，先后持续存在着 3 种类型的文化遗存，目前暂都归属凤鼻头文化。最初的是红陶文化类型，主要遗址有高雄县凤鼻头中层、屏东县垦丁寮和鹅銮鼻、台中县牛骂头下层等。据放射性碳素断代，年代为前 2000 年左右。估计其起迄年代为前 2500～前 1500 年。石器主要有锄、靴形刀、长方形和半月形穿孔石刀、磨盘、矛、镞等，一般磨制。红陶上印有绳纹、席纹并偶见红彩。器形有圆柱形足鼎、小口宽肩罐、镂孔豆、细长项瓶、盆、碗等。在台南市牛稠子贝丘遗址发现了粟粒遗迹。经济生活以农业为主，兼营渔猎。墓葬中存在石棺墓。从垦丁寮、鹅銮鼻的墓葬人骨上见有拔牙习俗。约自前 1500 年至公元初期，发展成为素面和刻纹黑陶文化类型，主要遗址有高雄县凤鼻头上层、台中县营埔等。营埔出土陶片上发现有稻壳印痕。最后是印纹和刻划纹灰黑陶文化类型，已属铁器时代遗存。

广东地区

地处岭南的广东新石器文化，几个时期均有代表性的遗存，但其间尚有缺环。

以阳春独石仔、封开黄岩洞等洞穴遗址为代表的遗存，打制石器远多于磨制石器，或兼有少量骨器，未发现陶片，文化层中包含丰富的兽骨和螺蚌壳。两地贝壳标本的放射性碳素断代未经校正的年代，为前 12000～前 9000 年。有人认为这属于新石器时代最初阶段的遗存。以英德青塘、潮安陈桥等遗址为代表的遗存，打制石器与磨制石器共存，有比较简单的夹砂或夹贝壳末粗红陶，文化年代也较早。青塘洞穴遗址的石器绝大多数是仅打出厚刃的砍砸器。文化堆积中夹杂大量田螺、河蚌和兽类遗骸，当以经营渔猎为主。陈桥贝丘遗址大量的打制石器中，以用尖端敲取海生牡蛎（蚝蛎）的蚝蛎啄最具特色。带肩斧形器、有铤骨镞等各种骨器比较丰富。粗红陶除饰划纹、绳纹、篮纹和蚶壳压印纹外，有的在口颈部涂赭红色宽带，可视为彩陶的萌芽。

以增城金兰寺贝丘下层、东莞万福庵贝丘、深圳小梅沙等遗址为代表的遗存，粗砂黑陶多于粗砂红陶，突出的是出现了少量典型彩陶，一般是在泥质红陶上画出赭红色条形、叶脉状等花纹。这是广东地区含有彩陶的一种文化遗存。

一、石峡文化

以曲江石峡遗址下层为代表，同类遗址有曲江坭岭、河源上莞墟、龙川坑子里等，主要分布在北江、东江流域。据放射性碳素断代并经校正，年代约为前2900～前2700年。石器中长身弓背两端有刃的石镢是重要的农用翻土工具，还有少量的有段石锛，都具鲜明特征。主要从事稻作农业生产。陶器多呈灰褐色或灰黄色。绳纹、镂孔、凸弦纹饰较多。特别是出现了少量饰方格纹、曲尺纹、漩涡纹等纹样的几何印纹陶，具有华南地区早期几何印纹陶的共同特征。主要器形有鼎、小口釜、鬶、三足盘、圈足盘、圈足壶、豆、罐等。在石峡发现60多座土坑墓，以单人二次葬为主。多数墓坑经过烧烤，有的在墓底涂抹草泥土。在二次葬的墓里普遍存在放置新旧两套随葬品的特殊习俗。较晚期的墓随葬品多寡悬殊，明显地反映了原始社会走向解体的迹象。继石峡文化之后，几何印纹陶发展起来，有段、有肩类石器比较普遍，这时当进入了青铜时代。

二、西樵山文化遗存

南海西樵山遗址的石器地点群，是华南地区目前唯一发现的以新石器时代为主的大型采石场和石器制作地。当时人们从四面八方来此短期住宿，直接从基岩中开采石材并就地制作石器。少部分遗存可能属中石器时代，主要是新石器时代后一阶段的遗存，下限还当延续到青铜时代。

广西地区

这一地区的新石器文化面貌比较复杂，早、晚也有大的变化。

以东兴县（今名防城县）亚菩山、南宁市豹子头、横县西津、柳州市兰家村为代表的一类遗存，年代可能稍早。豹子头6件螺壳标本的放射性碳素断代未经校正的年代，为前8700～前7600年，1件兽骨标本的放射性碳素断代并经校正的年代为前3800年，二者相差较多，其真实年代尚待进一步研讨。其中，东兴贝丘遗址包含较多的打制石器、少量磨制石器和单纯的粗陶。打制石器中有代表性的是蚝蛎啄，基本特征与粤东潮安陈桥的相同；石网坠的形式比较多样。磨制石器中有带双肩的斧、锛和磨盘。陶器都是以细绳纹为主的夹砂或夹蚌末的红陶和灰黑陶。南宁地区的贝丘遗址，位于邕江及其上游左江、右江流域的扶绥、武鸣、南宁、邕宁、横县等地。石器多经不同程度的磨制，内有少量的宽肩石斧。蚌器、骨器比较丰富，三角形穿孔蚌刀、蚌勺、两端有刃的骨锛、长方形或梯形的鳖甲刀等都颇具特色。陶器全属夹砂或夹蚌末的粗陶，多为灰褐色或红褐色，也有外红里黑和外灰里红的。纹饰以绳纹为主，次为篮纹。器形多为圜底的罐、钵、釜之类。在横县西津遗址等处还发现了以蹲葬为特点的墓葬，一般都未见墓坑，仅个别的用石子或螺壳垒成墓圹，绝大多数无随葬品。根据对出土物的分析，南宁地区和东兴的贝丘遗址，经济生活似都以渔猎和采集为主，但渔捞的对象则不同，文化面貌也有一定区别。

在桂林市郊发现60多处洞穴遗址。其中，甑皮岩遗址上层的出土物中，打制石器和磨制石器大约各半，陶器绝大多数是夹砂陶，出现了极少的泥质陶，特别是已有了少量三足器。还发现蹲葬式的人骨架，与南宁地区的墓葬具有共同的地方特点。从陶器观察，甑皮岩上层的文化发展程度有了提高，相对年代应晚于前一类遗存。

钦州独料是桂南地区新石器时代晚期的重点遗址。两件木炭标本的放射性碳素断代测定并经校正的年代，约为前2600～前2400年。石器一般都经过磨制，但大部仍保留天然岩面或打击痕迹，主要有长条梯形斧、双肩斧、铲、锄、刀、磨盘、磨棒等，多属农业生产工具。陶器夹砂，以红陶为主，有绳纹、篮纹、曲折纹等纹饰，多为圜底釜、罐类。这时广西地区的新石器文化有了较大的发展，原始农业已成为主要的生产部门。

川南、云贵高原地区

云南的新石器晚期文化，各个地区呈现出不同的面貌。目前了解较多的是洱海、滇池地区的新石器文化。

洱海地区以宾川白羊村遗址为代表，发现有多座长方形地面房屋建筑遗迹。有较多的新月形和圆角长条形的穿孔石刀。陶器夹砂，褐陶最多，灰陶次之，由单线或复线篦点组成的几何图案花纹颇具特色。原始稻作农业已有相当程度的发展。还存在无头葬的特殊葬俗。滇池、抚仙湖地区的遗址，出有少量双肩石斧和有段石锛。陶器以红陶为主，器形简单。在陶器上经常发现稻壳印痕，文化层中普遍含有大量螺蛳壳，表明当时主要从事稻作农业生产，渔猎也占有重要地位。

滇北、川南新石器文化特征比较接近。有些文化年代已较晚，如金沙江中游地区的云南元谋大墩子遗址和四川西昌礼州遗址，年代大体为前1400年。四川省和重庆市现已发现了300多处新石器时代遗址，其中有不少重要发现。如川北广元中子铺遗址及广汉三星堆遗址一期、新津宝墩遗址和忠县哨棚嘴遗址等等。虽然这些发现还不能完全建立起这一地区的文化序列，但愈来愈多的迹象表明，这一地区应是一个相对独立的文化区，待以后条件成熟后，与华南地区分开论述为妥。

在贵州的盘县、水城、威宁等地零星发现的磨制石器中，都存在一定数量的双肩石斧和有段石锛，向西直到云南都有发现。这类石器广泛分布于中国东南沿海的新石器时代和早期铜器时代文化中，通过进一步发掘可探讨各地区文化之间的关系。

华南地区

华南地处热带和亚热带，气候湿润，远古时期森林茂密、禽兽繁多。新石器遗址多临河或滨河或滨海，附近水产资源丰富。因此在相当一部分遗址中，文化堆积夹杂有大量淡水（螺蚌为主）或海产（牡蛎等为主）贝丘，同时往往还有许多野生动物骨骼。这些贝丘遗址和洞穴遗址是本地区新石器遗址堆积的显著特点。

在较早期的含有大量贝壳、兽骨的洞穴或贝丘遗址中，经常出土鱼镖、网坠、矛、镞等渔猎工具。在这些地方也发现了扁圆形穿孔石器，可能是套在带尖掘土棒上的附件，以供踏脚之用；还有可以用来加工植物的石磨盘。但迄今尚未发现种植谷类作物的直接证据。目前一般认为，这种较早期的遗存所反映的是以渔猎和采集为主的经济类型。有人根据自然环境和生态系统，认为中国华南地区与东南亚相同，人工栽培的食用作物可能是芋头和薯蓣等块茎植物，其种植远较谷类作物为早；最初的作物栽培，可能只是渔猎、采集活动的一种补充。但也有人认为，中国长江两岸及其以南地区都是栽培稻的起源地。总之，华南地区农业的产生及其特点，是一个有待探讨的课题。

由于跑马岭、石峡、白羊村等地都发现稻谷遗存，说明在新石器时代晚期，华南和西南的部分地区存在较高水平的稻作农业，谷物种植成了主要生产部门。至于在西藏高原，从卡若的发现可知，至少在前3000年左右已栽培了耐旱的粟。

广大的华南和西南地区，存在着复杂多样的新石器文化，相互之间以至远及华北，都发生了不同程度的交流和相互影响。

在广东南海西樵山、云南元谋大那乌和西藏聂拉木、申扎等地，都发现有不与陶片、磨制石器共生的细石器遗存，大部分可能早到中石器时代。它们都与广泛分布于中国北方的细石器特征相一致，同属于细石器的文化传统。

在华南地区，大约在前六七千年前后相当长的一段时期内，广泛分布着一类新石器遗存，打制石器与磨制石器普遍共存，陶器主要是简单的绳纹粗红陶，渔猎经济的特征明显，在文化性质和经济类型方面表现出一定程度的共性，同时各地又有自身的特点。

大约不迟于前3000年左右，华南各地新石器文化的特征更加明晰，文化交流和相互影响的迹象也比较清楚。北起长江潘阳湖滨，沿赣江而行，越大庾岭至广东境内，大致是华南新石器文化联系的中轴通途。最为明显的，如在山背文化中，就发现有与石峡文化的盘形鼎相似的器形。另外，石峡的贯耳圈足壶，又与太湖地区良渚文化的典型器大同小异；并且两者都存在玉琮、扁平穿孔石钺等器物。石峡和山背都有少量陶鬶，其源盖出于山东沿海地区。地处中国南疆的新石器文化，同长江、黄河流域的文化，都有直接或间接联系的踪迹可寻。值得注意的是，福建昙石山中层与台湾凤鼻头中层的绳纹红陶和彩陶等，颇多相似之处，是昙石山文化后期与凤鼻头文化红陶文化类型之间存在密切联系的例证。在更新世冰河时期，海水下降，台湾与大陆间的文化联系便十分紧密，始终连绵不断。

第七节 北方荒漠草原地区

北方荒漠草原地区主要包括东北北部、内蒙古、宁夏、甘肃西北部、新疆和青藏高原。该地区除山地丘陵、冲积平原外，主要是浩瀚的荒漠和草原，因各地广泛分布着细石器，过去曾笼统地将这地区的新石器文化视为单一的“细石器文化”，这是不妥当的。该地区含细石器的各种文化遗存，因地域和时代的不同，其文化面貌也各不相同。含细石器的文化遗存，并非同属一个系统，而是分属于不同的文化系统。该地区文化的系统比较明确的地区是阴山南、北两侧。阴山山脉以北的荒漠草原地区的新石器文化，具有明显的特征：一是石器以打制的细石器为主，磨制石器极不发达。细石器大多为渔猎工具，反映其经济生活以渔猎为主。二是制陶业不发达，遗址中发现的陶器，其数量和种类都比较少，质地粗疏，火候不高。阴山以南地区的新石器时代遗址大都分布在河套的南北及其东西两侧。这一地区的新石器文化面貌和阴山以北地区有明显的差别。阴山以南地区的新石器文化受到渭河流域和洮河流域新石器文化的影响，其文化遗存中带有仰韶文化、马家窑文化、齐家文化和客省庄二期文化等文化因素，如阿善遗存等。阴山以南地区的一些遗址，也有一定数量的细石器，这是受到阴山以北诸文化影响的结果。

下面就北方沙草原地区的代表遗址作一简单介绍。

一、卡若遗址

卡若遗址位于西藏自治区昌都城东南的卡若村西，地处海拔3100米的山地丘陵，面积约10000平方米，已发掘1800平方米。遗存可分为早、晚两期，据碳14年代测定，早期为距今4750±145年～5555±125年（经树轮校正）；晚期为距今4750±135年（经树轮校正）。

石器有大型打制石器、细石器和磨制石器三种。大型打制石器占石器总数85.6%。原料有细砂岩、石英岩等。除石核、石片外，石器种类很多，有铲、斧、锄、犁、切割器、刻刮器、研磨器、尖状器、砍砸器、敲砸器以及矛、镞等。细石器占石器总数的80%，原料有玛瑙、硅质岩、石英、燧石等。经过修整的标本有629件。其中细石核83件，分船底形、楔形、柱状、龟背状、板块状。细石叶169件，均用间接打击法制成。细石器377件，有镞、尖状器、雕刻器、刮削器等。磨制石器占石器总数的6.4%。原料有玉、火山岩、硅质蛇纹岩、流纹岩等。器形有斧、钵、研磨器、切割器、镞等。

陶器均为夹砂陶，大部分表面经过打磨。陶色有红、黄、灰、黑四种，以黄灰色为主。均为手制，火候不高。纹饰以刻划纹为主，也有绳纹、附加堆纹、压印纹、篦纹、篮纹、抹刷纹；还有彩绘，主要图案为三角折线，另有平行线、方格、菱形、连弧、三角、贝形、圆圈及四方形纹。器形有罐、钵、盆，均为小平底，只发现一件带流器。

骨器大约有400件，主要有生产工具，少部分为装饰品，包括锥、针、斧、刀梗、片饰、笄、璜、珠、项饰、牌饰、贝饰等。

房屋遗址共发现28处，可分为半地穴式和地面式建筑两类。半地穴式房屋又有圜底、平底和石墙房屋三式。圜底房屋呈圆形或方形，面积一般为10～16.3平方米，最大的25平方米。烧灶一般位于中央。屋门背山面水，有的是砾石台阶。从有的柱洞可以看出圜底房屋的地上部分可能为圆锥形窝棚式。平底房屋呈方形或长方形，深0.3～0.93米，面积5～24.1平方米。门向不一，均有台阶。石墙房屋也有方形、长方形，深约1米，面积25.5～32平方米。烧灶位于房屋中央。进门处有一踏脚石。从柱洞分析，墙壁可能是木骨泥墙。

此外，卡若遗址还出土猪、羚、狍等十几种动物骨骼。猪为人工饲养。同时有粟粒和谷灰大量出土。卡若遗址的发掘是西藏高原进行的第一次考古发掘，对研究西藏地区的原始文化及与相邻地区文化等，都有重要的意义。

二、阿斯塔那遗址

新疆地区的新石器文化遗存只有一些调查材料。通过对吐鲁番阿斯塔那、雅尔湖，哈密七角井，木垒县南郊等遗址的调查，为寻找和研究新疆东部文化提供了线索。阿斯塔那遗址位于阿斯塔那村西北的戈壁滩上，在这里采集到大批颇具特色的打制石器和细石器，而未见磨制石器。打制石器有刮削器、尖状器、砍砸器以及磨盘、石球等。细石器有条形石片、刮削器、圆刮器、镞、石核。刮削器一般经精细加工；石镞则更为精致，有柳叶形、桂叶形、三角形和菱形等多种式样。陶片全是砂质陶，多为红色，器形有小口罐、瓮、钵、筒形杯等。

三、阿善遗址

阿善遗址位于内蒙古包头市东郊阿善，该遗址的新石器堆积分为三期，自成系列，同时，部分受到中原文化的影响。

目前发现的阿善一期遗存遗物较少。石器仅见打制的砍砸器、石球和磨盘、磨棒等。陶器多手制，多泥质红陶和夹砂红褐陶，纹饰有绳纹、弦纹并有宽带纹彩陶，器形有圜底钵、盆、罐、双唇小口瓶。同类遗存有清水河县岔河口、白泥窑子、台子梁、准格尔旗窑子梁，呼和浩特市二十家子等地均有发现。也有人称为仰韶文化或仰韶文化岔河口类型。

阿善二期遗存的生产工具主要有磨制的长方形或弧背形穿孔石刀、打制的石铲、双侧带缺口石刀、石磨盘、石磨棒，还有双侧带缺口陶刀，以及镞等细石器工具。陶器多褐色陶，均为手制。夹砂陶主要拍饰绳纹和篮纹，泥质的则有彩陶。器形有折腹钵、小口双耳瓮、直腹罐、敛口侈沿罐。房址为方形或长方形半穴式，室内中间有圆形灶坑，有的还在灶坑后侧居住面上用土坎围筑一个方形地面灶，有门道以供出入。窖穴多为圆角方形。同类遗存在托克托县海生不浪、清水河县白泥窑子、准格尔旗柳青塔等地也有发现。有人称之为仰韶文化或仰韶文化海生不浪类型。

阿善三期遗存的生产工具主要有磨制厚体石斧、穿孔石铲、骨铲、长方形单孔或双孔石刀、两侧打缺口石刀、单孔陶刀、石磨盘、石磨棒、陶网坠、镶嵌石刃的骨刀柄、“亚”字形骨器，以及镞等细石器。陶器手制，以灰陶为多，黑陶次之。纹饰多为篮纹和连点刺纹，也有少量的方格纹、附加堆纹。并偶见彩绘陶。主要器形有折腹钵、盆、豆、敛口双耳瓮、单耳罐、卷沿罐等。房屋除有长方形半地穴式外，新出现了地面砌石墙的房址。有方形、长方形、椭圆形几种，灶坑也用石块围砌，门多朝南，设有门坎和台阶。值得注意的是，在居住区的周围，依地势筑起了石围墙，使用交错叠压的方法砌石，墙厚1～1.2米，有的地段高尚存1.7米。这种石砌围墙的防御性设施是中国迄今发现最早石砌防御性措施。同类遗存在准格尔旗石佛塔、敖包沟，清水河县白泥窑子和包头市转龙藏均有发现，曾归属于“细石器文化”，今也有直称之为龙山文化的。

四、昂昂溪类型

昂昂溪位于齐齐哈尔西南，是嫩江流域新石器时代文化的典型遗存。

石器有压制的细石器、打制石器和磨制石器。压制的细石器数量最多，约占全部石器的1/2，种类有石叶、柱状石核、锥状石核、三角形凹底石镞、平底石镞、圆底石镞、圆底和凹底的投枪头、尖状器、圆头刮削器、拇指盖刮削器、条形刮削器、凹刃刮削器等。其中以凹底石镞、平底石镞、圆头刮削器、小圆刮削器、圆头尖状器为数量较多的典型工具。打制石器有锛形器、刮削器、盘状器、半月形石刀、网坠等。磨制石器有锛、斧、敲砸器、砺石等。骨器在昂昂溪类型中数量也较多，主要器形有带倒刺的鱼骨镖、无倒刺的鱼镖和骨刀柄等。陶器多为黄褐色和灰褐色的泥质陶。陶器的制法为手制，器型均不规整，器表多为素面，纹饰有三角形刻纹、网状绳纹、指甲纹等。陶器的形制多为平底器，发掘出土的陶器中有球形罐和带流罐两种，采集品中有碗、钵等。

昂昂溪类型的遗址大多分布在低地沼泽沙丘地带，出土物多石镞、投枪头、鱼镖一类的渔猎工具，以及用于刮割兽皮、切割兽肉的多种刮削器、尖状器和刀形器等，反映其经济生活以渔猎为主。

五、新开流遗址

位于黑龙江省密山县兴凯湖畔。面积约2.4万平方米。1972年黑龙江省博物馆调查并发掘。文化层堆积分上、下两层，性质相同，有人主张命名为新开流文化。据放射性碳素断代并经较正，上层的年代为公元前4100年左右。

在遗址中发现鱼窖10座，有圆形和椭圆形两种，容积较少。窖穴内填满鱼骨，有的尚保存完整，成层相压，窖穴上部则填盖生黄土或黄砂土。推测系把鲜鱼入窖后，棚盖覆土贮藏。这种遗迹在中国的新石器文化中尚属罕见。该遗址缺乏农业工具，渔猎工具却相当丰富。大型打制石器很少，有矛、网坠等。磨制石器主要有斧、凿、镞等。细石器最多，其中的三角形圆底镞、柳叶形凹底镞、有柄圆头刮削器、鸟喙形尖状器富有特色。骨、角、牙器较丰富，磨制精细，有鱼镖、鱼叉、鱼卡、鱼钩、镞、镶嵌石刃的刀柄等工具。陶器多为夹砂陶，手制，器形简单，仅见罐、钵两类。纹饰有鱼鳞纹、菱形纹、网状纹、篦点纹，而以鱼鳞纹和似鱼形的菱形纹占多数，独具风格。出土大量动物骨骼，鱼类有青鱼、鲤鱼、鲇鱼、鲑鱼等黑龙江流域习见的鱼类；兽类有鹿科动物、野猪、狗獾、狼等森林动物，未见确凿的家畜遗骸。上述情况表明，当时的经济生活以渔猎为主，尤其渔业相当发达。

发现土坑墓32座，分一次葬和二次葬两种，以后者占多数。一次葬墓均系成年男性。随葬品一般较丰富，多工具类。也有工具的半成品、陶器和兽骨，装饰品则极少，说明墓主人生前是从事渔猎等劳动的。二次墓葬以单人葬为主，也有2～4人的多人葬，男女皆有。没有或很少随葬品。有的二次葬墓附葬于一次葬墓旁，两者关系当较为亲近。这种特殊葬俗对了解当时的社会状况很有意义。

当然，上述遗存不可能全部代表这一地区的新石器时代文化。广大北方荒漠草原地区，近些年来仍不断有重要发现，特别是东北北部的吉林、黑龙江境内发现的一些以渔猎经济为主的遗存，其内涵与这一地区的其它文化有较大差别。

第四章　商　周

第一节　概　论

商、周是我国历史上奴隶制鼎盛的时代。根据《史记·夏本纪》和《竹书纪年》的记载，我国在商代之前还有一个夏朝，因此，商周考古还应称夏商周考古，但是到目前为止“夏文化”的问题还没有解决，或者说正在探索之中。所以人们习惯上把夏、商、西周和春秋这一历史阶段的考古学叫做商周考古，其所包括的绝对年代，约自公元前21世纪至公元前5世纪上半叶。

一、商周考古的特点

商周考古是中国考古学的一个重要阶段，较之石器时代考古，商周考古有以下几个方面的特点。

1. 有文字可考的历史

商周时期出现了比较完善的文字制度，如甲骨文，金文等，结束了没有文字记载的史前时期，进入文明的历史时期。

2. 使用两种金属器具——青铜器和铁器

商周时期已属青铜时代，创造了灿烂夺目的青铜文化，并进而于春秋晚期完成了由青铜时代向早期铁器时代的转变。

3. 大型宫殿建筑和城市的兴起

二里头文化已经出现大型宫殿建筑，偃师商城、郑州商城、殷墟、周原遗址、丰镐遗址、东周列国都城遗址等，规模宏大，布局复杂，功能齐全，标志着这一时期社会形态和经济生活的重大变化。

4. 社会大变革时期

商、周时期，中国古代社会产生了两次大变革，即从原始公社制转变为奴隶制；又从奴隶制转变为封建制。由此而带来的政治、经济、文化方面的一系列变化，在考古学文化中同样表现了出来，这就给商周考古增添了丰富多彩的内容。

二、商周考古的分期

夏、商、西周和春秋是中国的奴隶制时代。学术界根据奴隶社会的发展，结合典型遗址和墓葬材料，将商周考古划分为三期五段，即初期奴隶社会、中期奴隶社会（前、后段）、晚期奴隶社会（前、后段）。

第一阶段，初期奴隶社会，约相当于夏代，从公元前21世纪至公元前16世纪。以二里头文化为代表。这一阶段已开始使用了青铜器工具，并有了专门的青铜武器。农业与手工业产生了一定的分工，商品生产以及作为货币使用的贝币开始出现。大面积的夯土建筑——宫殿遗址和城墙的出现，标志着国家政权已经形成，社会上划分为奴隶和奴隶主两大对立阶级。铜礼器开始出现，有杀人祭祀的现象，占卜之风盛行，表明奴隶社会的礼制已经产生。陶器上的刻画符号已非常接近文字，有的甚至就是文字。

第二阶段，中期奴隶社会前段，相当于商代前期，从公元前16世纪至公元前13世纪。以郑州二里岗、湖北黄陂盘龙城、河北藁城台西村以及殷墟文化第一期等遗址为代表。这一阶段青铜器有了进一步的发展，后期并开始使用陨铁、青铜复合工具。手工业与农业分工的扩大，手工业内部也有了分工，手工业作坊有了一定的布局。商品生产开始发展，贝币大量出现。早期城市的出现，大规模的夯土城墙的修筑，标志着国家机器正在加强。人殉现象比较普遍。成套的礼器和专门青铜工具的大量存在，表明奴隶制的礼制已有所发展。与甲骨文同一系统的陶文成批出现，说明当时已有了正式的文字。

第三阶段，中期奴隶社会后段，包括商代后期至西周早期，从公元前13世纪至公元前10世纪中叶。以殷墟文化第二、三、四期遗存、陕西西安沣西和周原遗址等为代表。这一阶段青铜器的制作达到了高峰。农业生产规模扩大，手工业内部的分工更加细致。商品生产规模扩大，商业交换有了一定的发展，贝币普遍地使用。大型宫殿成批地兴建，大型陵墓接连地营造。人殉、人祭的现象普遍存在。各种原料的新型礼器不断出现，列鼎制度的开始，反映了国家机器日益完善，奴隶社会的礼制已全面发展。文字已经成熟，甲骨文、金文大量发现。

第四阶段，晚期奴隶社会前段，包括西周中晚期至春秋初期，从公元前10世纪中叶至公元前7世纪中叶。以陕西长安沣西、沣东西周中晚期遗址（沣西第二至五期墓葬）和河南三门峡市上村岭虢国墓地为代表。本阶段青铜器的制作已经呈现衰竭的现象，铁器制作有所发展，说明西周晚期冶铁术已经出现。礼制出现僭越现象，随葬青铜礼器往往与墓主身份等级不符。人殉、人祭现象减少。奴隶制度开始动摇，周王室的权力受到威胁，诸侯势力增强，封建性的政治势力开始出现。

第五阶段，晚期奴隶社会后段，包括春秋中晚期，以河南洛阳中州路东周墓第二、三期、山西侯马东周遗址早期及秦、晋、燕、齐、鲁、吴、越、楚等诸侯国的墓葬为代表。这一阶段，冶铁技术进一步发展，铁器开始取代青铜器。金属铸币已经产生并进入流通领域。列国经济兴起，新型城市产生，手工业昌盛。东周王室逐渐没落，礼制僭越现象层出不穷，奴隶社会“礼崩乐坏”的局面已经出现，封建制代替奴隶制的局面逐步形成。

第二节　二里头文化和夏文化的探索

二里头文化在中国考古学中占有很重要的地位，它是探讨夏文化的关键，因而受到历史学界和考古学界的普遍关注。

一、二里头文化的发现及其文化面貌

二里头文化的遗址最早于1952年在河南登封的玉村遗址发现。当时，通过对出土物的观察，人们就已认识到玉村与二里岗遗址似属两个文化系统。1956年在郑州洛达庙发现了类似的遗存，并一度命名为“洛达庙类型”。1959年，在调查夏墟时发现了偃师二里头遗址，此后进行了大规模的发掘。鉴于二里头遗址在同类遗址中堆积最厚，内涵最丰富，文化面貌上的特征明显，更具典型性，故于1962

年起将这种类型的遗存命名为二里头文化。

二里头文化主要分布在河南中、西部的郑州附近和伊、洛、颖、汝诸水流域以及山西南部的汾水下游一带。现已发现的遗址近百处，其中经过发掘的主要遗址有洛阳东干沟、东马沟，陕县七里铺，临汝煤山，郑州洛达庙和山西夏县东下冯等十余个地点。又因豫西地区以二里头遗址为代表的遗存和晋西地区以东下冯遗址为代表的遗存在文化面貌上既有相同之处，又存在着一些明显的差别。为了突出其地方性的特征，故又用“二里头类型”和“东下冯”类型来区别。

根据二里头遗址的地层与典型器物所作的排比，二里头文化目前被分为四期：第一期陶器以褐陶为主，磨光黑陶占一定比例，纹饰以篮纹为主，另有少量方格纹、细绳纹。第二期陶器中黑陶数量比前期减少，以细绳纹为主，篮纹和方格纹明显减少。这两期的器形多折沿、鼓腹、小平底。第三、四期的陶器颜色普遍变为浅灰，以绳纹为主，出现粗绳纹，篮纹和方格纹几乎绝迹。在第三期遗存中，第一、二期常见的鼎、深腹盆、甑等继续沿用，但新出现了鬲、斝、卷沿圜底盆、大口尊、小口高颈瓮等与商代二里岗遗物十分接近的器物。这组新器形在第四期中越来越多，并表现出融合前者的趋势。东下冯类型亦分为四期（图1）。

二里头文化的特征突出表现在一组富有特色的器物群上。在这组器物中作炊器的是鼎、折沿深腹罐、侈口圆腹罐等。作食器和容器的是三足盘、深腹盆、平底盆、豆、澄滤器、小口高颈罐和大口缸等。酒器则是盉、觚、爵等。侈口圆腹罐口沿部的花边形装饰和深腹盆、甑、侈口罐口沿下附加的一对鸡冠形鋬，在这组陶器中很有特色。在这里既见不到龙山文化中常见的斝、鬲、带耳罐、杯、碗及双腹盆等器物，也与商代文化中以鬲、斝、甗、卷沿圜底盆、大口尊、簋、小口高颈瓮的器物组合有明显的区别。

二里头文化的居址有半地穴式、地面式和窑洞式三种。平面形状有圆形、方形圆角和长方形等几种。一般居室的直径在3米左右，面积较大的长方形居址长在10米上下，宽在5米左右，中间有隔墙。地基和隔墙都经夯筑。居址附近多有灰坑、窖穴、水井等遗迹。二里

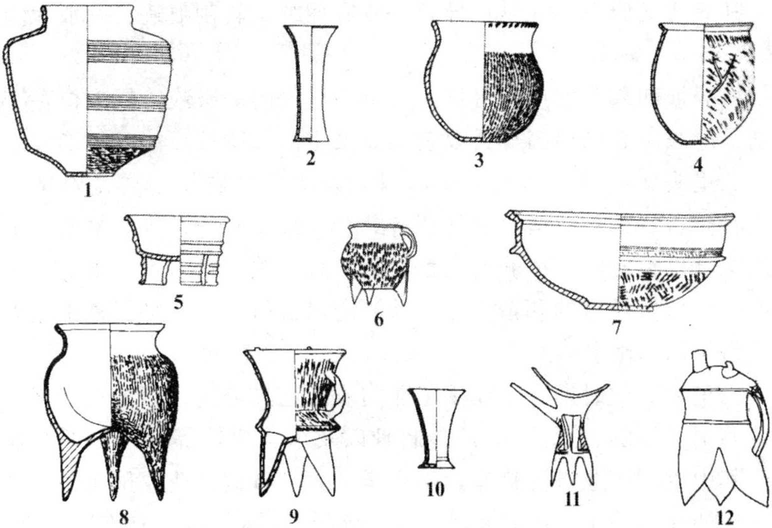

图 1　二里头文化早期、晚期的陶器

早期：1. 尊　2. 觚　3. 小罐　4. 夹砂罐　5. 三足盘　6. 鼎　7. 盆

晚期：8. 鬲　9. 斝　10. 觚　11. 爵　12. 盉

头遗址上层发现的大型宫殿基址，是反映二里头文化时期建筑水平的代表性遗存。已经发掘的两座宫殿遗迹都建筑在夯土台基之上。其中 1 号宫殿的基址长宽均约百米，占地一万平方米。正面是面阔 8 间，进深 3 间的殿堂，四周有廊庑，前面有门，中间是庭。2 号宫殿的规模较小，南北长 72.8 米，东西宽 57.5～58 米，基本形制与 1 号宫殿相同。这两座由堂、庑、庭、门等单位建筑组成的宫殿，布局严谨，主次分明，是迄今所知中国最早的宫殿建筑，其形制开中国历史时期宫殿建筑之先河。

二里头文化的墓葬大多为小型墓，目前还没有发现与二里头宫殿基址相称的大型陵墓。这些墓的形制为长方形土坑竖穴，长 2 米左右，宽 1 米上下。葬式多为仰身直肢。随葬品以实用陶器为主，常见的有鼎、罐、三足盘、盆、觚、爵、盉等，少者数件，多者 10 余件。此外，还随葬贝、玉饰件和铜铃等小件铜器，二里头遗址的少数墓中随葬有铜爵。另外，在各地同类遗址中还常见一些没有墓圹的人骨遗骸，其葬式或俯身，或身首异处，或有捆缚、斩割痕迹，一般无随葬品。

由居址和墓葬的差别可见，二里头居民的等级或阶级地位存在着差别，阶级对立已很明显，奴隶和奴隶主两大阶级可能已经形成。

二里头文化居民的经济生活以农业为主。农具主要是石铲、石镰、石斧、石锛和石凿。另外还有蚌铲、蚌镰和骨铲等。木质的耒耜一类工具也在使用。饲养的家畜有猪、狗、鸡、马、牛、羊等。农业生产已能提供较多的剩余产品，饮酒之风盛行，一般平民墓中也多用觚、爵等酒器随葬。

二里头文化时期，不仅手工业与农业已经分离，而且在手工业内部，铸铜、制陶、琢玉（石）、制骨以及木工建筑等都已出现专业分工。其中以制陶业最为普遍，生产量最大。青铜铸造业虽属初期阶段但却最能代表手工业生产的水平。青铜是红铜与锡（或铅）的合金。常见的青铜器的种类有爵、铃、戈、镞、钺、刀、锥、鱼钩等。青铜爵薄胎、平流、无柱、束腰、平底、素面，表现出早期青铜器的特点。但是爵的铸造过程已运用复合范，铸造工艺比较复杂，具有相当水平。在二里头文化遗址还发现了铸铜用的坩埚、陶范和铜渣等，说明二里头文化已进入了青铜时代。

在二里头文化中已发现二十多种陶器上的刻划符号，其形状有“丨”、“‖”、“川”、“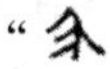”、“”、“M”、“个”、“”、“×”、“”、“”、“”、“”、“”、“V”、“”、“”、“八”、“≠”、“”、“”、“十丨”、等。我们认为，这些符号中有些可能是当时工匠制作器物时的记号，如“丨”、“‖”、“”、“V”、“×”等，有些则可能是原始文字，如“”、“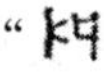”、“”等。

在二里头文化还见有卜骨，大多是猪、牛等动物的肩胛骨，上有灼痕。这些遗物从一个方面反映了奴隶主贵族的精神生活。

二里头文化的时代晚于河南龙山文化而早于商代二里岗文化。据碳14测定，二里头遗址一至四期的年代相当于公元前1900～前1600

年。东下冯遗址测定的数据与二里头遗址的相当或略晚。

二、关于夏文化的探索

夏文化指的是夏王朝时期夏族的文化。早在20世纪30年代，即在安阳殷墟发现商代遗存后不久，就有人提出了夏文化的问题。有人认为仰韶文化是夏文化，也有人认为龙山文化是夏文化。五十年代以后，中国考古学获得巨大发展，在中原地区进行大规模的调查和发掘，使人们对这一地区各古代文化的面貌、年代、相互关系等都有了进一步的认识，特别是郑州二里岗期商文化的发现，在时间上缩短了与夏代的距离，也获得了一批可供比较研究的资料，初步具备了探索夏文化的条件。探索夏文化的工作，主要是在传说夏人活动的两个地区内进行的。一是河南西部的颍水上游和洛阳附近的伊河、洛河下游地区；一是山西南部的汾水下游、涑水附近。从1959年起，考古工作者在上述两个地区作了一系列的调查和发掘，发现了一批二里头文化和河南龙山文化的遗址。由于这两种文化的年代都比商代略早，所以人们把它们列为探索夏文化的重要对象。20世纪70年代后期，在河南登封召开了全国性的“夏文化座谈会”，提出了许多新看法。20世纪80年代，中国考古学会组织专题研究夏文化，人们就夏文化问题展开了热烈讨论。

目前，关于夏文化主要有以下几种看法：(1) 认为二里头文化的一、二期遗存是夏文化。二里头文化共分为四期，在第三期遗存中出现了一组与二里岗期商文化代表性器物相同或相近的器物，而且其数量越来越多，到第四期已表现出融合与取代一、二期中原有器物群的趋势。这说明第三期遗存的时代已经进入商代纪年，三、四期遗存应是商代早期的遗存。这样，比商代略早、因商文化的出现而处于被融合地位、并在传说夏人活动地域发展起来的二里头文化一、二期遗存就是夏文化。(2) 认为二里头文化的第一至第四期遗存都是夏文化。郑州商城为汤都之亳，根据放射性碳素断代，郑州商城的年代约为公元前1620±140年，是商代的时间上限。二里头文化的第二、三期之间虽有变化，但相同的因素是主要的。它们的年代都早于郑州亳都，所以是夏文化。(3) 认为二里头文化一、二期和河南龙山文化的王湾类型中、晚期是夏文化。二里头文化一、二期遗存与夏代纪年相比时间太短，而河南龙山文化的王湾类型与二里头文化之间存在着继承关系并且其测定出的年代数据也在夏代纪年之内，所以它的中、晚期遗存和二里头文化的一、二期都是夏文化。有人还认为登封王城岗遗址可能就是禹都阳城。(4) 认为豫西、晋南地区的二里头文化和河南龙山文化都是夏人活动地域内发展起来的古代文化，它们之间既有继承关系，又都在夏代纪年之内，所以都是夏文化。(5) 认为二里头文化的一至三期联系密切，应是夏文化，第四期是早商文化。等等。

以上五种看法，反映出在夏文化问题上研究者之间对探索对象（主要是二里头文化）性质的认识存在着很大的分歧。同时，由于目前流行的夏商纪年都是推算出来的，正确与否尚待验证，放射性碳素断代的年代数据也难以消除误差。因此，夏文化问题的最终解决，还有赖于更多的考古资料，在比较、鉴别的基础上得出科学的结论。

第三节　商

一、商代文化的发现、年代、分期与特征

当夏朝建立时，商族就已展开了活动。据文献记载，在成汤以前的所谓“先公”时代，商族曾在黄河中下游地区八迁其居，并且逐渐强盛起来，到成汤时，随着夏族势力的衰落，商族四出征战，灭了许多小国，最后灭了夏桀，取代了夏的统治地位，建立了商朝。据《竹书纪年》、《尚书》和《史记·殷本纪》记载，从成汤灭夏到盘庚迁殷的所谓“先王”时代，商王朝又曾五迁其都，最后才定都于今河南安阳小屯（即殷墟），直到帝辛被周族所灭，商王朝共经历了约 600 年左右的时间。

根据商代的考古发现和研究成果，可以把整个商代文化分为前、后两大期：武丁以前的早商文化为商代前期；武丁和武丁以后的晚商文化为商代后期。

1. 商代前期

商代前期的文化以二里岗期文化为代表。根据二里岗遗址的地层

关系，可将早商文化分为早、晚两期。

商代前期的早期以二里岗下层、郑州南关外、安阳梅园庄下层、邯郸涧沟下层为代表。其主要特征是：陶器的器壁一般较薄，绳纹较细。鬲、甗的实足根较瘦长，裆较高，鬲的器身大于器宽。鬲、甗、盆口多作卷缘圆唇。大口尊体较粗短，口径约与肩径相等。斝多作敞口。真腹豆较多（图 2）。铜容器尚少见。卜骨或有灼无钻，或有灼有钻。骨簪皆作圆锥式。

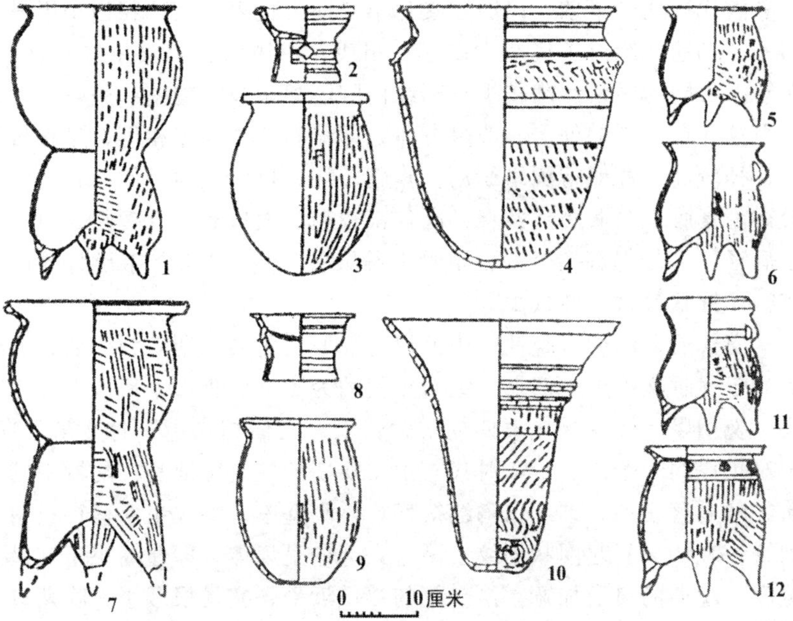

图 2　河南郑州二里岗商代早期陶器

1～6. 早期　7～12. 晚期

商代前期的晚期以二里岗上层、藁城早商遗址、济南大辛庄商代早期层和“殷墟文化第一期”为代表。其主要特征是：陶器器壁一般较厚，绳纹略粗。鬲、甗的实足根稍较粗短，裆亦较高，鬲的器高大于器宽，或两者相等。鬲、甗、盆口多作翻缘方唇。大口尊体较瘦长，口径都大于肩径。斝口收敛。假腹豆较多。本期偏晚，作为一种新的陶类——刻纹白陶开始兴起。成套青铜礼器比较常见。卜骨大多有灼有钻，有灼而无钻者比较少见。骨簪多作圆锥式，开始出现“干”字形骨笄。个别陶器、骨器或骨片上刻有文字。

2．商代后期

商代后期的文化以小屯文化为代表。根据殷墟文化的堆积和甲骨文、金文的断代，现在一般把晚商文化分为早、中、晚三期，而中、晚期又可合并叙述其特征。

商代后期的早期，以殷墟文化第二期为代表。大体相当于甲骨文第一、二期，绝对年代约为武丁、祖庚、祖甲时代。其主要特征是：陶器以灰陶为主，红陶较少，刻纹白陶已很盛行。陶壁一般较厚，粗细绳纹并存。鬲的外形一般呈方体，即器高约与器宽相等，足根较粗肥，裆较高，并盛行圜络纹鬲。簋腹较深，口沿剖面呈倒勾状，圈足较矮。真腹豆与假腹豆共存，圈足都较粗。大口尊体甚瘦长，口径大于肩径。卜骨都有钻有凿，甲骨卜辞大量出现。“干”字形骨笄已很盛行，锥状骨簪逐渐减少。

商代后期的中、晚期。中期以“殷墟文化第三期”为代表，大体相当于甲骨文第三、四期，绝对年代约为廪辛、康丁、武乙、文丁时代；晚期以“殷墟文化第四期”为代表，大体相当于甲骨文第五期，绝对年代约为帝乙、帝辛时代。中、晚期的主要特征是：陶器中的泥质红陶显著增加，刻纹白陶继续盛行。陶壁厚，绳纹粗。盛行三角形划纹，晚期又兴起网状划纹。鬲绝大部分呈扁体，即通高小于其最大宽度，晚期的口沿加宽。鬲、甗的裆低近平，实足根矮小，晚期有的实足根已趋于消失。簋多作浅腹高圈足。真腹豆增多，假腹豆少见，圈足变细。中期时大口尊已极少见，晚期绝灭。墓葬中常见的陶觚、陶爵，中期的形制开始变小，晚期的更小，已成为象征性的明器。卜骨卜甲也都是钻、凿兼施。甲骨卜辞也有大量发现。“干”字形骨笄流行，其帽盖往往可以拆卸（图3）。

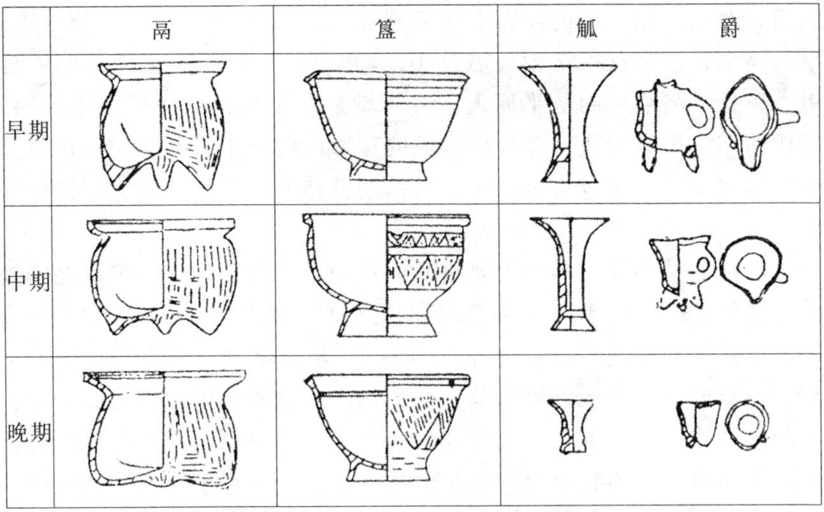

图 3　河南安阳殷墟商代晚期陶器分期图

二、城址

在中国古代城市的发展过程中，夏商周时期是中国古代城市发展的先河。在这一时期城的政治作用突出，宫殿建筑占城内的绝大部分，城墙壕沟等防御设施完全是为了护卫宫殿，商业区和市民居住区尚未形成，城内的手工业是直接为统治阶级服务的，此时“城市”的功能尚不健全，仅体现了政治作用。

1. 偃师商城

偃师商城是目前中国城址中时代最早、规模最大、保存较好的城址。它是 1983 年夏，中国社科院考古研究所在河南偃师尸乡沟一带发现的。

城址大体呈长方形，除南墙已被洛水冲毁外，其余三面城墙基本保存完好。全城东西宽约 1200 米，南北现长约 1700 多米，城墙残存高度 1~2 米，厚约 18 米。城内有大型建筑基址三座，南部正中一座面积最大，长宽各 200 余米，四周夯土厚约 3 米，墙内是一座长宽各数十米的宫殿基址。基址前面有一条大路通往城南，大路两侧有九座稍小的建筑基址东西对峙。现存三面城墙已探出七座城门，东西墙各三门，北墙一门。城内还有若干条纵横交错的大道。该城北依邙山，南临洛水，西距汉魏洛阳故城址 10 公里，西南距二里头遗址约 6 公里，正处于河洛之间的平原上。关于城址的年代，由地层关系判明，商代前期二里岗文化墓葬打破该城墙和城内的路土，其相对年代应早于二里岗文化，可以肯定它是商代初期营建的，因此被称为“偃师商城”。

偃师商城的发现具有重要意义。首先，为解决汤都的位置之争提供了新的证据。关于商汤都亳问题，文献中屡有记载，如《孟子·腾文公下》：“汤都亳，与葛为邻”。《墨子·非命篇上》：“古者，汤封于亳，绝长继短，方地百里”等，但却未指出亳的地望，因而历来就有不同的说法。南亳说，认为在今河南商丘；杜亳说，认为在今陕西长安；北亳说，认为在今山东曹县；郑亳说，认为在今河南郑州；西亳说，认为在今河南偃师尸乡沟，或二里头遗址和郑州商城。以上几种说法中偃师尸乡西亳说最早出现。在考古中关于西亳的具体位置也是多年争论的问题。但偃师发现的城址比二里头遗址更具城的规模，又比郑州商城要早，恰有一条“尸乡沟”横穿城址，与《汉书·地理志》河南偃师条下班固自注的“尸乡，殷汤所都”和《元和郡县志》河南道有“偃师西亳，汤都也”的记载相吻合，故有人认为偃师商城即汤都西亳无疑。此说虽无定论，但无论如何，偃师商城的发现有助于解决汤都亳的问题。其次，偃师商城是研究中国古代城市发展的重要资料。目前虽发现一些年代早于偃师商城的城堡遗址，但严格来说这些城堡并不是真正的城址。偃师商城虽仅残存面积200 万平方米，但大城内有小城和宫殿遗址，真正具有城的规模。而且，偃师商城的形制成为历代遵循的都城建制。再次，偃师商城的发现对于夏文化的探索也起到了推动作用。偃师商城早于商代前期的二里岗文化，因此在年代上更接近于夏。在考古学文化特征上，年代越接近于夏的商遗址与夏的关系越密切，由此推知，对偃师商城的研究可以缩短我们对夏文化的认识过程。

2. 郑州商城

郑州商城是 1955 年由河南省文物工作队在郑州白家庄发现的，

同年开始发掘。遗址位于郑州商代遗址中部，即今河南省郑州市区偏东部的郑县旧城及北关一带。城墙始筑于商代中期的二里岗期下层，使用到二里岗期上层，东墙夯土层内木炭的放射性碳 14 测定并经校正的年代为距今 3570 ± 135 年，据此可知其上限约相当于公元前 1620 年前后。

城平面为长方形，城垣周长 6960 米。其中南墙与东墙各长约 1700 米，西墙长约 1870 米，北墙长约 1690 米，墙基最宽处达 32 米，地面上残留高度最高约 5 米左右。城四周共有 11 个缺口，有的可能就是城门。城墙采用分段版筑法逐层夯筑而成，每段长 3.8 米左右。夯层较薄，夯窝密集，相当坚固。在城墙内侧或内外两侧往往发现夯土结构的护城坡。城内分布有大面积的商代文化层及房屋、水井等各种遗迹。在城内东北部附近 40 万平方米的较高地带，发现有大、中型夯土台基建筑遗存，应是商代大贵族居住的宫殿区。城外还有同时期的居民区和铸铜、制陶和制骨手工业作坊遗址以及中、小型墓地。

关于郑州商城的性质，根据历史文献和考古资料，目前主要有两种说法：一种认为它是商代中期“仲丁迁于隞”的隞都；第二种认为它是商汤所都的亳。总之，郑州商城的考古资料，对于研究商代历史和古代城市发展史具有重要价值。

3. 黄陂盘龙城

盘龙城遗址位于湖北省黄陂县叶店府河北岸高地偏东南部。1954 年发现。据发掘资料，盘龙城最迟在商代二里岗下层时已有居民，到二里岗上层时发展迅速，修筑上、下两层宫殿，并与上层宫殿同时修筑城墙，到商代后期急剧衰落。

城平面略呈长方形，南北约 290 米，东西约 260 米，中轴线方向为北偏东 20 度。城垣保存完好，四面中部都有一个缺口，可能就是城门。现在，在南墙、西墙和北墙西端还保留着高出地面约 1～3 米的夯土残墙。城墙厚度为 20 米左右。城墙夯筑技术和郑州商城相同，用每层厚 8～10 厘米左右的夯土筑出主体，内侧又有斜行夯土用来支撑夯筑城墙主体时使用的模型板，说明用立柱加夹棍并以绳索固定模型板的夯筑技术尚未出现。城墙外有宽约14米、深约4米的城壕，壕内侧往往高出外侧1米以上。在城南壕沟底部曾发现桥桩的柱穴，说明当时是架桥通过壕沟的。在城北和城南有两处居住遗址。城内东北部高地上有宫殿居址，分上、下两层，下层宫殿建在生土上，营建上层宫殿时，先将东西60米以上、南北约100米的地段平整，筑成高数10厘米至1米以上的大型夯土台基，再在上面修筑宫殿。现已发现三座宫殿基址，前后并列，坐北朝南。其中1号（F1）和2号（F2）的基址已经发掘。把这两座建筑合并起来，与文献记载周代以前宫廷制度的“前朝”、“后寝”结构非常相似。在这个基址的西侧还发现有陶管相接的排水设施。当时的墓地则分布在城东。

盘龙城的发现是商代考古的一大收获。这一发现对了解商文化的分布、城市性质、宫殿的形制和建筑技术等都有重要的意义，同时，也向我们揭示了一个属于商文化系统的南方方国的文化面貌。

4. 殷墟

殷墟位于河南省安阳市西北郊洹河两岸，是商王朝后期的都城遗址。据《史记·殷本纪》和《竹书纪年》的记载，自盘庚迁都于此至纣王（帝辛）亡国，整个商代后期以此为都，共经8代12王，273年。年代约相当于公元前14世纪末至前11世纪。

殷墟遗址发现于20世纪初，随着甲骨文的发现，罗振玉等经过调查，弄清了甲骨文出土于河南省安阳市的小屯村，并在出土的甲骨卜辞上发现了商王朝先公先王的名字，证实其为商代甲骨。王国维对甲骨卜辞的考证结果进一步证实殷墟所在的小屯村及其附近地区为商代后期的王都遗址，殷墟遂告发现。1928年开始发掘，一直延续到20世纪70年代末期。

殷墟东起郭家湾，西至北辛庄，长约6公里，南起苗圃北地，东北至三家庄，宽约4公里，总面积约24平方公里。其中，洹河南岸的小屯村东北为商代宫殿、宗庙区。已发掘夯土建筑基址53座，分为甲、乙、丙三组。甲组基址15座，分布在遗址的北边，有东西成排分布的特点。乙组基址21座，位于甲组基址之南，门多向南，多数面积较大。丙组基址11座，在乙组基址西南，面积较小，对称排列。乙、丙组基址附近均有与祭祀有关的现象；在宫殿宗庙区周围分布有手工业作坊，一般居址和平民墓地。在小屯村北发现商王室制造玉器的作坊，小屯村南约0.5公里的苗圃北地发现铸铜遗址。在北辛庄南和大司空村南地发现制骨作坊遗址，在前述居住遗址和铸铜、制骨等手工业作坊的周围分布有同时期的墓葬。以孝民屯为中心的殷墟西区，是比较单纯的墓葬区，以小型墓为主，已发掘的939座墓可分为8个墓区，各区分属不同的“族”，具体体现了商代“族墓地”的埋葬制度。在大司空村和后冈两地也可见到同类性质的墓地；洹河北岸的侯家庄与武官村北地是王陵区。已发掘大墓13座，内有大量的殉人和人牲。在武官村大墓之南有排列整齐的人祭坑，应为商王室祭祀祖先的场所。另外，在殷墟外围发现有简陋的地面式房基，可能是一般贫民居处。

殷墟代表了商代晚期文化发展的最高水平。在殷墟发现的大量遗迹和遗物，有助于人们研究当时的社会生活。不过，对殷墟的研究尚有一些学术课题有待解决。例如殷墟没有发现城墙，防御问题如何解决，殷墟文化与各地文化间的联系，殷墟一些重要遗迹的性质等。

三、墓葬

商代的墓葬在商王朝统治区域内和各方国均有发现，经科学发掘的目前已达数千座，为研究商墓的分期、葬俗、商代社会生活、阶级关系等提供了丰富的资料。

商代的墓葬可分为早、晚两期。

1. 早期

商代早期的墓葬依其形制和规模可分为大型、中型、小型三种。

大型墓墓室面积在100平方米以上，如殷墟侯家庄——武官村墓地中的HPKM1500和HPKM1217，按其时代，这两座墓应是盘庚迁殷初期的王陵。这两墓南北纵列，都有南北东西四个墓道，椁室均作方形，其中M1500的平面略呈方形，规模稍小，随葬品已被盗尽，发现有殉葬的人骨。M1217平面作“亚”字形，是目前已发掘的商代墓葬中最大的一个。可惜此墓曾多次被盗，墓内详细结构和人殉情况已全部扰乱。随葬品只剩下残破不堪的石制器皿、玉石雕刻器、白陶豆、白陶大口尊，以及雕花骨、牙、蚌等残片和铜凿等。

中型墓墓室面积在10平方米以上至30平方米左右。在黄陂盘龙城经过科学发掘的一座“李”M2比较典型。该墓墓室平面略呈梯形，其面积约为12平方米。现在墓底深1.41米。墓底中部偏东有一长方形小腰坑，坑中殉狗一只，墓有一棺一椁，其中木椁正面雕花，反面涂朱素面。随葬品十分丰富，仅铜器就有63件，其他还有玉器、陶器和木器等。墓内共殉葬3人。

小型墓发现较多，墓室面积一般都在10平方米以下至2平方米左右。一般有棺椁、腰坑，个别也有殉人。随葬品多为青铜酒器。例如郑州白家庄M3残存随葬品有觚、爵、斝等酒器各两件。

此外，还有一些墓室面积不到10平方米，皆为无椁、无腰坑的小土坑墓，有的有棺，有的无棺，其中俯身葬约占1/3，均无随葬品。

2. 晚期

商代晚期的墓葬依其形制和规模也可分为大型、中型和小型三类。

大型墓多有墓道，有东西南北四墓道的“亚”字型，南北二墓道的“中”字型，一条墓道的“甲”字型。墓室面积在50平方米以上，加上墓道面积多在数百平方米。皆有棺有椁有腰坑，殉人多者几百，少者几十，随葬品有青铜礼器、乐器、兵器、车马器、大理石雕刻品、白陶器等贵重物品。以武官村大墓为例，该墓为“中”字形，墓室面积168平方米，墓道口面积172.8平方米，总计340平方米，容积为1615立方米。墓底中心有腰坑，内殉人1，青铜戈1。棺木与墓主尸体无存。随葬品仅见货贝、玉、绿松石、骨镞、青铜戈、斧、镞等小件器物，还有鼎、爵、斝的残片。二层台上共殉41人，其中东台多男性，西台多女性，在填土中发现人头34个。在南墓道殉人1，北墓道殉人2。该墓总计殉人79，殉马28，殉猴8，殉鹿1，殉其他禽兽15（图4）。

中型墓面积一般在5～50平方米，平面多为长方形，少数为“中”字型，个别“甲”字型，不见“亚”字型，皆有棺有椁，流行

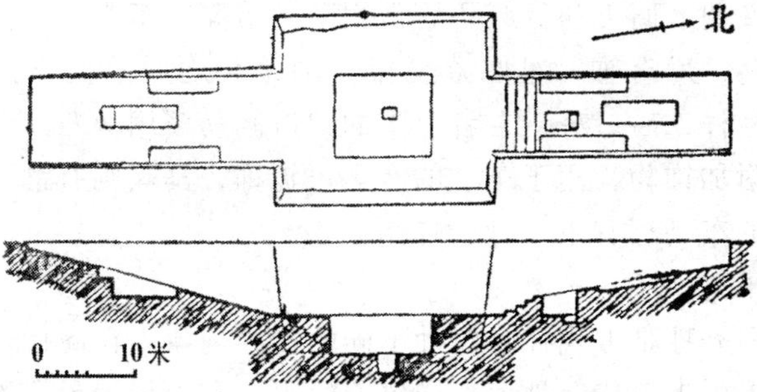

图 4　殷墟武官村大墓平剖面图

腰坑，殉人几个到十几个，随葬品有成套的青铜礼器、武器、工具，个别墓还有乐器、车马器。以小屯妇好墓（M5）为例。该墓墓室为长方型竖穴，墓口长 5.6 米，宽 4 米，深 7.5 米，墓室内东西壁各有一龛，其中殉人 3；墓底四周有熟土二层台，中部有腰坑，殉人 1，狗 1；墓室北端殉人 4，另外还有 8 人位置不明。该墓总计殉人 16，殉狗 6，随葬品 1928 件，主要为陶、玉、石工艺品，有少量铜器。铜器多随葬在棺椁之间，共 468 件，其中礼器 200 余件，种类齐全。因不少铜器上有"妇好"、"司毋辛"铭文，据卜辞记载，妇好、司母辛为同一人，是武丁之妇，故命名为"妇好墓"。除铜器外，还随葬骨、角、牙器 200 余件，海贝 6000 余枚。

小型墓数量最多，面积 1～4 平方米，墓室平面为长方形，无墓道，有殉人的不到 2%，随葬品为仿铜陶礼器和陶生活用具。个别墓随葬一组铜觚爵，或一件铜戈。也有的仅随葬一件陶鬲或一无所有。

另外，还有非正常埋葬，皆无墓室和墓坑，多无随葬品，往往散见于灰坑或灰层中，或为殉人或祭祀的牺牲。少数殉人生前可能是墓主近侍。随葬有青铜礼器甚至有殉人，是为特殊现象。

商代墓葬所反映的等级关系是：大型墓主，在商都城的应为奴隶主最高代表——王；在商都以外地区的，应为方国首领。中型墓主为王室贵族或其他奴隶主贵族。小型墓主是正在分化的阶层，多为普通平民，有些可能是小奴隶主，有的则是平民中的贫困者。非正常埋葬者，无疑是战俘或奴隶。

商代晚期，商王和贵族死后常用车马陪葬。车为木制，均双轮独辕，前有衡，后有轴，车厢置于辕与轴相交之后的上方，平面长方形，周有栏杆，后留有供乘者上下的缺口。马多用两匹。车马之上往往有青铜附加饰物，用于车上的有軎、軛饰，马具则有镳、当卢、节约等。有的车马还有王、骨、蚌制饰物。

3. 商代的人殉和人牲。

人殉和人牲是古代社会两种不同的社会现象。在商代，人牲是在祭祀时把人象牛羊猪等牲畜一样供奉给祖先和山川神灵，被杀的人为战俘和奴隶；人殉，则是为奉侍死后的社会或家族中某些特权者而从死的人，其中有陪臣，妻妾，侍卫和亲信，也有用作仆役的奴隶。

商代的人殉和人牲遗迹在河南、河北、山东、江苏、湖北等地均有发现，其中尤以商代晚期的都城所在地殷墟为最。商王和贵族奴隶主在祭祀祖先、祈祷神灵、建筑宫室和求年问雨时都要使用人牲，其遗迹见于墓葬内外和建筑基址及其附近。商王、贵族及奴隶主的墓葬中则一般都有殉人。除以上两种外，商代东南地区的东夷族还存在杀人祭社的习俗。

商代早期人殉、人牲的数量较少，商代晚期大增。以殷墟为例，前期的大墓内有大量的人头及无头躯体，后期则数量极少；前期个别中型墓里也有人牲，后期不见。类似的现象也见于1976年春西北冈东区发掘的191个祭祀坑中，较早的南北向坑用人近千，而较晚的东西向坑仅百人左右。这种现象与殷墟卜辞的统计也是相符的。据统计，商王祭祀共用人牲1.4万多，其中又以武丁一人用人祭祀次数最多，数量也最大，共用人牲九千多。武丁以后逐渐减少，到帝辛、帝乙时只用100多人。之所以会产生这种现象，据推测是因为：人殉是父权家长制出现以后的产物，它反映了一种人与人之间的不平等关系，随着奴隶制国家的出现，这种关系得到进一步的发展，因而殉人之风盛行。另一方面，由于人牲来源于战俘，他们成为奴隶后还不能提供较多的剩余产品，只好大批用于祭祀，这是早期奴隶社会的特征。而到殷墟阶段后期，推测已有一部分青壮年俘虏被用作生产奴隶，只好用妇女和儿童作人牲，故人牲减少，这是奴隶制得到发展的标志。

四、青铜器

中国已知年代较早的青铜器是二里头文化时期的青铜器，但这些青铜器还不是中国最早的青铜制品，近年在龙山文化晚期地层中发现的青铜器就证明了这一点。到商代，我国灿烂的青铜文化逐步发展到高峰阶段，无论造型、装饰还是花纹风格，均形成了商文化的基本特征，因此，商代的青铜器对研究商代历史、文化和艺术都具有十分重要的意义。

商代青铜器可分为两期，即商代前期和商代后期。商代后期又可分为早、中、晚三段，而中、晚段又可合并叙述其特征。

下面从器类、纹饰、铭文、形制四个方面，以鼎、簋、觚、爵、斝、戈为代表，分别介绍各期青铜器的特征。

商代前期的青铜器器壁一般较薄。由于其器类直接仿自陶器，因而鼎、鬲、甗的足均作圆锥状。爵、斝多作平底，爵的柱多在流上，或在口上而紧靠流折处，斝或作分裆袋足式。直内戈都是窄长条形的“援”。铜器的花纹结构比较简单，线条显得粗笨，且多为单层，少有双层的。除常见的饕餮纹、云雷纹之外，还有夔纹、龙纹、虎纹等，也有用人体作为装饰花纹的。其中双夔合成的饕餮纹，尾部多半上卷，下卷者极少。铜器的发掘品中尚未见铭文，在传世器中偶然见到有一个字的铭文。

商代后期的早期阶段，青铜器的器壁一般较厚，器类除继承商代早期的外，又新出现了罐鼎、鬲鼎、瓮鼎、盂形簋、方彝、鸟兽尊等，而各类器物中几乎都有方形的。鼎、甗的足有的已开始改为柱足。爵、斝多改作凸底，爵的双柱都在口上或近流折处，斝足横断面均呈“T”状。直内戈改为比较宽而短的“援”。其他如车马器和弓形器等，在此期开始见到。铜器花纹的结构比较复杂，线条显得秀丽，双层花纹极为常见，并出现了用云雷纹衬地的三层花纹。双夔合成的饕餮纹，其尾上卷者渐少，下卷者渐多。新出现的花纹有三角形蕉叶纹、蚕纹和蝉纹等。铜器大多没有铭文，其中有铭者，多半是族徽或是其他图形文字，笔道刚劲，一般不作波磔。

商代后期的中、晚期阶段，铜器的器质厚重，造型新颖，花纹繁缛，制作精巧，表现出极高的工艺水平。新出现的器形有豆、匕、觯、筒状尊、觥、斗勺、壶、盂、俎、铙等。鼎、甗腹部变浅，足大半作柱形，并在晚期出现中间稍细而两端粗的兽足。簋腹也变浅，圈足加高，晚期开始盛行双耳簋。爵腹加深，其柱均移至口上近鋬处。粗细两体觚都相对地变细，觚棱比较常见。平底斝极少见，圆底斝比较盛行，晚期新出现柱足式的分裆斝。葫芦形卣极少见，新出现了瓿形卣。曲内戈的内部多半是镂空雕，且常有岐冠的装饰。直内戈的“援本”加宽，晚期新出现了短“胡”或长“胡”，并有1～3穿。铜器纹饰中盛行鸟纹和蝉纹。饕餮纹尾部大都下卷，上卷者极为少见。三层花纹非常流行，一般均用云雷纹衬地。铜器有铭者渐多，一般只有一个字或几个字，到晚期才出现几十个字的短篇铭文。笔道大多有波磔（图5）。

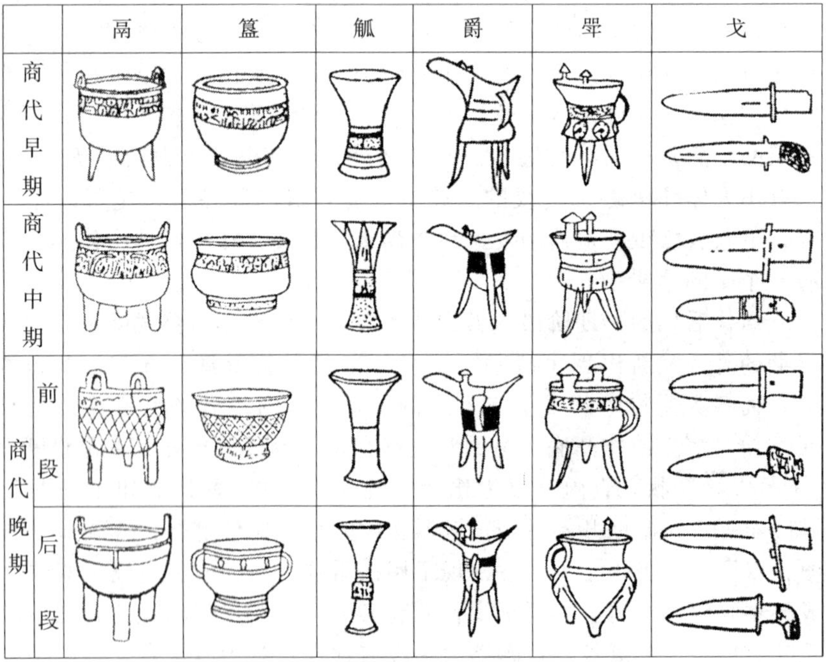

图5 商代青铜器分期图

五、社会经济

商代的社会经济是在农业比较发达的基础上发展起来的。

1. 农业

农业生产比前期提高的主要标志是大规模的集体协作。如甲骨文中所记载的“协田”，已成为当时普遍的农业生产方式。发现的生产工具主要有石刀、石铲、石镰和蚌镰等。青铜农具在商代早期就已出现，但到商代晚期数量仍然不多，说明当时的农具仍以石器为主。当时农作物的种类，甲骨文字有禾、黍、麦的象形字，但这决不会是全部品种。商代晚期农作物的收获量是很大的，因为除了要供奴隶主贵族大量挥霍外，庞大的手工业队伍也需要相当数量的粮。从考古发现的资料看，不仅大、中型墓葬普遍随葬酒器，就连小型墓也多用觚、爵、斝等酒器随葬。酒器的普遍发现说明商代晚期人们饮酒之风兴盛，这一事实也反映了当时农业生产的发达。

2. 畜牧业

商代的家畜种类有牛、羊、马、猪、犬等，其中以牛和猪最多。根据考古发掘的资料和甲骨文的记载来看，当时家畜的饲养量很大。饲养的家畜除了食用和部分用作动力外，大量的牲畜经常用作祭祀的牺牲。用牲的数量达到了惊人的程度，少则数头或数十头，多则三、四百头。商代的王室大贵族一次能集中数量这样多的牲畜，也正反映了当时畜牧业发达的情况。

3. 手工业

（1）青铜铸造业。在商代，青铜铸造业是当时各类手工业中一种最重要的行业，也是被王室和贵族所垄断的一种官工业。

在商代早期，考古发现了专门的铸铜作坊，而且各铸铜作坊间有了相对的分工。例如在郑州南关外铸铜作坊发现的陶范，以镞范、斨范数量最多，说明这是一个以生产铜镞、铜斨为主要产品的作坊；在郑州紫荆山北边则发现了以生产铜刀和铜戈为主要产品的作坊。铸造青铜器的传统方法是陶范法，一般容器是一模作一范，一范铸一器。这时还可以铸造器形庞大、造形复杂的器物。郑州发现的两件大方鼎分别高100厘米和87厘米，便是突出的例子。

商代晚期，王都殷墟成为全国青铜铸造业的中心地区，青铜作坊的规模扩大，青铜产品的种类和数量都大幅度增加。据统计，历年来出土的晚商青铜礼器总数可达数千件之多，其他如兵器、车马器、工具等或当数以万计。同时，晚商铜器又以厚重为特点，而且殷墟晚期，巨型铜器逐渐增多，特别像1938年在安阳武官村出土的“司母戊鼎”，通耳高133厘米，横长110厘米，宽78厘米，重达875公斤。不仅是我国青铜时代最大的，也是世界古代青铜文化中所仅见的。

（2）制陶业。代表商代早期陶瓷工业先进水平的是硬陶和原始瓷器的烧造。这两种陶瓷器烧成温度高、质地硬，没有显著的吸水性。在郑州发现的早商原始瓷器以高岭土为原料，经过1000℃以上的高温烧造，并人工施釉，基本达到了一般瓷器的标准。这样就把我国发明瓷器的历史至少提前到3000多年前的商代早期。商代晚期又新兴了两种陶业，一种是刻纹白陶，一种是明器的制作。刻纹白陶也是用高岭土作坯胎，烧成温度在1000℃以上，陶质甚为坚硬。器形有鼎、簋、豆、皿、爵、尊、觶、罍、卣等，几乎全是礼器，花纹有饕餮纹、夔纹、云雷纹及人体纹等，与铜器作风颇为相似。刻纹白陶是我国制陶史上的光辉杰作，也是人类文化史上罕见的工艺美术品。目前，刻纹白陶尚未见于其他时代，多出于殷墟的大、中型墓，辉县也曾出土残器，这说明刻纹白陶是当时的一种珍贵品，也许只有王室和大贵族才能享用。明器是中国古代专为随葬而制作的器物，又称“冥器”或“盟器”。在殷墟发现的陶制明器，有的仿效铜器，有的仿效实用陶器，烧成温度低，制作简陋，花纹粗略，有的仅作成大概轮廓，如觚、爵等器，成为象征性的器物。由于明器出土量很多，在当时可能是成批生产的并有专门生产的作坊，这样，其为商品生产的性质是可以肯定的。

（3）骨、角、牙、蚌业。从商代早期到晚期，骨、角、牙、蚌业都有专门的作坊进行生产。例如在郑州商城之北，今河南饭店一带就发现了一处以制造骨镞和骨簪为主的作坊遗址。在安阳小屯西3公里的北辛庄发现一处以制骨笄为主的作坊。此外在郑州、辉县、益都，尤其是殷墟发现了不少的骨、角、牙、蚌等工艺品。到商代后期的王室工业中，这种工艺得到了很大的发展。工奴们尽量发挥青铜工具的优点，雕出与铜器、白陶相似的花纹，其线条卷曲自如，刻度深浅适宜，成为别具风格的艺术佳品。

从考古资料中看到，商代的手工业除了铸铜、烧陶和制骨三个主要部门外，其他如玉石业、漆木业以及纺织、缝纫等也都得到了一定的发展。

六、雕塑、占卜和文字

1. 雕塑

雕塑在商代艺术中最具特色，种类有平面的浮雕和浅刻、半立体的动物形雕像和立体的雕像与塑像三种。其中浮雕和浅刻多半是器物上的花纹，如最常见的饕餮纹、夔龙纹和云雷纹，其他如蝉纹、鸟纹、蚕纹、龟鱼纹、牛头纹、鹿头纹、虎纹等；半立体的动物形雕像多属玉、石、蚌饰物，有鸟、鱼、蝉、兔、虎以及其他不知名的兽面等造型。其特征是平面似浅刻，侧面似雕像；立体动物塑像，在商代早期只发现泥（陶）塑一种，有羊、虎、鱼、龟等造型。到商代后期各种质料的动物形塑像大量涌现。此外，商代后期的有些铜器，如鸟兽尊、觥、异形卣等，都是仿效动物形象而造型，实际上也是动物立体塑像。以上各种不同质料的雕塑品中，大半偏重对自然现象象征性的描写，只有少数是对现实生活的真实刻画，而且都具有一定程度的图案性与装饰性。这表明商代的艺术已经脱离了人民的生活，而成为少数贵族享乐的宫廷艺术了。

2. 占卜

占卜在我国最早见于龙山文化，在二里头文化中开始普遍盛行，到了商代，占卜则成为奴隶主贵族进行统治的重要手段之一。在原始社会末期，占卜的对象往往是山岳、河流等自然神和祖先，到商代，尽管还存在对自然神的崇拜，但卜问的主要对象则是凌驾一切之上的至上神——上帝和已被神化的先公先王了。在商代，占卜的内容很广，上自国家大事，下至帝王贵族们的私人生活，诸如祭祀、年岁、征伐、天气、福祸，田狩、疾病甚至生育等，无不取决于占卜。从卜辞记载中得知，商代占卜有一套规定的程序。①占卜前的准备工作是选择甲骨并修治，然后在甲骨上“钻”“凿”；②在占卜之时，先问所卜之事，并刻于甲骨谓之“命辞”，即是记载为何而卜的；③卜官灼烧甲骨反面使之出“兆纹”；④依据兆纹判断吉凶，并刻于甲骨，谓之“占辞”；⑤决定是否采用，并刻“用”、“兹用”、“兹勿用”于甲骨的卜兆旁；⑥验证结果，刻于甲骨，谓之“验辞”。

3. 文字

商代的文字资料主要有陶文、玉石文、金文和甲骨文几种，而以晚商的甲骨文为最多。金文是先刻在陶范上，然后铸在铜器上的铭文，可以叫做“铸铭”；其它都是直接刻上的，可以叫做“刻铭”。但是无论哪种质料上的文字，在契刻之前大概都先经过书写，在殷墟曾经发现墨书和朱书的陶文、石文和甲骨文就可以证明这一点。各种质料上留下的文字都与甲骨文同属于一个系统，因而商代的文字可用甲骨文为代表。甲骨文是占卜之后的刻字记录文字，即卜辞；这种卜辞是刻在甲骨上的，通常称为“甲骨卜辞”。甲骨卜辞一般都是短篇，但全辞最长者也有到百字者。

几十年来，殷墟出土的甲骨卜辞已有十几万片，而其中能认识和能隶定为汉字者共1723字，未能认识和未能隶定的单字共2549字，另有合文371字。总共单字4000多个，已经认识的只有千余字而已。从文字的结构来看，甲骨文已使用了象形、会意、形声、假借等四种造字法，但最基本的方法仍然是象形，并且在象形文字的基础上出现了不少的形声字，表明甲骨文已是一种进步的文字。

第四节　西　周

周族起源于我国西北部的泾、渭水一带，即甘肃东部和陕西中部的黄土高原地区。古公亶父时，为了躲免戎狄的侵扰，迁至今天陕西的岐山、扶风一带。经过王季、文王几代的经营，周族已日渐强盛，而到文主、武王迁居沣、镐时，其军事力量已足以与商王朝抗衡，所谓“三分天下有其二”就是指这时的形势。商代末期，纣王暴虐无道，天下怨恨，周武王乘机联合周围小国，推翻了商的统治，建立起周王朝。周王朝建立后，以沣水东岸的镐邑为都，称作镐京。周公旦又在洛阳建造洛邑。镐京在西，洛邑在东，故平王东迁之前叫西周，东迁之后称东周。

为了探索周文化，早在中华人民共和国成立前，考古工作者就曾在沣水沿岸进行了调查，并对陕西、河南等地西周时期的墓地进行了发掘，如陕西宝鸡斗鸡台墓地、河南浚县辛村墓地、辉县琉璃阁墓地等。1949 年以后，又在沣水沿岸进行了多次调查和发掘。现已确知丰邑在今沣河西岸的客省庄、张家坡、西王村一带，镐京就在沣河以东的长安普渡村、斗门镇及汉代所挖的昆明池的范围内。关于西周文化的考古工作，除陕西，河南外，在山西、河北、辽宁、江苏、山东、安徽、浙江、湖北、甘肃等地也都取得了很大的成绩。

一、西周文化的分期

西周初年，周王室曾分封了数十个诸侯国，借以巩固刚刚建立的西周王朝。从今天的考古发现来看，各地原有的土著文化与周文化结合后，表现为既有与周文化一致的共同性，又有明显的地方特点，而最能反映周文化面貌的则是京畿地区（沣水沿岸）和周族的发祥地周原一带的文化。宝鸡斗鸡台周人墓被发掘后，苏秉琦先生根据器物的变化，曾把这批墓葬分为三期。1949 年以后，根据沣西的发掘资料，把遗址分为早、晚两期，墓葬分为五期，这都为西周文化的分期工作树立了年代标尺。另外，西周时期带铭铜器发现较多，有些铭文反映出的年代明确，为分期工作增添了参考依据。结合考古资料和目前的研究成果，西周文化的分期，以陕西地区为代表，可分为早、中、晚三期，晚期与春秋早期的文化内涵相近，可并为一期。

1. 先周时期

即灭商之前周王室时期。这时的不少先周墓葬多为小型墓，大都随葬一鬲，或一鬲一罐，极少有青铜礼器。鬲多作高领袋足，这种鬲被认为是先周时期的典型器物。

2. 西周早期

此时期，约从公元前 11 世纪中叶至公元前 10 世纪中叶，即从武王开始至穆王以前。以沣东早期、沣西早期遗址中的大部分和沣西墓葬第一期为代表。主要特征是：陶器除灰陶外，还有一部分磨光红陶和黑陶。纹饰以绳纹为主，绳纹以细而紧密、纹痕深而清晰为特点，还有云雷纹、S纹、重圈纹等。器物制作规整，鬲、罐颈部的绳纹常有抹去的习惯。盛食器中仍然使用圈足簋和粗柄豆，其形制与殷墟晚期的区别不大。炊器中的陶鬲多“瘪裆”，尖袋足较为明显。鬲、罐、簋、豆是典型器物。

铜器大体继承了商制，无多大变化。常见的炊器有鼎、甗、簋几种，鬲、豆极少见。酒器有觚、爵、角、斝、盉、尊、鸟兽尊、觯、卣、方彝、觥、罍、壶、斗勺等。水器中有盘、壶。杂器中有俎、禁等。鼎多为直耳立于口沿上，柱状足中间稍细，腹较浅，下腹微胀。簋的双耳下各有一小珥，开始流行一种圈足下带一方座的新式样，大概是周族系统的形式。戈常作长“援”短“胡”，一穿至三穿，也有无胡无穿的。青铜匕首是本期新出现的器形。青铜器花纹最常见的是饕餮纹，其次是夔纹，往往都用云雷纹村底，另外，鸟纹也比较流行。铜器铭文字数仍较少，但也有二、三百字的铭文器物，铭文末尾流行“作宝尊彝”的用语。铭文字体同商代晚期的区别不大，一般都用肥笔，笔道波磔比较明显。

3. 西周中期

西周中期，约从公元前10世纪中叶至公元前9世纪中叶，即穆王以后至厉王以前。以沣东中期、沣西早期遗址中的一部分、沣西墓葬第二期、宝鸡茹家庄西周墓、长安普渡村长由墓为代表。陶器的特征接近于早期，但也稍有变化。绳纹变粗，纹痕浅，显得疏松。新出现了瓦状纹饰。鬲的足底下凹较浅，“瘪档”鬲极少见。簋的圈足一般较高。素面盆开始盛行。有的豆柄已变细。罐的表面往往有旋纹和泥饼饰。

青铜器的变化比较明显，逐步摆脱了商代厚重典雅的风格，但又开以后轻薄草率之新风，因而具有显明的过渡性特点。炊器中新出现了簠和盨，豆仍然少见。酒器中的觥、爵、斝大为减少，新出现了杯。水器中新出现了匜，往往与盘配套。乐器中新出现了甬钟。鼎腹比前期变浅，开始出现腹耳鼎，底近平，三足作兽足形。簋腹呈长方扁形，带盖簋增多，盖的捉手呈喇叭状，敛口。戈的“援”末作三角形。铜器纹饰中，饕餮纹减少，并且铸于器物的次要部位，如鼎上的饕餮纹很少饰于腹部，多见于三足上。简化的变体夔纹、鸟纹流行，新出现穷曲纹、重环纹等。铜器铭文字体细长，笔道稍有波磔，末尾常有“子子孙孙永宝用”等语。

4. 西周晚期

西周晚期，约从公元前 9 世纪中叶至公元前 7 世纪中叶，即周厉王以后至晋文公称霸以前。以沣东、沣西晚期遗址、沣西第 3、4、5 期墓葬、河南三门峡上村岭虢国墓葬、陕县铜器群、湖北曾国墓为代表。主要特征是：陶器以灰陶为主，红陶极少。纹饰以绳纹为主，也有少量划纹，素面陶增多。陶鬲的足底近平，足根多为柱状。圈足簋被素面平底盆代替。豆柄逐渐变细（图 6）。

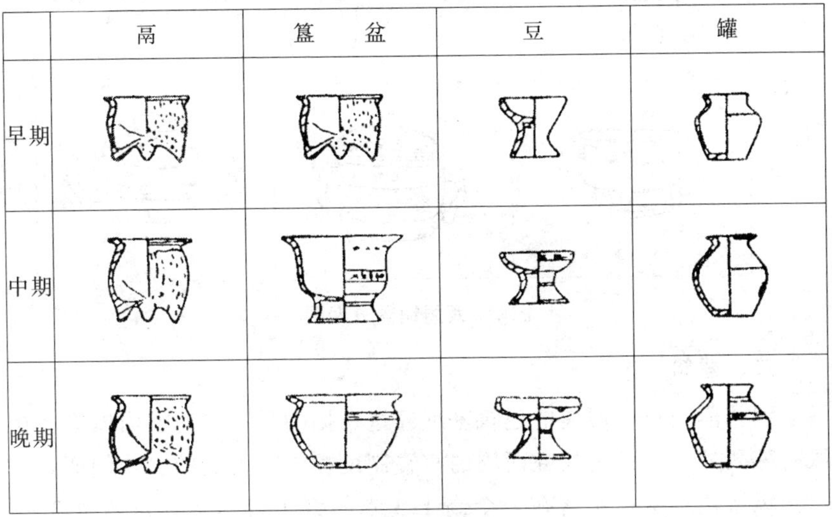

图 6　西周陶器分期图

青铜器的种类，除饮酒器基本绝迹外，炊食器与前期基本相同，新出现了盆。水器中新出现了鉼。乐器中新出现了纽钟与镈。鼎流行大口浅腹，腹耳式多见，腹部纹饰简单，有的只有一道弦纹，鼎足几乎全作中间细、两端粗的半筒状马蹄形。簋几乎都是鼓腹有盖，有的在圈足下另加三个小兽蹄足。戈的“援”部有的变短，“援”末多呈三角形，“胡”部和“内”部加长，多为二穿或三穿。铜器纹饰中，夔纹、鸟纹逐渐绝迹，饕餮纹已变小作为器足上端的装饰，而穷曲纹、重环纹、垂鳞纹、变形夔纹等特别盛行。这些粗枝大叶的几何形图案，一般都不用云雷纹衬底，显得有点潦草。长篇带铭铜器增多，铭文字体不常用肥笔，大半呈上下等粗的柱状，波磔不很明显，行款整齐，末尾仍流行“子子孙孙永宝用”等语（图 7）。

	西周早期	西周中期	西周晚—东周初期
	沣西张家坡 M_{178}	沣东普度村长由墓	上村岭虢国墓 M_{1706}
鼎	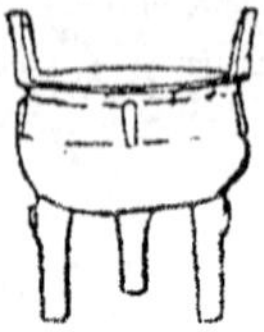	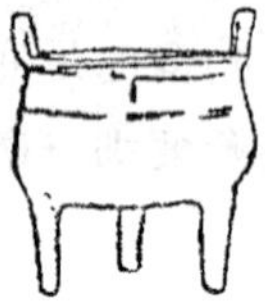	
簋	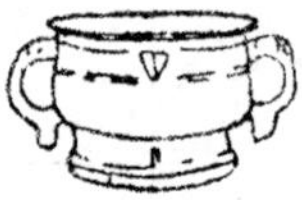		

图 7　西周铜器分期图

二、建筑

到目前为止，西周的建筑基址经过发掘的只有陕西岐山凤雏和扶风召陈两处，从而为研究西周的宫寝制度提供了可贵的实物例证。

凤雏建筑基址座落在一个高 1.3 米的夯土台基上，东西宽 32.5 米，南北长 43.5 米。基址的南部正中是门道，南北长 6 米，东西宽 2.8 米，四角各有一柱础石。东西两旁各有房，面阔 4 间，每间宽 2 米，进深约 4.5 米，房顶可能是两面坡式。门外 4 米处有一道屏风墙，长 4 米，宽 0.4 米，门道后是前庭，面积 19×12 米，东西两边各有两阶，北边三阶。北阶之北是殿堂，面阔6间，每间宽3米，进深6米，房顶跨度9米，殿堂之北为宽1.5米的横廊，横廊之北是两个后庭，各8米见方，两庭之间有宽约3米的过廊。这座建筑有两处排水设施，是用陶水管套接或鹅卵石砌成的：一处由两小院通过长廊、东小院，穿过东厢房的台基通向外面；另一条从东院经东塾台基伸向外面。在西厢南起第二间的一个窖穴内，发现了大量的卜骨和卜甲，共17000多片，其中牛的肩胛骨只有300多片，大部分是龟甲。卜甲上有文字的计190多片，共600多字，成为这座建筑基址的一个重大发现。

扶风召陈遗址是一个大的建筑群，已经清理了15座。这15座建筑，虽然其建筑年代有早晚之别，但其分布有一定规律。例如：F5、F8和F13基本在南北中轴线上；F11、F15在F5和F8之间的东西两侧相对应；F3、F2又分别在F11和F15的两侧，这四座建筑也在一东西直线上。说明这组建筑是经过周密设计和认真规划的。其中，F3保存最完好，台基东西长24米，南北宽15米，室内共有41个柱洞，从柱洞排列的方式看，整个建筑可分为东、中、西三部分，并由两道隔墙分开。这也是一座结构复杂的宫殿建筑。

从凤雏、召陈两处建筑来看，西周时期的建筑方法与商代有着一脉相承的传统，但在建筑技术上比商代又有着明显的进步，主要表现在以下几点：

第一，在墙壁及居住面上使用黄土、白灰、细沙合成的“三合土”，平整而坚硬。

第二，使用建筑用瓦。在凤雏甲组基址发现的瓦比较厚重，背面饰绳纹，并带有起固定作用的瓦针和瓦环，因其数量少，故估计只是在屋脊或天沟部位才用瓦。在召陈建筑群内，发现的瓦不仅数量多，而且形制多样，有板瓦、筒瓦和半瓦当。有的瓦当有“巳”、“丁”、“丁二”、“三”、“四”、“五”、“六”、“七”等陶文，半瓦当也可分为大、中、小三种。一个筒形瓦坯切割成四个板瓦，筒瓦则是把一个筒形瓦坯切割成两部分组成。在瓦的侧面有明显的用绳子切割的痕迹。

第三，使用建筑装饰物，如壁砖、蚌壳等，特别是在召陈发现了用汉白玉做成的建筑装饰品，形状呈菱形，四面磨光，上面刻有雷纹，是镶嵌在墙壁上的。

第四，前堂后室两部分形成了一个整体结构。凤雏的建筑基址以殿堂为中心，合理地安排了庭、房、门、廊、阶、屏等单体建筑，使整个建筑群的布局大体合于周代“前堂后室”的设计，这正是当时宗法制度的需要。

三、墓葬

公元前11世纪周灭商起，至前770年平王东迁止，习称西周。现今发掘的西周墓葬总数已近2000座，主要分布在陕西省西安、扶风、岐山、宝鸡、河南省洛阳、浚县，北京市昌平、房山，甘肃灵台，以及长江下游地区。这些墓葬集中反映了西周时期不同地区、不同年代、不同阶级和阶层在埋葬制度方面的特点。

1. 发现和研究

西周墓葬的大量发现和发掘是从20世纪50年代开始的，在此之前，只在河南浚县辛村和陕西宝鸡斗台墓地做过发掘。后者是最早发现的一处包含有灭商以前的周人墓葬的墓地。50年代以来发现的重要西周墓地有西安附近丰镐遗址中的张家坡墓地、周原遗址中的西周墓、宝鸡茹家庄西周墓、北京的琉璃河燕国墓地和白浮西周墓、以及安徽屯溪西周墓和江苏句容、溧水、金坛等地的西周墓等。与上述重要发现同时，对西周墓葬的研究也有很大的进展。在墓葬分期方面已建立起相当可靠的年代序列。在丧葬礼制方面也开始了深入的探讨，关于用鼎制度的研究就是最显著的实例之一。

2. 分区和特征

西周墓葬可大体划分为2个区域：即中原地区和长江下游地区。两者在墓葬形制和随葬品上都有很大的差别，前者为土坑竖穴墓，随葬陶器、青铜礼器等；后者为土墩墓，随葬有大量的原始瓷器。但中原地区的西周墓葬也有种种差异。在墓葬形制方面，有的是因墓主人地位较高而采用一条或两条墓道的大墓；有的则采用独特的殉葬礼俗，如宝鸡茹家庄強伯墓一椁二室的埋葬方式。在随葬品方面，有些墓葬也各有自已的特色，如昌平白浮西周墓随葬有鹰首剑等北方式兵器，而洛阳庞家沟西周墓则随葬有各种原始瓷器。

3. 墓葬形制

中原地区的西周墓盛行土坑竖穴墓。小型墓有墓室而无墓道。大型墓都有1条或2条墓道，但尚未发现商代王陵那样的有4条墓道的陵墓。在浚县辛村和北京琉璃河都曾发现过有2条墓道的大型土坑竖穴墓。这类墓都有宽大的墓室，墓室的南北两端各有1条墓道，南墓道较长，都是斜坡状的，北墓道略短，也有筑成台阶的。辛村1号墓墓室长10.6米，宽9米，连墓道通长56.9米。墓主大概是诸侯一类的人物。大型墓中级别略低的只有1条墓道，洛阳东郊和宝鸡茹家庄都有发现。洛阳东郊发现的大型墓，墓道作曲尺形，在西周墓中是很少见的，宝鸡茹家庄的两座单墓道的大型墓，根据出土青铜礼器上的铭文，可以确认墓主人是强伯和他的夫人井姬。中小型墓则以墓室的大小以及随葬器物的多寡来区分。不少西周墓在墓底中央都挖1个"腰坑"，坑内埋1条狗。葬具大都为木质棺椁。木椁一般都在墓底架两根枕木，再在枕木上纵铺方木构成椁底，椁室四壁用榫卯结构的方木垒成，其上横铺方木为椁盖，棺木置于椁室之中。大型墓往往有数重棺椁，中型墓多为1棺1椁，小型墓中多有棺无椁，也有少数小型墓不见棺木痕迹。

长江下游地区的土墩墓不挖墓穴，只在平地堆土起坟埋葬。屯溪的土墩墓，系先在平地上用河卵石铺出与墓室相当的范围，其上放置各式随葬器物，然后堆筑封土。句容、金坛、溧水发现的土墩墓，多数不用卵石铺垫，因而也没有明确的墓室范围。有的一墩一墓，有的一墩多墓，墓内都没有发现葬具和尸骨的痕迹。

4. 葬俗

葬式一般为仰身直肢，也有俯身葬，极个别的为屈肢葬。头向不固定。除宝鸡茹家庄的强伯墓外，绝大多数是单人葬。

西周墓葬往往以人殉葬，少者1人，多至7人。殉葬人大都放在二层台上，有的还有葬具。北京琉璃河的大型墓中没有发现殉葬人，而在多座中型墓中则发现有殉葬人。可见是否用人殉葬并不完全取决于墓的大小或墓主人社会地位的高低。在张家坡已发掘的三四百座中、小型墓葬中，发现有殉葬人的约占7%，都是西周早期墓葬，而这里的西周晚期墓中却不见有用人殉葬的现象，这是一个比较明显的变化。

西周墓葬的随葬品主要有陶器、青铜礼器、兵器、车马器、玉石装饰品、原始瓷器和漆器等。大型墓和一部分中型墓的随葬品很丰富，有制作精致的成套青铜礼器，器形有鼎、鬲、甗、簋、盨、觚、爵、觯、尊、卣、壶、盘、匜等。其组合以鼎、簋为核心，用鼎的多寡标志着墓主人社会地位的高下。早期铜礼器在器形和纹饰上同商代晚期没有多大差别，西周晚期酒器类大大减少，食器类数量增加，鼎、簋的器形和纹饰也有较大的变化。长安普渡村发现的穆王时期的墓葬中还发现有3枚一套的编钟。小型墓则多随葬陶器，器形有鬲、罐、簋、尊、壶、豆、盂等。西周早晚期墓葬在随葬陶器的组合与器形上都有较明显的区别。

南方土墩墓中的青铜礼器，往往富有地方特征，如鼎的三足外撇呈尖锥状，器物也往往两两成对。此外，还有一些用途不明的器形，如江苏丹徒烟墩山出土的一对角形器和屯溪出土的一对五柱形器。这一地区的墓中通常随葬较多的原始瓷器，器类、器形变化也较多。中原地区的西周墓中虽也有随葬原始瓷器的，但数量很少，器形也较单一，多为豆形器。出土的玉石装饰品有璧、琮、圭、璋、柄形饰以及鱼、龙、乌、兽等动物雕像，还有玛瑙、琉璃串珠等饰物。在琉璃河等地还出土有西周时代的漆器，但大都朽没，仅存痕迹，可以复原器形的有豆、觚、俎、罍等。

大型墓和一部分中型墓往往附有车马坑，一般是在主墓的附近另行挖坑埋葬车马，少者1车2马，多者可达十多辆车和数十匹马。埋葬的方式有两种：一种是整车埋葬，驭马卧于车辕两侧，另一种是将车子拆卸成零部件散放在坑内，马的排列也不整齐。也有将车拆散放在主墓内，而另行挖坑葬人马匹的。车马坑内多有车马饰物，有的车马坑保存较好，痕迹清楚。因此，可以根据这些资料复原西周时期车马的形制和辔饰。

5. 西周埋葬制度中的用鼎制度

宗法等级关系是西周王朝加强统治的重要内容。为了使君臣父子各就其位，埋葬制度方面有严格的规定，主要表现在使用棺椁、乐器、车马器以及鼎、簋等礼器的数量上。例如在棺椁方面，《仪礼·士丧礼》记载，“天子之棺四重，诸侯再重，大夫一重，士不重”。《庄子·杂篇》中说“天子棺椁七重，诸侯五重，大夫三重，士再重”。表明社会地位不同，使用棺椁的数量是不同的。又如使用乐器的规定，《周礼·小胥》记载：“王宫悬，诸侯轩悬，大夫判悬，士特悬”。在当时没有乐器是不能成礼的。关于车马器的使用，《礼记·杂记》郑玄注：“大夫以上乃有遣车”。说明有车马坑的墓主人的身份至少是大夫一级。用鼎等礼器随葬的规定在文献记载中最为清楚，《公羊传·桓公二年》何休注：“天子九鼎、诸侯七、大夫五、元士三也”。

用鼎制度也称为“列鼎”制度。所谓“列鼎”是指在一个墓葬中发现的一组形制相同，纹饰相同，大小依次递减的鼎的组合。这种用鼎制度萌芽于西周早期。例如甘肃灵台白草坡I号墓用方鼎五、圆鼎三、簋三，合于西周礼制。西周中期，用鼎制度趋于成熟。穆王时的长安普渡镇长由墓出土三鼎配以二簋，这个墓主大概是元士，由于中原地区的元士地位较高，墓中还出土三件编钟，形状相同而大小递减。西周晚期至春秋早期，周鼎制度最为盛行，以上村岭虢国墓为代表，虢太子墓随葬七鼎六簋，与其身份正好相合。

从西周中期开始，改变了以酒器为主要礼器的礼制，用鼎制度成为周礼中埋葬制度的重要组成部分。在初期，用鼎的数量与墓主人的身份是一致的，后来发生了变化，僭越的现象开始出现。随着春秋社会变革的加剧，用鼎制度也遭到了破坏。

四、西周经济与西周甲骨文

1. 农业

周族历来是一个很重视农业生产的民族。《史记·周本纪》就记载了其祖先后稷“好农耕，相地之宜，宜谷者稼穑焉”。武王克商以后，周族空前地扩大了土地，大量地增加了奴隶，农业生产很快发展起来。不过，当时的耕作技术仍然是比较原始的“耦耕”法。农业工具在考古发现中仍以石、骨、蚌器为主，其它还有青铜农具，如鎛、臿等，但数量极少。这说明西周和商代一样，奴隶主怕奴隶损坏工具，因而交给奴隶使用的是比较粗陋的原始工具，青铜工具并没有普遍使用。西周农作物的种类，名称甚多，大致可以分为三类：谷类有黍、稷、粟、禾、谷、粱、麦、稻、秬等；豆类有菽、荏菽、藿等；麻类有麻、苴、紵等，这显然要比商代农作物的种类丰富。西周时期储藏粮食的窖穴，就大小来说，有的直径在4米以上；就结构来说，周壁及底部用木板或席子铺垫。有些窖穴内还残存有碳化了的粮食颗粒，说明当时粮食的储藏量是很大的。渔猎和家畜饲养是西周辅助性的生产活动，在当时的经济生活中占有十分重要的地位。

2. 手工业

铸铜业。西周早期的青铜铸造业直接承袭了商代的铸铜工艺，但以考古发现的铜器的总量来看远远超过了商代晚期，这说明西周早期的青铜铸造业比商代晚期已有了一定程度的发展，不仅铸造礼器、武器，而且有了生活用品的制造。周中期以后，青铜器的风格逐渐草率，但在铸造技术方面的进步却很明显。首先表现在一模翻制数范之方法的发明。例如沣西张家坡青铜窖藏中发现铜器50多件，同类器物往往成组成对，大多数是四个一组，无论在形制、花纹、铭文还是大小上都相同。类似的现象在虢国墓地和其他地区西周中晚期遗址中也都有发现。其次，当时在铸器时已经使用了焊接技术。如虢国墓铜器的壶耳套环，是在壶身铸成后焊接的。这种焊接技术，突出地反映了当时青铜铸造业所达到的水平。

制陶业。西周初年生产陶器已成了专门的行业。例如在沣西张家坡就发现了一处西周晚期的陶器作坊遗址。在制陶技术上，西周早期多采用轮模合制。中、晚期快轮制陶法逐渐普遍起来，使产品数量增多，成品趋向规格化。这一时期原始瓷器的生产在继承商代的基础上也有了一定的发展，据测定，原始瓷器的烧成温度已达1200℃左右，硬度可达莫氏硬标7，吸水性很弱，矿物组成已接近瓷器。

漆器制造业。漆器至少在商代前期就已发明，但由于北方地区不易保存，所以商代的只发现残漆皮，一般还不辨其器形。目前，在我国发现的较早的成形漆器是湖北圻春毛家嘴西周早期遗址中的一件彩色残漆杯。这件漆杯为薄板胎，在黑色或棕色地上绘红彩，颜色鲜艳，花纹精美，说明在西周早期，我国南方的漆器工艺已达到了一定的水平。而我国北方的漆器制造业到西周中晚期时，才逐渐普遍起来。在洛阳中州路第2415号东周初期墓中发现一件竹筐漆盖，器表有一层织物（可能是夹苧），上施红、黑两色彩绘，制作技术似乎比西周早期更进了一步。

蚕丝和纺织业。中国是世界上最早饲养家蚕和织造丝绸的国家。早在新石器时代末期，浙江吴兴钱山漾遗址里就发现了家蚕丝的丝织品。到商代，尤其是商代后期，我国的蚕丝业已达到较高的发展水平，丝织物已有普通的平纹组织、畦纹的平纹组织和文绮三种织法，其中文绮则需要有简单的提花机。另外，还出现了刺绣，花纹作菱形纹和折角波浪纹。西周的纺织业是在商代的基础上发展起来的，现已发现不少纺织品遗物和遗痕。在西周遗址特别是沣西遗址中，发现了大量的陶纺轮和少量的石、骨纺轮，以及骨、角、铜制的锥、针之类的缝纫工具。当时的纺织品种类有棉麻和丝织品两种。值得一提的是，宝鸡茹家庄西周中期墓中发现的有关蚕丝的实物和遗痕，为研究西周丝织和刺绣提供了重要资料。

此外，西周的骨器和玉器制作也都有专门的作坊进行生产。其中制造骨器大体要经过选料、裁材，制成半成品、在砺石上细磨几个工序。玉器是一种珍贵物品，不仅作为服饰和其他佩戴物，而且有的还用作以别尊卑的礼器。

3. 西周甲骨文

以前，人们更多的知道的是商代的甲骨文，对西周甲骨文了解较少。其实，早在1954年就在山西洪洞县发现西周甲骨文，此后在北京昌平白浮西周墓、陕西的丰镐遗址、周原遗址等地都有出土。陕西岐山凤雏出土最多，其中有字者289片。周原地区发现的甲骨，一般认为是灭商前后的，也有人将其划分为文王、武王、康王、昭王、穆王3个时期。其内容可分为两类：一类为与占卜有关的少量卜辞和记事辞；另一类为记占筮时的“筮数”，或可称为卦象。

西周甲骨在文字、卜法和埋藏等方面与商代甲骨有共同性，但也有一定特征：在甲骨整治方面，甲首经过掏挖并留有宽厚的边缘，卜骨则先割去骨臼和胛骨中脊部分而不切臼角；在钻凿形态方面，卜甲灼痕较大，凿内呈焦黑状，牛胛骨则烧灼较轻，正面兆枝相对，使用时以骨臼一方为下；在刻辞方面，一般文字较少而且字体纤小，需放大 5 倍方能辨识。

西周甲骨文记载了不少重要史实。有的记成汤、太甲、文武丁、文武帝乙、周方伯等商周王名；有的记有太保、师氏等官名；也有的记人名，如毕公、箕子等；还有的记方国地名，如蜀、巢、密、楚等和黄河、洛水、镐、帛等。此外，还有即吉、既魄等有关历法材料。这为研究商周关系，周与少数民族的关系，以及西周初期至中期的历史、地理、职官和历法提供了珍贵资料。

西周甲骨的研究尚属开始阶段。关于文字的考释和分期，意见还不一致。

第五节 春 秋

春秋时期是我国奴隶制社会进一步瓦解并逐渐向封建社会过渡的时期。这一时期，奴隶制的生产关系越来越不适应生产力的发展，西周时期盛行的“礼制”也濒于崩溃。特别是在周王室东迁以后，其宗室地位已名存实亡，各诸侯国的力量渐次强大，使这一时期的考古学文化呈现纷繁复杂的景象。

一、春秋文化的分期

春秋文化可以分为前后两个阶段。前一阶段为春秋早期，可与西周晚期归并为一期，是奴隶社会开始走下坡路的时期，因前节已有叙述，本节不再重复。后一阶段是奴隶制开始瓦解，封建制开始兴起的时期，后段又可分为春秋中期和春秋晚期。

春秋中期，从公元前 7 世纪中叶至公元前 6 世纪中叶。以河南洛阳王湾墓、新郑大墓和侯马上马村第 13 号墓及山西长治分水岭墓为代表。主要特征是：陶器以灰陶为主，纹饰有绳纹、暗纹、弦纹等，盛行轮制法，陶质一般比较细腻。最完整的组合为鬲、盆、豆、罐四种，有时缺豆，有时缺盆，有时用盖豆代替盘豆。鬲的口部为短折肩，有颈，平底下有三个小实足，腹饰斜行绳纹，罐的口沿与鬲相同，宽肩，肩和腹上部饰弦纹或划纹；盆的腹部较浅，外鼓，宽平肩；豆盘稍浅，盘部折棱明显，足梢较粗。青铜器制作趋向轻巧，炊食器的器形有鼎、鬲、甗、簋、簠、盆、盘、豆等，新出现的有敦、带盖豆等。酒器有盉、尊、鸟兽尊、舟、罍、壶等，新出现的有缶。水器有盘、匜、壶、盂、瓶等，新出现的有鎛等。乐器中有甬钟、纽钟和鎛，南方地区新出现的有錞于、句鑃等。兵器中盛行戟、剑及戈、矛的附件镈。车马器中新出现盖弓帽。杂器中铜镜少见，新出现的有带钩。鼎分为无盖和有盖的两种：无盖的鼎，鼎耳或立于口沿上，或旁生于口沿下；有盖的鼎均作附耳，深腹并有三个细长的兽足。方座簋也多带盖。戈的援部更短，胡加长。敦腹皆作扁圆体。青铜纹饰流行蟠虺纹。铭文减少，字体长方，行款整齐（图8）。

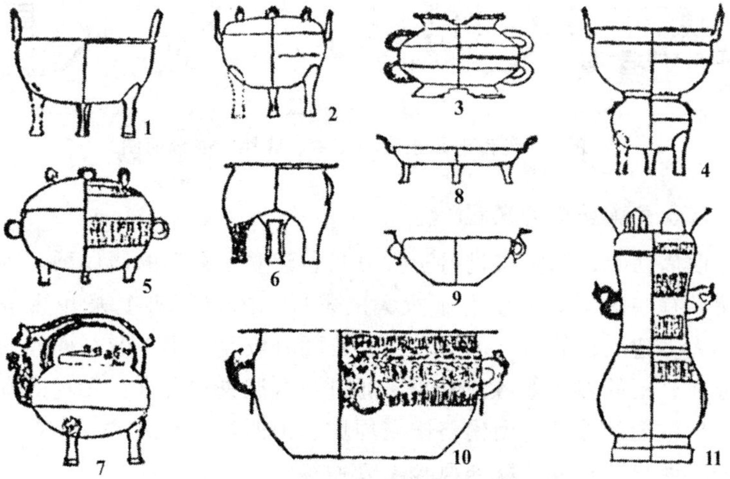

图8　山西长治分水岭春秋中期墓葬铜器

1、2. 鼎　3. 簋　4. 甗　5. 敦　6. 鬲　7. 镳盉
8. 盘　9. 舟　10. 鉴　11. 方壶

春秋晚期，从公元前6世纪中叶至公元前5世纪中叶。以蔡侯墓为代表。主要特征是：陶器盛行轮制，但陶质比较粗糙。基本组合是鼎、盆、豆、罐四种，但往往省去盆，少数以釜代鼎，盖豆多于盘豆。鬲渐趋消失，以釜或盆代替；带盖鼎数量增多；罐的颈部较高；盖豆普遍，盖与豆盘相扣合形成椭圆形（图9）。青铜器中鼎的腹更深，多作圜底，足更为细长；簋的盖纽作莲花瓣状。蟠虺纹仍盛行，带铭铜器更少，铭文字体纤细。这个时期的青铜器向战国时期过渡的特点比较清楚（图10）。

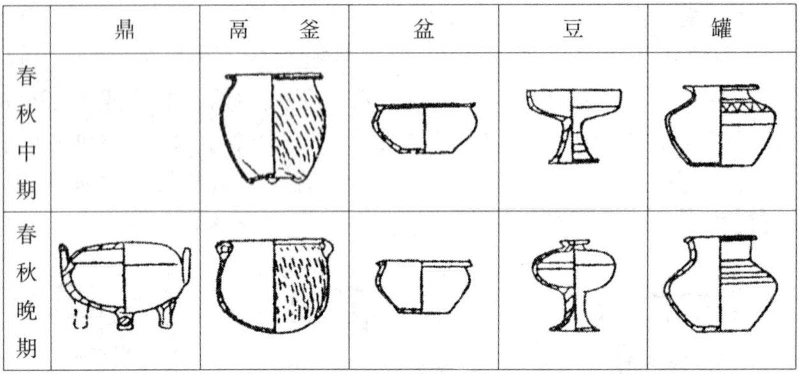

图9 河南洛阳王湾春秋中、晚期陶器分期图

二、列国城市的兴起

西周初年，周室曾进行了大分封，建立了众多的诸侯国。到春秋时期，有些国家的力量有了很大的发展，随着军事上兼并战争的频繁，大多建立了防御性的城市。并且随着农业、手工业、商业的进一步分离，新的城市在各地勃兴。通过考古调查和发掘，发现的春秋时期比较重要的城址有河南洛阳东周城、山西侯马晋故城、山东临淄齐故城、曲阜鲁故城、陕西凤翔秦雍城等。

1. 洛阳东周城

洛阳东周城位于洛、涧西河的交汇处，史称王城。其兴建的年代不晚于东周初年，西汉以后逐渐荒废。城址平面略呈正方形。城墙用版筑法夯筑而成，质地坚硬，一般宽约10米。北墙在涧河东岸，全

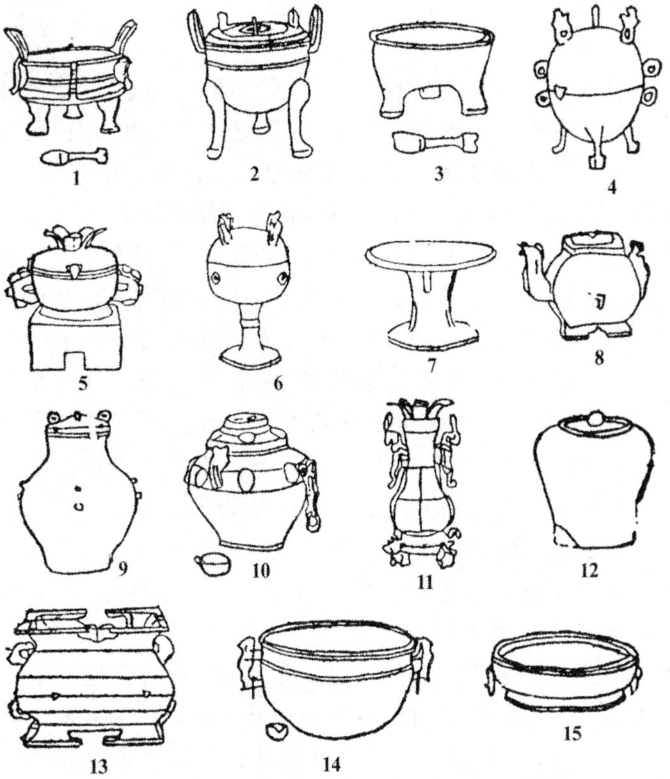

图 10 安徽省寿县蔡侯墓春秋晚期铜器

1. 升鼎附匕 2. 鼎 3. 鬲附匕 4. 敦 5. 簋 6. 豆 7. 笾 8. 镳盉 9. 缶 10. 盥缶附瓢 11. 方壶 12. 镈于 13. 簠 14. 鉴附瓢 15. 盘

长 2890 米；西墙北部在涧河东岸，南墙在涧河西岸，南北两端相距约 3200 米；南墙和东墙各残长约 1000 米。北墙外还发现深 5 米的护城壕沟。

在城址北部发现制陶、制骨、制石和铸铜作坊遗存，其中制陶遗迹面积最大，发现有陶窑、水井、灰坑、房址和大量制陶工具等。在城址南部发现两处大型夯土建筑基址，北面的一处东西长 344 米，南北宽 182 米，四周有围墙，里面有长方形建筑基址，附近有大量板瓦、筒瓦和瓦当等，似为宫殿建筑区。另外，在城内还发现有墓葬、居民住址和排水设施等。

2. 侯马晋故城

侯马晋故城位于山西省侯马市区西北部，年代在公元前 585～前 416 年。该城由白店、台神、牛村、平望、呈王和马庄 6 座城址组成，其中前 4 座古城连成一片，其东为呈王古城，东北为马庄古城。其中以白店古城的时代最早。牛村古城的面积最大，约 1100×l650 米。城址的平面均呈长方形或略呈长方形。在牛村和平望两城内发现有建筑台基，可能是宫殿区，在这些城垣的南面有大面积的铸鼎、制陶、制骨作坊遗址和面积达 50 万平方米的两周墓地，东南有大面积的盟誓遗址。侯马盟誓遗址的面积约 3800 平方米，分“埋书区”和“埋牲区”两部分，埋书区集中在西北部。在盟誓遗址共发现坎（埋牲的小坑）400 余个，大坎埋牛、马、羊，小坎埋羊或盟书。盟书是用毛笔将盟辞书写在玉石片上，字迹一般为朱红色，少数为黑色。字体近于春秋晚期的铜器铭文。在侯马盟誓遗址已出土盟书 5000 余件，其中形体基本完整、字迹较清楚的有 650 件，每件最少 10 余字，最多达 200 余字。按盟书的内容可将其分为 5 类：①宗盟类，计 514 件，盟辞强调“事宗祀”和“守清庙”。其中心内容是每个与盟人都要诚心效忠盟主，一致诛讨已被驱逐在外的敌对势力并不准其重返晋地。②委质类，计 75 篇。这是主盟人对敌对势力采取分化政策，使之自愿送人质于新的主君后所立的誓约。其中心内容是与盟人表示愿意和旧君主断绝关系，不同逃亡出国的旧势力勾结，制止其重返晋国的活动。③纳室类，计 58 篇。内容为禁止纳室，即与盟人在盟誓后不再扩充奴隶、土地、财产等，同时也反对声讨宗族中其他人的纳室行为，否则甘愿受诛灭制裁。④诅咒类，共 13 件，墨书，是对某些罪行加以遣责的诅咒文。⑤卜筮类，共 3 件，墨书，不属正式盟书，而是举行盟誓祭祀“卜牲”时使用龟卜和筮占文辞的记载。总之，侯马盟书的发现对研究中国古代盟誓制度、古文字以及晋国历史有重大意义。

3. 临淄齐故城

故城位于山东省临淄县城周围。该城建于淄河西岸，由大、小两城组成。小城是宫城，位于大城西南，部分嵌入大城西南角的高地上，东西长 1.4 公里，南北长 2.2 公里左右，平面略呈长方形。城墙墙基一般宽 20～30 多米。有南门 2 和东、西、北门各 1，门道宽 8.2～20.5 米，城门外口两侧土墙往往凸出，已具有后代瓮城雏形。城墙外有宽 13～25 米的城壕，西壕北端与泥河源头相接。大城是官吏和平民百姓的居住、活动区，东西约 4 公里，南北约 4.5 公里，平面亦略呈长方形，东墙沿淄河而建，故曲折不整齐。南、北墙外有宽 25～30 米、深 3 米以上的城壕，东西墙外则借淄河和泥河为壕。已探出东、西门各 1，南、北门各 2，估计还有东门 2，已被淄河冲毁。城内有全城性的排水系统，在大城西北隅城墙处，有用大石块垒砌出的涵洞。另外，在小城内探出 3 条街道，大城内探出 7 条，皆与城门相接。总之，通过对齐故城的钻探和发掘，取得了丰硕的资料，这是目前研究齐国历史不可缺少的考古资料。

春秋时期都城的突出特点是：都有城墙包围，官署、手工业区、手工业作坊相对集中且相互间界限比较分明，全城一般由宫城和郭城两部分组成，对都城的设防控制也加强了。春秋时期的都城为后代的密封式城市规划奠定了基础。

三、墓葬

春秋时期大小墓葬已发掘的不下千座，主要集中在列国都城和其他重要城市的附近，这些墓葬反映了春秋时期各地丧葬礼俗的特点及其变化情况，也为研究当时经济文化的发展和社会变革提供了丰富的实物资料。这里只列举寿县蔡侯墓和莒国春秋墓这两个较大的墓作为典型例子。

蔡侯墓为近长方形的土坑竖穴墓，南北长 8.45 米，东西宽 7.1 米，深 3.35 米。坑底有棺椁痕迹，骨骸已朽，东南角殉葬 1 人。墓中出土随葬品 584 件，其中青铜器 486 件。北端放乐器和礼器，其他三面放车马器和兵器。西侧有一长 4.2 米、宽 2 米的长方形漆器，漆器南部有两组玉饰。此外，还随葬金叶、骨器和少数吴国器。墓中大量青铜器是春秋晚期的标准器，可以作为铜器断代的标尺。同时，所出铜器铭文记述了蔡与吴、楚的关系，为研究蔡国的历史和物质文化提供了重要资料。

1971 年。在山东沂水刘家店子发现了两座春秋墓葬和一座附属的车马坑，其中一号墓南北长 12.8 米，东西宽 8 米。残深 3.6 米，有两椁一棺，位于墓室底部中央。棺室的南北两面各有一木构器物库，椁室和器物库的外壁均涂有青灰色膏泥。墓中共殉人 40 左右，除一人有棺有随葬品外，其他殉葬人分三层放置，无固定葬式。随葬品有铜器、陶器、玉石器、金器等共 470 多件。各类随葬品都有固定的放置位置：棺内墓主人佩带玉石装饰品；棺椁间有铜戈、金剑柄和桥形金饰；南器物库的随葬品分三层放置，有青铜礼器、陶器和嵌金漆勺；北器物库主要放置乐器、兵器及部分礼器、杂器等。这座春秋中期的墓的墓主人是莒国的国君。

春秋时期的中小墓发现更多，特点明显，但所有墓葬有两点值得注意：一是地域性特征突出；二是墓葬中反映出的礼制被进一步破坏。

四、社会经济的新发展

春秋时期，冶铁术产生了，这种新技术的出现，促进了包括青铜冶铸在内的社会经济的发展。在商品经济发展的基础上，出现了金属铸币，它同样对商品经济的发展起了推动作用。春秋时期社会经济的发展不只表现在京畿地区，而且在列国范围内都有不同的反映。

1. 铁器的发明及其意义

现在根据确切的考古资料证明，至少在春秋时期冶铁术在我国就已开始出现。而在此之前（约公元前 14 世纪前后）的商代居民就已经接触了金属铁，并且把铁加热锻打后制成器件而加以利用。这方面的资料有：在河北藁城县台西村的一座商代墓葬中发现的一件随葬的铁刃铜钺，经过化学分析和金相学考察，这件钺的刃部是陨铁；在北京平谷县刘家河的一座早商墓中，也发现了一件铁刃铜钺，经 X 射线鉴定，其刃部也是陨铁。以上这两件兵器刃部的铁全是自然铁，并非人工冶铁，但是这说明了当时的人们已经发现了铁这种金属，对其硬度高于青铜的性能有了认识，并经过锻打，用于兵器中的要害部位。另外，在山西灵石的一座殷代墓葬中发现了一件铜钺，通体有铁锈，经化验，刃部的含铁量达 8.02%，这可能是由于熔炉的温度已达到将伴生的铁矿冶炼出来，并铸造成器。这说明当时的人们不仅认识了铁的性能，而且还初步具备了冶铁所必需的温度条件。这些都为冶铁术的发明打下了基础。

春秋时期，中国古代先民已经掌握了冶铁技术并已使用铁器。考古发现的人工冶炼铁器的资料有：陕西雍城秦公1号墓内的三件铁器，时代属春秋时期；甘肃灵台县梁源景庄公1号墓内出土的一件铜柄铁剑，时代属春秋早期；江苏六合程桥两座春秋晚期的墓葬内，都出有铁器，其中 M1 发现一件残铁块，M2 发现一件残铁条；河南淅川下寺楚墓出土一件玉茎铁匕首，时代属春秋晚期；湖南长沙龙洞坡春秋晚期的一座墓内，出土一件铁匕首（铁削）；长沙识字岭 M314 出土了一件铁臿，时代也属春秋时期；常德县德山镇的春秋晚期墓 M12 发现了残铁锛；长沙杨家山 M65 出土属于春秋晚期的铸铁鼎形器和铁削各一件。这些铁器都作为随葬品出于墓葬，可见当时铁器在日常生活中已比较常见。

从以上资料可以看出，早期铁器的发现地除中原地区外，主要是在长江流域的楚国，因此有人指出，中国最早冶炼和使用铁器的地区很可能是在楚国。铁器刚出现时，器形比较简单，主要有铁条、铁削、铁臿、铁锛等，虽然大半是农业生产工具，但实际用于农业生产的还没有占主要地位，只是到了战国时期以后，铁器才真正成了主要的农业生产工具而被广泛使用。

铁器的发明在人类历史上有着重要的意义。正如恩格斯在《家庭、私有制和国家的起源》里所说的："铁已在为人类服务，它是在历史上起过革命作用的各种原料中最后和最重要的一种原料"。铁器用于农业生产，可以更大面积地开垦土地，扩大耕地面积；铁器用于手工业方面，不仅促进、提高生产效率，也有助于工艺的改进；铁器用作武器，更利于提高战斗力。特别是在春秋时代的社会变革过程中，铁器作为一种新的生产力的代表，其作用是极其巨大的。

根据金相鉴定，目前所发现的春秋时期铁器的冶炼方法主要是块炼法，即把铁矿石放在高温下进行碳化，在凝为固态时经锻打提纯后，再打制成所需要的器形。从世界范围的发现来看，用块炼法冶铁是早期阶段普遍使用的方法。在属于春秋、战国之际的铁器中，已经有生铁制品（即铸铁）。这在冶铁史上是一个非常关键的改进。因为以生铁为原料，可以直接铸造器件，广泛用于各生产领域，能有效地提高劳动生产率。同时，用炼炉冶炼，使大量生产和铸造较为复杂的器形成为可能。西方的古罗马直到公元初年前后才出现生铁，比我国春秋时期使用生铁的时间要晚500～600年。

2. *矿冶遗址和铸铜工艺*

商周时期是我国青铜冶炼业发生和高度发展的时期。春秋时期的青铜器以器形大、制作精、种类复杂为特点，青铜手工业几乎涉及社会生活的各个方面，在人们的生活中处于重要地位。这时期的青铜工艺技术有了新的突破。湖北大冶铜绿山古矿冶遗址和山西侯马铸铜遗址的发现，使我们对这一时期的采矿、冶铜和青铜铸造业及其分工等，有了一个比较全面的认识。

（1）铜绿山矿冶遗址。铜绿山矿冶遗址发现于湖北大冶县西约3公里处，南北长2公里，东西宽1公里，在其附近还有冶炼遗址，表面覆盖有大片矿渣。遗址的矿井由竖井和巷井（平巷）组成。以方形的木框架作为井巷支护，已能承受巷外的压力，保证竖井和平巷的畅通，使矿工能从距地表40～50米深的矿井中掘取矿石。井巷框架大多用榫卯法连接，即在四根方木或圆木的两端砍凿出长榫或榫孔，然后将它们相互穿接而成。框架之间用木棍、木板或竹索连接，形成一个整体。排水是通过木制水槽把地下水引到储水坑（井）内，或利用专门的排水巷道，用木桶将水经由竖井提升到地面。通风是利用坑口的高低不同产生的气压差而形成的自然风。矿石和地下水的提取，在春秋时期依靠人力，战国及两汉利用辘轳。总之，这一遗址的发掘给我们提供了古矿井开采、冶炼的考古材料，填补了我国冶金史研究的空白。

（2）侯马铸铜遗址及其青铜工艺。侯马铸铜遗址位于侯马晋城遗址牛村古城之南。面积约20万平方米，已发掘5000余平方米。它的发现，为研究商周时期青铜器的冶炼和铸造提供了宝贵的实物资料。

遗址中发现大量陶范，大小整残总计三万多块，其中有花纹的约一万块，还发现建筑基址、窖穴、水井、道路以及熔铜炉、烘范窑、坩锅、铜锭、铅锭等遗存。从能辨别器形的陶范中，可知当时铸造的器形有青铜礼器、兵器、车马器、日用装饰品和货币等，种类达二十几种。陶范的制作出现了母范只做1/2或1/3，通过数次翻范而得到完整的模范，而且使陶范在浇铸铜液时能经受住铜液的压力和凝固时的收缩力，说明这时的铸铜工艺达到了较高的水平。通过对所出青铜器的观察，可知当时已掌握了锡焊、铜焊、铅锡合金焊等焊接技术。大约在春秋中期以后，还出现了青铜器表面嵌入红铜片和金银丝的“错铜”和“错金银”工艺，鎏金技术以及在器表刻划花纹的工艺也已兴起。

3. 金属货币的产生

中国是世界上最早使用货币的国家之一。根据古代文献记载和出土文物考证，中国货币的起源至少已有3000多年的历史。货币是商品经济的产物。货币发展的原始阶段是实物货币，如海贝、布帛等，但是随着社会生产力的进步，人类第二次社会大分工—手工业脱离农业后，真正完全的商品生产出现时，金属货币逐渐取代了实物货币。在中国商代除了海贝外，仿制自然贝的铜贝出现了，这标志着中国货币开始由实物货币进入到金属货币阶段。

在殷商的妇好墓发现随葬贝6800枚，苏埠屯1号墓随葬贝3700多枚。这些海贝除少数用作装饰品外，大多数是作为货币随葬的。铜贝在商墓中也有发现。例如安阳大司空村M14发现铜贝1枚，M34发现2枚，殷墟西区M620发现2枚。西周、春秋时期，铜贝在墓葬中发现的数量已很多，例如侯马上马墓地M13内随葬铜贝1600多枚。春秋时期的金属铸贝有很大发展，以适应列国经济发展的需要。在春秋晚期的侯马晋国古城铸铜作坊中，出现了大量空首布内范和12件完整的空首布，在河南汲县山彪镇的春秋墓葬中也出土了674件空首布。空首布是仿照生产工具鎛的样式铸造的，是目前已知中国最早的铸币。春秋晚期的空首布有大小两种：大者通长12～13厘米，肩宽4.8厘米，重30.7～33.8克；小者通长11.7厘米，重14.7克。

空首布一般尖角尖足，其中不少有文字符号。春秋时期空首布的发现是研究货币史和社会经济的重要资料。

第六节　商周时期边远地区的青铜文化

一、江南地区的吴城文化

吴城文化分布于江西北部，最初发现于清江吴城，其时代基本和中原地区的商文化相当。在吴城文化遗址中发现了青铜刀、斨、凿、斝以及斧、镞范，说明它是一种青铜文化。吴城文化的面貌有其自身的特点。在生产工具上，马鞍形陶刀最具特色；在铸铜业方面，用石范铸造是其主要特点，已发现了斨、凿、斧、刀、镞的石范，这是中国范铸工艺中的另一形式。在吴城文化的陶器和石范上，还发现了文字和刻划符号，确认其早于殷墟但大都不能识读。吴城文化所代表的族属，有人认为属于越族，也有人认为属古代三苗。

二、北方草原地区的青铜文化

东北、内蒙古和河北北部等北方草原地区，现经发掘并确认的青铜文化有夏家店下层文化、西团山文化和夏家店上层文化。

1. 夏家店下层文化

夏家店下层文化首先发现于内蒙古赤峰夏家店下层，是中国北方地区时代较早的青铜文化。它晚于红山文化，在燕山以北为青铜时代晚期的夏家店上层文化所代替，其下限不晚于西周。在这类文化遗址中，发现了青铜屑、小刀、镞、耳环、牌以及陶范碎片。

夏家店下层文化的陶器特点鲜明，实用陶器以青灰色为主，多饰绳纹，还有篦点纹、圆圈纹等各种压印纹饰。随葬陶器胎呈橙红色，表面黑色，磨光，器表以红、白两种颜色勾画花纹。纹样多是与青铜纹饰相近的云纹和雷纹，显示出它与商周青铜器图案有着密切的联系。陶器种类有盂、鬲、甗、盆、钵、罐、鼎、盘、簋、豆、鬶、爵等。其中鬲有两种形式，即鼓腹鬲和直筒鬲，后者则带有明显的地方特色（图11）。

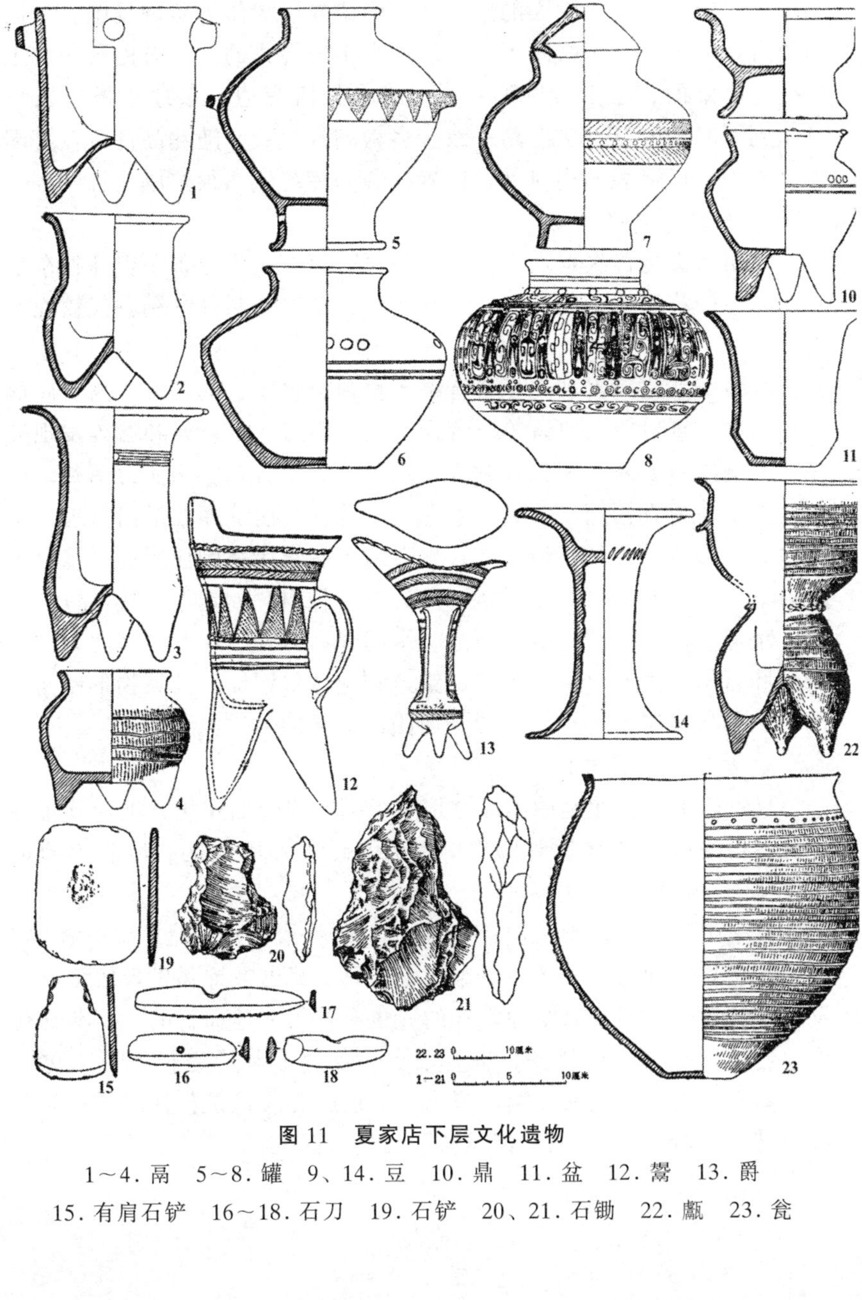

图 11　夏家店下层文化遗物

1～4. 鬲　5～8. 罐　9、14. 豆　10. 鼎　11. 盆　12. 鬶　13. 爵

15. 有肩石铲　16～18. 石刀　19. 石铲　20、21. 石锄　22. 甗　23. 瓮

夏家店下层文化较大的聚落常有围墙或壕沟作为防御设施。围墙内的房址数十座至百余座不等。房址有半地穴式的，也有用石块或土坯垒砌墙壁的，平面近圆形。墓葬都在聚落旁边，墓地规模大小不一。同一时期的墓，头向均一致，多为侧身直肢，随葬品都放在脚端的壁龛中。以上表明当时保持氏族社会的传统依然很浓厚。

2. 西团山文化

西团山文化首次发现于吉林市郊西团山，文化分布在吉林省东南部辽河与松花江上游的长春、吉林地区，是中国北方青铜时代较晚期文化。

西团山文化陶器种类主要有罐、长颈圆腹壶、单孔甑、鬲、筒形或杯形鼎、直口或敛口钵等。青铜工具如小刀、锥、斧和凿等发现较多，青铜武器如矛、短剑和镞等发现较少。矛有直刃和曲刃两种，后者接近于曲刃青铜短剑，具有东北地方特色。居址多在沿河高地，房屋多为方形或长方形半地穴式，也有用天然石块垒砌住屋的。墓葬大多为单人葬，有较浅的长方形土坑，多用石棺做葬具，随葬品多为钵、罐等一两件陶器，极少用鼎、鬲随葬。另外，在吉林江北土城子遗址和石棺墓发现过扇状铜斧、铜刀和连珠状铜饰，其器物形制与西团山的相似又有所不同，可能是西团山文化的另一类型。

3. 夏家店上层文化

夏家店上层文化是中国北方地区青铜时代晚期文化，主要分布在内蒙古自治区的昭乌达盟、哲里木盟及辽宁朝阳地区、河北承德地区。

夏家店上层文化常见的陶器有鼎、鬲、鬶、豆、罐、盆、钵等。青铜器中炊器和容器发现较少，青铜工具、武器及饰物发现较多。还发现青铜铸范。居址有半地穴式的，也有构筑在地面上的。墓葬都在聚落近旁，有的排列整齐，也有散葬。墓葬形制均为长方形土坑竖穴，葬具有石棺，也有木棺。夏家店上层文化应该是包括了“东胡”、“山戎”、“肃慎”在内的“诸戎狄”文化（图 12）。

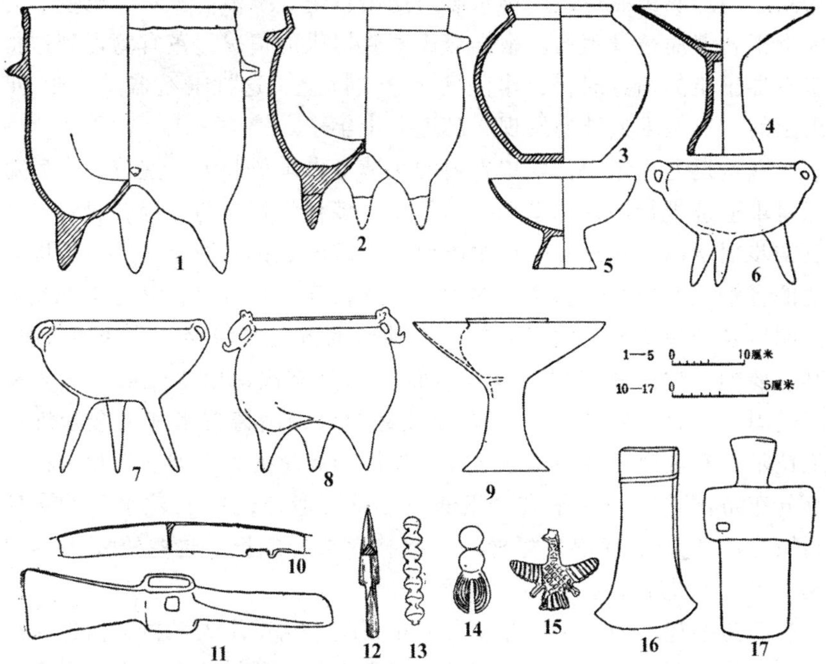

图12　夏家店上层文化遗物

1、2、8. 鬲　3. 罐　4、5. 豆　6、7. 鼎　9. 豆形器　10. 铜刀　11. 铜镐　12. 骨镞　13. 联珠形铜饰　14. 双尾形铜饰　15. 鸟形铜饰　16、17. 铜斧

三、西南地区的巴蜀文化

巴蜀文化是中国西南地区古代巴、蜀两族先民留下的物质文化。主要分布在四川境内。时代大约从商代后期至战国晚期。蜀族的活动范围以成都为中心，巴族的活动范围在四川盆地东部。大约从殷代开始，巴、蜀进入青铜时代。巴、蜀出土的青铜器器形、纹饰深受殷商作风的影响，反映了巴蜀和殷商文化的密切关系。同时，巴蜀青铜器无论从器形、冶炼技术、纹样网格等都具有浓厚的地方特点。这一时期正式发掘的遗址和墓葬较少，其中最重要和最有影响的是近几年发掘的广汉三星堆遗址。

三星堆遗址是1931年英国牧师董宜笃（V.H.Donnithorne）在广

汉获悉当地农民燕道诚因车水溉田挖出石壁、玉璋、玉琮、玉璧等一大批玉石器而被发现的。根据燕氏家族提供的情况，董宜笃得到这批玉石器出土的消息时，已事隔两年，实际上，这批玉石器是 1929 年出土的。三星堆遗址的发现，已近七十年了。

在这近七十年中，四川省内的文博考古单位和大专院校，先后对三星堆遗址进行调查和发掘，并开展了多种学科参与的综合研究，现已初步揭示出：在夏商时代中国西南地区的成都平原上有一个高度发达的青铜文明中心，这个文明中心有其自身文化特点，又与中原夏商文明以及中原夏商文明以外的其它地区的方国文明存在着密切联系。其主要的文化内涵表现在以下方面：1. 具有政治中心性质，其规模超过周围相邻的城址；2. 有高度发达的青铜冶铸技术和黄金冶炼加工技术；有规模可观的玉石器加工作坊和高超的玉石器加工技术；3. 有分布范围达 3 至 4 平方公里的夯土城墙遗址；4. 自然水系的合理利用与治理；5. 有较为完善的宗教礼仪祭祀制度。这些重要内容构成了三星堆遗址的主要文化内函。

三星堆遗址的文化遗存主要分布在鸭子河南岸大堰村至西外乡高涧村一线临河的高台地上，在马牧河南岸的三星村一带的高台地上也有较为集中、丰富的文化堆积。遗址的分布中心是真武村及三星村。

1. *考古发掘*

三星堆遗址发现后，于 1934 年华西大学葛维汉、林名均等在三星堆遗址首次拉开了考古发掘的序幕；1963 年四川省博物馆和四川大学联合对三星堆遗址进行了发掘工作；1980 年以来，四川省博物馆、四川省文物管理委员会、四川省文物考古研究所、四川大学历史系与广汉市文化部门合作，又对三星堆遗址进行了十余次的试掘和发掘工作，前后共揭露文化遗存约 4000 余平方米，试掘城墙夯土 1000 余平方米。比较重要的有 1980 年到 1986 年三星堆Ⅰ、Ⅱ、Ⅲ区的发掘；1986 年三星堆Ⅱ区两个祭祀坑的发掘；1988 年到 1989 年东城墙的发掘；1991 年到 1992 年西城墙的发掘；1995 年南城墙的发掘；1997 年 11 月到 1998 年 5 月仁胜村土坑墓的发掘等。

现已基本查明，三星堆遗址包含着两种文化面貌不尽相同、且又有前后承继关系的遗存：一种是三星堆早期遗存，或称三星堆遗址一期文化，其相对年代大约在中原地区的龙山时代，在四川盆地内有广泛的分布；另一种是三星堆晚期遗存，即三星堆二至四期文化，或叫三星堆遗址上层文化，其相对年代大致在夏至商末周初或更晚，除在盆地内以成都平原为中心的地区有较为广泛的分布外，在川北的嘉陵江、川西南的青衣江、大渡河流域也有分布。另外，在三峡地区的商周遗存中也见较为强烈的三星堆文化因素。在陕南汉中地区、鄂西地区，也受到三星堆文化的影响。

2. 三星堆文化的一般特征

(1) 三星堆早期遗存。

三星堆遗址早期遗存的一般特征可以概括为如下几个方面。

①陶器。主要为泥质灰陶和夹砂褐陶两大类。灰陶中以泥质青灰陶和灰白陶为最多。褐陶中有表面磨光的黑皮陶；有内黑外褐、或内褐外黑的黑衣陶。另外，还有一定数量的橙黄陶。器形主要有锯齿形口沿罐、花边形口沿罐、喇叭口大翻领罐、敞口镂孔圈足豆等器形。其中不乏有制作精美、表面磨光的礼仪用器。陶器制法多手制，但轮制亦占有一定比例。多平底器和圈足器。有的平底器的底较厚，似假圈足。纹饰有细如粗线的绳纹、篮纹、重叠绳纹、网格纹、米粒纹、缕孔、细弦纹、齿纹等。

②石玉器。石器是主要的生产工具，以斧、锛、凿为主，器形较小，加工较精致。反映了这一时期已经脱离了粗放的农业阶段，出现了较高级的农业经济，农业的高度发展为生产工具的精细加工提出了技术要求，同时，也为后来生产精美的玉石礼仪用器准备了条件。

这一时期已经出现了玉璧、玉环、玉圭等小型的玉石礼仪用器。仁胜砖厂工地墓葬中出土有玉牙璧、玉锥形器、玉矛、猫眼石球等。

③房屋建筑。在地面挖沟槽，筑木骨泥墙，两壁抹草拌泥，并经火烧烤。

④宗教意识。在房屋基址出现奠基坑，以青壮年或儿童作为奠基用的人牲；在胜仁砖厂工地发现坑位方向一致的墓葬 22 个，有的坑内埋入骨架仰身直肢，有的人骨架身躯不全，似经肢解。有的坑内埋

有经肢解的动物牺牲，坑壁及坑底经反复夯砸或拍打，坑内的人的躯体和动物牺牲似也经过夯砸或拍打，这是一种特殊的掩埋方式，其性质有待进一步研究。

⑤城的出现。在成都平原与三星堆早期遗存同时期的其它遗存中，已普遍出现了夯土城墙。这些古城遗址群中的城邑没有一个形成了象三星堆古城这样的中心都邑，只有三星堆早期遗存发展成了蜀国的中心都邑，最后创造出璀灿夺目的三星堆晚期青铜文明。

（2）三星堆晚期遗存。

①陶器。可以分为三期：

早期陶器以夹砂褐陶为主，并有一定数量的泥质灰陶和泥质橙黄陶。器形主要有小平底罐、高柄豆、圈足豆、平底盘、圈足盘、鸟头柄器、缸、瓮、器盖、纺轮等。素面陶较少，且有一定数量的磨光黑皮陶。纹饰主要有绳纹、附加堆纹、云雷纹等。时代相当于二里头至二里岗下层时期。

中期陶器仍以夹砂陶为主，有灰褐和黑灰两色。此外，还有少量的泥质灰陶和泥质红褐陶。器形除第二期常见的器形外，新出现有尊形器、觚形器等。在本期稍晚还出现尖底盏和器座。本期小平底罐由早期的圆弧肩变为圆折肩，由薄卷唇变为尖圆唇，腹变浅，呈钵形；高柄豆由直柱柄变为竹节柄或线绽状柄，出现实足尖。素面陶比早期增多。绳纹主要有粗绳纹、凹弦纹、附加堆纹、网格纹、镂孔、云雷纹等。时代相当于二里岗上层一、二期（郑州白家庄期）至殷墟早期（殷墟一、二期）。

晚期陶器以夹砂褐陶为主，泥质灰陶比例大增，还有少量的夹砂红褐陶和夹砂黑褐陶。中期常见的器类基本沿用，但器形变化较大。小平底罐几乎全演变成小平底钵，另有向尖底杯演进的。陶器多素面，纹饰以粗绳纹和凹弦纹为主。粗绳纹表面多经抹平，凹弦纹多施用于器物的颈、肩上。另外，还有附加堆纹、网纹、镂孔、云雷纹等。年代相当于殷墟晚期（殷墟三、四期）至西周早期。

②玉石器。此时玉石礼器大量出现，许多斧、锛、凿等工具也不是实用器，而是礼仪性的工具，工具的礼仪化是三星堆晚期遗存的重

要特征。比较集中发现的是1929年的玉石器坑和1986年一、二号祭祀坑中出土的玉石器，以及1984年、1987年真武仓包包出土的玉石器。

这一时期玉石器的特点，一是器物的体形大小兼备，如玉璋大的长达150厘米以上，小的仅长3厘米左右。石璧大的直径达70厘米左右，小的也仅3厘米。二是以工艺精良见长，如玉璧、玉瑗的好、孔两面多数都有十分精确的凸起的周边，在肉的两面碾琢出若干重凸起的同心圆，其凸线极为准确、圆润。玉璋、玉戈长达七、八十厘米，硬度在6度左右，但两侧边刃极薄，刃线准确、流畅。有的玉石器其上或镂或镂或刻出十分精细而生动的纹饰图案，并见有用碱性植物汁液作腐蚀剂描绘在玉石器上，将花纹图案浸染而成的。三是玉石料的材质种类广泛。经过岩矿型鉴定，除有软玉、碧玉、琥珀、玛瑙外，还有阳起石蛇纹石岩、阳起石角岩、阳起石透闪石岩、蚀变白云大理岩、白云质板岩、硅技板岩、蚀变灰绿岩、蚀变基性岩、陂嵝石岩、片麻岩、安山玢岩、石英片岩、角砾岩、石灰岩、灰长岩等数十种岩矿种类。

③青铜器和黄金器。

在三星堆遗址两个大祭祀坑中出土了青铜器三、四百件。一号坑出土的种类有人头像、人面像、人面具、跪坐人像、龙形饰、龙柱形器、虎形器、戈、瑗、戚形方孔璧、龙虎尊、羊尊、瓿、器盖、盘等。

二号坑出土的青铜器有大型青铜立人像、跪坐人像、人头像、人面具、兽面具、兽面、神坛、神树、太阳形器、眼形器、眼泡、铜铃、铜挂饰、铜戈、铜戚形方孔璧、鸟、蛇、鸡、怪兽、水牛头、鹿、鲶鱼以及尊等器物种类。

两个坑出土的青铜器中，除青铜容器具有中原殷商文化和长江中游地区的青铜文化风格外，其余的器物种类和造型都具有极为强烈的本地特征，这些青铜器的出土首次向世人展示商代中晚期蜀国青铜文明丰富多彩的文化面貌。

一、二号祭祀坑大量精美的青铜器的存在，说明这时期三星堆遗址处于繁荣鼎盛时期。而三星堆青铜器的出现，可以上溯到商代早期甚至夏代。1976年在三星堆遗址北面高骈乡发现的土坑中，出土了一件近似二里头文化的铜牌饰。1987年在真武仓包包出土的祭祀坑中，又出土铜牌饰两件。铜牌是二里头文化中特有的铜器，在商文化中已不曾见到。有学者推测三星堆出土的铜牌饰的年代相当于二里头晚期到商代早期，这说明三星堆青铜文明的生产可上溯到商代早期或夏代是不成问题的了。

三星堆遗址的黄金器是商文化遗址中最丰富的。一是种类多，有金杖、金面罩、金箔虎形饰、金箔鱼形饰、金箔璋形饰、金箔带饰、金料块等。二是形体大，其中一号祭祀坑出土的一柄金杖，用纯金皮捶打而成，长142厘米，重400多克，其上用双勾手法雕刻出鱼、鸟、神人头像和箭等图案。一、二号坑均出土有金面罩。二号坑出土的铜头像上有的贴有金面罩，构成金面铜头像。可以推测，出土的金面罩原来都是粘贴在铜头像上使用的。一、二号坑出土丰富的黄金器也是三星堆遗址晚期遗存的重要特征。

④房屋建筑。三星堆遗址晚期遗址的房屋主要有方形、长方形和圆形三种形式，以长方形和方形者居多。是在原生地面上挖沟槽，槽中立木柱，间以小木棍或竹棍作为墙骨，在两侧抹草拌泥成为墙壁，并经火烧烤。屋面用五花土铺垫，并经夯实。开间一般较大，其中一间大房子进深8.7米，开间23米，面积约200平方米。圆形房子一般不挖沟槽，直接在地面上掘柱洞立木围成一圆圈，圆圈中心立擎柱以支撑屋顶。柱子之间无壁墙，估计是一种干栏式建筑。屋内有火塘。

⑤宗教祭祀。1986年7月和8月，在三星堆遗址内先后发现两个商代祭祀坑。从两个坑出土的器物的使用性质和功能分析，两个坑内埋入的器物都不属于日常生活用器，也不属于一般性的礼仪祭祀用器，而是仅适合于大型宗庙内使用的像设、礼仪用器和祭祀用品。两个坑内埋入的器物，同一坑内的器物年代差距较大。从器物的种类、用途和年代距离以及同一器类之间彼此连续发展，无文化面貌上的差异等情况来看，反映出是同一国家的先后时代不同的两个宗庙内的用

品。两个不同时期的宗庙被毁后，再掘坑将宗庙重器埋入坑中。造成这种情况很可能是同一国家内统治阶级内部权力的转移即改朝换代所造成。在宗庙被毁后，举行祭祀的礼仪，将宗庙器物焚后埋入坑中。

除1986年夏在三星堆遗址发现的两个大型祭祀坑外，1986年春天在一、二号祭祀坑西侧还发现两个小型祭祀坑，坑内出土铜器和玉石器，器物也经火烧过。这些情况说明有关三星堆晚期遗存的祭祀遗迹在三星堆遗址的分布是比较广泛的。

⑥城墙建筑。在遗址东、南、西三面发现城墙。这些城墙虽然曾遭受不同程度的破坏，但是城墙基础依然存在。以调查和试掘结果表明，东城墙现残长1000余米，估计原长度应为1800米左右，北偏东12度；西城墙被鸭子河和马牧河冲毁，现残长800余米，北偏东25度；南城墙在中段向南拐折，残长约600米。整个城址呈北窄南宽布局，面积约3.56平方公里。城墙横断面为梯形，墙基一般宽40余米左右，顶部现存宽度约20余米。墙体由主城墙（即墙心主体部分）和内侧墙、外侧墙三部分组成。主城墙呈梯形，采用平夯法夯筑，两腰经铲削修整，并用圆木棒横向拍打，表面十分平整、光滑、坚硬；内侧墙和外侧墙采用分段夯筑法筑成，每段夯筑到一定高度，经切削修整后，又再继续接夯。在主城墙局部，已经出现使用土坯砖来增加城墙高度，这是中国城墙建筑史上发现的最早使用土坯垒筑城墙的实物例证之一。另外，内、外侧城墙为多数呈倾斜状的斜行夯层。有的地方能看到分块版筑的情况；有些夯层为堆土垒筑，夯筑方法显得较为随意。这一方面说明了城墙的建筑离版筑技术的出现时代不远；另一方面也可能是因为城墙的体量较大，全部使用版筑技术来夯筑城墙满足不了工程进度的需要。

在城墙外侧均发现有宽约200米的濠沟，濠沟的两端分别与鸭子河和马牧河相沟通，组成一个既有利于防洪排灾、又有利于防御和交通运输的综合性水系工程。由此可见，对水系的利用和治理是古蜀文明的一大特征。

在城墙的夯土内发现的陶片均属于三星堆遗址一期（即相当于龙山时期）。在东城墙、西城墙和南城墙的试掘中，都发现了城墙夯土叠压在一期文化层之上，同时又被二期或二期偏晚的文化层叠压的地层关系。另外，在濠沟内沉积的主要是三、四期的地层，这说明三星堆遗址城墙的建筑时代在二期（相当于夏至商代早期），使用年代在二期之晚至三、四期（商代中、晚期至西周早期）。

3. 三星堆文明在中国夏商文明中的关系、地位和作用

古代的蜀国，地处中国西南的边陲。关于蜀的历史，除甲骨文和《尚书·牧誓》外，晚至春秋与战国之交，蜀和中原的交往才见于文献记载。而关于蜀国春秋战国时期青铜文化的面貌，则是晚至20世纪30年代才认识的。至于夏商时期的青铜文化情况，学术界则是一无所知。三星堆夏商青铜文明的发现和确认，使人们对古蜀文明认识向前推进了1000多年，填补了古蜀文化和古蜀国历史的空白。

夏代文明是中国青铜文明的早期阶段，在三星堆遗址中出土了大量二里头夏文化的典型器陶以及近似于二里头风格的铜牌饰、玉璋等器物。传说记载和出土材料都说明古蜀民族的产生和中原民族有着密切的关系；而中原青铜文明一经出现，古蜀民族就对中原青铜文明因素加以吸收。三星堆青铜文明作为中原地区以外的一个方国文明，它的产生和中原青铜文明有直接联系。

仁胜砖厂土坑墓中出土的玉锥形器，具有分布于长江下游及太湖地区的良渚文化玉锥形器的风格。良渚文化的年代大约在距今5000年至2000年之间，三星堆出土的玉锥形器的年代估计在距今4000年左右，说明在龙山或二里头早期，三星堆早期的居民不但与中原地区有较为密切的文化交往，甚至与远至长江下游或太湖地区的居民也有文化方面的交往，这些重要发现使我们对认识三星堆文化的视野由巴蜀地区拓宽到中原地区乃至长江下游和太湖地区。商文明是中原地区高度发达的青铜文明。从三星堆文明中的商文化因素消长变化的情况分析，也可以看出商文明对蜀文明的发展也起过重要促进作用。在三星堆遗址出土的戈、璋、琮、壁、环、瑗等玉石兵器和礼器中，绝大多数器物具有明显的商文化因素；出土的相当于二里岗上层至殷墟一期（约公元前15～14世纪）的青铜礼器中，尊、瓿、盘和器盖等容器形制种类，都是商文化这一时期常见的形制种类，器物的纹饰也是

商文化的纹饰风格。而到殷墟二期（约公元前 13 世纪左右），玉石器的戈、璋中，大量出现独具地方风格的器物形制；青铜尊虽然形制接近殷商文化或长江中游地区和陕南汉中地区出土的同类器物，但器物的纹饰极具地方风格，表现出强烈的地方民族个性。这时具有古蜀民族自己特点的青铜文明已经形成。从三星堆青铜文明的产生和发展来看，三星堆青铜文明既有其自身特点，又与中原夏商文明有不可分割的联系。三星堆文明是中国青铜文明的重要组成部分。

殷墟妇好墓中出土的Ⅰ式玉戈和Ⅱ式玉戈的形制的玉器，在三星堆两个祭祀坑中有大量发现，相反，在中原地区这种形制的玉戈仅在殷墟妇好墓中见到。这说明这种玉戈是三星堆文化的特征性器物，殷墟妇好墓中见到的这种器物有可能是受到三星堆文化影响的结果。

中国商代的青铜文明的一个重要特征，就是以尊、鼎、鬲、壶、爵、角、觯等青铜礼仪用器为代表，这些器物造型庄重、纹饰繁缛，具有威严、神秘之感，而以动物和人像为题材的造型则较少，尤其是独立人像的青铜制品，则几乎不见。三星堆青铜文明则大量出土人像、人头像、人面具以及神树造型的青铜制品，无疑更加丰富了中国商代青铜文明的内容，填补了中国青铜文明的某些空白。

中原地区商王朝至商代晚期已是强大的奴隶制国家，商文明对其周邻的方国文明产生过重要作用和影响。作为一个远离商王朝的蜀国，在商代已具有自身特点，且可与商文明媲美的高度发达的青铜文明，使我们有必要对商文明以外的周邻地区的商代方国文明的形成和发展进行重新评估。大量的地下出土材料说明，中国文明是多元化的耦合而形成的，各方国、各民族之间的经济文化方面的长期互相交流，取长补短，最后才出现了以中原文化为主体、各自异彩纷呈的中国古代文明。

四、西北地区的青铜文化

西北地区继齐家文化之后，仍然存在着辛店、寺洼、卡约和沙井等不同类型的文化。

1. 辛店文化

辛店文化的遗址首先在甘肃临洮县辛店发现，其文化主要分布在甘肃黄河附近的洮河、大夏河和湟水的中下游，即临洮、临夏、和政、东乡和兰州一带。另外，在青海的卡约文化中也发现有所谓“唐汪式”陶器，说明辛店文化的影响已超过了甘肃境内。主要遗址有临洮何家庄何家嘴、临夏张家嘴和姬家川。

辛店文化的陶器有夹砂和泥质两种，粗细不等，粗陶的陶土中羼有陶末，颜色以红色居多，灰色的较少。制法一般采用泥条盘筑法，兼用手制。纹饰有粗细不等的绳纹和少量的附加堆纹和方格纹。器形以双耳罐和鬲最多，此外有钵、双耳盆、单耳杯、单耳罐、四耳罐、鼎、豆、盘等。彩陶的数量较多，黑色和少量红色的彩绘大多施于白色或红色的陶衣之上，其图案有平行条纹、折线纹、双钩纹、三角纹、S形纹、变形S纹、涡形纹、十字纹、X纹、N纹、太阳纹、勿字纹以及鹿、狗之类的动物形纹等（图13）。

辛店文化的铸铜业有较大的发展，已知铜器的种类有锥、矛、匕、凿、铜扣和铜泡等，还发现青铜容器残片和冶铜的炉壁残块。居址发现有半地穴式长方形房子。墓葬一般为仰身直肢和屈肢葬两种，说明当时已进入了阶级社会。

2. 寺洼文化

寺洼文化遗址首先在甘肃临洮寺洼山发现，其文化主要分布于洮河流域的临洮、岷县和漳河的武山县一带。另外，在甘肃东部平凉市安国镇、庄浪县柳家村，以及庆阳石桥村都发现了寺洼文化的晚期遗存，称“安国类型”或“安国式陶器”。

寺洼文化陶器最突出的特征，就是以所谓“马鞍式”口型的双耳罐为其典型代表，还没有发现带彩的陶器。陶色砖红或灰黑，全都带有杂色斑驳。典型的寺洼陶器陶土中都羼有碎陶末，主要有两种：一种是底部由里面塞进，另一种是底部由外面加上。两种皆手制。“安国式”陶器有红褐色夹砂粗陶和夹砂灰陶两种，前者粗砂颗粒露于器表。器形有小口或大口、两耳高体或矮体的罐、壶、三足鬲、四足鬲、鼎、器盖等（图14）。

寺洼文化的青铜制品有戈、矛、镞、刀和铃、镯、铜泡等。墓葬发现较多，特点是土坑葬与火葬并存。土坑墓形似覆斗，有棺或棺

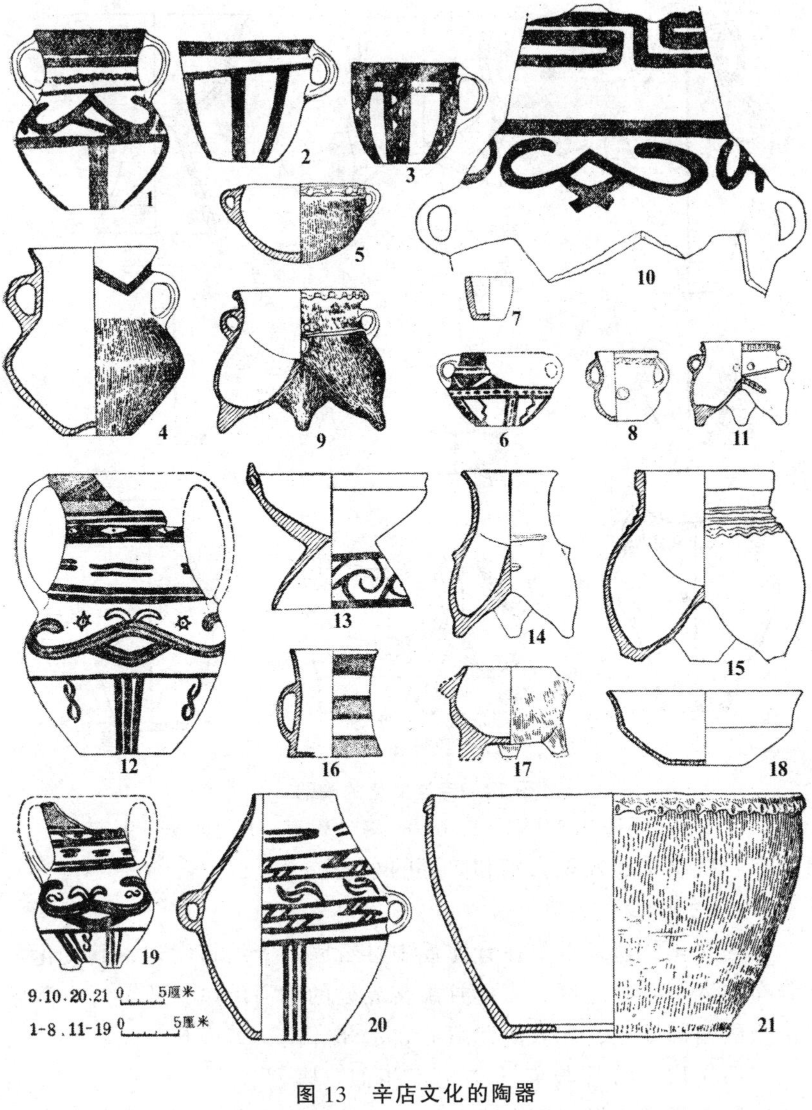

图 13 辛店文化的陶器

姬家川类型 1、4、8. 双大耳罐 2、3、7. 杯 5. 盆 6. 罐 9、11. 鬲 10. 瓮

张家咀类型 12、19. 双大耳罐 13. 豆 14、15. 鬲 16. 杯 17. 鼎 18. 盆

20. 双耳罐 21. 甑

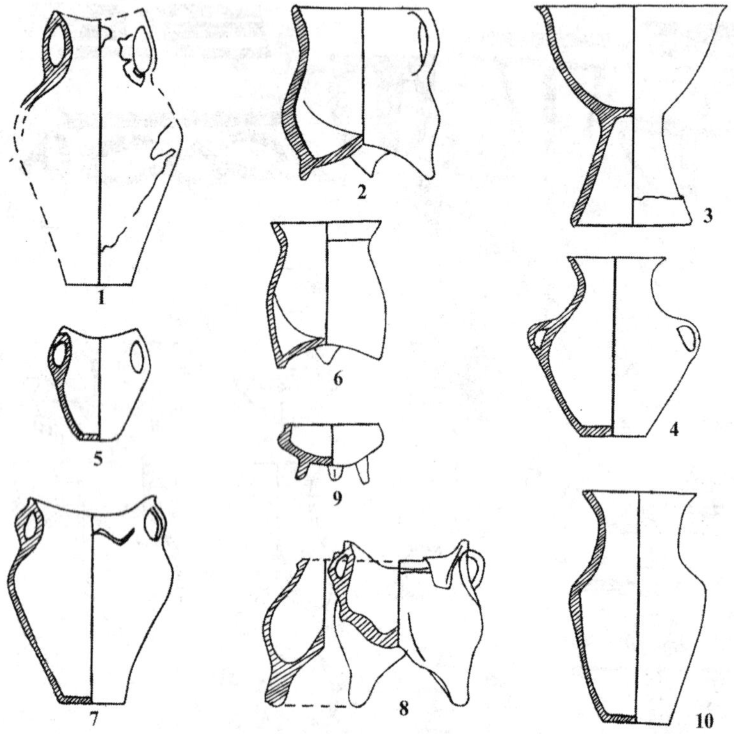

图 14　寺洼文化的陶器

1、5、7. 马鞍口双耳罐　2、6、8. 鬲　3. 豆　4、10. 壶　9. 鼎

椁，在一些墓中还发现人殉和陪葬的车马。

3. 卡约文化

卡约文化的遗址首先在青海湟中县云固川卡约村发现，其文化主要分布在青海东部地区，东起甘肃交界处的黄河沿岸，西至海南藏族自治州的西部地区，北入海北藏族自治州，南达黄南自治州。

卡约文化的特征与寺洼文化很相似。陶器存在寺洼式的“马鞍式”口型双耳素面罐，双耳壶和鬲。但两者也有些差别，例如卡约文化中有彩陶而寺洼文化中没有发现彩陶。另外，卡约文化的陶器中也存在属于辛店文化的所谓“唐汪式”陶器，可见其文化内涵是很复杂的。卡约文化的铜器有铜戈、铜泡等，说明卡约文化已进入青铜时代，并且同商周文化有一定的关系（图 15）。

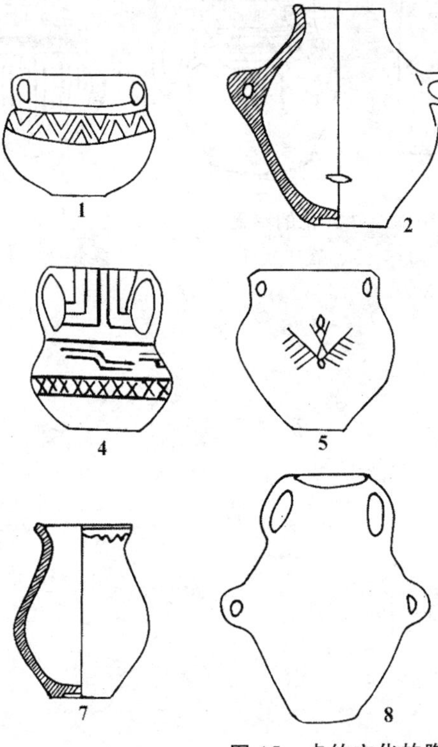

图 15　卡约文化的陶器

1、3、5. 双耳罐　2. 双耳壶　4、6. 双大罐　7. 壶　8. 四耳罐　9. 马鞍口双耳罐

4. 沙井文化

沙井文化的遗址首先在甘肃民勤沙井发现，其文化分布仅限于河西走廊的民勤、天祝和永昌等地。

沙井文化的陶器以夹砂红陶为主，大都有羼和料，质地很粗，手制。纹饰以绳纹较多，也有划纹和篦纹等。器形以单耳或双耳的圜底罐或平底罐和桶状杯较为典型，也有鬲。彩陶大多在红色陶衣上再绘红彩，常见图案有平行或交错的条纹、三角纹、菱形纹、折线纹和鸟纹等。铜器有刀和镞，从其形制来看，沙井文化与商周文化有一定的关系（图 16）。

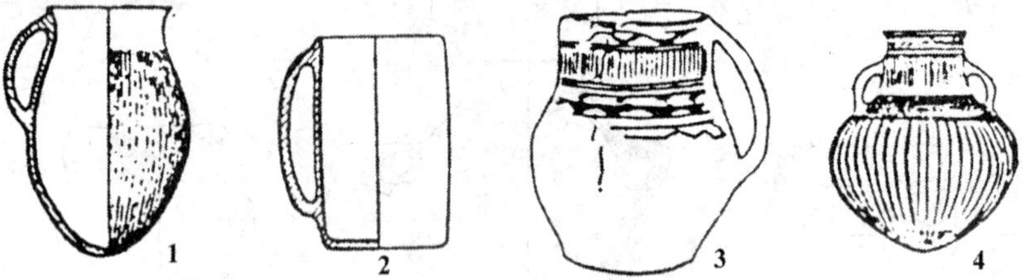

图 16　沙井文化的陶器

1. 夹砂红陶罐　2. 红陶杯　3. 单耳彩陶罐　4. 双耳彩陶罐

第五章　战国秦汉

第一节　概　论

战国秦汉考古是中国考古学的一个重要的组成部分，它上承商周，下启三国。在延续两千多年的封建社会中，处于中国封建社会形成、确立、发展和成熟的时期。

一、战国秦汉考古的特点

1. 社会生产力获得了巨大的发展

表现在农业上，牛耕的使用和推广，铁农具的增多和普及，其他农具的改进和革新，大规模水利事业的兴建，大片荒地的开垦，以及农产品种类的扩大，单位面积产量的提高等等；表现在手工业上，冶铁技术的改进，铸造效率的上升，产品质量的提高，青铜制品的普及，精工工艺水平的创新，漆器的崛起，金银扣器的发明，纺织业和陶瓷业也获得了相应的发展；表现在商业上，大城市的兴起，富商大贾的出现，水陆交通的发达，交换范围的扩大，货币经济的繁荣。

2. 礼俗文化的巨大变化和发展

这主要表现在丧葬方面。战国时期，用鼎制度还存在，殉人现象还没有绝迹。秦汉以后，随着宗法制度的进一步瓦解和土地买卖的盛行，奴隶制的丧葬礼制则彻底崩溃。夫妻同穴合葬开始流行。玉衣的等级代替了用鼎制度。墓室的形制、随葬品的种类日益体现死者生前的生活状况。东汉以后，地主庄园经济开始形成，墓葬也开始出现了世家大族几代同茔的制度。随葬品成了经济庄园的缩影。

3. 各具特色的文化区的形成

战国秦汉时代的遗迹和遗物在全国范围内有相当大的共同性，这是我国许多少数民族和汉族一道，为开发祖国，创造古代文明而逐渐融合的结果。但是，由于战国时期，诸侯割据，列国间的经济、文化都有相对的独立性，加之我国地理、气候、产业、民俗和民族等的差异，各地区不同程度上存在着地方性。这种地方特色并非绝对不变，而是随着时代的前进彼此间逐渐融合渗透，到了汉代，随着全国大统一的政治局面的巩固和发展，又表现出新的地方性特色，文化区的划分有较大变动，各地区间的差别也大为减少。

二、战国秦汉考古的分期

按照古代政治历史发展的阶段和物质文化的变化特点，战国秦汉考古可以从时代上划分为战国和秦汉两大段。每大段又可分为若干小的阶段。

1. 战国时期

自公元前 475 年至公元前 221 年，前后共 255 年，可分为早、中、晚三期，每期约 85 年。中原地区，战国早期和中期的陶器组合均为鼎、豆、壶，战国晚期为鼎、盒、壶。南方地区在春秋战国之交开始以仿铜陶礼器陪葬，器物组合有鼎、簠、壶和鼎、敦、壶两种形式，这种情形一直延续到战国中期，战国晚期则变为鼎、敦、壶。

2. 秦汉时期

自公元前 221 年至公元 220 年，前后共约 425 年，可分为六期。

（1）秦和西汉前期。从秦始皇统一至西汉的景帝，共约 80 年。这期和战国时期一样，普遍流行木椁墓，但中原地区已多空心砖墓，日用的陶器仍有圜底带绳纹的。关中地区已出现仓、灶等陶质明器；瓦当除圆形的外，仍有不少“半瓦当”，通行各种“半两钱”，铜镜主要是“蟠螭纹镜。”

（2）西汉中期。从汉武帝到昭帝，共约 70 年。这期除流行木椁墓外，中原地区盛行空心砖墓，并开始出现砖室墓。陶器上的绳纹基本消失，棕黄色和绿色的铅釉陶器开始出现，仓、灶、井等陶质明器逐渐增多，通行“五铢钱”。铜镜主要是“草叶纹镜”和“星云纹镜”。

(3) 西汉后期，从汉宣帝到平帝，共约 70 年。这期除长江流域和南方、北方的边远地区继续使用木椁墓以外，黄河流域普遍流行空心砖墓和砖室墓，墓内出现彩色壁画。“半瓦当”基本上绝迹，铅釉陶器显著增多，仓、灶、井等陶质明器进一步普及，“五铢钱”继续通行，铜镜主要是“四螭镜”、“日光境”和“昭明镜”。

(4) 新莽时期。包括此前孺于婴的居摄年间和此后刘玄的更始年间，并可将重新发行“五铢”钱的汉光武帝建武十六年（公元 40 年）以前的东汉初期也包括在内，前后共约 35 年。这期砖室墓已在全国普及，其墓室顶部有隆起成穹窿状的，画像石墓在中原地区兴起；某些建筑物上使用青龙、白虎等“四神”纹瓦当，铅釉陶器和各种陶质明器继续增多，通行“大泉五十”、“货泉”、“货布”等各种王莽钱，铜镜主要是“方格规矩镜”。

(5) 东汉前期。从汉光武帝到和帝，共约 70 年。这期边远地区残留的木椁墓也已开始消失，中原地区的空心砖墓突然绝迹，砖室墓在全国范围内普及，画像石墓的分布范围扩大到陕北、晋西和川中；壁画进一步盛行，陶质明器除仓、灶、井、猪圈、楼阁等模型外，还普遍流行犬、羊、鸡等各种动物的偶像，开始用买地券随葬，重新通行“五铢钱”，其形制又略有变化，铜镜主要是“方格规矩镜”和“连弧纹镜”。

(6) 东汉后期。从汉安帝到献帝的初平年间，共约 90 年。献帝建安年间基本上已进入三国时代，应除外。这期流行砖室墓和画像石墓，除买地券外，还盛行用镇墓瓶随葬，各种陶质明器和铅釉陶器继续流行，青瓷器开始在江南地区出现，五铢钱中有“四出五铢”、“剪轮钱”和“綖环钱”，铜镜除“方格规矩镜”、“连弧纹镜”外，流行“兽首镜”、“夔凤镜”、“双头龙凤纹镜”，在南方的长江流域还流行“神兽镜”和“画像镜”。

三、战国秦汉考古的分区

由于我国在战国时期是一个诸侯割据称雄的封建国家，在文化特征上各地区表现出的共同性和差异性与秦汉时代大不一样，因此，对这一阶段考古的分区亦应按战国和秦汉两个大的时代来划分。

1. 战国考古的分区

战国时期，除边疆地区外，大约可分为三晋两周、齐、燕、秦、楚、吴越、鲁等文化区。

(1) 三晋两周。这里地处黄河中游，交通便利，经济文化发达，表现出很强的周文化传统，墓葬中随葬陶器的基本组合为鼎、豆、壶，是布币的流行区。

(2) 齐。在今山东省北部，有鱼盐之利，商业、手工业发达。装饰品中流行长长的串饰，贵族大墓使用石椁。随葬陶器组合为鼎、豆、舟、壶，是刀币的流行区。

(3) 燕。地处华北北部至长城南北，向东延伸到辽宁。由于地域偏僻，文化比较落后，有一定的守旧性。与北方游牧民族接触较多，在某些方面受其影响。但总的看来与齐文化比较接近，也是刀币的流行区。随葬陶器组合除鼎、豆、壶外，还常见三足筒形鬲或盝形釜。

(4) 楚。主要指以江汉平原为中心的长江中游地区，文化的地方特点很突出。使用铜具和有钤印的金版等货币，漆器发达。礼器组合与北方不同，鼎多成对出现，器形独特，椁内分箱也与中原、齐，燕等地不同。

(5) 吴越。位于长江下游地区，流行印纹硬陶，鼎以立耳或附耳，三足外撇为其特点。

(6) 鲁。主要指泰山以南的汶、泗流域。这里受儒家思想的影响很深，比较保守。葬俗崇尚商、周两种因素并存的现象继续存在。周族墓葬的陶器组合主要是釜、罐、壶、马，除釜外，均成对出现。罐往往多达10余件，但不见其它地区战国墓中常有的鼎和豆，表明礼崩乐坏较缓。

(7) 秦。主要指以关中为中心的泾、渭河流域。文化明显地较关东诸国落后，但却不像东部地区那样受礼乐制度的严重束缚。葬俗也与六国不同，有很强的地方特点；随葬品有些特殊器形；使用圜钱。

2. 秦汉考古的分区

从秦汉考古资料的特征出发，可将全国划分为9个地区。

（1）关中和广义的中原地区。包括陕西中部、河南、山东、山西中部、河北中南部、安徽北部和江苏北部，是全国政治、经济、文化的重心所在。许多新的事物应时而兴，如空心砖墓的盛行，砖室墓和画像室墓的兴起，彩色壁画的出现，陶质明器的流行，铅釉陶器的发明等，都首先在这里开始，然后传播到其它地区。

（2）江南地区。包括湖北、湖南、江西、浙江、安徽南部和江苏南部。与中原地区相比，木椁墓延续较久，砖室墓出现较迟，画像室墓罕见，空心砖墓绝无。印纹硬陶始终流行，青瓷器出现较早。铜矿丰富，铜镜铸造业发达。

（3）四川盆地。包括四川中部和成都平原的东南部的沱江、涪江、嘉陵江流域。这一地区开发较早，从秦代起就受关中和中原文化的影响很深。西汉和东汉前期，铜器和漆器制造业发达，其产品远销各地。东汉中后期，崖墓盛行，砖室墓中使用画像砖。

（4）北方草原地带。主要指内蒙古自治区，也包括宁夏回族自治区北部、陕西北部、山西北部和河南的西北部。这一带是当时最具特色的国防前线，长城、障塞、烽燧等是最具特色的遗迹。长城内侧置郡县，治所附近的木椁墓、砖室墓、画像室墓的形制与中原地区近似，长城内外属于北方游牧民族的陶器和铜器等则与汉族有明显的差别。

（5）东北地区。主要指以辽河流域为主的地区。这里是秦汉辽东郡的辖境，为中原文化影响所及，而周围的匈奴、东胡等族则有其自身的文化面貌。东汉后期，公孙氏在此割据，郡治襄平附近的许多砖室墓和石室墓施彩色壁画，对此后高句丽的墓制影响很深。

（6）珠江流域。主要指广东和广西壮族自治区。西汉前期的墓葬有明显的特点；西汉中期广设郡县以后，中原文化进一步传入，但陶器仍流行印纹硬陶，器形、纹饰与中原相异；铜器多施细线镂刻花纹，也与黄河流域有别，海外交通发达，琥珀、玻璃质的珠玑等外贸品很多。

（7）黔滇高原地区。包括四川西南部、贵州、云南东北部。这一地区为西南夷各族所聚居，墓葬形制和随葬器物都有浓厚的少数民族特色，尤以铜鼓、铜钺等青铜器最为突出。西汉中期设郡县以后，中原文化影响渐深。东汉中期以后，流行砖室墓，与内地相似。铜矿丰富，东汉时所铸铜器远销各地。

(8) 甘青地区。主要指甘肃的河西走廊，也包括青海东北部 。这里是西汉中期河西四郡和王莽时西海郡的所在地，文化面貌与中原大体相同。由于气候干燥，纺织品及漆器、木器得以保存，其中包括许多木质简牍。

(9) 新疆地区。这一地区地域广大，民族复杂，各处土著文化的面貌互不相同。西汉中期通西域以后，中原器物如丝织品漆器、铜镜等大量传入。另一方面，由于中西交通的开展，中亚、西亚的文化艺术对这里也有影响。

第二节 战 国

一、城址

商周城市是我国城市的雏形阶段，这时城市的政治作用突出，宫殿建筑占城内的绝大部分，城墙壕沟等防御设施完全是为了护卫宫殿，商业区和市民居住区尚未形成；城内的手工业是直接为统治阶级服务的。此时“城市”的功能尚不健全，仅体现了政治作用，例如偃师商城、郑州商城、黄陂盘龙城等。

战国时期是我国城市迅速发展的时期，在铁器大量使用于农业、手工业之后，农业、手工业、商业之间的分工进一步扩大，社会总财富增多，农业生产力提高，农业收获已能够养活更多的城市人口了。这给城市的迅速发展提供了客观物质条件。战国时代，城市规模不断扩大，也不断增多。当时人赵奢说：以前“城虽大，无过三百丈者；人虽众，无过三千家者”，而现在“千丈之城，万家之邑相望也。”不仅国都、郡治筑城，县治也筑城，如韩国的大县宜阳“城方八里，材士十万，粟支数年”。

战国城市有的是从奴隶社会早期城市的基础上发展起来的，有的则是由于政治斗争和经济发展的需要建立起来的。各国都城都是当时有代表性的城市，如周的洛阳，齐的临淄，楚的纪南城（今湖北江陵县北），燕的下都（今河北易县），韩的新郑，赵的邯郸，魏的安邑（今山西夏县西北）、大梁（今河南开封）和秦的雍城（今陕西凤翔县南）、栎阳（今咸阳至铜川铁路线的阎良东站附近）、咸阳（今咸阳东）。这些城址除魏都大梁未进行勘探和发掘外，其他诸城址都进行了重点勘探和发掘，揭示了战国时期城市生活的繁荣，城市手工业和商业的迅速发展情况。

战国城市大都有以下几个方面的特点。首先，除秦都城和楚纪南城外一般都有两个城，即大小城或东西城，亦即文献记载的城与郭。城（小城）是国君的所居之地，一般都有宫殿建筑。郭（大城）是一般平民居住区。这种城邦制度与当时的战争形势有着密切的关系。战国时期，各国之间战争频繁，为了加强防御，确保宫城的安全，故设大城，以作屏障。其次，各国的宫殿都建在高大的夯土台基上面，这样即可便于统治者居高临下监督臣民，也可作为军事上的制高点，有利于城防的观察和指挥。第三，各国城市一般都有夯筑的城墙，在不临河处凿有城壕或附加护城坡，加强防卫。第四，手工业作坊址，有在宫殿附近的，又有的在大城内，说明手工业可能有官办的，也有私人的。第五，城内商业繁荣，有的都城内发现了集中的工商区——市，反映了战国时代商品经济已有了相当的发展，也显示了都城既是全国的政治中心，也是全国的经济中心。

二、墓葬

战国是封建制刚刚确立的时期。处在这个时期的墓葬，不可避免地带有这个时期的特点。例如，奴隶时代的殉人制度仍然存在着残余，原属氏族公有后来为农村公社公有的墓地在封建的土地私有制已很盛行的情况下仍不能买卖，维护奴隶主贵族统治的氏族宗法制度以及与此相适应的礼乐制度还未完全崩溃。但是，从春秋晚期以来，随着奴隶制的没落，各国新兴势力的增强，奴隶主集团内部都出现了乱制和僭越的现象。在用鼎制度方面已冲破了周礼所谓的天子用九鼎、诸侯用七鼎、大夫用五鼎、士用三鼎的规定，侯国中属于侯一级的人物也开始用起了九鼎。在棺和乐器的使用方面也出现了僭越现象。有的列国国君和王室大臣也用起了数重棺椁，4～5 套乐器。这种僭越现象与诸侯俗称“王”号是相应的，但原来的等级制度却没有改变。

战国时代，由于政治上的割据，经济上的发展不平衡，以及文化上的差异，因而各地区墓葬的形制和内涵也表现出各自的特点。而在同一地区之中又有不同的类型，据棺椁和随葬品的差别可分为四大类：

甲类是多重棺椁的铜器墓，是属于统治阶级的墓葬。三晋地区在棺椁外一般都积石积炭或积沙，以防潮防盗，楚墓均用白膏泥填塞，能积蓄水分，调节燥热，还能隔绝空气，以保尸体不朽。中华人民共和国成立后，在一些楚墓内还出土了大批竹简和个别帛画、帛书。根据所出升鼎数，甲类墓又分为九鼎墓、七鼎墓、五鼎墓、三鼎墓或二鼎墓、一鼎墓。五鼎以上的墓一般都有成组的青铜礼器或同出成组的仿铜陶器，还有成套的乐器、车马器、兵器、工具和玉石佩件。三鼎以下的墓不出乐器。乙类墓是一棺一椁，不出铜礼器，只出陶礼器的墓。墓坑长约2～4 米，出少量兵器和玉石佩和玉石圭，是下层贵族和部分富裕平民墓。丙类墓是有棺无椁，出少量陶器的一般平民墓。丁类墓是无棺无椁无殉葬品的土坑墓，是贫苦平民墓。

下面以中原地区为例，就战国时期的各类墓葬作一简单分析。

1. 甲类墓

战国早期只出青铜礼乐器，其基本组合为鼎、簋（敦）、壶、舟、盘、匜、甗，有时还有盖豆，不见陶礼器，如河南汲县山彪镇 M1（九鼎墓）、山西长治分水岭 M14（七鼎墓）、洛阳中州路 M2717（五鼎墓）、邯郸百家村 M57（三鼎墓）等。说明春秋时期沿袭下来的礼乐制度在这时仍然非常牢固。战国中期以辉县固围村 1～3 号墓为代表。这时有了享堂，说明开始实行墓祭，与原来只进行宗庙祭祀不同，暴露出宗庙祭祀制度的松弛；青铜礼器与陶礼器并存，表明传统的礼乐制度已逐渐失去以前的庄严地位，过去的等级观念也已经动摇。战国晚期使用青铜礼器随葬的习俗进一步衰落，传统的礼乐制度破坏更加严重，如长治分水岭 M35 和 M36。

2. 乙类墓

战国早期皆为土坑竖穴墓，十分流行春秋时期就已出现的头龛，陶器置于龛内，无龛的，陶器放在头前，屈肢葬流行，随葬陶礼器的组合为鼎、盖豆、壶、盘、匜、碗、小壶。一般出石圭 1、带钩 1、脸部出瞑目。战国中期继续流行竖穴墓，出现洞室墓（分横室和纵室，墓道即原来的墓坑，大于洞室，这种洞室应是从头龛或边龛发展演变而来），随葬品和前期相同，但器形有所变化，如壶的最大径从腹下部移到腹中部。战国晚期继续流行竖穴墓，洞室墓比例增加，并出现砖椁墓（空心砖砌成），随葬陶器组合为鼎、盒、壶、盖豆、盘、匜，或壶、敦，或绳纹圜底陶盒。

3. 丙类墓

乙类墓和有陶礼器的丙类墓相比较如下：

战国早期木椁墓的随葬品与其地位还是相称的。有木椁的墓，其随葬品也就多，无木椁的墓，其随葬品也就少。说明当时士庶的分界还是比较明确的。战国中期一棺一椁墓和一棺墓的距离进一步缩小，说明士的身份、地位进一步没落。战国时期一棺墓和一棺一椁墓在内涵上已经模糊，说明有的士的政治经济地位已下降到与庶人相同，另一方面说明有的庶人地位却上升，达到了士的地位。

4. 丁类墓

无棺无椁，基本无随葬品，个别有点玉石器或一、二件陶器，墓坑长度大约在 2 米以下，墓主人应当是贫穷的平民。

总括上述墓葬，有以下几点变化：第一，春秋以前只有天子、诸侯才能使用墓道的制度，在战国早期还未破坏，但到中期以后，卿大夫也逐渐使用了。第二，土洞墓的出现是对传统棺椁制度的否定，因而也是礼制破坏的内容之一。第三，战国早期大夫以上贵族一般用青铜礼器随葬；中期以后上至王墓也都并用铜、陶两套礼器，而且结合往往以陶礼器最齐全；战国晚期用鼎制度遭到更严重的破坏。第四、士用铜礼器随葬，战国早期已为数很少，中期以后基本不见，这一变化应是在以粮为俸禄的官僚制度建立后，有田禄之士消失的反映。

三、农业

1. 铁农具的大量出土

冶铁技术虽然最晚在春秋时期就已发明了，但就整个冶铁业而言，发展是比较缓慢的，直到战国中期以后才迅速发展起来，并普遍用于农业生产。

目前发现的战国初期的铁农具数量极少，只是在河南洛阳，河北邯郸，湖南长沙，湖北江陵，山东临淄等地有少量发现，说明当时铁农具不仅没有代替青铜农具，也没有排除木、石、骨、蚌等农具。战国中期以后，铁器的发现量骤增，铁农具就普遍使用了。据考古发掘，北起吉林，南到广东、广西，东至山东，西达四川、甘肃等地，都有铁农具出土。种类有：耕具梨铧；起土器镬、臿、耒；中耕器锄、铲；收割器镰。同一类型的农具因时因地又有不同形式之分。镬有长方形、板楔形、长条椭孔形、多齿形；臿有一字形、凹字形；锄有梯形、六角形、凹字形；镰有爪镰、钩镰等。基本上满足了农业生产的开垦、碎土、除草、收割等一系列工程的需要。在河北兴隆、磁县下潘王以及河南登封告城镇等地还发现了大量战国时期铸造农具的铁范和陶范。用铁范铸造农具，说明铁农具可以大批生产，在农业生产中已占主导地位。特别是铁犁的出现，更是我国农具发展史上的一项重大革新，从河南辉县出土的铁犁头来看，没有犁壁。这种犁只能破土、开沟，说明当时的铁犁在结构上还比较原始，尽管如此，它对提高耕作效率和耕作质量，推动农业生产和技术的发展仍然起了重大作用。

2. 农业的发展

铁农具的普遍使用，促进了农业的发展，具体表现在以下几个方面：

(1) 耕地面积的扩大。战国时代由于铁农具开始普遍使用。特别是适宜于垦荒的镬和臿的大量使用，使得当时大规模地开辟森林和沼泽地带、开垦荒地成为可能。另外，当时的诸侯国也是奖励开辟山泽荒地的。例如秦国商鞅变法，提出“废井田，开阡陌”的主张。并颁布“垦草”令，招徕三晋人民，使耕地面积迅速扩大。又如齐威王时即墨大夫治理即墨，因“田野辟，民人给，官无留事，东方以宁”而受到万家食邑的赏赐，而阿大夫治理阿地，因受到“田野不辟，民贫苦”却受到烹刑的处罚。

（2）水利灌溉事业的兴起。随着铁器的普遍使用和推广，战国中期以后，一些大型的水利工程相继出现。如我国古代三大水利——漳河渠、都江堰、郑国渠就是在这一时期兴建起来的。齐、赵、燕筑起了黄河大堤。与此同时，小型的水利工程和水井也发展起来。在陕西长安客省庄战国遗址，以及洛阳中州路、北京市西郊白云观、北京市陶然亭、河北石家庄、陕西咸阳都发现过战国时代的水井。水井的大量开凿，促进了井灌园圃业的发展，用井水来灌溉园地，《庄子·天地》有记载，如“凿隧而入井，抱瓮而出灌”，并介绍了桔槔汲水的先进方法。燕下都出土的五齿耙也可能与园圃有关，它适用于菜园疏松土壤，修整土地。

（3）耕作技术的进步，促使单位面积产量提高。铁农具的推广使用、水利的兴建、土地的改良为战国时代精耕细作技术的发展创建了前提。当时的精耕细作，主要表现在深耕熟耨，不违农时，人工施肥，防治害虫，选育良种，连年种植和畎亩法等。从而改变了以前农业生产的粗放耕作，大大提高了单位面积产量。

而粮仓的增多与扩大，则是谷物产量提高的直接证据。近年来，黄河和长江两大流域都发现了战国时代的粮仓。例如在洛阳共发现战国时代的粮仓 74 座，分布在南北长约 400 米，东西宽约 300 米的范围内。粮仓为圆形窖藏，口大底小，口径 10 米左右，深亦 10 米左右。在江西新干县界埠也发现了四座战国时期的大粮仓，每座面积 670 多平方米，这是我国已发现的最早最大的粮仓。

谷物产量的提高推动了谷物加工工具的改进。在过去谷物脱壳去皮只能依靠杵臼，效率很低。战国时代发明了石磨，大大提高了谷物加工的速度，同时也促使我国粉粮方式的发展，在我国民食史上有重大影响。另外，谷物产量的提高，也促使了其他农业产品加工业的发展。在一些国都，如韩、燕、楚、秦的宫庭里都发现了储存肉类食品的冷藏井。此外，酿酒、制酱、醋、豉等加工技术也日益走上科学的途径。

总之，战国时期，由于生产力的解放，生产技术的改进，农业获得了空前发展。

四、手工业

1. 冶铁业

战国时期的冶铁术有了更进一步的发展。首先，劳动人民在生产实践中积累了一些找矿和采矿的经验。《管子·地数》记载："山上有赭者，其下有铁，此山之见荣也"（"赭"就是赤铁矿性质的碎块，是和赤铁矿伴存的，"荣"就是矿苗）。据《山海经·五藏山经》记载，当时有明确地点产铁的山共有 37 处，分布在今陕西、山西、河南和湖北省，即战国时代秦、魏、赵、韩、楚等国的统治区内。各国的首都都有重要的手工业冶铁作坊，一般都由官府掌管，或设主铁官管理。如，秦国咸阳宫殿区附近发现的大型铸铁作坊区，区内留有大量铁渣、铁块和黄绿色的堆积物。齐国临淄故城中发现冶铁作坊 6 处，其中最大的一处面积约有 40 多万平方米。韩国新郑故城和阳城都有官营的冶铁手工业作坊。在阳城遗址内还发现了熔铁炉底、炉壁和炉衬的残块，陶制和泥制的鼓风管残片，木炭屑以及各种工具、农具、武器的陶范。在燕下都也发现了冶铁作坊三处，总面积达 30 万平方米。在河北兴隆县还发现了铸造工具的铁范，附近有二处古代的冶铁场。此外，魏国的安邑、赵国的邯郸、楚国的宛都设有重要的冶铁手工业作坊。其次，战国时期的冶炼水平也达到了新的高度。冶炼工人发明了铸铁柔化技术，即将白口铁进行高温退火（在 900℃退火 3～5 天），使生铁中的碳在冷却和凝固时变成团絮状石墨。经过柔化处理的铸铁具有较高的强度和较好的韧性，克服了白口铁的脆性。这种铁叫"展性铸铁"或"可锻铸铁"。洛阳水泥厂战国早期遗址出土的铁鎛和长沙识字岭战国早期墓葬中出土的铁锄，都是用展性铸铁制成的。到了战国中晚期，由于提高了炉内的温度和降低了冷却速度，已经能够冶炼"麻口铁"。所谓麻口铁，即在生铁中既含有渗碳体，也含有片状石墨，切面呈现麻点状态。这种铁脆性小，耐磨性较高。湖北大冶战国中晚期铜矿遗址中出土的铁锤就是用麻口铁制成的。这时还出现了对铸件直接进行柔化处理的技术，既所谓铸铁脱碳成钢。经过这种柔化处理的铸件，表层具有钢的金属组织，而内部仍为生铁。这种铸件，既有锋利耐磨的坚性，又有不易折裂的韧性。淬火工艺也是在这个时候开始的。所谓淬火，就是一种热处理方式。把钢铁制成的器物，放在炉火加温，达到一定温度之后，再放入水中急速冷却。淬火工艺可以增加器物的强度和利度。河北燕下都墓葬中出土的两把宝剑和一把戟都是经过淬火处理的。战国时代还发明了铁范铸造技术。在河北兴隆、磁县战国遗址中都发现铁范，说明当时已普遍流行了。一件铁范可使用几千次，提高了铸件的数量和质量。

自战国中期以后，铁器已推广到社会生活的各个方面。在农业生产中有犁、镬、臿、耒、锄、铲、镰等。在手工业生产中有斧、锛、凿、锯、刀、锤、锥等。兵器有剑、戟、匕首、胄等。日用器具有鼎、釜、削刀、环、带钩等。这些铁器不仅在七国地区普遍发现，并见于北方的东胡、匈奴和南方的百越。铁器的普遍使用，促进了社会经济的发展，推动了兼并战争的进程，加速了统一中国的步伐。

2. 青铜铸造业

东周时期青铜冶炼铸造业在商、西周的基础上有了更进一步的发展。发现的遗址有湖北大冶铜绿山、湖南麻阳九曲湾、内蒙古林西大井、安徽南陵江木冲。这几个地点都发现了古人采掘时开拓的竖井、平巷，以及采矿工具，提升及排水用具和铜矿石。在铜绿山古矿井采掘时开拓的成组井巷中，设有相当完整的木质框架支护，深距地表四五十米，说明当时已初步掌握了矿井支护、提升、通风、排水等方面的技术。在铜绿山，大井和南陵矿井附近都有冶炼遗址，说明采掘的铜矿就在采场附近冶炼。在铜绿山发现了10座东周时期的炼铜竖炉，这些竖炉分为炉基、炉缸和炉身三部分。经模拟实验证明，这些竖炉是一种氧化矿的还原熔炉，具有冶炼性能好、操作简单，且能连续加料、连续排渣、间断放铜、持续进行冶铜生产的特点。反映出东周时期冶铜工艺已达到了相当高的水平。另外，在河南洛阳、新郑，山西侯马都出现了较大的铸铜作坊遗址。

东周时期器物的分铸法技术更为成熟。为了保证铸件质量，外范之间的衔接处都有数量不等的楔形榫卯，并且巧妙地设置了浇口和冒口，焊接技术也有所发展。此外，还发明了失蜡法铸造工艺。这种工艺是将易熔化的黄蜡制成的蜡模，用细泥浆多次浇淋，并涂上耐火材料使之硬化，做成铸型。烘烤后黄蜡熔化流出，形成铸型，浇注铜液，铸成复杂的器物，在浇铸技术方面出现了叠铸法，一次可浇铸十几个或更多的铸件。镶嵌技术方面除了嵌玉镶珠或绿松石外，新出现了金银错、嵌红铜等金属薄片、鎏金和细线刻纹等技术。金银错技术就是用金银丝在器表嵌错花纹，它是战国时期使用最多、流行最广的青铜装饰艺术，纹样绚丽，富于变化。嵌红铜等金属薄片就是在青铜器表面铸出浅凹的花纹，嵌入红铜或铅类或银质的金属，用两种金属的不同色泽来表现纹饰。细线刻纹就是用锋利的刀在器表刻出线条细如毫发的图案。

铜器上的纹样，除沿用商周时期的在泥模上雕刻外还采用了花纹印版在泥模上捺印，或将印出花纹的泥片贴附在模胎上。纹样逐步摆脱了商周以来神秘森严的传统，而以叶状、羽状、蟠螭、蟠虺、陶纹、贝纹、三角云纹、涡云纹、藻纹、弦纹以及反映现实生活的战斗纹、狩猎纹最为常见。战国早期，青铜礼器上的花纹还很繁缛，蟠螭纹仍为主题花纹，其次有陶纹、贝纹、涡纹、三角纹、钩连雷纹，但也有了变化，有的鼎上仅饰几道S形云纹带。战国中期以后趋向简化，蟠螭纹简化成不相纠连的一列螭纹，云纹流行。战国晚期，铜器纹饰一方面向写实的图案发展，另一方面向素面发展，往往只有简单的螭纹和花朵纹带。有的铜器上有铭文。铭文大多是刻的、既细又浅，战国中期以后，青铜礼器上的铭文内容一反过去那种“铭功纪德”之类的旧套，变为“物勒工名”，并刻上重量和容量。

青铜器的种类很多，有礼器、兵器、车马器、日用器（铜镜、铜灯、带钩等）。

礼器有鼎、豆、壶、敦、簋、盘、匜等。鼎的器形变化的总趋势是器形愈来愈肥硕，器足愈来愈粗短。豆有深盘、浅盘、长柄、短柄等不同类型。壶的造型除个别鸟盖瓠壶和少数华盖式、提梁式圆壶外，大多是鼓腹圈足有盖圆壶，方壶和扁壶也很普遍。敦的主要特征是器身与器盖形状一样，合之即成一个上下相称的整体。它是春秋战国出现的礼器，由鼎演化而来。簋的器身椭圆形，一般都有耳、座或圈足，但战国时期双龙耳簋已极少见。盘，商代多圆腹圈足，周代多圈足或三足附耳，战国时期器形平浅圆形，一般都无耳无足，近似后代的洗。匜的特征是器身椭圆，前有流，后有鋬（有的无鋬），下有足。西周有四足，春秋有三足，战国时期一般平底无足，个别有三足或圈足（图1）。

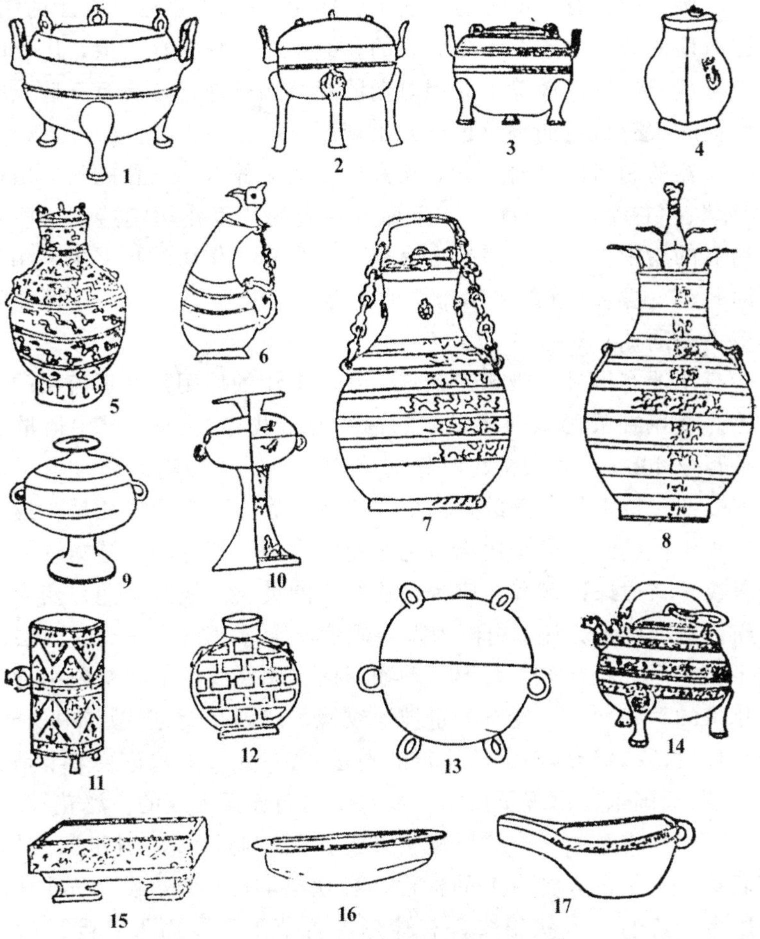

图1 战国青铜礼器

1、2、3. 鼎 4. 方壶 5. 圆壶 6. 鸟盖铜瓠壶 7. 提梁壶 8. 华盖式壶 9、10. 豆 11. 卮 12. 扁壶 13. 敦 14. 盉 15. 簠 16. 盘 17. 匜

兵器除了戈、矛、戟、剑、镞外，已出现了具有远射能力的铜弩机，机件由悬刀、钩括（牙）、望山、拴塞等部分组成，一般均无铜廓。剑这时已成为主要的近战兵器，一般由短向长发展，其长度为40～70厘米不等。戈这时已发展到胡上有三穿或四穿，有的胡刀上有小孑刺，内上有刃或内后缘向上转成距（𨱆）。戟是戈与矛的结合，战国时期的戟，由于戈矛是分铸的，故很难发现完整的戟，出土的一般都是戈矛靠近。镞除了商周时期的双翼铜镞外，还流行三棱式的铜镞，同时带有铁铤的铜镞也开始出现。

兵器的制造由官府垄断。从兵器上的刻辞看，三晋的兵器由包括“左库”、“右库”、“上库”、“下库”在内的武库作坊制造，这些武府作坊有的属中央，有的属地方官府。中央武库作坊的兵器由“相邦”、“邦司寇”主造。地方武库作坊的兵器由“令”等主造。作坊内的基本劳力是刑徒。

日用器有铜镜、带钩、铜灯。我国铜镜的使用是源远流长的。迄今为止我国在战国以前已发表的铜镜资料共有16面，其中最早的铜镜是距今4000年齐家文化时期的遗物。但广泛的制造和应用还是在战国时期，特别是南方的楚国更为普及。战国铜镜的特征是：战国早期，为小桥形纽，窄平边缘，主题花纹为当时流行的小蟠螭纹，有的饰兽纹，在边缘内侧和纽座旁往往有一圈贝纹。战国中期，变为三径薄纽，方或圆形钮座，内侧为弧卷的棱形素缘，花纹一般为两层，上层是山字形、花叶形、菱形、动物形的主题花纹。下层是由小蟠螭纹变化来的羽状地纹，还有少量纯地纹镜。战国晚期，造型与中期相同，羽状地纹还有保存，而广泛流行的则是云雷地纹，主题花纹多半是云形蟠螭纹，战国末还出现了由六个或八个内向连弧组成的主题花纹。

带钩在古籍中又有“犀毗”、“鲜比”、“师比”、“骨纰”、“犀比”等名称，它是古人腰带上的构件，春秋早期已出现，到了战国时期，使用更为普遍，形状很多，有棒形、竹节形、琴面形、琵琶形、兽形、鸟形等。制作精致的有包金、错金、鎏金、镶嵌绿松石等。

铜灯，战国时期也开始流行，一般是豆形灯，也有不少造型奇特、制作工艺十分高超的灯，如人骑驼灯、跽座人漆绘灯、十五连盏灯、银首人俑灯等等（图 2）。

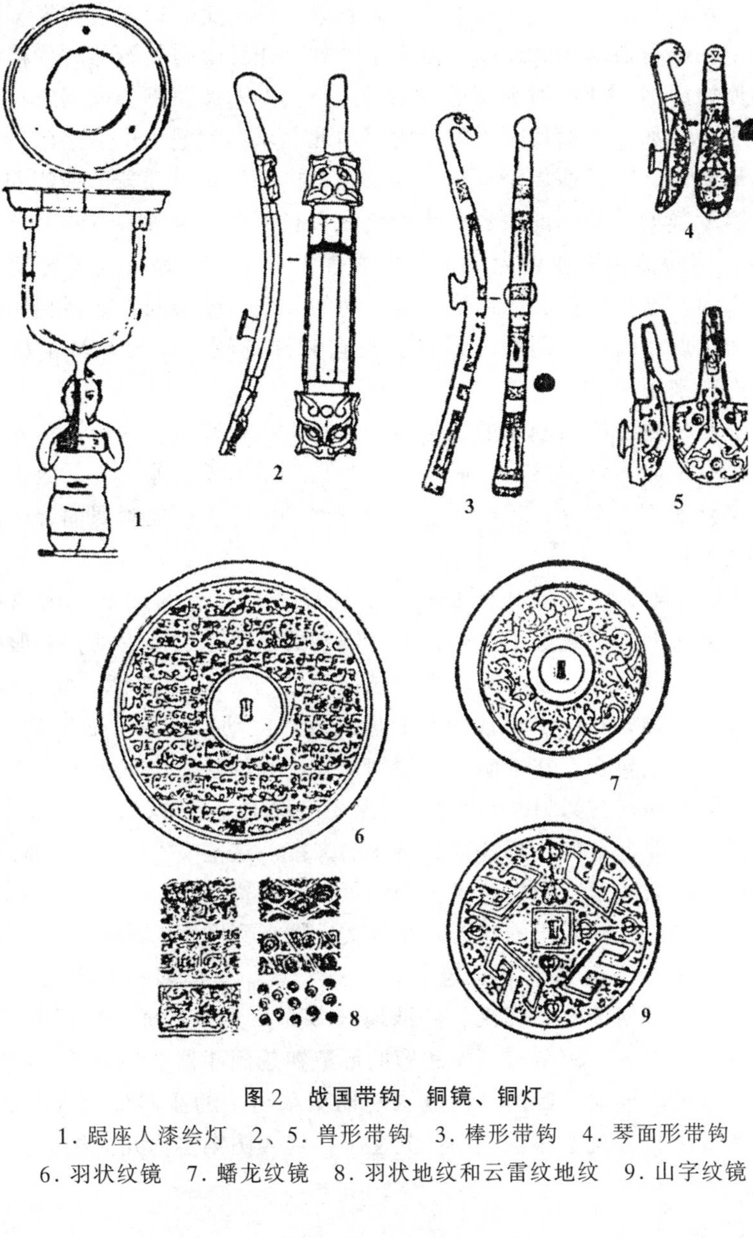

图 2　战国带钩、铜镜、铜灯

1. 跽座人漆绘灯　2、5. 兽形带钩　3. 棒形带钩　4. 琴面形带钩
6. 羽状纹镜　7. 蟠龙纹镜　8. 羽状地纹和云雷纹地纹　9. 山字纹镜

3. 漆器制造业

漆器是我国古代的一项发明，有着悠久的历史。根据考古发掘资料，早在新石器时代漆器就已出现了。如常州圩墩村新石器时代遗址中的原始漆器，浙江河姆渡遗址第三文化层的木胎漆碗。商周时代发现得更多，如安阳商代帝王陵墓内、河北藁城商代遗址中、洛阳庞家沟西周墓内、陕县西周至春秋初的虢国墓内均发现过漆器的残痕和漆器。春秋晚期，楚国的漆器更为发达，仅长沙浏阳桥 M1 中就出土了 49 件。但漆器制造业作为一个独立的手工业部门，是在战国时期兴盛起来的，这与青铜器的衰落有着密切的关系。漆器同青铜器相比具有许多优点：轻巧、耐酸、耐腐、极宜装饰花纹，又具有鲜艳的光泽，原料来源也较广泛。

战国早期，漆器制作的特点是：器物都比较厚重，有的用整木作成，全是木胎，作为漆器，尚未完全脱离于木器手工业之外，故很多漆器又是雕刻工艺品，浮雕多仿自青铜器，漆器上罕见附属的装饰如耳、钮之类。

战国中期，漆器制作的特点是：胎骨变薄，有的加上了附属物件，如金属的耳、纽、足之类，仿青铜器的浮雕花纹极少见，器形种类增多，除盒、杯、盘、案、鼓、镇墓兽之外，又增加奁、俑、卮、盛、皮甲等物，花纹多流行变形的凤鸟纹、流动的云纹。战国晚期，漆器上流行金属扣。在木胎上加用编织物，有的甚至出现了单纯的夹纻胎（无木胎衬里），在个别的漆器上还出现了金箔贴花。

战国漆器上有的还有针刻或烙印的文字。这些文字为研究当时漆器制作的时间、地点和作坊组织提供了很好的资料。

战国时期各地出土的漆器，从器类、器形到图案、纹样，都各具特色。黄河中下游多为箱、鉴、壶、豆、盒。彩绘多为云雷纹、回纹、蟠螭纹、窃曲纹。江汉、江淮地区多为家具、座屏、乐器架子、兵器附件、笭床、镇墓兽。蛇和鹿的形象在楚国漆器造型与器表纹饰中最为常见。湖北、四川境内战国晚期秦墓出土的漆器多为日用品，薄木胎较多，常见烙印戳记和针刻文字，器表图案多为几何纹、云纹和花、鸟、鱼纹。

4. 制陶业

战国时期由于生产力的发展，制陶业也随之兴盛起来。制陶业归属于手工业作坊，既有官营的，也有私营的。官府手工业作坊的陶器上往往加了制陶工人的名字。如临淄等地出土的陶器上往往打印“某里人某”，“某里人陶尚某”的字样。在当时的情况下，显然是为了便于对工人加以考察核定勤惰，使赏罚得当。陶器的制法以轮制为主，手制仅见于小件器物或作为辅助工序。陶器的类型有鼎、豆、壶、敦、盒等纹饰，三晋地区多素面，其次是暗纹和绳纹，也有少量彩绘，齐楚地区以素面为主，秦多篮纹、绳纹、方格纹，燕有刻划的狩猎纹、鸟兽纹等（图3）。

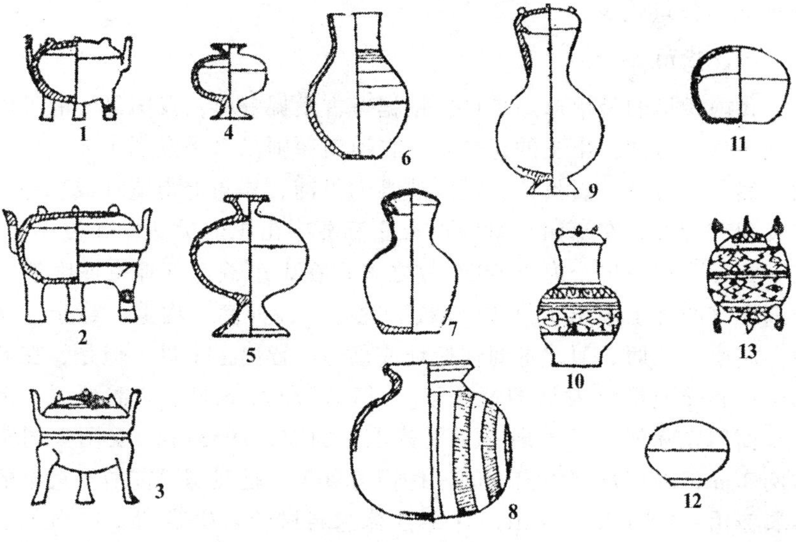

图3 战国陶器

1、2、3. 鼎 4、5. 豆 6、7、9、10. 壶 8. 茧形壶 11、12. 盒 13. 敦

战国时期的陶窑在山西侯马、河北武安、陕西咸阳、河南洛阳、湖北江陵纪南城等地都有发现。在洛阳中州路发现的战国中期陶窑，面积有了显著增加，一般从西周的2平方米扩大到了3～10平方米不等。这说明陶窑的生产力已大大提高。

战国时期，由于提高了制陶工人的生产积极性，建筑材料中的砖瓦制造有很大发展。青砖主要用在宫殿和民用建筑上。空心砖主要用于装饰宫墙的外皮，有时也用作墓葬建筑材料，陶井圈用来建筑水井和窖穴，是打井技术上的一大进步；陶制排水管道瓦、瓦钉、瓦当也有出土。其中瓦当花样最多，各国都有其独特的风格：周王城主要是饰各式云纹的半圆瓦当，在齐国流行树木双兽纹和树木卷云纹半圆瓦当，在临淄故城还有“天齐”文字的半圆瓦当，燕国有饕餮纹、双兽、双鸟、云山纹半圆瓦当，赵国以素面瓦当为主，也有少量的三鹿纹和变形云纹的半圆瓦当，魏国有素面圆瓦当，韩国主要有素面半圆瓦当，偶有云纹瓦当，楚国多素面圆形和半圆形瓦当，偶尔也出花朵圆瓦当，秦国流行动物纹、植物纹、云纹圆瓦当，素面多为圆形，半圆形瓦当数量较少。

五、货币

我国最早的货币形态是贝。根据考古发掘资料，我国最早的贝币出现于夏商时期。出土的遗物有：在河南偃师二里头发现了充当货币的天然贝、骨贝、石贝；在河南陕县七里铺、郑州上街遗址或墓葬中也发现有骨贝；在郑州二里冈白家庄墓葬中出土的贝达 460 枚之多；在“妇好”墓中出土海贝 6820 枚之多；在山东益都苏埠屯商晚期一号墓椁室的扰土中出土贝 3790 枚。此外，在河南、内蒙、辽宁、陕西、湖南、江西、河北等商代遗址或墓葬中皆出土了贝。但是，在商品生产和交换继续发展的情况下，贝币就渐渐不能适应需要了，因此，商周之际就已经出现了金属铸币。例如，1953 年，安阳大司空村两座商代晚期墓葬中出土的三件铜铸贝币，是我国目前所知最早的金属铸币；1971 年，在山西保德县林遮峪村的一座晚商墓中出土了铜贝 109 枚。特别是战国时期，由于生产力的突飞猛进，商品经济的活跃，大商人增多，大城市兴起，出现了真正的完全的商品生产，因而作为商品交换的金属铸币在各国也广泛地流通和铸造。由于当时诸侯割据，所以各国的货币形制都不相同。就铜铸币来说，其形制有：

1. 布币（亦称铲币）

是由农业工具铜铲演变而来的。铲是今名，古音为布。布币的造型主要分为两大类：一种是“空首布”，即有銎的布币，是春秋时期东周、郑、晋、卫等国的金属铸币；另一种是“平首布”，即首部无銎，而与肩、足的厚度相同的布币，是战国时期韩、赵、魏、秦等国的金属铸币。钱面一般都铸有地名或币值。形状主要有平首方肩方足和平首尖肩尖足两种。燕、楚、中山国也铸造和流通过布币。燕国的布币和三晋地区相似。楚国的平首方肩方足布,体形狭长,首有一小孔。中山国的布币圆首圆肩圆足,首和两足各有小孔一个,故名三孔布。

2. 刀币

起源于渔猎经济和手工业比较发达的东方诸国，是由工具刀、削演变而来的。其铸造时代早在春秋早中期之间，战国时期有了很大的发展。使用刀币的国家，主要是齐、燕、赵三国。齐国的刀币大而重，一般通长 17～19 厘米，重 40～60 克不等。面背皆有文字，如“齐之法”、“即墨之法化”、“安阳之法化”，多认为是春秋早中期至战国早期铸行的刀币。“齐法化”、即墨法化”、“齐建（造）邦长法化”，大致都是战国时朝铸行的。燕刀比齐刀小而轻，一般通长 13～14.2 厘米，重 12～19 克，因面文有“明”字，故又称“明刀”。大约在春秋晚期开始铸行直到战国晚期。其形制主要分为三类。尖首刀、弧背刀和折背刀。赵刀比燕刀更小而轻，一般通长 7～15 厘米，重 6.9～10 克，面文记有地名，因刀背是平直的，故又名“直刀”。因直刀的首部较呈圆形，所以也叫“圆首刀”。铸造时间大约在战国晚期。

3. 贝币

是从实物货币贝演化而来的，可分无文铜贝和有文铜贝两种。无文铜贝在春秋战国时期，主要在黄河中下游和山东鲁国铸行流通，应是商周以来使用铜贝的延续。有文铜贝是春秋战国时期楚国货币之一，最常见的铭文是“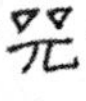”字，此字尚不能识读，习惯称为“哭字钱”，也叫“鬼脸钱”。战国中晚期还常见其数量仅次于“哭”字的“”字铜贝，俗称“蚁鼻钱”，于是楚的铜贝币就统称为“蚁鼻钱”，沿袭至今。早期的蚁鼻钱一般重量为 5 克左右，晚期多 3.5 克左右。

4. 圜钱

是从璧环纺轮演变而来的。到战国晚期，除楚国外，各国都用圜钱。圜钱的基本形制是体圆，有孔。钱孔先是圆的，后是方的，边缘先无廓、后有廓。三晋和周地区的圜钱，面文均为地名，背平素；秦国的圜钱，面文不记地名而以两、朱或啚为单位、背平素；齐国的圜钱发现有“賹六化”，“賹四化”、“賹化”三种，以化为单位，皆圆形方孔，面有内外廓，平背；燕有“明四”、“明化”、“一化”三种圜钱，以化为单位，各国大量流行圜钱，说明币制趋向统一（图4）。

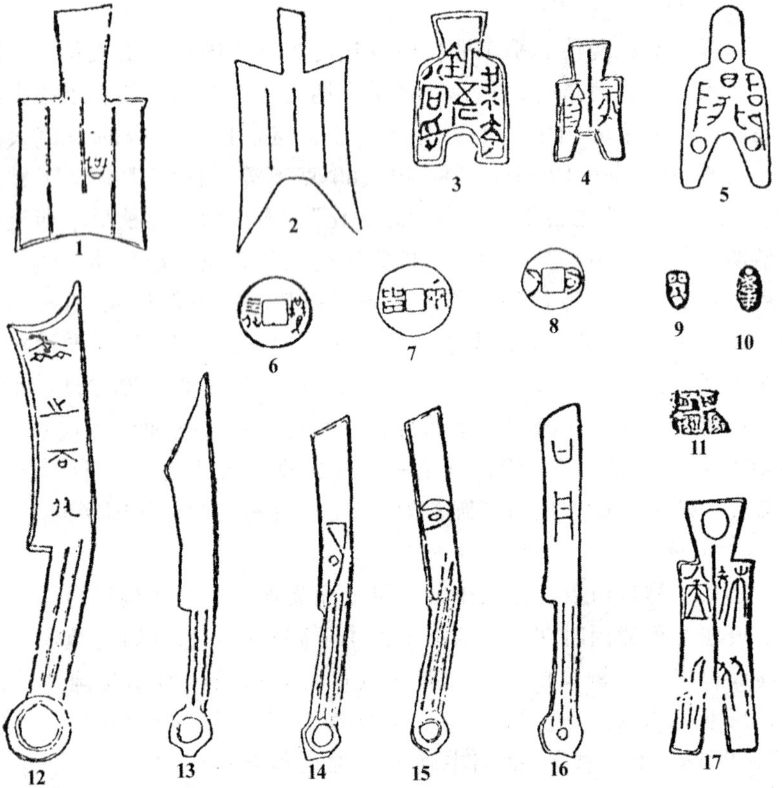

图4　战国时期的货币

1. 空首布　2. 尖肩尖足布　3. 平首圆肩布　4. 平首方肩布　5. 圆首圆肩布　6～8. 圆钱　9～10. 有文铜贝　11. 郢爰　12. 齐刀　13. 尖首刀　14. 弧背刀　15. 折首刀　16. 直刀　17. 楚国布币

除了铜铸币外，春秋战国时期有些国家还流通金币、银币。如楚国在战国时期铸造了大量的金版和金饼。金版是一种扁平钤印的版状黄金块。金版的大小不等，方印的数量不一，比较完整者重250克左右，每版的方印少则几块，多则10～20不等，最多者有达50多印者，故称“印子金”。方印上的文字多为“郢爰”二字，或曰“郢称”。次为“陈爰”，或曰“陈称”；还有“专爰”、“颖”、“覃金”、“隔爰、“卢金”等文字，但皆少见。金饼圆形，无印记，但有时刻有重量和数码符号。银币即银布，1974年在河南省扶沟县古城村出土18块，其中空首布1块，平首布17块，有人认为是春秋时期楚国的货币，也有人认为是郑国的货币。

第三节　秦

据《史记·秦本记》记载，秦的祖先最初居住在“西犬丘”，后因牧马有功被封地授侯，成为周的附庸，得以建立秦国。根据近年的考古发现，“西犬丘”即甘肃礼县，实际上是秦族、秦文化的真正发祥地和根基所在。其后，秦又迁都雍城（今陕西凤翔）、栎阳（今陕西临潼）、咸阳（今陕西咸阳）。公元前221年，秦始皇完成了统一六国的大业，第一次建立了中央集权制的封建国家，并且采取了一系列措施巩固其统治。秦的考古遗存发现很多，这里只列举其最典型的遗存。

一、遗迹

1. 阿房宫

秦始皇35年（公元前212年），开始在渭水南岸上林苑内规划营建宫殿——朝宫。先作朝宫的前殿——阿房。根据文献记载，阿房宫东西宽500步，南北长50丈，上可坐万人，殿下可建5丈高的大旗。用兰木做梁，以磁石做门，如有人身藏利刃进宫，即被发现。四周建有阁道，自殿下直抵南山。门观（阙）建筑在南山顶上。在殿后又建阁道，从阿房渡过渭水与咸阳宫殿连接。宫门前立12个铜人，每个铜人身高5丈，坐高8丈，足大6尺，“各重三十四万斤。”

阿房宫遗址在今西安三桥镇以南古城村附近，至今尚有高大的夯土台遗存，东西 1200 米，南北 450 米。现存台面南部略低，北部略高，最高处约 7～8 米，其规模远远超过战国时期的任何宫殿。

2. 咸阳宫

据文献记载，秦咸阳建有咸阳宫。从调查和发掘的资料可知，咸阳宫在秦宫殿区的中心。1974～1975 年发掘的第 1 号宫殿遗址和 1975 年发掘的第 3 号宫殿遗址均为咸阳宫的一部分。

第 1 号宫殿遗址东西 60 米，南北 45 米，一层台高 6 米，平面略呈“L”形，南北内含若干室。南部西段一列 5 室，西边 4 室为卧室，出土有壁画残片，伴出陶仿轮，当年可能是宫嫔居住的地方；最东 1 室，内有取暖的壁炉及大型陶制地漏及排水管，可知是浴室。大台的中央有版筑厚墙卫护的主体宫室，东西 13.4 米，南北 12 米。南北墙各开二门，东墙居中一门（门道有壁画痕迹）。中央有直径 60 厘米的都柱遗迹。地表为朱红色，即当时的“丹地”，表明这里是最高统治者所使用的厅堂。厅堂东侧接连卧室，内有壁炉设备。厅堂西侧，有漫道通至厅的楼层。大台的西侧还有大卧室、大浴室和贮藏室，也应是妃嫔、宫女居住使用的。朝北有宽敞的厅堂，朝南有宽阔的大露台，由此可以俯瞰咸阳全城，并可远眺清河与南山风景。

第 3 号宫殿遗址在第 1 号遗址的西南方，其间有夯土互相连接。已发掘的西阁道长 32.4 米，宽 5 米，左右两残壁满饰壁画，题材为秦王出行车马仪仗之属，其中有车马、人物、花木、建筑等形象。这些秦代宫室壁画，在中国建筑史及美术史上，都有重要价值。

3. 兵马俑坑

秦兵马俑坑位于陕西省临潼县西杨村西南，西边距离秦始皇陵陵园东城墙 1 公里，正当陵园东门大道的北侧。兵马俑坑的修建工程大约开始于秦统一六国之后，到公元前 209 年因农民起义爆发被迫停工，公元前 206 年项羽入关时焚毁。

目前，共发现 4 个俑坑，总面积 25380 平方米。1 号坑位于始皇陵外城东墙外 1225 米处，平面呈长方形，东西宽 210 米，南北长 60 米，深 4.5～6.5 米，总面积约 12600 平方米。在中部及西角进行了试掘，面积约 1000 平方米，清理出武士俑 500 个，陶马 24 匹拖有战车 6 辆。估计全坑约有 6000 兵马俑。俑坑是土木结构，经火焚已塌陷。2 号坑在 1 号坑的东北边，平面呈曲尺形，总面积约 6000 平方米，试掘了大小方 18 个，面积约 1036 平方米，清理出木制战车 11 辆，车士俑 28 个，将军俑 1 个，拉车的陶马 67 匹，骑士俑 32 个，鞍马 29 匹，兵马俑 163 个。估计全坑将有木质战车 89 辆，车士俑 261 个，陶马 350 匹，骑士俑 116 个，鞍马 116 匹，步兵俑 562 个。3 号坑在 1 号坑的西北边，平面呈“凸”形，面积约 520 平方米，清理出驷马战车一辆，车后有武士俑 4 个，南面有铠甲武士俑 42 个，北面有铠甲武士俑 22 个。4 号坑在 2 号坑和 3 号坑之间，平面呈长方形，面积约 4000 平方米，是一座未建成就废弃的空坑。

兵马俑坑的发现，对秦代军队兵种、编制、作战方式、武器装备情况的研究，是一批最具形象的实物资料；对秦代雕塑艺术的研究，也有重要价值。

4. 石质甲胄坑

位于秦始皇陵封土东南侧 200 米处，东西长 129 米，南北宽 105 米，四角各有一门道，总面积达 13689 平方米，是目前秦陵内外城之间发现的最大陪葬坑。其建筑结构和秦俑坑大体相近，有从地面通到坑底的斜坡门道，坑内有用夯土筑成的土隔墙分割成好多单元，内为土木结构的地下坑道式陪葬坑。坑底发现了密集排列、至今中国考古史上没有见到的石质甲、胄等遗物。这些甲片呈青灰色，部分被火烧过的呈白色。通过试掘，在 70 平方米的范围内发现了 80 领铠甲和 36 顶石质胄等。石质甲分背甲、胸甲、膊甲等部分，甲片全由青石切削打磨而成，根据不同部位，有长方形、长方弧形、椭圆形、圆形、梯形等，大者长 7～8 厘米，宽 3～4 厘米；小者长 3.5 厘米，宽 1 厘米，厚度约 0.2～0.3 厘米。每片两端钻孔，各有四、六、八个孔不等，两片间用细扁的铜丝穿孔连缀。在这么小和薄的青石片上钻孔，如果没有良好的加工工具，是难以想象的。

石质甲胄的大批面世是中国考古学史上的首次发现，在世界范围内也是绝无仅有的。它所体现的切削、磨制、钻孔、编缀等加工技术，增加了人们对秦代科技水平的认识。石质甲胄的出土，改变了学界“秦代无胄”的传统认识，也填补了古代历史文献记载的空白。

二、墓葬

1. 大堡子山墓地

长期以来学术界对秦人起源持不同观点：有的认为秦人自东方辗转而来，也有人认为秦人的祖先就在西部，更有观点认为秦人的祖先就是古羌人。据考证，秦国共有四大陵园区，第二、三、四陵园区的位置在1987年前已陆续确定，即陕西的雍城陵区（西陵）、芷阳陵区（东陵）和秦始皇陵园，但第一陵园区在何处一直是困扰史学界和考古学界的千古之谜。

1993年，由于盗墓者的乱挖乱盗，在距甘肃礼县城东13公里处的永兴乡大堡子山一带发现了秦贵族和秦公两大墓葬区。甘肃省文物考古所随即在大堡子山进行了为时8个月的抢救性发掘。发现大堡子山的陵墓坐西向东，墓主头西脚东，与雍城陵园、芷阳陵园、始皇陵园完全一样，而长达100多米的中字形墓葬也显示出秦人好建巨陵大墓的特点；墓群范围总面积18平方公里，目前已清理出墓葬14座、车马坑2座、出土文物300多件，内有大量青铜器和金、玉器等。有的青铜器上明确铸有“秦公作铸用鼎”、“秦公作宝用簋”等铭文；从地理位置看，大堡子山“两河夹一山”的独特地势也完全符合先秦皇家陵园“风水”取向。目前考古学和历史学专家已一致确认：大堡子山古墓就是秦公墓，其墓主可能是庄公、襄公或文公，秦第一陵园——西垂陵园在礼县大堡子山，秦“西犬丘”在礼县，甘肃礼县是秦族、秦文化的真正发祥地。

秦西垂陵园的发掘是“二十世纪继敦煌藏经洞和秦兵马俑之后的又一重大发现”，对研究先秦时期政治、经济、军事、文化、冶炼铸造、礼制、陵寝制度等方面有着不可估量的历史价值和学术价值，填补了先秦文化研究的空缺。

1997年甘肃省政府将大堡子山墓地列为全省重点文物保护单位。2001年墓地被国务院列为全国第五批重点文物保护单位。2002年陕西省古建设计研究所受礼县委托，完成了遗址保护的综合规划，2005

年经陕、甘两省专家组论证通过并报请国家文物局。

2. 秦始皇陵

秦始皇陵位于陕西临潼县东5公里的晏寨乡，南靠骊山，北临清水，形似小山，气势极为雄伟。据《史记·秦始皇本记》记载，秦始皇即位后，就开始在骊山营建他的陵墓，统一六国后，建陵工程更加扩大，征调劳力达70万人，前后延续30余年，直到秦亡，陵园尚未全部竣工。

根据最近的考古资料，始皇陵整个布局是：陵东为始皇诸公子、公主的殉葬墓，有埋置陶俑、活马的从葬坑群，还有模拟军阵送葬的兵马俑坑。陵西是烧窑、制石和堆放砖瓦材料及埋葬刑徒的墓地。陵南紧靠骊山，陵北为大型的寝殿和便殿的建筑群。

始皇陵园平面呈南北长、东西窄的长方形，有内城和外城。内城南北长1300米，东西宽578米。外城南北长2513米，东西宽974米。内外城城墙每边都设有门。封土在内城城墙的南半部。据文献记载，始皇陵高50丈，按秦一尺当今23厘米计算，高度应是115米。现实测陵高76米（封点在封土西北角内城城墙的基部）。封土由夯土筑造，底部方形，每边长约350米，其原来形状估计应为覆斗形。封土的东西北三边都发现墓道。在西道的过洞中发现彩绘铜车两乘，每乘驾铜马四匹，车上各有一铜御官俑。铜车、铜马、铜人的大小相当于真车、真马、真人的1/2。车马的系驾驰挽具齐全，装饰华丽，为研究秦代宫廷舆服制度和单控车系驾方法提供了较为确切的实物例证。

3. 墓葬形制及随葬品

根据已发表的考古资料，秦代普通的墓葬形制有以下几种：(1)长方形土坑木椁墓，无墓道，设有头厢（云梦睡虎地墓葬第2组）。有的除头厢外还有边厢（湖北江陵凤凰山秦墓）。(2)正方形土坑木椁墓，有斜坡墓道。有的椁室隔成中室和两个侧室，木椁放在中室（长沙左家塘秦代木椁墓）。有的有头厢、边厢、脚厢和棺室，有的在方坑内设壁龛，有的在墓道两侧设耳室（临潼上焦村秦墓）。(3)方形土坑洞室木椁墓，椁室隔成头厢、脚厢、棺室三部分，有斜坡墓道，有壁龛，壁龛设在洞室内（临潼上焦村秦墓）。（4）竖穴砖壁墓，用细绳纹砖砌造墓壁和铺地。砖上有文字，墓砖的规格与始皇陵出土的相同（临潼县城北一座小墓）。（5）刑徒墓，仅有长方形土坑，深1～2米，大小不等，小的长1.1米，宽0.56米，最大的长10.6米，宽1.1米。一个土坑一般埋两三人，也有埋一人或多至十多人的。一般均无葬具和随葬品（始皇陵西侧赵背户村刑徒墓）。

秦代墓葬的随葬品一般以实用器为主。铜器有甗、釜、鍪、匜、蒜头壶等。陶器有瓮、罐、豆、鸭蛋壶、仓、釜、盆、盒、鼎等。

三、砖瓦

历史上颇负盛名的秦代砖瓦，是以其颜色青灰、质地坚硬、制作规整、浑厚朴实、形式多样而著称于世，有人给予“敲之有声，断之无孔”的评价，也有人称之为铅砖，都是形容其质量之高。砖有空心砖、条形砖、长方形砖、楔砖（五角形砖）、曲尺砖（拐子砖）、券砖等。制法一般为模制，需加纹饰的砖再用纹模加印，然后入窑烧制。空心砖大多是长方形，作二、三级踏步用。纹饰有几何纹、龙纹、凤纹，也有素面。

瓦有板瓦、筒瓦、瓦脊、瓦当。板瓦、筒瓦的制法是先用泥条盘筑法制成圆筒形坯，然后把圆筒形坯一剖为二便成筒瓦坯，一剖为四便成板瓦坯，晾干后入窑烧制。瓦当的制法是：先做成一端封口的圆筒形坯，再于封口一端平面上模印纹饰，在未干之前，用竹刀中剖筒坯至封口处，再用细绳沿瓦当背面将其中的一半切下来，晾干后入窑烧制。板瓦和筒瓦表面饰绳纹，内壁有素面或麻点纹。瓦脊用于屋脊，有的呈覆钵梯形，有的是双覆钵形（或称马鞍形）。瓦当有半圆和圆形两种。有素面的，也有带纹饰的，其中以圆形带状纹饰的最多，半圆和圆形瓦当素面的较少。有纹饰的瓦当可分为图案瓦当和图像瓦当两种。图案瓦当又可分为植物、云纹和极少的几何纹三种。植物纹瓦当有莲瓣纹和葵纹，瓦当直径一般为12～19厘米。云纹瓦当，当面分为外圈与内圈，再把外圈等分四格，造成四个扇面，然后把云纹布置在4个扇面上。云纹变化多端，有“”“”“”

“∽”“ↄↄ”等形。内圈纹饰也很多，有网状纹、米格纹、四叶纹、同心圆纹、半球状纹等。瓦当直径一般为 15—16 厘米。图像瓦当除特大的夔纹瓦当外，一般已由早期单一的动物如奔鹿、子母鹿、双虎、双獾、朱雀等发展成为组合对称的扇面状的综合图像。在 4 个扇面上分别布置鹿、鸟、昆虫或云、虎、夔、龙等物（图 5）。

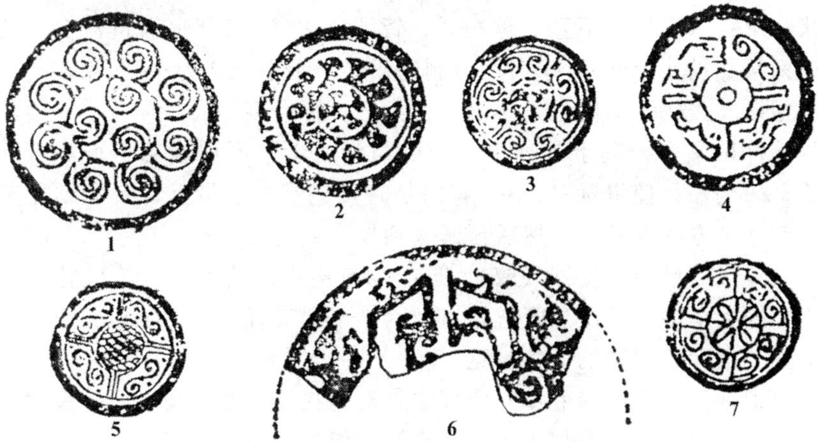

图 5　秦代瓦当

1、2. 葵纹瓦当　3、5、7. 云纹瓦当　4. 扇面综合图像瓦当　5. 夔凤纹瓦当

秦代砖瓦上带有文字，多为戳印文，刻文极少。戳印有阴文和阳文两种，其中以阳文为最多，字体以小篆为主，有些介于篆隶之间。戳印文字多见于板瓦、筒瓦及大型条砖上，脊瓦和小条砖上少见，五角形及圆形水道管上罕见。

根据戳印，秦代的砖瓦场大致可分为中央官署制陶作坊、市亭制陶作坊和民营制陶作坊三类。中央官署制陶作坊烧制的砖瓦，凡属都司空管辖的，在人名前冠以“都”字。凡属左右司空管辖的，在人名前冠以“左司空”、“左司”或“左”字。右司空与左司空陶文相同。凡属大匠管辖的，砖瓦上有“大匠”、“匠”、“大”、“大瓦”等字。市亭制陶作坊烧造的砖瓦，一般在人名前冠以地名，如“咸邑如顷”、“咸原小婴”、“咸阳成申”。民营作坊烧造的砖瓦与市亭烧造的砖瓦陶文格式相同。类似这样的陶文还见于秦代日用陶器上。

四、度量衡、货币和文字

1. 度量衡

秦始皇统一度量衡，是沿袭商鞅变法时制定的标准，只是在秦国原有的标准器上，加刻一道始皇26年的40字诏文。诏书全文为："廿六年，皇帝尽并兼天下诸侯，黔首大安，立号为皇帝。乃诏丞相状、绾：法度量则不壹、歉疑者，皆明壹之"。在其它衡量器上，还加刻秦二世元年的60字袭用旧制的诏文。诏书全文为："元年，制诏丞相斯、去疾：法度量，尽始皇帝为之，皆有刻辞焉。今袭号，而刻辞不称始皇帝，其于久远也，如后嗣为之者，不称成功盛德。刻此诏，故刻左，使毋疑"。诏文有的是直接刻在权、量上，有的则先刻在3寸见方的铜板上，然后再镶嵌到权、量上。

秦代的量器和衡器（权），近年均有出土，其中以带始皇廿六年诏文的为最多，其次是既有始皇廿六年诏文又有二世元年诏文的，而单刻二世元年诏文的极为少见。

根据云梦秦律《效律》中规定，秦国在使用度量衡方面是极其严格的，如有不按国家规定标准行事的，便按法律加以制裁。

2. 货币

秦统一六国后，针对战国末期紊乱的货币制度颁行了统一货币的法令，规定黄金与半两钱为全国法定货币，这是一种金、铜平行的本位制度。黄金为上币，乃属称量货币，主要是在社会上层统治者间使用，如赏赐、馈赠和大宗的交易支付等。铜钱为下币。铜钱正面有篆文"半两"二字，背素，孔方，无廓。一般钱径2.4～3.2厘米，穿径0.75～0.9厘米，重2.5～4克。半两钱是一般市场买卖、赋税交纳及与人民日常经济生活直接相关的货币（图6）。

3. 文字

春秋战国时期，文字结构还没有统一的规定，俗字和简字随意应用，形体混乱。秦统一六国后，立即进行了"书同文"的文字改革，规定用小篆统一全国文字。秦代的标准小篆现存的仅有泰山刻石"秦二世诏"残片（存约10字，现藏泰安岱庙中）和琅琊刻石残文13行（现藏北京中国历史博物馆），相传均为李斯用小篆书写的。小篆字体

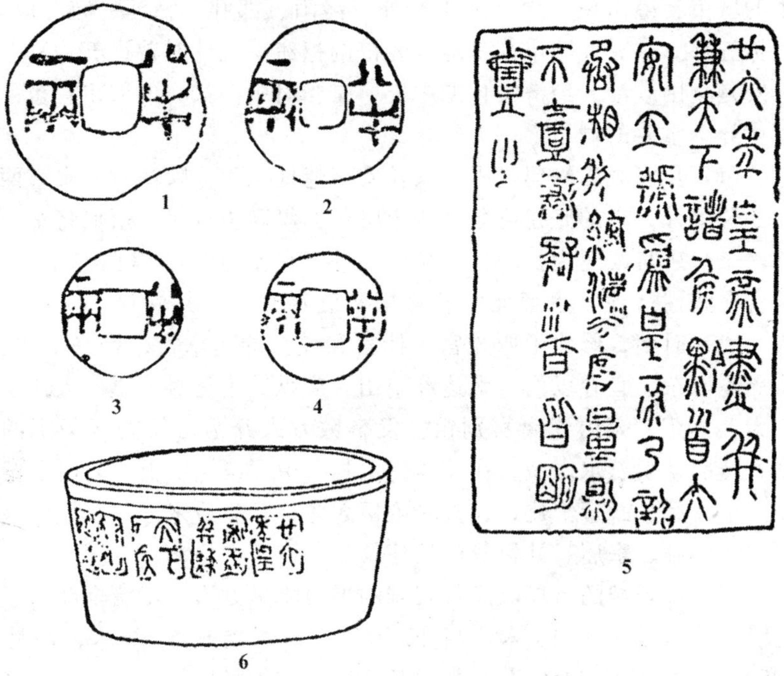

图 6　秦代诏版和半两钱

1、2、3、4. 半两钱　5. 始皇廿六年诏版　6. 始皇廿六年诏文的陶量

结构较大篆简略，笔划如箸，故称“玉箸篆”，亦称“斯篆”。

秦除了规定小篆作为全国标准字体外，还推广人民群众创造的隶书（亦称草篆）。秦隶是小篆的草化，为以后的楷书奠定了基础。从考古资料看，秦代的隶书除施于某些铜器铭刻外，湖北云梦秦简均用隶书书写。

第四节　汉

一、城址

1. 西汉长安城

西汉时期，随着农业和手工业的发展，商业也兴盛起来，许多繁华的城市相继出现。除首都长安外，洛阳、邯郸、临淄、宛、成都，号称五都。这五大城市都是地区经济的枢纽，王莽时曾设五均官。而长安是全国政治、经济文化的中心，是当时中国最大的城市，也是当时世界上重要的城市之一。

（1）长安城的修建过程。汉长安城遗址位于今陕西省西安市西北约 3 公里处，它的修建可分为四个阶段：汉高祖五年，萧何将秦的离宫——兴乐宫改建为长乐宫，费时二年。随后在长乐宫西建未央宫，两宫之间建武库，惠帝元年筑城墙，五年完成。并修建了东市、西市。武帝时期，修建了明光宫、桂宫和城西的建章宫，增修了北宫，将周厔以东、宜春以西、南达终南山、广纵数十至百公里的大片土地辟为上林苑，苑内建离宫别馆。发卒数万人开凿由长安至华阴的漕渠，开明渠引泬水入城，在城西南上林苑中开凿昆明池，勾通了丰水和泬水。经过武帝修建，长安城规模大体具备。后来王莽在城南兴建了明堂辟雍、宗庙、社稷等巨型建筑。

（2）长安城的布局。汉长安城的平面略呈方形，城墙全部为版筑土墙。墙基厚 12～16 米，高 12 米以上。东墙长 5940 米，南墙长 6250 米，西墙长 4450 米，北墙长 5950 米。墙外有宽约 8 米，深 3 米的护城壕。城的 4 边各开 3 门，共 12 座城门。每门皆有 3 个门道，门道各宽 8 米，一门可通 4 车，三门可通 12 车。城内有一条环城街，路面最宽处 7～8 米。还有 8 条大街，宽 45 米，。中间有 2 条排水沟，将全街分为 3 股，中间一股为御道，宽 20 米，两侧为旁道，各宽 12 米。城外各宫位置是：未央宫在城西南部，平面方形，面积约 5 平方公里。四面各有一门。据记载，宫内主要建筑有前殿、宣室殿、清凉殿、温室殿、麒麟殿、金华殿、承明殿、椒房殿、昭明殿、柏梁台、天禄阁、石渠阁等。其中前殿台基尚存，南北长 350 米，东西宽 200 米，北高南低，北端最高处约 15 米。长乐宫在东南部，又称东宫，面积 6 平方公里。四面各开一门。宫内主要建筑有前殿、临华殿、长信殿、长秋殿、永寿殿、神仙殿、永昌殿和钟室等。桂宫在未央宫北靠近西城墙，平面长方形，东西宽 880 米，南北长 1800 米。北宫、明光宫分别在未央、长乐宫之北。建章宫位于城西，宫内的太液池遗迹尚存，池北发现巨型石鱼，与记载相符。在西市东北角近年发现了西汉中期为皇帝和国家生产入葬陶俑的专用官窑 21 座。长安城城内宫殿、官署、府第林立，是王公贵族的居住地；城北和东北部为居民区；西北有东西九市，为工商业区；西郊为帝王、贵族、官僚田猎的苑囿区；南郊有宗庙、社稷、明堂辟雍，是帝王宣教化、祭天地、拜祖先的场所。从整个布局看，汉长安城在某些方面仍保留着先秦国都布局的遗风，但改变了战国都城的城廓之制，把宫殿、官署、居民同置于一个大城内，开创了我国规划大城市的先例（图 7）。

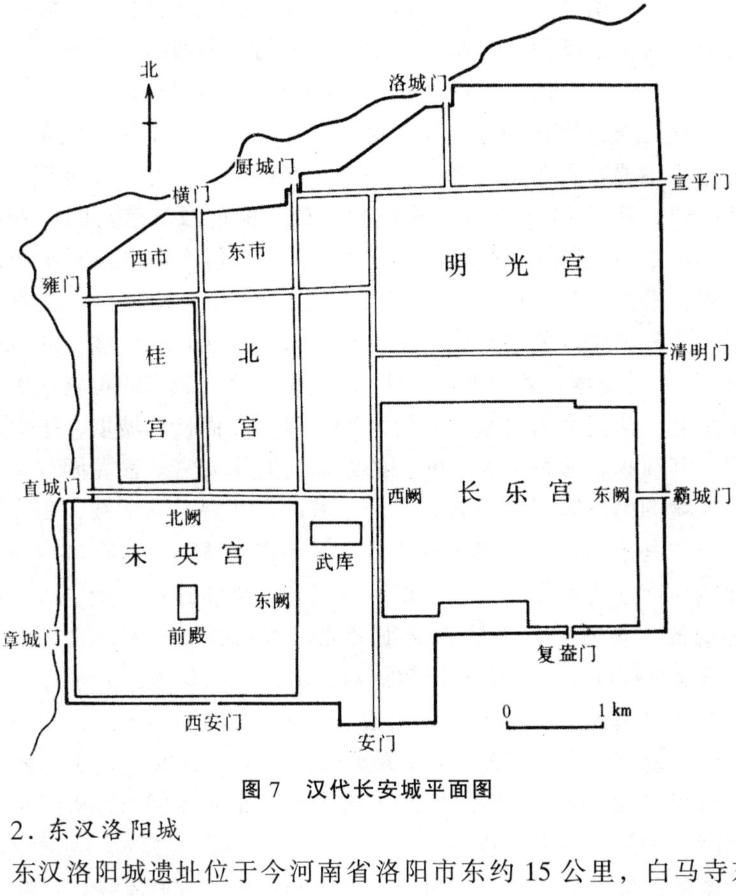

图 7　汉代长安城平面图

2．东汉洛阳城

东汉洛阳城遗址位于今河南省洛阳市东约 15 公里，白马寺东 1

公里处。西周初就在此筑城，称成周。因在雒水之北，战国时称雒阳，两汉因之，曹魏以后改为洛阳。因此城在东汉、曹魏、西晋、北魏时都被作为都城，故又称汉魏洛阳城。

东汉洛阳城的平面略呈长方形，南北约汉代9里，东西约汉代6里，故称“九六城”。城墙用土夯筑，厚约14～25米。东西北三面城墙遗迹尚存；南面城墙因洛河改道被冲毁。经实测并复原，东城墙长约4200米，南城墙长约2460米，西城墙长约3700米，北城墙长约2700米，总长合汉代约31里。全城共设十二个城门。东面城墙的三个城门自北而南为上东门、中东门、秏门，西面城墙的三个城门自北而南为上西门、雍门、广阳门，南面城墙的四个城门自东而西为开阳门、平城门、小苑门、津门，北面城墙的二个城门自东而西为谷门和夏门。夏门遗迹保存较好，经钻探，有三个门道，推测其他城门亦如此。城中主要宫殿为南宫和北宫。南宫在西汉时已有一定规模，以后不断扩建，建武14年在南宫建成规模最大的前殿。南宫的位置在中东门大街之南，秏门—广阳门大街之北，开阳门大街之西，小苑门大街之东，平面呈长方形。南北约1300米，东西约1000米。北宫始建于明帝永平三年（公元60年），至永平八年建成。据记载，北宫中的德阳殿，“周旋容万人，陛高二丈”，规模宏伟。北宫的位置在中东门大街之北，津门大街之东，谷门大街之西，北面接近城墙，平面呈长方形，其面积较南宫为大。北宫的东面还有永安宫。濯龙园（皇家花园）在城的西南隅。太仓和武库都在城的东北隅。据记载，工商业区有南市、马市和金市。南市在南郊，马市在东郊，金市在城内南宫的西北。城南还有太学、明堂、辟雍、灵台。太学遗址范围很大，经勘探和试掘，有两处：一处在辟雍之北，东西长200米，南北长100米；一处在辟雍东北，南北长200米，东西长150米。灵帝熹平四年（175年）由蔡邕用隶书写成的石经46块，立于太学门前，称为《一体石经》或《熹平石经》。汉末董卓火烧洛阳宫庙殃及太学。魏文帝黄初五年（224年）又在旧址上重建太学。正始年间（240～249年）用大篆、小篆、隶书写成的石经，称为《三体石经》或《正始石经》立于太学门前。这些残石自唐宋以来直到现在，续有发现，证明了这里是东汉和曹魏时期的太学遗址。明堂在开阳门外大路的西侧，平城门外大路的东侧，平面呈方形，每边各长240米，其中有一直径为62米的圆形台基，为主体建筑所在。辟雍在开阳门外大路的东侧，平面呈方形，每边各长170米，四面筑有围墙。灵台在平城门外大路的西侧，平面基本呈方形，东西长220米，南北长200米。周围有墙，中心有夯土台基，基部约50米见方，残高约8米。台的四周有上下两层平台建筑遗迹，下层为回廊，四周各有5间房屋建筑，用长方砖铺地，东面房屋壁面涂青色，西南涂白色，南面涂红色，北面涂黑色，灵台是当时全国最大的天文台，使用时间长达250年之久，直到西晋战乱时期才遭到破坏，以致废弃不用（图8）。

从东汉洛阳城的平面布局来看，已基本上摆脱了《周礼·考工记》营建都城的规划，南、北宫前后布置在城的中部，显露出按中轴线布局的萌芽；明堂、辟雍、灵台、太学建在城南正面，南城墙并开四门，表明都城规划开始强调正前面的布局。

二、墓葬

战国时期在一定程度上还保存着中国奴隶社会埋葬习俗的“族坟墓”制度。“族坟墓”制度的主要内容。就是把墓葬分为公墓与邦墓，死者按宗法关系聚族而葬。公墓葬王家贵族；邦墓葬平民及中小贵族。到了汉代，由于贵族宗法制度的崩溃和大土地所有制的发展，这种葬制也就消失了。由于汉代墓地可以自由买卖，所以，财富与地位相同的人便可以购得地价相近的墓地。于是，一个个墓葬便按社会地位的高低和财富的多寡而分别集中于一地。东汉时期随着大庄园经济的发展，又兴起了许多大家族墓地，一个士族豪强地主的家族墓地能绵延几百年，有的在一个坟墓里埋葬着几代人。

1. 西汉墓葬形制和随葬品组合

按照墓葬形制划分，西汉有木椁墓、土洞墓、空心砖墓、砖室墓、崖墓，以及个别的壁画墓与画像石墓。

（1）木椁墓。是继承商周以来的传统，在长方形土坑内构筑木椁，内放棺材，椁与棺之间的空隙用板隔成前、后、左、右或头、侧厢房，放置随葬品。如马王堆汉墓、江陵168号汉墓就是这种形制。

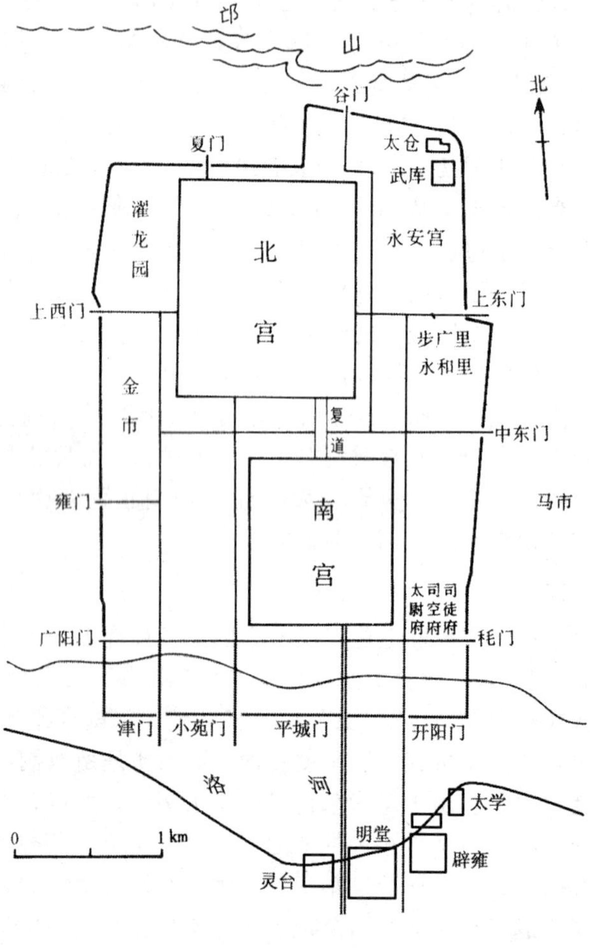

图 8　东汉洛阳城平面图

高级贵族墓在土坑中建有大型黄肠题凑椁室，又把整个椁室分成梓宫（放棺材）、便房（仿效生人宴享、接待宾客之所）、厢房（放随葬品）等。题凑之外有外回廊（放车马仪仗、灶、井等模型）。如北京大葆台汉墓、江苏高邮天山汉墓、长沙象鼻嘴一号墓等均是。大墓一般都有斜坡或阶梯墓道。木椁墓主要流行于西汉前期至中期，而在长江流域及南、北边区延续到西汉晚期至东汉前期，个别还延续到东汉晚期。

(2) 土洞墓。又叫洞室墓，战国中期已开始出现，墓室是横穴式土洞，前部一侧或两侧往往设有耳室，墓道多为长方形竖井或斜坡式。这种墓构造简单，规模不大，墓主一般属平民百姓。流行于黄河流域和北方，并延续到以后各代。

(3) 空心砖墓。战国中晚期开始出现，西汉时在中原和关中一带普遍流行，到东汉绝迹。在横穴式的土洞内用空心砖砌成墓室，墓道多为竖井式。西汉前期多平顶单棺空心砖墓，西汉中后期多双棺空心砖墓，顶部用空心砖砌成屋顶式。前壁作为门洞，模仿生人住房。个别墓内还有彩绘壁画。墓主一般属中小地主阶级和下层官吏。

(4) 砖室墓。西汉中期开始出现于中原地区和关中地区，到东汉已普及全国，并盛行于以后各代。墓室用小型长方砖砌筑，有时局部使用楔形砖和榫卯砖。墓顶的结构有圆弧形和穹窿式。

(5) 崖墓。出现于东汉，著名的有河北满城汉墓，山东九龙汉墓，江苏徐州北洞山汉墓，广州南越王墓等。这种墓，首先在山崖间穿凿巨大的洞穴，然后凿出耳室、前室、后室或主室和附室等。

(6) 壁画墓。西汉中期已出现，如河南洛阳，山西平陆、陕西千阳等均有发现。一般墓室规模小，结构多样，有的以空心砖或小砖砌成，有的是土洞墓。壁画内容主要是宣扬忠孝节义，升天成仙以及自然天象、庄园农耕等场面。

(7) 画像石墓。西汉中期至王莽时期已出现，如河南南阳，江苏连云港等地均有发现。墓室平面一般为长方形和“回”字形。画像的位置除了墓门外，在主室的门以及主、侧室的壁和顶上都有。题材广泛，有神话传说、历史故事、楼阁建筑、人物、动物、天文星象和几何图案等。

在葬式方面，屈肢葬到西汉前期已绝迹，仰身直肢葬式已成定制。西汉前、中期夫妻一般是异穴合葬，西汉中期以后夫妻一般是同穴合葬。

贵族墓直到西汉中期仍有用车、马殉葬的，如满城汉墓、曲阜鲁王墓等，但车和马都埋在墓室和墓道里。西汉后期，不再用真车真马殉葬，而用木制或陶制的车马模型代替。

贵族、官僚的墓在西汉前期主要以实用的各种珍贵器物随葬，一般有铜、漆、陶等容器。其中铜器有鼎、钫、壶、敦、盘、匜、鐎斗等。漆器有鼎、钫、壶、盘、匜、杯等。特别是长江流域有的墓内用大量漆器随葬而不用铜器。陶器有鼎、钫、壶、瓮、罐、盒、盘等，种类较多，数量颇大，这与汉墓中盛行用大量食物随葬有关。还有生活用具如灯、熏炉、博山炉、暖炉、熨斗、尺、镜、带钩等铜器和奁、盒、案、几、屏风等漆器，也很常见。男性墓往往还出武器，主要是刀、剑、矛、戟、弩机、甲胄等。个别墓内还出现帛书、帛画、竹简，还有用各种衣物和衣料随葬的。铜钱和印章随葬也很普遍。代替真人殉葬的木俑、陶俑也大量出现于大墓中。西汉中期以后，用陶质明器如灶、仓、井等随葬已蔚然成风。西汉中小型墓一般不出青铜容器，主要出仿铜、仿漆的陶器，如鼎、壶、盒、罐、瓮、炉、灯、奁、杯、盘，还有仓、灶、井、风车、碓等模型明器。铜钱和铜镜也常发现。

2. 东汉墓葬形制和随葬品组合

按照墓葬的形制划分，东汉主要有砖室墓，流行壁画墓、画像石墓，还有少量木椁墓、砖木混合墓、崖洞墓和画像砖墓。

（1）砖室墓。东汉时期普遍流行，前期大墓一般由墓道、甬道、前室、后室（主室）和耳室组成。后期则成为多室墓，一般有墓道，甬道，东西耳室，前、中、后室或东西侧室，有的一个墓内有 10 多个大小室。中小型墓一般由前后室、耳室或侧室组成。墓顶结构仍流行圆弧形和穹窿式。

（2）壁画墓。西汉中期已出现。东汉壁画墓主要发现于山东、河南、河北、辽宁、江苏、内蒙古等地。有砖筑或石筑或砖石混合结构。特别是东汉晚期墓室规模巨大，壁画内容丰富，如河北望都 M1、M2，江苏徐州黄陇山墓，河南密县打虎亭 M1、M2，偃师杏园村汉墓，内蒙古和林格尔汉墓。壁画内容主要有车马出行、乐舞百戏、属吏、坞壁、宴饮、庖厨、农耕以及墨书题榜。

绘画技法一般是墨线勾勒轮廓，再平涂填色。东汉晚期出现了大笔涂刷的写意法、不勾勒轮廓而施色的没骨法和单线勾勒的白描法，并讲究比例和透视关系。

(3) 画像石墓。西汉中期至王莽时期出现，到了东汉开始盛行起来。主要分布在山东南部、江苏北部、河南南阳、湖北襄樊和陕西北部。此外，安徽宿县，北京丰台，河南密县，浙江海宁，四川成都、合川等地也有少量发现。有纯石和砖石混合结构两种，墓顶结构有圆弧形、穹窿式和叠涩式三种。石刻画像内容有墓主生平、车骑出行、门阙、楼阁、乐舞百戏、祭祀、饮宴、射猎、农耕、纺织、天象、历史神话故事、珍禽异兽以及各种图案花纹等。画像一般刻于墓门、门额、门柱、门扉、墓顶、石梁、前室四壁或满布墓室。雕刻技法有阴线刻、四面刻、减地平面阴刻、浅浮雕、高浮雕、透雕。

(4) 木椁墓。在广州、江苏盐城、扬州等地偶有发现，一直延续到东汉晚期。其形制有的与西汉相似，椁室内分棺室、头厢或脚厢等部分；有的椁外四周砌砖一层，有的椁室内分前、后室，前室比后室低下。

(5) 砖木混合结构墓。墓壁用砖砌成，底、顶和封门用木板，也有的墓壁和顶用砖，唯封门用木板。这是由木椁墓向小砖墓过渡的一种形式，流行于东汉前期广东等地。

(6) 崖墓。主要流行于山区，特别是四川丘陵地区。大多在山崖或岩层中开凿洞穴，内分若干小方室，有的墓内埋葬数代人，有的大墓的岩壁上雕刻画像，题材与画像石类似。

(7) 画像砖墓。主要流行于四川成都平原。墓壁上嵌有方形或长方形画像砖作为装饰。画像内容多为门阙、宅院、车马出行、弋射、生产、收获、神话故事等。墓葬结构有砖室墓和砖石混合结构墓两类。此外，在陕西、江苏、江西、湖北、云南等地也有少量发现。这些墓葬的画像一般均在小砖的侧面，内容多为仙禽、神兽、车骑、祥瑞和历史故事，在形制和风格上都与四川地区的迥然不同。

东汉时期，墓上建筑如墓碑、祠堂、墓阙、人物和动物的石雕像也开始普遍流行，并逐渐成为定制。

东汉时期，贵族官僚墓内的铜、漆器逐渐减少，但仍有许多的精美工艺品出土。金银器比前代有所增多。有些地区的墓内还有少量的青瓷器。此外，用陶质明器随葬的风气非常盛行，种类和数量都胜过西汉，除仓、灶、井外，还有磨、杵臼、风箱、碓房、猪圈、楼阁、田地、池塘以及猪、狗、羊、鸡、鸭等家畜和家禽等塑像，反映了地主阶级对随葬品的观念有了显著的变化。

东汉墓中有时还随葬购买墓地的契约，即“买地券”。这种契约多数是刻在长方形的铅板上，也有的刻在玉板或书写在铁板、青砖上，它是一种象征性的证券，放在墓内意在保证死者对墓地的所有权不可侵犯。

东汉中、晚期，还流行在墓中放置一种陶质的“镇墓瓶”，瓶内有时还盛放朱砂、雄黄、水晶等物，瓶上有朱书文字或符箓。是为墓主人僻邪用的，这与道教巫术盛行有关。

汉代的刑徒大多数属劳动人民，因为触犯了封建国家的法律，被迫判“罪”从事劳作，直到死去还遭非人的待遇。西汉的刑徒墓地在陕西泾阳县阳陵（景帝陵）西北，墓地面积有8万平方米，墓葬排列无序，葬式不一。从发掘的29座墓葬来看，有的在一个坑内埋葬数人，有的身首异处，有的颈上和脚上还有铁制刑具。东汉的刑徒墓地在洛阳南郊太学遗址附近，墓地总面积有5万平方米，发掘了1960平方米，内有墓葬522座。坑内有简单的木棺，个别墓内有少量随葬品。所有刑徒的脊椎骨都有明显的劳损痕迹。墓中一般都有1～2块残砖，砖上有阴刻文字，内容有姓名、郡县名、刑名、死亡日期等。

三、农业

1. 铁农具的普及和改进

在汉代，铁农具得到了进一步的发展，其使用范围从中原和关中一带推广到某些边远地区。汉代的铁农具大致有以下几种：有翻土用的锸、起土用的鎛、刨土用的(钁)、碎土和平地用的耙、耕地用的犁铧、播种用的耧铧、除草用的锄、收割用的镰。(钁)有宽刃(钁)和双齿(钁)。锄，除了五边六角形和凹字形外，东汉已流行全铁曲柄半圆锄。镰，除了战国时期的爪镰、钩镰外，大湾镰也出现了。此外，切草用的铡刀在东汉也开始出现。

犁铧出土较多，有的形状与战国时代相近，但有所改进，主要表现在犁铧的上口加宽，铧的头部角度减少，两刃内侧交接处向后延伸。这种铧头比较坚固，同时由于头部角度减少，耕种时既省力，又易入土。此外，全铁巨型犁铧也相当普遍。为了使犁铧在耕田时既能破土划沟，又能翻土碎土，汉代又在犁铧上安装了犁壁（犁镜、犁耳）。犁壁的使用一方面可以减少连续耕作的阻力，另一方面具有翻土压杂草的效果，并有开沟作垄的作用。这样，冬耕时可以冻死害虫，春耕时又可以提高地温，因此犁壁的使用是耕犁的一项重大改革。目前发现的犁壁有三种形式：板瓦形、菱形和向两侧翻土的马鞍形。

兼有开沟下种两种功能的耧车的发明是汉代农具的又一种创新。耧车由种子箱、排种器、输种管、开沟器以及牵引装置构成。操作时，由车牵引，利用前进时的自然振动，使种子由种子箱落入排种器和输种管，然后通过开沟器上的小孔摇落于由耧腿所开的沟内。此种装具结构精巧，播种均匀，宜于播种小麦、大豆、谷子等，其优点是简化了操作程序，节省了种子，提高了工效。由于耧车大部分是木结构的，故不易保存，很难发现完整的耧车，目前只发现汉代的耧腿(耧足)。如在辽阳三道壕、陕西富平、北京清河都发现了西汉的铁耧足，河南南阳出土了耧足范。

2. 牛耕的推广和普及

牛耕在西汉前期发展缓慢，经过武帝推广，迅速发展为主要耕作方式。甘肃发现的牛耕模型明器，陕西、山东、江苏、内蒙、山西等地壁画墓和画像石上的牛耕图，都是汉代牛耕普及的明证。

汉代的牛耕方式最初是二牛三人。操作方式有两种：一种是两人在前各牵一牛，一人在后扶犁耕作；另一种是一人在前牵二牛，一人在单长辕的一侧控制犁辕，调节犁铧出人土的深浅，一人在后扶犁。西汉晚期，由于出现了可供调节深度的犁箭，便取消了掌辕人，又随着使用耕牛技术的进步而取消了牵牛人，因而演变为二牛一人。这是牛耕方式的一大进步。

3. 水利事业的发展

从武帝时期起，水利事业有了很大发展。武帝时在洛水上修建了龙首渠。修建方法是：地下挖井，井井相连，全长10余里，引水灌溉大荔一带的田地。在郑国渠旁开凿了六辅渠。在泾水上修建了白渠。在泾、清水之间还修建了灵轵渠、沣渠、成国渠。东汉时期不仅修复了许多陂塘河渠，而且在安徽寿县还修建了以蓄水为主的芍陂。除了开凿水渠、陂塘外，汉代还大量利用水井进行灌溉。在北京、安徽寿县、河南泌阳等地都发现了农田灌溉水井群。水井模型是汉墓主要随葬内容之一，井架上有滑轮或辘轳、汲水瓶，井旁往往是长方形槽，可能是灌溉渠的象征。说明当时水井除了饮水之外，还用作灌溉。

4. 农产品及其加工工具

汉代的农作物，考古中屡有发现。在洛阳地区发掘的数百座汉代墓葬出土大量陶仓和陶壶。根据陶壶上的记录，粮食品种有黍、粟、稷、小麦、大麦、粳稻、秫米、薏米、大豆、麻。长沙马王堆M1出土的粮食品种有：稻、大麦、小麦、黍、粟等。湖北江陵汉墓出土的四束稻穗，穗形完整，色泽鲜黄，主穗长19厘米，每穗粒数多达72颗。所有这些都充分反映了汉代谷物品种的增多和农业经济的繁荣。

这时的谷物加工工具也有新的发展。除杵、臼、踏碓外，大型的石磨已经普及。磨齿的形制由凹形坑发展成斜线形，这样可使磨好的面粉及时输送到磨外。其模型在汉墓中屡有出土。满城陵山汉墓中还出土了马拉的实用磨。洛阳泗涧沟汉墓出土的陶风车模型，说明西汉晚期就已经用手摇风车净化了粮食。石磨和风车的出现，提高了粮食的加工能力。

四、手工业

1. 冶铁业

冶铁是汉代关系国计民生的重要经济部门。汉初准许私营，从武帝元狩五年开始实行盐铁官营，在郡国设铁官垄断冶铁和铁器制造。据《汉书·地理志》统计，设铁官的郡国41个，有冶铁作坊49处。到了东汉和帝时，政府撤消了私人冶铁的禁令，私人冶铁业又兴旺起来。

根据考古资料，属于两汉时代的冶铁和造铁器的遗址有 30 多处。仅河南一地就发现了 18 处：有的是西汉的，如巩县铁生沟；有的是从西汉一直延续到东汉的，如南阳北关瓦房庄、郑州古荥镇；有的是东汉的，如桐柏县张畈村，江苏徐州利国驿和泗洪小烽山遗址也都是东汉时期的。另外，在山东临淄、滕县、章丘、莱芜，北京清河镇，陕西韩城芝川镇等地均有发现。其中对河南巩县铁生沟、南阳北关瓦房庄和郑州古荥镇进行了大规模的发掘。对韩城芝川镇、徐州利国驿和泗洪小烽山遗址也进行了仔细的勘查。

汉代的冶铁技术，从炼炉结构看，形式多样，有圆形炉和椭圆形炉。在郑州古荥镇冶铁遗址发现了两座东西并列的炼炉。这两炉结构相同，炉缸椭圆，1 号炉缸长轴约 4 米，短轴约 2.7 米，面积约 8.5 平方米，炉壁残高 54 厘米。经研究复原，炉高 5～6 米，有效容积 50 立方米，有四个鼓风口，日产铁 0.5～1 吨左右。同型炉在河南鹤壁也有发现。炉腔做成椭圆，既增大了炉缸的面积，又缩短了风管与高炉中心区的距离，克服了风力达不到中心的困难。因此，高炉断面由圆发展到椭圆，在鼓风能力有限的古代，可以说是扩大高炉容积的一个最好途径。

在冶铁遗址中，都有大量的风管残片和少量完整的风管残段出土，表明当时已使用炉外预热鼓风技术了。文献记载，我国很早就用皮囊—橐作为鼓风器（山东滕县宏道院出土的东汉画像石上有鼓风器——橐），它是目前唯一能说明汉代鼓风冶铁的资料。鼓风开始都是用人力，后来逐渐为畜力所代替，出现了马排、牛排。据《后汉书·杜诗传》）记载，东汉初年，杜诗任南阳太守时，发明了以水力鼓风的水排。由于年代久远，木结构的水力鼓风装置至今尚未发现。

汉代的冶铁工匠们对炉料的透气性又有了改进。他们把矿石粉碎，严格筛分，使矿石的粒度均在 3 厘米左右，如巩县铁生沟，或 2～5 厘米左右，如郑州古荥镇。矿石颗粒均匀，不仅减少了炉气的阻力，而且改善了炉气的利用，节省了燃料，同时还能避免冶铁过程中爆炸事故的发生。

为了保证炉渣和铁水快速分离，汉代开始应用石灰或石英作为助溶剂。关于燃料问题，根据目前的发掘资料，可以肯定汉代除了木炭外，已经开始用煤。用煤作燃料，既可以提高炉温，又可延长燃烧时间，这是冶铁技术上的一项重要改进。同时矿石经粉碎、筛分后，再加入一定比例的石灰或石英石在配料池内搅拌，再与煤炭一起分层入炉，从而提高了铁的质量。退火柔化处理工艺有很大进步。用退火技术生产的展性铸铁到了汉代已相当成熟，甚至与现代展性铸铁无本质区别。此外，还获得了麻口铸铁、灰口铸铁、球墨铸铁和铸铁脱碳钢。通过退火生产铸铁脱碳钢的技术，在当今世界上是见不到的。球墨铸铁兼具钢和灰口铸铁的优良性能，在现代工业中往往用来代替铸钢和锻钢使用。这种铁西方到1948年才冶炼成功。

炒钢也是一项新发明。这是将生铁加热到熔化或基本熔化后，在熔池中搅拌，使铁中的碳氧化掉。这样往往一炒到底成为熟铁，然后再增碳成钢。巩县铁生沟的炒铁炉和炒成的高碳钢块及熟铁块，证明这一技术出现于西汉。到东汉，炒钢得到了广泛的应用。炒钢以生铁为原料，简便宜行，便于大批量生产，为钢材的广泛应用创造了条件。

在铸造方面，铁范获得一定程度的准广。至东汉，出现了层叠铸造技术。在河南温县招贤村发现的东汉时期的一座烘范窑内，出土了叠铸泥范500多套。这些泥范都是用金属模盒翻制的陶范块或范片，然后叠合成套，由一个垂直的总浇口把各层空腔串连起来，金属液自上而下逐层填充型腔。一般每次可铸6～10层，每层2～6件；最多的可铸14层，每层6件，一次可铸84件。大大提高了工效，又节省了造型材料和金属液。

由于汉代冶铁技术的提高，铁器的使用更为普遍。铁兵器逐渐代替了铜兵器，农业生产全部使用铁农具，生活用品和杂用器物也广泛使用铁制品。特别是汉代炒炼熟铁技术的提高，除兵器是锻打外，手工业工具也逐渐用熟铁锻制了。总之，汉代铁器的应用已渗透到日常生活各个领域之中。

2．青铜铸造业

汉代的青铜铸造业虽然已不像先秦那样占显要地位，但汉代统治阶级在日常生活中仍然使用精美的铜器，加之铜镜和钱币的大量铸造，因而青铜手工业在汉代仍不失为一个重要的生产部门。

汉代的铜器大都是官府手工业作坊制造的，一般都比较精致、厚重，常有铭刻，因为这些产品都是宫廷和贵族们使用的。也有私人手工业作坊制造的，一般较粗糙、质薄，无铭。到了东汉后期，官府手工业衰落，铜器上往往出现“某氏制”的铭文，显然这些都是私人作坊主。

汉代铜器的器形和种类与前代相比有所变化。簠、敦、簋等绝迹。豆在西汉时偶有所见，但不久即消失。钫盛行于西汉，东汉少见。最常见的器形主要有鼎、钟（壶）、盘、杯、卮、销、洗奁、鋬、灯、镜、带钩等。此外，新出现的器形有熨斗（熨壶），形状多三足，有长炳，一般无流，个别的有流。熨斗，长柄平底无足，可以把炭装在斗中执柄而熨烫衣料。博山炉（熏炉、熏香炉），形如深盘豆，盖作群山形，且有透孔，内放香料，香气从小孔中散发出来。取暖炉，器形长方形，内有炉垫，上放木炭，燃烧取暖，下有方形浅盘盛灰。魁，又名羹斗，器身圆形，口微外侈，平底有柄，柄头大而长，是盛放食物助料的器皿（图9）。

除铜镜外，铜器上的纹饰相当简素，除少量弦纹和铺首外，往往都是素面。但王公贵族使用的铜器，制作仍很精细，鎏金、错金银、镶嵌等工艺继战国以来仍很流行。东汉时在金属细工方面又兴起了以金片、金丝为饰物的捶牒技术和掐丝技术。捶碟就是把黄金拍打成薄片，做成各种饰物，如凤鱼、花瓣等。掐丝就是把黄金拉成金丝再编成龙、羊、辟邪等。这些精美的金器物只在大墓中偶而出现。铜器上还常有铭刻，一般有年号、官名、管理者、监制者、工匠姓名，还有容量和重量等。

汉代的铜镜相当发达，制作精巧，纹饰丰富，在我国铜镜发展史上占有重要的一页。汉代铜镜的变化分期，大约分为七期。西汉四期，东汉三期。

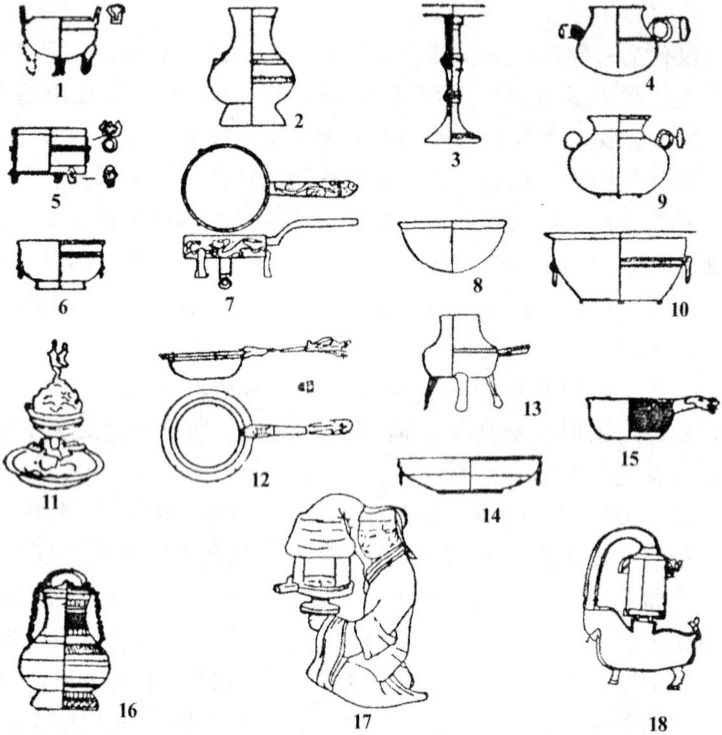

图 9　汉代的铜器

1. 鼎　2. 钟（壶）　3. 座灯　4、9. 鍪　5. 奁（樽）　6. 钷　7. 行灯　8. 钼　10. 洗　11. 博山炉　12. 熨斗　13. 镳壶　14. 盘　15. 魁　16. 提梁壶　17、18. 单烟道灯

西汉时期，铜镜花纹在南方、北方都比较一致，地域性不十分明显，但是边远地区有些花纹延续的时期长。根据它的变化大致可分为汉初、武昭、宣帝至王莽前、王莽时四个阶段。

汉初，镜的形成与花纹仍为战国作风，质薄，弦纽，有地纹和主纹之分，云雷纹地蟠螭纹镜、涡纹地蟠螭纹镜继续流行，逐渐出现三叶到四叶的图案，把花纹分成三等或四等分，同时出现了规矩镜。开始出现简单的镜铭，如“长相思，毋相忘，常富贵，乐未央”等吉语。开始常为三个字一句，以后发展为四个字一句。

武昭时期，铜镜上的地纹更简单或消失，弦纹的桥形纽因为脆薄而被淘汰，镜纽变成了半球形（圆纽）、连峰式（博山炉纽）和兽纽，边缘宽平，多素面缘和内向连弧纹缘，把花纹分成四等份布置在镜面上，花纹多星云纹（百乳镜）和草叶纹。铭文或有或无。

宣帝至王莽前，从宣帝开始，铜镜以铭文作为主要装饰，最早的是日光镜，铭文为“见日之光，天下大明”。在字与字之间必填上个“”或“”符号。还有昭明镜，铭文为“内清质以昭明，光辉象夫日月，心忽扬而愿忠，然雍塞而不泄”。但一般铜镜上铭文不全，有的字与字之间填上一个“而”的符号。字体较圆，有点小篆作风。此时还出现了透光镜，这种镜子外形与日光镜、昭明镜完全一样，但当其光亮的镜面承受日光或灯光（聚光），墙上就反映出镜背的形象，国外把它称为魔镜。另外，由四分法蟠螭纹镜演变而来的四乳四螭镜也开始流行。

王莽时期，日光、昭明与规矩四神镜继续流行，但字体开始变为方正，边缘加宽。四神规矩镜（六博镜）特别流行，镜缘是锯齿纹和波浪纹。一般都有铭文。铭文的部位不一，在纽座旁常有“长宜子孙”四字，在栏内则有十二地支，在外圈上往往还有一圈铭文，如“青龙白虎掌四方，朱雀玄武顺阴阳”，或“尚方作竟（镜）真大巧，上有仙人不知老，渴饮玉泉饥食枣，寿而金石天之保兮”或“福禄世兮日以前，天道得物自然，参驾蜚龙乘浮云，白虎失，上大山，凤鸟下，见神人”，等等。这种镜是当时阴阳五行说的体现物。另外，有一种鸟兽纹带镜亦较为常见。纪年铭文开始出现，但极少见。

东汉铜镜纹饰精致，其变化大体分三期。

东汉初期（光武—章帝），日光、昭明和规矩四神镜仍然存在。鸟兽纹带镜流行。新出现一种以昭明镜变化而来的内向连弧云雷纹镜，并迅速成为流行式样。这种云雷纹镜上的柿蒂纹比西汉晚期已有所扩大。

东汉中期（和帝—质地），长宜子孙、夔风纹镜继续流行，但其柿蒂纹增大，有的变成蝙蝠形。镜纽也变得更加结实，厚大耐用。王莽时出现的规矩镜，这时已成尾声。神兽画像镜开始出现，主要流行于长江中下游地区。

东汉时期（桓帝—献帝），长宜子孙、神兽镜继续流行，并有夔凤纹镜、四凤纹镜、三兽镜、“君宜高官”双兽镜、变形四叶纹镜。绍兴生产的方格环状浮雕的神兽镜也大量流行，这种铜镜后来演变成为重列式神兽镜。

3. 漆器手工业

汉代的漆器制作精巧，色彩鲜艳，花纹优美，装饰精致。在当时进一步取代了青铜器，成为贵族富家的日常生活用具。

汉代的漆器主要由蜀郡（今四川成都）、广汉郡（今四川遂宁或梓橦）、河南郡（今河南泌阳县）以及都城长安的工官制造。这种官府手工业一直到东汉时期才逐渐衰落，而私营漆器制造业却开始发展起来。

汉代漆器的制作基本上承袭战国以来的技法，但也有所创新。给漆器上施花纹的技法主要有：漆绘，即用生漆制成半透明的漆液，加上各种颜料，描绘于已经涂漆的器物上，色泽光亮，不易脱落。其次是油彩，即用油汁（可能是桐油）调颜料，绘描于已涂漆的器物上，所描花纹因油脂年久老化，易于脱落。再次是针刻，即用针尖在已经涂漆的器物上刺刻花纹，称为“锥画”；有的器物在刺刻出来的线缝内填入金彩，产生了类似铜器上金银错的花纹效果。另外有金银箔贴，即用金箔或银箔制成各种图纹，贴在器物的漆面上，呈现了类似“金银平脱”的效果。

汉代漆器的胎质主要有木胎，夹纻胎两种，也有少数为竹胎。纹样的特点是细致而流利。西汉时，最常见的图案有龙凤纹、草叶纹、花瓣纹、云气纹、几何纹、动物纹、旋涡纹以及卷云纹间以鸟兽纹，线条一般都勾连交错。

东汉时最常见的图案有菱形纹、流云纹以及怪兽、羽人、猛虎等，此外有人物故事，特别是古代圣贤、皇帝、忠臣、孝子、烈女的题材极为流行。装饰方面，除继续用铜、金、银镶套口沿或底部的扣器外，还有用贝壳嵌入器身的，或在器盖上用柿蒂形鎏金铜片、四叶蒂形铜片装饰，并在上面镶嵌珠饰。

漆器的器形有鼎、壶、钫、盒、卮、匜、盆、奁、案、耳杯、屏风、几等。其中，最多见的是耳杯、盒、盆、奁等。还有些少见的漆器，如六博棋盘、漆虎子、漆面罩、漆纱帽等。

汉代漆器一般都有铭文，除战国时已有的针刻和烙印外，还有墨书和漆书。凡属国家设立的工官，其铭文都有容量、年代、地点、作者姓名、监督制作官员的姓名和祝词等。地方官府的工官制造的漆器往往有地名。东汉时期私人作坊制造的漆器，一般无铭刻。

髹漆工艺在汉代达到了鼎盛时期，但是随着瓷器的出现，漆器也就逐渐衰落了。

4. 陶瓷业

汉代制陶手工业的进步，首先表现在陶窑的改进上。河北省武安县午汲古城遗址中，汉代的陶窑筑在平地上，窑室较宽、较高，火膛在窑床前，烟道则设在窑床后壁，这就使火力直扑窑床，增加窑内的温度。有些窑为了防止火力分散，在窑门与火膛之间还作一米长的火道。烧制硬陶和青瓷的窑，以浙江省上虞等地发现的为例，窑筑在山脚的坡面上，窑身细长，前低后高，有一定的倾斜度，这样有利于通风，使温度能提得更高。

汉代的陶瓷器，主要是各种饮食器、贮藏器等容器，也包括其他生活用具，以及专为随葬而制作的明器。因年代和地区的差异，器物的种类、形态、制法、纹饰及烧成温度等都有所不同。大体上可分为灰陶、硬陶、釉陶和青瓷四大类。

灰陶是汉代最主要的陶系，一般都呈青灰色，火候均匀，烧成温度约在一千摄氏度以上，质地坚实。凡属圆形的容器，其坯胎多系轮制，形状规整，表面较光滑。除了少许平行的弦纹及一些局部的几何形划纹和印纹外，基本上是素面的。西汉前期，少数容器如瓮、罐之类，偶尔还带有一些不很明显的绳纹；西汉中期以后绳纹则基本上绝迹，有些灰陶器绘有彩色的花纹，称“彩绘陶”，因其只发现于墓葬中，可见是专为随葬而作的。有些灰陶器表面涂漆，是模仿当时的漆器。器物的种类有日用器皿，如瓮、罐、盒、樽、盘、碗等，在整个汉代都大量存在。它们的形态随着年代的推移而演变，西汉前期少数带有绳纹的瓮、罐等尚有圜底的，从西汉中期以后，除了三足器和圈足器以外，几乎所有的器物都为平底。陶鼎和陶钟是汉代最常见的仿铜陶器，流行时间很长。战国时期流行的陶豆在西汉前期还偶有所见，但不久即消失。战国后期出现的陶钫，盛行于西汉，东汉时已不见。战国末年出现的造型奇特的“鸭蛋形壶”，流行于秦和西汉前期，西汉中期以后就极为少见。还有一些日常用具如案、灯、熏炉及扑满之类，为前代所少见或未见。

汉代还盛行制作各种明器，种类甚多，数量很大，主要也属灰陶的系统。最初出现的是仓和灶，在秦代和西汉前期的墓中即有所见，但普遍流行则在西汉中期以后。其他如井、磨、猪圈、楼阁、碓房、农田和陂塘等模型，以及猪、羊、马、狗、鸡、鸭等动物形象，自西汉中期以后，相继出现，到了东汉，种类和数量均增多，此外，还有大量的各式各样的陶俑用于随葬（图10）。

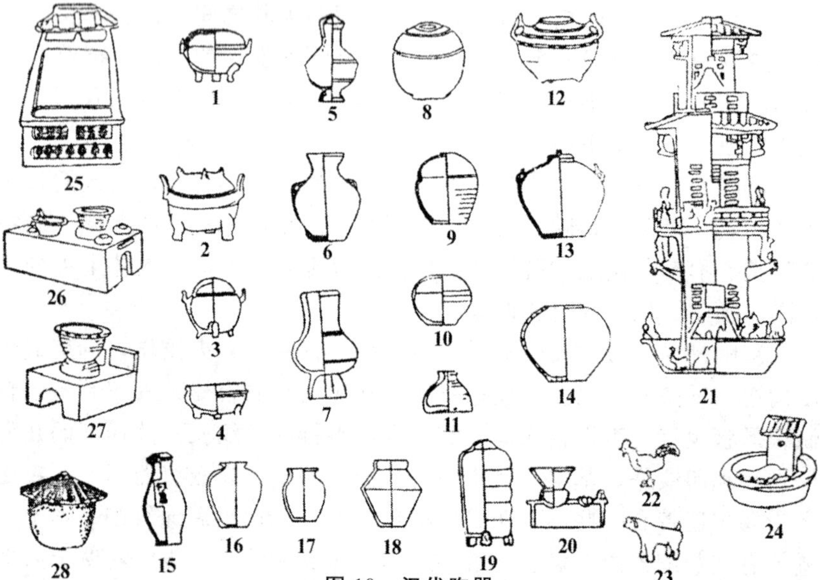

图10　汉代陶器

1、2、3、4．鼎　5、6、7．钟（壶）　8、9、10．盒　11．瓶　12、13．瓿　14．罍　15．钫　16、17．罐　18．瓮　19、28．仓　20、26、27．灶　21．楼阁　22、23．家禽家畜　24．猪圈　25．井

硬陶流行于长江以南，包括广东、广西、湖南、江西、福建、浙江及江苏南部等地区，用当地一种密度较大、粘性较强的粘土制成。与灰陶相比烧成温度更高，陶质更坚硬，故名。汉代的硬陶是继承华南地区自新石器时代后期以来的“几何印纹硬陶”的传统。一般圆形的容器，主要也是轮制。器物表面往往拍印细密的方格纹，或刻划有波状纹、锯齿形纹，等等。器物的种类，多属瓮、罐、壶、盒、碗等容器。有些器物如匏形壶、三足罐、四联罐和五联罐等，在形态上具有显著的地方性特征。

釉陶是汉代制陶业的一项新发明，是浓厚的棕黄色和绿色的釉陶。烧成温度约为800℃左右，内胎呈砖红色。釉药中含有多量的氧化铅，故称“铅釉”，由于主要流行于黄河流域和北方地区，所以也称“北方釉陶”。釉陶开始出现于西汉中期，先在陕西中部和河南流行，西汉后期，迅速普及到黄河流域和北方地区。东汉时，长江流域也有所见。棕黄色的釉陶出现较早，绿色的釉陶出现较晚，东汉时则大量流行。器物种类有鼎、钟等仿铜容器，也有仓、井、灶、楼阁等模型及鸡、狗等动物偶像。由于陶质不坚，釉也易于脱落或变质，只存在于墓葬中，故认为是专供随葬用的。南方各地的硬陶上有时有一层薄釉，或黄或绿，颜色较浅，烧成温度很高，它有别于北方釉陶，是属于商周以来传统的青釉。

青瓷是东汉后期，首先在浙江省绍兴、上虞一带出现的，釉呈淡青色，质地和火候等都符合瓷器的标准。器形主要是广口扁圆腹平底的四系罐、高颈矮圆腹圈足壶和钵。出土地点除浙江上虞外，还有安徽亳县、湖北当阳、江苏丹阳。釉色光亮，质地纯净，说明当时青瓷器制作技术已经相当成熟。青瓷的出现，是中国古代陶瓷史上的重要创新。

砖瓦制造业在汉代也很发达，一般由官府经营。砖有长方形小砖、长方形条砖、方砖、楔形砖、子母砖、空心砖等。长方形小砖有的素面，有的印有几何纹、河卵石纹等。长方形素面小砖到宣帝以后在关东很快就取代了空心砖作为建墓的主要材料，到了东汉，墓砖除了素面外，还有花纹砖和纪年砖。长方形条砖，有的在砖的侧面刻有动物纹样，如虎纹、玄武纹（龟蛇交尾）。方砖有素面、乳丁纹、回纹、菱形纹、几何纹和文字等。方砖一般用于铺地和砌墙。楔形砖和子母砖，都用于墓葬的起券和封门。空心砖出现于战国时期，到西汉前期，在河南和山西南部、陕西中部成为墓葬的主要建筑材料。种类有条砖、柱砖、脊砖、三角形砖。纹饰有边纹（施于砖面四边）和心纹（施于砖面中间）。边纹有菱形、锯齿、波浪、菱形带圆点、动物纹等。心纹有卷云、柿蒂、雷纹、圆点、四点、动物纹等。空心砖到西汉中期以后逐渐减少，东汉末年绝迹。

瓦的制作技术在西汉武帝前后有所提高，广泛采用轮制法，手捏的绳纹瓦少见，而面背印有平整的布纹瓦却常见。

瓦当，西汉时期有圆瓦当和半圆瓦当，东汉则完全是圆瓦当。西汉早期的瓦当，其制作方法与秦代相同，即在瓦当背面留有刀切的痕迹，西汉后期则将圆瓦当直接粘附在已经切好的筒瓦上。

汉代瓦当的纹饰又有新的发展，归纳起来，大体可分为文字、图案、图像三大类。文字瓦当，最少者一字，最多者约十字左右，文字书体以篆书为主，隶书较少，个别有鸟虫篆。按其内容，有反映统一思想的，如“汉并天下”、“惟汉三年，大并天下”。有记宫室、官署名称的，如“黄山”、“鼎胡延寿宫”、“宗正官当”、“都司空瓦”、“上林”、“华仓”、“京师仓当”。有吉语颂词，如“千秋万岁”，“长乐未央”、“与天无极”等。有标记陵名的，如“长陵四神”。有标记私人姓氏的，如“杨”、“李”等。有标记县名和郡名的，如“安平乐未央”，“元兴元年作，西海安定”。此外，边远地区的瓦当还有“单于和亲”，“单于天降”、“乐浪礼官”等文字。西汉早期的瓦当的特点是文字紧密，中期瓦当边轮特宽，总面积大，字体宽博；晚期字体流利均圆。东汉有字瓦当减少。图案瓦当以卷云纹为主，自西汉一直流行到东汉。图像瓦当，西汉时期有四神瓦当（青龙、白虎、朱雀、玄武），此外，还有龟、蛇、雁、蟾蜍、玉兔等（图11）。

5．纺织业

汉代的纺织业是相当发达的。从山东滕县宏道院、龙阳店、嘉祥祠、郭巨祠、金雀山，江苏沛县留城镇、铜山洪楼、泗洪曹庄，四川

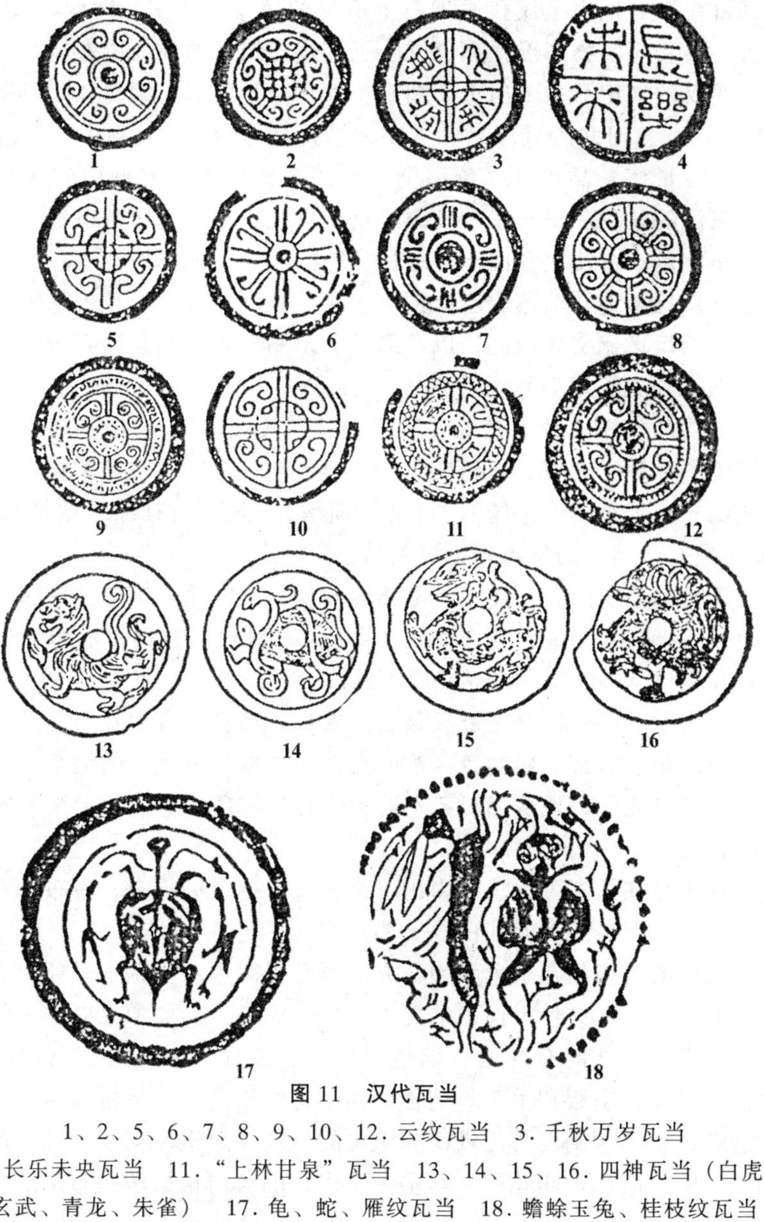

图 11　汉代瓦当

1、2、5、6、7、8、9、10、12. 云纹瓦当　3. 千秋万岁瓦当　4. 长乐未央瓦当　11. "上林甘泉"瓦当　13、14、15、16. 四神瓦当（白虎、玄武、青龙、朱雀）　17. 龟、蛇、雁纹瓦当　18. 蟾蜍玉兔、桂枝纹瓦当

成都百花潭等地出土汉代画像石上所见的纺车、缫车、绸丝、并丝、织机、染具等实物图形，充分反映了汉代丝织业的高度成就。

西汉的纺织品主要出土于湖南长沙马王堆汉墓、湖北江陵凤凰山168号汉墓、河北满城汉墓和甘肃武威磨嘴子48号汉墓中，发现的丝织品数量多、品种齐、色谱全、技艺精，是考古发掘中的稀世珍品。东汉的丝织品出土于“丝绸之路”沿线，如甘肃居延遗址，新疆的罗布淖尔、古楼兰和民丰尼雅遗址等。此外，朝鲜乐浪王盱墓、蒙古诺彦乌拉墓地、前苏联巴泽雷克冢墓、叙利亚巴尔米拉古墓等发现了独特的汉隶铭文丝织品，以及缂毛、斑罽等毛织品，还有敷彩印花和蜡缬、夹缬等印染品。

汉代的丝织品种类有平纹组织的纱、縠（绉纱）、绢、缣；有纹经组织的素罗、花罗，有斜文组织的显花绮、多彩锦、绒圈棉、羽毛贴花锦；有铺绒绣（平绣）、辫绣（锁绣）。此外还有绦（丝带）、缅（表面呈网状结构的丝织物）等织品。

汉代的毛织品，主要在新疆境内发现，有缂毛（以羊毛彩纬用通径回纬的缂法，制成绚丽多彩的毛织品）、斜褐（斜纹粗毛织物的统称）和斑縠（提花织制的精细毛织品）。

汉代的麻织品以马王堆汉墓出土的最为精良，有大麻布，呈黄褐色。苎麻布，有灰、白两色。苎麻布精细程度接近现代的细布，质地柔软，且有光泽，说明当时已对麻料进行过脱胶、漂白、上浆和碾轧等项处理。

棉织品在新疆民丰汉墓内出土过，有蓝色蜡染棉布、白布裤及手帕条。这些都属坯布亦即白叠（緤）布。

汉代的纺织品在染色和印花方面也有很大进步。特别是丝织品最为丰富多彩。在染色方面已掌握了浸染、涂染、套染和媒染的一整套染色技术。常见的有绛紫、烟色、墨绿、蓝绿、朱红等。在印花方面，已采用镂空版和手工彩笔描绘相结合的工艺，线条精细匀称，花纹清晰，全幅印到。马王堆汉墓出土的一块泥金银印花纱，是目前所知最早的三版套色印花品。新疆民丰出土的蓝白蜡染印花布是最早采用蜡坊印染法的印染品。

6. 玉器制造业

中国最早的玉器出现于距今约 7000 年的新石器时代，到汉代，玉器工艺继续发展。西汉初年的玉器继承了战国时代的传统，但开始有了变化，西汉中期以后变化更大。

汉代的玉料大部分是从新疆和田输入的软玉，大多数呈绿色或黄褐色，同时，乳白色的羊脂玉也大量增加。

在制玉技术方面，汉代基本上继承了战国时代的风格，但也有所改进。汉以前的玉器多是扁平玉片，上加浅浮雕，汉代玉器中高浮雕和圆雕增多了。汉以前的玉器纹饰主要利用细砂研磨成浅浮雕的花饰，汉代由于技术的改进，镂孔花纹和表面细线刻纹增多了。浮雕和素面玉器的表面抛光技术也有所提高。如满城汉墓出土的玉器已是表面磨得象玻璃一样光滑。器物的轮廓线和刻纹，也都显得很流畅。

根据器形和用途，汉代的玉器可分为四类：第一类是仪礼上使用的玉器。“周礼”中所谓的“六瑞”（六种瑞玉）便是属于这一类。“六瑞”包括璧、琮、圭、璋、琥、璜，其中只有璧和圭在汉代仍继续用为礼器，琥和璜只作为佩饰之用，琮和璋似乎已不制作。第二类是专门为保护尸体而制作的葬玉，它在汉玉中占有很大比例，主要有玉衣、九窍塞、玉琀和握玉四种。玉衣在满城汉墓发现两件，每件由头罩、上身、袖子、手套、裤筒和鞋六部分组成，每部分的两个部件都是由许多小玉片用纤细的金线缕编缀而成的，所以称为“金缕玉衣”。这种“金缕玉衣”只有皇帝死后才可以使用，但有时皇帝也特赐给他的亲王或大臣。此外，还有用银、铜线缕或鎏金的铜线缕来编缀的玉衣，只有级别较低的人使用。一件玉衣所需要的小玉片总数常达2000 多片，估计一个熟练的工人制成一件玉衣要花十年时间。这种玉衣制度流行于汉代，曹魏时即被废止。九窍塞是填塞或遮盖死者的耳、目、口、鼻、肛门和生殖器等九个窍孔之用的，目的是防止死者肉体内的“精气”由九窍逸出，同时也企图使“死者为之不朽”。一般的死者都口含玉蝉。握玉最初为璜形，如满城汉墓所出，但到了东汉初年，握玉便换为豚形的，这种豚玉在东汉和魏晋南北朝墓中出土不少。第三类是玉装饰品，一种是随身装饰物，另一种是玉制的实用品。装饰物主要是佩玉，如璜、璧、琥、珑等，它们和串珠组成了“组佩”，有的还缀上玉刻舞女。后来，佩玉的品种减少，但西汉墓中出现了一种只作佩饰之用的心形玉佩。实用品是有纹饰的玉器，有玉制容器，如高足玉杯、耳环、卮、奁、洗等；还有玉带钩、玉印、玉刚卯（有文字的避邪饰物）、玉觿（用以解结）、玉笄、玉剑饰等。此外，还有铜制的枕头和铺首，其中也有镶嵌雕花的玉版或玉饰的。第四类是浮雕和圆雕的玉美术品。小件的如有孔则是作为佩饰用的；如仅一面有浮雕则是镶嵌在别的东西上面的，如玉枕头、玉舞女像、玉屏风等。圆雕的玉刻最著名的是汉昭帝陵附近发现的跃马的骑士、满城汉墓出土的一件凭几而坐的玉人等等。

汉代玉器花纹可分为几何纹和动物纹两类。几何纹以涡纹、卷云纹、谷纹和蒲纹最为常见。后二者主要是刻在玉璧上，谷纹也有作为玉剑饰等表面上的纹饰。前二者时常作为动物身上的纹饰。动物纹有写实和图案化的两种。图案化的动物纹有的还保留有鸟兽的头部，有的则作成勾连涡纹，可以认别出来的有龙纹、兽纹、鸟纹（凤纹）和兽面纹（饕餮纹）。写实的动物纹如飞龙、朱雀之类，许多描刻神话中的动物形象。人物除了舞女像外，东汉时开始有了群像，如定县东汉墓玉屏上所刻的西王母和东王公的两侧各有鸟兽和跪着的死者。

五、货币

1. 西汉币制

西汉承袭秦代的货币制度，金铜并用。黄金以斤为单位，一斤值一万钱，主要用于赠送、贿赂、贡献、皇帝赏赐等，铸型有金饼、马蹄、麟趾三种，底面往往刻着重量。马蹄金始铸于武帝太始二年（公元前 95 年），皆蹄形，中空。马蹄金底面椭圆，麟趾金底面正圆，一般重 250 克左右。江苏盱眙南窑出土的马蹄金重达 295.8～462.2 克，400 克以上的占半数，说明马蹄金在转手时还要称量。铜钱仍用“半两”，但由于当时经济凋敝，货币严重贬值，再加郡国、地方自由铸钱，因此在武帝实行五铢钱以前，铜钱的大小、轻重极其混乱。大致有以下几种：

（1）高祖时的三铢钱，钱文为“半两”。由于当时没有规定统一的铸钱标准，各地自由铸钱，因而造成轻重不一，钱径一般在2.2厘米以下，重在2克（即3铢）以下，故名三铢钱。此钱穿孔较大，钱文狭长，俗称“榆荚钱”。由于钱轻，造成物价腾贵。

（2）吕后二年（前186年）的八铢钱，钱文为“半两”，实重八铢。铸造精良，规格整齐，肉薄，文字扁平，钱径2.7～3.2厘米，重4.8～5.3克。吕后还下令禁止私铸，这是西汉整顿钱法的最初尝试。安徽阜阳、江功，徐州北洞山西汉墓中出土的径约2.7厘米的半两钱，应为高后铸行的八铢钱，其实重为5克左右。

（3）吕后六年（前182年）的四铢半两钱，钱文为半两，实重不到四铢，径五分（约1.15厘米），故又称“五分钱”。这种钱实际上与高祖时的榆荚钱相似，只不过由私铸改为官铸而已。

（4）文帝五年（前175年）的四铢钱，钱文为“三铢”，钱径1.8～2.2厘米，重约2.1～2.8克。钱文清晰方正，书法纤细秀丽。个别钱的正面有内外廓。但由于文帝实行“令民得自铸钱”的放铸政策，上至王侯，下至奸民，皆贪利滥铸，造成钱制大乱不可遏止，出现了诸侯铸钱富埒天子，大夫铸钱财过王者的局面。这一放铸政策一直持续到景帝中元六年（前144年），又复禁民铸钱。

（5）武帝建元五年（前175年）的三铢钱，钱文为“三铢”，钱径1.8～2.2厘米，重1.8～2.4克。钱的正面有外廓。

（6）武帝建元五年（前136年）的四铢半两，钱文为“半两”，钱径2.1～2.3厘米，重约2克。钱的正面有外廓。山东临沂银雀山1号墓，2号墓和西安窦太后陵陪葬坑内出土的半两钱，都是武帝建元五年至元狩四年（前136年—前119年）之间铸行的。

（7）武帝元狩五年（前118年）的郡国五铢钱，在铸造工艺、钱体大小轻重之间还不十分规范化，钱的外廓有的也经修磨，而大小宽窄不一，总的来说制作粗糙，外廓不整，“五铢”两字的结构有失严谨，其中缺笔少划的颇多。字形大而宽放，笔划较粗。这是武帝确定的新货币单位，行五铢钱之始。

（8）武帝元鼎三年（前114年）的赤仄五铢钱，钱体精整，钱文统一，绝无走形断划缺笔之处，笔划娟秀，布白均匀，铜色殷赤，规定一枚赤仄五铢当五枚普通五铢，并令凡国家赋税收入均使用这种钱。这不是在社会上流通的货币，多藏于官府。

（9）武帝元鼎四年（前113年）由上林三官铸的五铢钱。至此，正式取消了郡国铸钱的大权，并禁止使用各种旧钱，新的五铢由掌管上林苑的水衡都尉所属钟官、辨铜，均输（或说技巧）三官分别负责铸造、监制、发行的，故又称上林三官钱。三官钱规格基本统一，直径2.5～2.6厘米，重3.5～4克。这种轻重合宜的“五铢钱”自汉至隋700多年间，基本上沿用不废，是我国历史上流通范围最广，行用时间最长的成功货币。

五铢线自身也有变化。武帝初期，铸造不精，“铢”字的“金”旁往往不清晰，“金”字头作三角形或“”形，“朱”字头方折，“五”字交笔上下端略向外撇，有的形同东汉五铢，但细分有别，武帝后期五铢，“铢”字的“金”旁仍不清晰，“金”字头呈“”形，“五”字交股两笔较直，背周郭、穿郭低平不显。昭帝五铢，“五”字两笔较弯曲，上下端略内收。宣帝以后，铜质和铸造技术提高，字迹清晰，笔划纤细，“五”字交股两笔上下端与两横笔近于垂直。此外，还有一种小五铢，钱径1.15～1.2厘米，重0.62～0.7克，此钱不见于文献记载，故目前还不十分消楚，也有人认为是冥币。西汉五铢又往往有穿上一郭、穿下一郭、穿上半星、穿下半星、四角决纹等符号，这些符号始见于武帝时期。

2. 王莽币制

西汉末年，王莽执政，自居摄二年（7年）至天凤元年（14年，或说地皇元年即20年）十多年间共实行了四次币制改革。钱的类别有方孔圆钱、布钱（铲形钱）和上部为方孔圆钱下部为刀形的刀钱等。方孔圆钱有“小泉直一”，“么泉一十”“幼泉二十”、“中泉三十”、“壮泉四十”、“大泉五十”，总称六泉。铲形的布钱有“小布一百”、“幺布一百”、“幼布三百”“序布四百”（或称厚布四百）、“差布五百”、“中布六百”、“壮布七百”、“第布八百”、“次布九百”、“大布黄千”，总称十布。上部为方孔圆钱下部为刀形的刀钱有“契刀五百”和“一刀平五千”二种。此外还流行金、银、龟、贝等货币。到了天凤元年废除所有大钱，另铸方孔圆钱两品即“货泉”和“布泉”；布泉一品，即“货布”（图 12）。

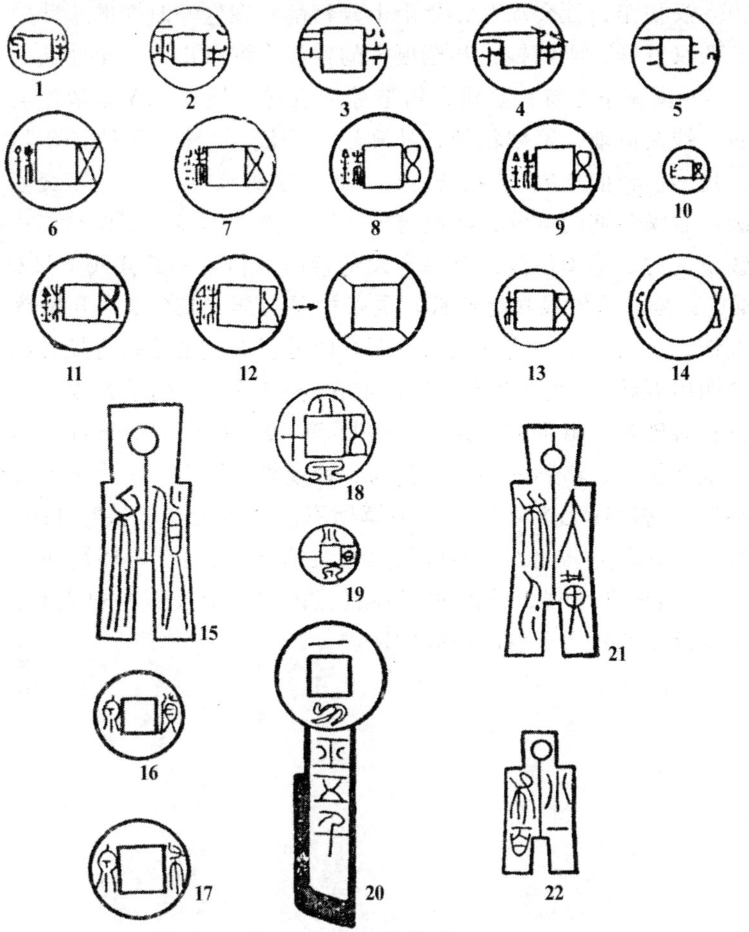

图 12 汉代货币

1. 榆荚半两 2、3、4. 四铢半两 5. 三铢 6、7、8、9. 西汉五铢 10. 小五铢 11. 东汉五铢 12. 四出五铢 13. 磨廓五铢或剪轮五铢 14. 綖环钱 15. 货布 16. 货泉 17. 布泉 18. 大泉五十 19. 小泉直一 20. 一刀平五千 21. 大布黄千 22. 小布一百

3. 东汉币制

东汉初年，社会动荡，货币十分紊乱。在这一时期的墓葬中，莽钱、西汉五铢、半两钱，甚至更古的钱经常混杂出土。至建武十六年(40 年) 国家下令统一货币，铸造建武五铢，钱径 2.5 厘米，重 3 克左右。钱文清晰，笔划较细，外廓较窄而浅。“铢”字的“金”字头作三角形，较前加大，四点较长；“朱”字头圆折；“五”字交笔弯曲柔圆。东汉后期的五铢，前段与建武五铢差别不多，字体秀美；后段的钱质变劣，笔画粗浅，有些含大量杂质，相当一部分钱重只有 2～2.4 克；流行剪轮钱和綖环钱。灵帝中平三年（186 年）开始铸造四出五铢，又名角钱。这种钱的背面有四道斜文，由穿孔直抵外廓，故名“四出五铢”。钱径 2.5 厘米，重 3.3～3.5 克，铸造粗糙，铜质低劣，常有砂眼。献帝初平元年（190 年）董卓在长安消熔过去的所有五铢钱和长安、洛阳的铜人、铜马、钟虡等，铸造了一批大五分的劣质小钱。这种钱无内外廓，文字模糊不清或竟无文，钱径 1.6～1.8 厘米，重 0.8 克。此外，磨廓钱（磨去边缘的钱)、綖环钱和对文钱(一个钱凿成两个钱，外圈叫綖环钱，内圈叫对文钱）也大量流通，这是东汉晚期货币贬值的最好例证。

第六章　三国两晋南北朝

第一节　概　论

三国两晋南北朝，从三世纪初形成三国鼎峙局面起，直到六世纪末隋统一，其间除了西晋灭吴以后的一个短暂统一时间（公元280年～316年）外，我国都是处在若干政权割据的时期。头绪纷繁的考古资料，如实地反映了这一历史。

一、考古资料的发现和研究

三国两晋南北朝考古资料的发现和著录，唐代即已开始。北宋提倡恢复古礼，有些士大夫探讨古器物制度蔚然成风，三代两汉之余下及六朝。宋元地方经济发展，促进了都邑志书的纂修，古迹古物为方志必备的内容之一，因此，较详细地著录三国两晋南北朝遗迹遗物，应从宋元开始。清世宗胤祯、高宗弘历为了转移民族矛盾，提倡金石考据之学，石刻的搜集和古器物的考订，规模广泛又驾宋元之上。清末迄抗日战争以前，在铁路工程中，南北各地发现了大批三国两晋南北朝墓葬，大量随葬器物流入市场，自此，金石文物学家的收藏与记述，脱出主要依靠历代传世遗物的范围，而以美、日为首的帝国主义的掠夺破坏也随之而来。当时破毁最严重的地点，是河南洛阳一带和浙江绍兴地区，而以洛阳尤甚，此后逐渐波及到江苏、山东，河北南部和辽宁南部、吉林东部。从19世纪末起，一些国家就纷纷派人进入中国西北地区。这批人对新疆属于三国两晋南北朝时期的遗迹、遗物肆无忌惮地进行有计划的、长期的盗掘和破坏。

重要文物的外流和散失，引起了金石文物学家的注意。开始注意的是有汉文字的资料，如简牍、文书和石刻，其次是一些精致工艺品，然后扩及重要遗迹的实地调查，较重要的有北京大学文科研究所调查甘肃敦煌石窟和汉魏洛阳城遗址，西北科学考察团调查新疆各地石窟，中国营造学社调查山西大同云冈石窟，中央古物保管委员会调查江苏南京、丹阳地区六朝陵墓和河南洛阳龙门石窟、安阳宝山等石窟，北平研究院史学研究会考古组调查河北南部响堂山石窟等。《六朝陵墓调查报告》、《征途访古记》、《绍兴出土古物调查记》、《瓷器与浙江》等是当时刊出的重要调查著作。墓志、墓碑的录文和拓本，当时曾一再汇辑，中华人民共和国成立后出版的《汉魏六朝墓志集释》就是总结这方面资料的一部专书。《洛阳出土石刻时地记》则是了解现存洛阳古墓的资料工具书。重要的考古发掘，有西北科学考察团在吐鲁番地区发现的车师、高昌墓葬和中央研究院西北史地考察团在敦煌发现的魏晋墓葬。1949 年以后，大规模地开展了三国两晋南北朝的工作。内容可分为墓葬、城址和居住址、窑址和地上遗迹四项。

墓葬以零星墓葬的发现、清理逐渐扩展到墓葬区的发掘。洛阳涧西和涧景之间，南京石子岗、幕府山、燕子矶、老虎山、象山和浙江杭州市郊等墓葬区的工作，提供了这时期中原和南方墓葬的典型资料。湖北武昌城南区、鄂城西山区、浙江黄岩秀岭水库、广东广州西郊、湖南长沙南郊、四川昭化宝轮镇、陕西咸阳底张湾、辽宁辽阳北郊、桓仁浑江东岸，吉林集安城东、新疆吐鲁番阿斯塔那等地，都是以上地区重要资料的集中点。此外，在其他地方也发现了重要墓葬。据初步统计，1949 年以后，有资料可考的这时期墓葬已在千座以上，其中南京附近最多（约 400 座），洛阳一带次之（约 200 座）。

城址方面，魏晋、北魏对洛阳城、曹魏邺城、东吴武昌城、六朝建康城、北魏平城、十六国统万城和伏俟城以及东北地区的许多山城进行了调查，其中对前三城进行了钻探或正式发掘。在内蒙古发现了北魏时期的五座边境城址，并对盛乐和美岱城进行了试掘。城址以外的居住点以洛阳王湾和集安黄柏发现的面积较大，并对前者进行了初步清理。

瓷窑遗址的调查，以江浙地区开始最早，发现地点也最多。根据发表的资料可知有11个县发现了六朝瓷窑的堆积，其中对宜兴的均山窑进行了试掘。此外，福建、四川都发现了瓷窑堆积。河南安阳、河北磁县和曲阳县发现的早期瓷窑遗址，也有上及北朝晚期的可能性。

地上遗迹包括陵墓上的地上石刻、栈道遗迹和宗教寺院遗迹。对江苏南京、丹阳间的六朝陵墓石刻和几乎遍及全国佛教石窟和几处现存的佛教砖石建筑，都进行了调查和规模不同的清理，并对其中重要的石窟群，如甘肃敦煌莫高窟、山西大同云冈石窟、河南洛阳龙门石窟、甘肃天水麦积山石窟及永靖炳灵寺石窟，河北邯郸响堂山石窟等，开始了分期编年的研究。对河南三门峡和自陕南入蜀的栈道遗址都分别作了详细的勘查。

以上这些工作，绝大部分已发表了简报和报告，它给三国两晋南北朝的考古研究，提供了一定的可靠资料。

二、三国两晋南北朝考古的特点

在考古学方面，此期具有以下几个方面的特点：

(1) 考古学的地方特点较为突出。这一时期的中原和南方，及其中心地区和外围地区，在考古学文化面貌上存在着差异，这种差异除了经济发展的不平衡和历史传统有所不同外，还与当时南北政治上的分裂和地方割据势力的强大都有联系。

(2) 是汉唐两大时代的过渡时期。各地区在这一时期的前半（三国两晋），保存着一定的东汉传统，后半（南北朝）又孕育着隋唐大统一的因素。

(3) 民族融合更为显著。北方、东北和西北的少数民族，由于内部阶级斗争的激烈和与汉族接触的频繁，他们较普遍地在社会制度的改变上出现了一个迅速发展的阶段，并在文化形态上同汉族发生融合。进入中原地区的少数民族，民族融合就更为显著。

(4) 等级制度十分森严。这一时期墓葬分区、分期和类型的研究，揭露了严格的等级制度正在发展，说明了世家大族的发展和少数民族上层进入汉族集居区以后的急骤汉族士族化。

(5) 宗教的广泛传播。这一时期反映儒家思想的遗迹虽在衰微，但佛教遗迹、遗物却显著增多，特别是南北朝时期出现了对佛教某些偶像的突出崇拜，还有道教造像也开始出现。

(6) 中外海陆贸易和文化交流频繁。新疆、广东几处重要地点的考古发现，南北各地较多的西方文物的出土和海外不断发现与这一时期相关的文物，都形象地说明了当时中外海陆贸易和文化交流的盛况。

第二节 城 址

一、曹魏邺城

邺城遗址在今河北省临漳县城西南 17.5 公里处，现今的漳河横贯其间。邺城包括南北毗连的两个城址，分称为邺北城和邺南城。东汉建安九年（204 年），曹操击败袁绍以后，开始营建邺北城，其后成为曹魏的五都之一。十六国时期的后赵、冉魏、前燕均建都于邺北城，北朝时期的东魏、北齐建都于邺南城，邺北城仍继续使用。北周大象二年（580 年）邺城遭到彻底破坏，以后由于风蚀农耕、水冲沙埋，整个古城在地面上几乎完全绝迹。

据《水经·漳水注》，北邺城呈长方形，东西七里，南北五里，有七门：南面三，北面二，东西各一门。从左思《魏都赋》等文献的一些具体描述看，该城被一条东西大道分作南北两区。北区中部建宫城，宫城以东为贵族所居戚里及官署，以西为禁苑铜雀园，园内置武库、马厩、仓库，西城垣中部偏北，以城垣为基础筑金虎、铜雀、冰井三台。南区大部分为居民里坊，只有少数官署，在全城中轴线的位置上辟南北干道，南通大城正南门，北达宫城。整个布局区划分明，交通便利，克服了东汉洛阳城宫殿区分散，东西交通不便等特点，形成了中国古代都市规划的一种新模式，给南北朝和隋唐都城规划以重大影响。

据记载，南邺城平面呈长方形。南北八里六十步，东西六里。其北城垣即北邺城之南城垣，共有城门十四座。南、北垣各三门，东、西垣各四门。城市布局大体继承了北魏洛阳内城的形制，在中国古代都城发展史上也占有一定地位。

二、魏晋、北魏洛阳城

1. 魏晋洛阳城

曹魏在东汉洛阳城的废墟上重建都城，其规模不超过东汉。西晋时期的形制和布局亦无多大改变，但是，魏明帝曹睿仿效其祖父曹操在邺城西北部筑铜雀三台的经验，在洛阳城的西北角也建筑了金墉城。据勘探，金墉城南北约1080米，东西约250米，分隔为三部分，各有门道相通。它实际上是军事性的堡垒，具有制高点的作用。勘探和研究证明，由于魏晋时战乱频繁，因军事上的需要，在洛阳城的西北城墙外壁和金墉城的外壁设置了许多墩台，其形制和效用如同后世的“马面”，这是中国古代城制上的一个创举。

2. 北魏洛阳城

北魏在洛阳建都，仍利用东汉、魏晋的城墙。东汉以来的12个城门，除开阳门外，都在魏晋或北魏时改了名。上东门改称建春门，中东门改称东阳门，耗门改称青阳门；上西门改称阊阖门，雍门改称为西阳门，广阳门改称为西明门；平城门改称为平昌门，小苑门改称宣阳门，津门改称津阳门；谷门改称广莫门，夏门改称大夏门。十一个城门都在汉代的旧址上重建，仅西阳门从汉代的雍门旧址上北移约500米。此外，孝文帝初到洛阳时，在西城墙北端靠近金墉城处新开了承明门，从而使城门增为十三个。

宫城的位置在全城的北部略为偏西，是在汉魏北宫的基础上兴建的。平面呈长方形，四面筑墙，东墙和西墙各长1400米，南墙和北墙各长660米。宫城的正门——阊阖门遗址在南墙近西端处。正殿太极殿在宫城的前部，与阊阖门对直，其基坛南北长约60米，东西宽约100米，规模很大。

由于北魏洛阳城废除了东汉以来的南北宫制度，建立了单一的宫城，加之个别城门位置的改变，城内的街道也有许多变更。在广莫门和平昌门之间有一条纵贯全城的南北向大街。雍门大街已不存在，增添了由承明门通入城内的大街。建春门和阊阖门之间有一条横贯全城的东西向大街，将宫城分为南北两半，南半部是朝会之处，北半部为寝宫所在。东汉以来的中东门大街被延长贯通于西阳门和东阳门之间，在宫城南墙外通过，成为全城的一条分界线，北面主要是皇家的宫殿和园圃，南面则分为官署、寺院和贵族的邸宅。自阊阖门至宣阳门的南北向大街——铜驼街是全城的中轴线。宗庙、社稷和太尉府、司徒府等高级官署分布在铜驼街的两侧，有名的永宁寺遗址即在街的西侧。

据记载，宣武帝景明二年（501 年）在洛阳兴建外郭城，“东西二十里，南北十五里”，范围极广，其内划分为三百二十个方形的坊，每坊均四周筑墙，每边长 300 步。东汉以来的旧城则成为北魏、洛阳的内城。

辟雍，曹魏和西晋在北方的旧址上重建，北魏修辟雍，但未完成；明堂，西晋和北魏都是在东汉明堂的旧址上重建的；灵台，曹魏和西晋都延用东汉的，西晋末年的战乱，使灵台受到严重破坏，北魏时废弃不用。

总之，北魏洛阳城的形制和布局，和东汉以来的都城相比，出现了划时代的变革。首先，废除了东汉以来南北宫的制度，建造了单一的宫城；其次，出现了内城和郭城，“大市”、“小市”和“四通市”等工商业区都设在内城以外，位置在宫城以南，完全改变了《周礼·考工记》所谓“面朝后市”的传统，为隋代的大兴城、唐代的长安城和洛阳城开创了先例。

三、六朝武昌城

武昌城址位于武汉市以东 68 公里处，在长江的南岸，现属湖北省鄂州市鄂城区。魏黄初元年（220 年）孙权称吴王，“自公安徙都鄂”，在汉代鄂城县县城的基础上，进行加固或扩建，以为王都，故俗称“吴王城”。其后，孙权还建都建业（今南京市），但武昌仍作为“西都”，直至吴亡。西晋南朝，这里一直是武昌郡治所在，尤以东晋前期时地位特别重要，为捍卫首都建康的中游重镇。至隋灭陈后，武昌城只是作为一般的县治而存在。

根据考古调查与钻探资料，六朝武昌城平面略作矩形，城墙夯筑，东西方向的长度为 1100 米左右，南北方向的长度为 500 米左右，周长为 3300 米左右。现南垣地表上尚遗留有三小段夯土城墙的遗址，其基本宽约 20 余米，高出墙外地面 4～6 米，高于墙内地面 1～2 米。

城壕遗址以南垣外的较为清楚。在南垣中段偏西处的城墙外，尚保存有长270米、宽80米的水面，俗称“壕塘”。在“壕塘”之东，仍有断续的水沟。“壕塘”之西，还有一面低洼菜地，群众称之“壕田”，相传为吴王城的水城所在。这片“壕田”经钻探后，证明是宽度50～70米的城壕遗址，其深度均超过5米。六朝武昌城的城垣，均按自然地形构筑，体观了长江中下游滨江城池的特点。其中北垣及东垣的北段主要是依靠江湖之险，不设城壕，而西垣、南垣及东垣南段的城垣则构筑得较为严实，具有宽而深的城壕，尤以南城垣和南城壕最具代表性。六朝武昌城的城门在《太平寰宇记》卷112有记载：“有五门，各以所向为门，唯西角一门，谓之流津，北临大江”，考古调查和钻探资料，有不少与之相吻合的遗迹现象发现。城内的建筑物见于文献记载的只有孙吴时期的武昌宫和东晋时期的南楼。另外在该城东南角和西南角外的城壕附近的地层中，都发现了面积较大的铜炼渣和烧土痕迹，当系六朝时期冶炼作坊的分布地区。

第三节　墓　葬

一、中原地区

中原地区指南界淮河，北迄燕山，以黄河中下游为中心的地区。在这一区域内发现的魏晋南北朝时期的墓葬以洛阳地区较为集中，也最具代表性。陕西和黄河以北的发现，多是十六国以后的零星墓葬，地方特点尚不鲜明。

1. 墓葬分期

中原地区魏晋北朝墓葬依据形制和随葬品的变化，一般分为四个阶段。这四个阶段代表前后衔接的四个不同时期。

（1）曹魏至西晋初，大约相当于公元3世纪。这一期的墓葬发现较少，较大型的墓葬在形制结构等方面还保持着东汉末期的传统，多是有斜坡墓道、甬道，两侧带耳室的方形前室和长方形后室的砖墓。洛阳涧西出有魏正始8年（247年）铭铁帐架部件的一座具有前后室的砖室墓，是这期较典型的墓葬。该墓早年被盗，结构完整，部分随葬品还未被扰乱。墓室长近8米，前设长1.62米的砖甬道和长25.5米的斜坡道土墓道，甬道建石门一具。前室平面呈方形，在室内后部中央原陈设有一座帷帐，现只存有五件铁质的帐沟，其中一件上有“正始八年八月”纪年铭文。在帷帐附近所放置的随葬器物，仅玉杯、博山炉、铜镅等几件，属日常生活器皿。左、右两侧有一个小耳室，左耳室内有陶俑、陶磨、陶井、猪圈以及家禽模型，当是模拟庖厨。右耳室出土了七件带盖陶罐，或许是模拟仓房。这时期的墓葬与东汉相比，不论是墓葬结构还是随葬器物，都有简化的趋势，这是自建安十年（205年）起中原封建统治集团为了重建封建体制，一再申令严禁厚葬的反映。

中型墓多单室砖墓。墓方形，长3～5米，前建甬道，但无石门，斜坡墓道长10米左右。随葬品的种类和较大型墓相似，以陶俑和模型明器为主，但数量较少，质量也较差，特别是俑的形体矮小，最为显著。一般没有墓志随葬。

小型墓多长方竖穴，有的头部挖壁龛，也有前掘竖穴，后挖长方土洞的。随葬品仅有一、二件陶罐和一、二枚铜钱。

（2）西晋中晚期，约起于3世纪末，迄于4世纪初。这一期具前后室的双室墓减少，多为单室方形砖墓和长方形竖穴洞室墓。大型墓葬都有宽大的砖筑墓室和长墓道，特别是墓道极长，一般在25米以上，最长的达37.36米。这类墓中较典型的是元康九年（299年）葬的徐美人墓。方形墓室的四壁，砌成外凸的弧线状，四隅又砌进了内凸的起棱线的角柱。墓室前面设有长2.37米的甬道和两重石门，前接长达37.36米的斜坡墓道，墓道上口宽达5.1米，两侧自上而下递减形成五层台阶，深12.2米。墓室早年被盗，但还残留有制工精致的金花，以及铜镅、铁刀、石帐座等遗物，还出土有记载死者的大型碑式墓志，这种碑式的石墓志是具有时代特征的遗物。在这一类型的墓中，还经常随葬有陶质的镇墓兽、牛车、鞍马和牵马俑、武士俑、仆从俑，以及庖厨明器、家畜家禽模型。随葬器物中，出现了具有时代特征的方形多子槅、翻口罐等器物。

中型墓长3～5米，甬道间设石门一重。墓道虽然延长，但不超过 20 米。墓室装饰出现了室外砌筑护顶拱券和仿木结构。随葬品主要是陶质明器和饮食用具，也有南方输入的青瓷器，并出现了形制较小的墓志。

小型墓极为简陋，基本上是土坑竖穴墓，圹穴面积仅三平方米左右，深度最浅的仅距地面 1.2 米，少数圹穴内有葬具，包括木棺、陶棺和用小砖砌成的狭窄棺室。随葬的遗物很少，常常只有一、二件陶罐。

（3）大约相当于十六国至北魏迁洛以前，即 4 世纪初迄 5 世纪末。由于当时战乱频繁，民族关系复杂，因此缺乏象西晋时期那种统一的墓葬形制，发现的墓葬也较少，主要集中于陕西西安和河南安阳。西安草厂坡 1 号墓为土洞结构，具有前后两方室，全长近 8 米，甬道和墓道间的两侧各设一长 3.5 米的小龛。随葬器物，主要是军事气氛异常浓厚的外出仪仗俑，包括武士俑、着甲武俑、着甲骑俑、吹鼓以及陶牛车、甲马等为数约八十多件，大部分放在两侧的小龛内；另外还有二十多件男女侍俑和女乐俑置于前室。大批陶俑随葬是这一时期较大墓葬的特点。

河南安阳所发现的墓葬，多为长方形土圹墓，随葬器物虽少，但多殉有马、犬等牲畜，有的墓还随葬全套的鎏金铜马具。这类墓葬的主人，有可能是十六国时期入居黄河流域的鲜卑人。

（4）相当于北魏迁洛以后的北朝时期，即 5 世纪末迄 6 世纪中。北魏迁洛以后，中原地区经济逐渐恢复，所以这一期墓葬发现较多，分布地点也较广泛。大、中型墓中绝大多数都是方形单室的砖墓或洞室墓，也偶有平面略作圆形的，有前、后室的只是少数特殊的例子。大型墓室和墓道两侧壁面原都绘有壁画，就残存的情况看，墓室壁画多分上、下两栏，上栏画四神，下栏画车马，墓道壁画上、下栏绘墓主人出行与归来。也有墓室墓道壁画都不分栏，只绘一列武装侍卫和侍女、女乐的。大中型墓葬具附近出玉璜和各种珠饰的，表明墓主人原具朝服葬。其他随葬品仍以武装的仪仗和伎乐侍俑为主，数量和种类都比以前更多，造型更加精美。瓷器和铅釉陶器日益增多。一种摹仿西方金属器上的锤叠花纹效果的堆塑贴花的装饰技法，在陶瓷器上流行起来。这种情形和这一时期墓中不断发现的西方货币、西方器物以及“胡人”形象陶俑等,反映出中原地区和中亚、西亚方面的密切联系。这一时期出现了平置带盖墓志,东汉在墓前树立神道碑、石人、石兽以及兴建高大坟冢、布置家族茔地等作法,逐渐恢复和发展起来。

洛阳涧河西岸发现成批的竖穴砖棺和竖穴洞室墓，这类墓面积窄小，一般不随葬陶俑，有的有少量的“永安五铢”、“常平五铢”和“永通万国”等铜钱及盘、碗之类的日常用具（图1）。

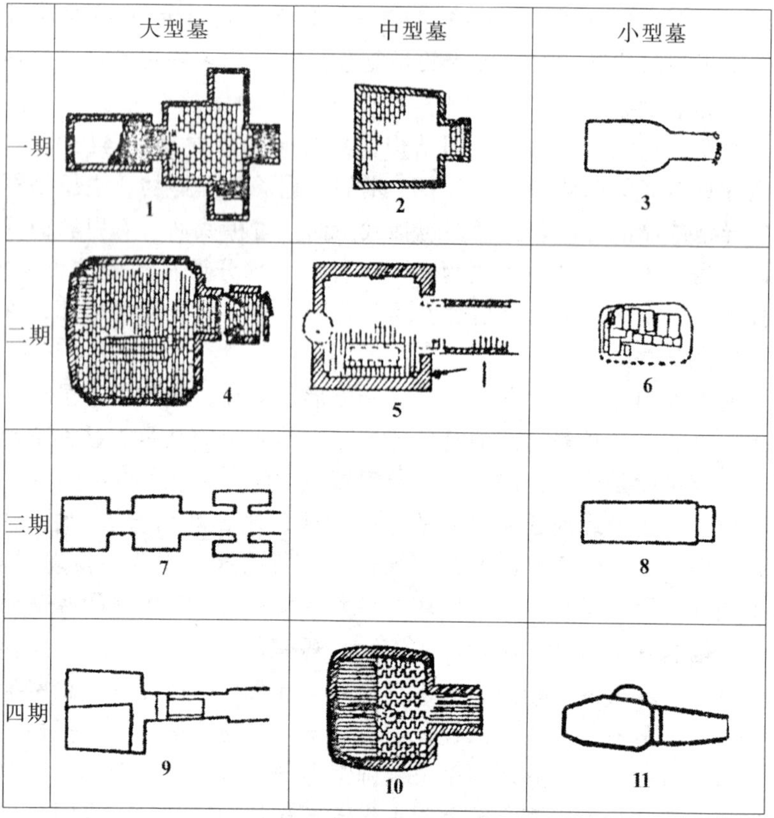

图1　中原地区墓葬形制演变示意图

1. 洛阳涧西一六工区墓　2. 洛阳五二号晋墓　3. 洛阳烧沟初平元年墓　4. 洛阳元康九年徐美人墓　5. 洛阳涧西一六工区八二号墓　6. 洛阳十五号墓　7. 西安草厂坡一号墓　8. 安阳孝民屯一五四号墓　9. 洛阳元邵墓　10. 西安正光元年阿阳令邵真墓　11. 洛阳七一号北朝墓

2. 随葬品的演变

中原地区墓葬分期的标准主要有罐、樽、槅、灶、男俑、女俑、武士俑和镇墓兽等。

罐，主要变化是由直颈方唇演变为外翻的口沿，二期较一期肥矮，三期未见有罐，四期是圆唇外翻。

樽，一期为斜壁、三蹄足，有铺首和盖；二期为直壁无盖，壁饰由一期的单线弦纹变为双线弦纹；三、四期不见。

槅，亦称“多子盒”，一期为平板式底，格多；二期格子减少，底部为壶门状；三期格子更少，底部呈五个门洞状；四期不见。

灶，一期三眼；二期双眼；二期末至三期为单眼；四期为单眼灶，灶端有阶梯状挡火墙。

男俑，总的变化是由矮小变为瘦长。一期宽袖，不露足；二期着裤，窄袖短衣；三期长裤露足，四期束裤露足，制作较精致。

女俑，总的变化和男俑相同。一期发髻正面呈扇面状，宽袖长裙；二期高髻，曳地长裙；三期多十字髻，发垂两鬓；四期为双鬟髻，流行披巾，裙下露足，形体优美。

武士俑，一期晚才出现；二期左手持盾状，右手上举；三期有护膝；四期瘦长，或按盾而立，或按长剑，身着披风或着裲裆铠。

镇墓兽，一、二期之间出现，站立，头上鬃毛前伸；三期伏地，体形小，鬃毛向后背移动；四期蹲伏，常成对出，一作人面，一作兽面。

二、南方地区

南方地区即淮河以南的广大地区。这一地区的墓葬发现较为普遍，但因地域辽阔，经济发展不平衡，文化传统差异大，所以地方特点比中原地区突出。根据文化内容的差异，分长江中下游、闽广和西南三区。其中长江中下游地区不仅资料多，系统较清楚，更重要的是它是南方典型的所在。

1. 长江中下游地区

根据这一地区六朝墓葬的形制和随葬品的演变规律，大体上可以分为四期。

(1) 东汉末至东吴中叶，即3世纪初至3世纪中叶。此期墓葬的形制和随葬品的种类基本上承袭东汉旧制，只是规模有所缩小，随葬品数量略有减少。大型墓以带短甬道的横前堂后室墓为常见，其中有不少墓的前堂带一至二个耳室，也有少数墓为双后室。前堂多攒堂顶，后室多平顶或券顶。中型墓除常见的平面呈长方形的单室平顶或券顶墓外，带有短甬道的单室券顶墓已较常见。在江西地区还可见一种长方形墓室内用砖柱间隔成前后室的墓葬。墓室的砌造以横砖相叠平砌的形式为多，也有的采用“三顺一丁”的墓壁砌造方法。铺地砖常砌成两竖一横的席纹。

大中型墓随葬品多陶器和釉陶器，漆器和铜器的比例也较高，不少陶器还流行涂黑、红颜色的仿漆器的风气。青瓷器只占很小的比例。器类主要有形体扁宽的壶、盘口壶、熏和五联罐式谷仓、蚕形虎子。此外，还多随葬砖或铅质买地券以及五铢铜钱。

小型墓有长方形砖室和土坑两种，随葬品只有陶器和少量五铢钱。

(2) 吴中期至东晋初，即3世纪中至4世纪初。墓葬的地方特征显著。大型墓多为前附甬道的前后室砖墓，中型墓以平面呈“凸”字形的短甬道券顶单室墓为主要的墓型，有的还带有一小侧室，甬道偏向一侧的“刀形墓”也开始出现。在江西、湖北武昌地区都流行用附加的砖柱及拱券间隔前、后室的长方形墓，有些墓的后壁内侧也出现了加固墓顶用的砖柱或其上再加拱券。这一期墓葬在砖结构上有了显著的改进，墓室普遍地使用了较牢固的“三顺一丁”砌法，还砌出了向外弧出的弧线。有的随葬在墓壁还设有凸出的灯台或凹入的灯龛。墓顶除常见的券顶外，出现了一种“四隅券进式”的穹窿顶结构。

墓室的装饰也在发展，壁砖侧面模制的汉式图案（主要是菱形和线纹）减少了，许多新的较生动的兽面、龙、虎、凤纹逐渐流行，铺地砖盛行人字纹。

比较多的墓布置了排水设施，一般在墓室前段设置排水沟。排水沟的砌法，是先用单层或双层的长方砖砌一小段暗沟，再用瓦管连接而成，在封门砖下留有小孔通排水沟。更多的墓室是采用后室地面高于前室地面一层砖或数层砖的方法，使之自然排水。

随葬品方面，无论种类、数量和质料都超过了前期，特别是青瓷器迅速增加，前期的釉陶、青铜和漆木制品，几乎全部为青瓷器所代替。青瓷器的数量、种类增多，釉色复杂化，出现褐色斑饰、褐色彩绘，甚至还出现褐色釉。新出现的器形有一盘二耳杯的组合、扁壶(椑)、多子盒（槅)、三熊足砚，动物形插器、唾盂和较多的模型明器。流行堆塑阙楼人物的谷仓罐、球形熏和附有兽足的蚕形虎子。较晚又出现了鸡首壶和球形虎子。随葬明器中新出现了人首镇墓兽、穿山甲形镇墓兽等。一些墓葬中还出现了反映佛教信仰的遗物，如前额带有类似“白毫相”的陶俑，带有佛教造型的鎏金铜带饰，一些陶瓷谷仓罐上也常塑有佛像。此外，棺内多葬金银饰品，有的出玉佩珠饰，表明墓主人是衣朝服入敛的。瘗钱现象仍普遍存在。

小型墓较前期变化不大，以平面呈长方形的单室墓为主，甬道偏向一侧的“刀形墓”也有发现。随葬品中有了少量瓷器，如罐、碗之类。

(3）东晋到刘宋，即4世纪至5世纪中。这期的墓葬发现较多。在南宋发现多处南迁大族的墓群，如南京北郊象山、郭家山王氏墓地、老虎山颜氏墓地和南郊戚家山谢鲲墓等。这类大族墓葬多为大中型墓。墓的形制有如前期的前后室砖墓。也有流行的接近方形的单室砖墓和长甬道的单室砖墓，还有甬道前端作出类似小室的所谓“吕”字形砖墓。在长江中游地区，用砖柱及拱券间隔前后室的长方形和双室并列的长方形墓还很常见，在墓室后壁内再增筑砖柱或拱券以保护墓顶的做法也颇为流行。

此期的墓室结构，墓壁仍多用“三顺一丁”的砌造方法，平砖顺砌者也有发现。壁砖多有纪年铭，纹饰逐渐复杂。墓葬内部出现了前所未有的壁面装饰。江浙一带东晋墓内出现用砖砌出的“凸”字形(个别为桃形）小龛和直棂假窗。甬道间的石门门券拱石上雕出了平梁、叉手等仿木结构。一些大型墓葬在墓壁出现大面积拼砌的竹林七贤、荣启期人物画像砖。

墓葬中砖砌祭台、棺床等在一些地区已较为常见。排水沟设施已较完善，在墓室的前半部或甬道内开始出现方形的砖彻阴井，井口还放置有陶制的甚至铜制的漏水板。阴井之下，再由砖砌的排水暗沟通向墓外，与陶水管相接。

随葬品中瓷器减少。罐壶瓶类向瘦高发展，以凭几为中心的榻上用具逐渐成组。鸡首壶流行，耳杯两端上翘，多子盒多作圆形。新出现碗托、三足炉和六蹄足砚。器物上流行用莲花纹装饰，砖或石质的墓志在大族墓中较为常见。金银饰品仍是中型以上墓葬常见之物，多为桃形金片、花瓣形金钗、金簪之类，少数大型墓还出土了精致的玉器以及外来的玻璃器和金刚钻指环等。明器的数量和种类急剧减少，瘗钱现象也明显减少。在一些大型墓中，还较普遍地发现持盾武士俑、牛车、马、床榻以及帐座等，这些都出自中原西晋葬俗。这种情况，显然是伴随司马氏政权和大批中原士族的南迁而出现的。

(4) 齐梁陈三朝，即5世纪中至6世纪。此期的大型墓，以长江下游地区所发现的为多。一般为墓壁砌出弧线的长方形单室、前设长甬道的砖墓。通向甬道的墓室前壁两侧常用抹角的结构。墓室穹窿顶或券顶，甬道内有一至二道石门，石门额上浮雕人字拱。墓室中后部有砖砌的棺床，棺床前多有石祭台，棺床的前后还常见阴井，墓室壁画上均设有桃形灯龛和直棂假窗。在甬道和墓室的壁画上，早期仍流行较大面积的拼砌画像砖，题材除竹林七贤、荣启期外，还有羽人、龙、虎和鼓吹骑从的内容。较晚的则仅用莲花忍冬花纹砖，有的还在甬道壁面拼砌出蹲狮形象。墓外的保护工程也相当讲究，在封门墙的两侧常见坚固的挡土墙。有的大墓还在墓室四壁的外侧分别砌有多道短墙来加固墓室。

中小型墓以平面呈“凸”字形带甬道的券顶单室墓较多见。中型墓墓室内一般有棺床，棺床前的阴井通向墓外的排水沟，壁面常见桃形灯龛和直棂假窗。墓砖的平面上一般有细绳纹，侧面常模印有莲花纹、四出钱纹或网格纹。

在江西和古武昌地区，仍多见墓室内加砌砖柱的长方形墓，而且砖柱的横断面常呈“凸”字形（图2）。

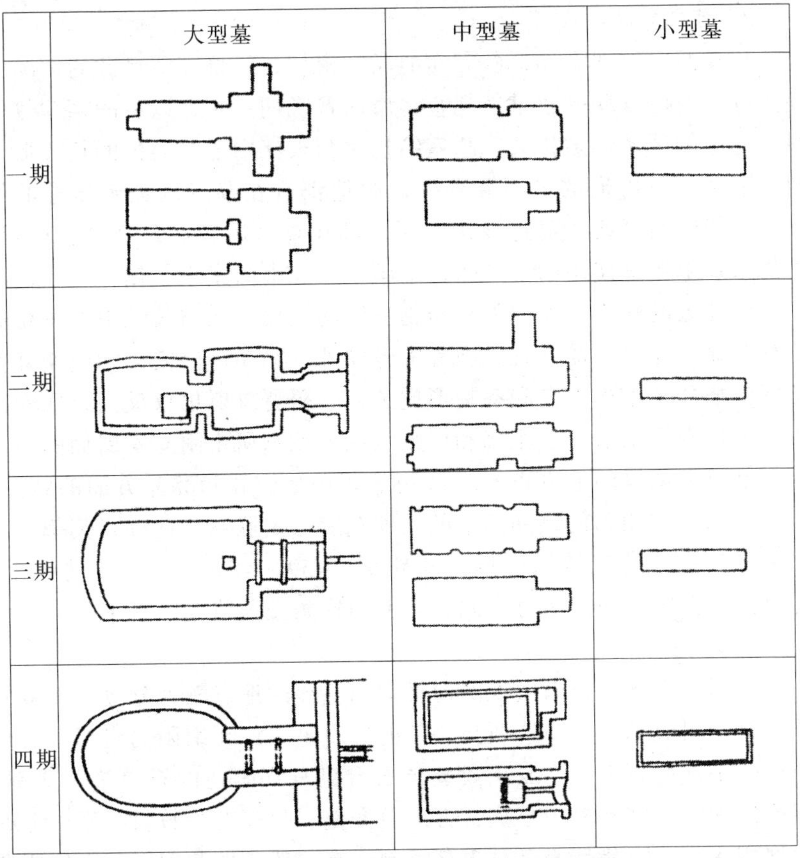

图 2　长江中下游墓葬形制演变示意图

随葬器物主要是陶瓷制品。瓷器如罐、壶、瓶、唾盂等都向更修长发展，莲瓣纹饰显著增加。新出现的器物有装饰繁缛的莲花尊，一盒五盏的组合器，还有粉盒、细颈瓶、高足盘和 6～8 滴形足砚。陶明器的比重较东晋时增大，其数量远远超过了青瓷器，除男女陶俑、陶牛车和陶凭几外，盘、钵、罐、耳杯、果盒、仓、灶和帷帐座等，多为陶制，但制作一般较为粗率。有些大墓还出土有少数动物石雕和大块石灰石做成的墓志，志文长达上千字，但因石质较差，字迹多漫漶不清。

2. 闽广墓葬

福建两广地理毗邻，各方面的联系密切，吴晋南朝墓葬的情况也较接近。两地发现的较早六朝墓多属西晋晚期；东晋以后的墓葬数量多，分布的区域逐渐扩大。墓室结构除与长江中下游类似的长方形小型砖墓和前建甬道的中型砖墓外，两地都有在墓室内加砌砖柱的作法。广州的两墓或三墓连建，广西北部在墓室后部加砌高台，广州、梧州永嘉末年墓使用的“广州皆平康”、“江南尚康平”铭文砖等，应是两广地区的地方特点。随葬器物形制的变化，除与长江中下游相似的鸡首壶、唾壶、钵、碗、砚等陶瓷器外，福州、南安六朝晚期墓多出青瓷插器、子母盏盘和动物形虎子，苍梧晋墓所出仪仗俑，融安齐梁墓所出滑石明器，建瓯墓和广州六朝晚期墓所出附有女厨俑的陶灶等，都具有浓厚的地方色彩。这些墓葬在结构和随葬品方面的特点，有不少与闽广相邻的赣湘两地的六朝墓有一定联系。此外，英德、曲江的齐墓中，发现波斯萨珊朝卑路斯（459～484 年）所铸的银币，反映出 5 世纪后期经南海溯北江北上的这条交通路线的繁荣。

3. 川黔滇墓葬

四川、贵州、云南发现的蜀晋南朝墓葬的地点颇为分散，较重要的有自四川成都附近南迄西昌一带的砖室墓，广元绵阳的崖墓，贵州清镇、平坝的石板墓，云南姚安砖石合砌墓和昭通的石室墓。成都、西昌发现的砖室墓多中小型长方形单室墓，早期有少数长 9 米以上的大型多室墓。随葬品蜀汉时多存汉制，有一般陶器和陶俑、水田明器以及少量铜器。彭县墓中还嵌有各种生产内容的画像砖，彭县、西昌墓中还有君车出行砖。广元绵阳间崖墓多长方形单室，也有并列墓室前附同一前室的。蜀汉时期墓多陶器。晋墓瓷器增多，有盘口壶、钵、唾壶等。南朝墓瓷器种类和形态的变化和长江下游墓相似。

贵州清镇、平坝多小型石板墓，蜀汉西晋墓的随葬品与四川接近；东晋以后的随葬器物多与两广近似。

云南的发现集中在当时云南郡治的姚安和朱提郡治的昭通。姚安发现的咸宁四年（278 年）大中大夫李某的砖石合砌的大型墓，随葬品有具地方特点的附把陶杯和绳纹陶仓，也有和四川蜀汉墓所出相似的铜釜、陶瓿和铜樵斗。昭通发现的盝顶方形壁画石室墓，墓内有墨书题记，此墓形制和部分壁画内容与两晋中原和长江中下游大中型墓颇为类似。

第四节　石窟寺艺术

石窟即在河畔山崖开凿的佛教寺庙。因许多石窟寺洞窟密集，故常有千佛洞之称。佛教石窟源于印度，原是印度佛教的一种形式。佛教传入中国后，这种石窟艺术首先出现在新疆地区，遗留至今的有古代龟兹境内的克孜尔、库木图拉及高昌境内的吐峪沟、柏孜克里克等石窟。随着佛教的进一步东传和弘布，在当时“丝绸之路”必经之地的甘肃地区，又出现了敦煌莫高窟、酒泉文殊山石窟、张掖马蹄寺石窟、武威天梯山石窟、永靖炳灵寺石窟、天水麦积山石窟等。这些石窟大多创建于十六国的前秦、后秦、西秦和北凉时期。北魏统一北方后，佛教得到了进一步的发展，在其都城平城（今山西大同）以西的武州川，开建了云冈石窟。北魏迁都洛阳后，洛阳又成为当时北方佛教的中心。北魏皇室在伊阙营建开凿了龙门石窟，随后又开凿了巩县石窟，并以洛阳地区为中心，向四面传播，全国各地的龛窟造像如雨后春笋，一个个兴起。宁夏固原须弥山、太原天龙山、河北邯郸响堂山、济南黄石崖、南京栖霞山、四川广元等窟龛都始建于这个时期。在这种开窟造像热潮的影响下，甘肃境内也出现了泾川南石窟寺、王母宫石窟，庆阳北石窟寺、华亭石拱寺石窟、武山水帘洞、木梯寺石窟，甘谷大像山石窟等。我国石窟寺艺术经十六国晚期和北朝早期的开创和发展，至南北朝中晚期，已进入了大发展时期。现以敦煌莫高窟、麦积山石窟、大同云冈石窟和洛阳龙门石窟为例略作说明。

一、敦煌莫高窟

敦煌莫高窟又名千佛洞，位于甘肃敦煌市东南 20 公里处的鸣沙山东麓崖壁上，上下五层，南北迤逦 1600 余米。据唐圣历元年（698 年）碑记，莫高窟开创于前秦建元二年（366 年），现存最早的洞窟约相当于十六国晚期的西凉末至北凉时期。其后经过北魏、西魏、北周、隋唐、五代、宋、西夏，下迄元代，历时达千年之久。石窟峰叠，现存洞窟492个，壁画45000平方米，彩塑2400余身，飞天4000余身，唐宋木结构建筑5座，莲花柱石和铺地花砖数千块，是一处由建筑、绘画、雕塑组成的博大精深的综合艺术殿堂，也是世界上现存规模最大、保存最完好的佛教艺术宝库。

早期洞窟的建筑形式主要有3种类型：第一种是在设有佛像主室的两侧开小禅室，供僧侣坐禅修行；第二种是在平面方形窟内中央偏后处竖立一个方形中心塔柱直承窟顶，塔柱四面各设佛像，并摹仿中原木构建筑形式，在洞窟前部雕“人字披”屋顶，人字披上画或塑出屋椽的形状，这种窟源于印度的“支提窟”，善男信女可绕塔柱巡礼观像；第三种是方形或长方形窟内不设中心塔柱，正壁（后壁）开龛造像，窟顶摹仿汉画像石墓的形式作成盝顶，中为“画以藻文”的藻井。

莫高窟的石质因系砂砾岩，不能雕刻，只能在凿窟之后用泥抹光壁面，佛龛内外塑像和绘画为全窟之“功德”。塑像是石窟的主体，古代匠师以捏、塑、贴、压、削、刻等传统技法，塑造了一躯躯造型生动的佛像，有主体性的圆雕、高浮雕，也有附属性的影塑。圆雕佛多是龛部正中的主尊像，大小略于人等。莫高窟现有圆塑2000多尊，属于十六国和北朝时期的就有300多尊。圆雕佛像主要是弥勒像、释迦多宝并坐像、说法像、禅定像、思惟像等。主尊两侧的胁侍菩萨、弟子多列置在龛外，身躯紧贴墙面，为高浮雕，头部是模制加工后安装在身体上的。附属性的影塑均是模印后，贴在四壁或中心柱四面，有飞天、供养菩萨和千佛约千余身。另外还有羽人、凤等民族传统题材。

敦煌塑像属于彩塑，即在塑出佛像后，再用点、染、刷、涂、描等绘画技法赋彩，画出细节，体现质感。莫高窟的塑像，塑与绘结合得十分巧妙。首先表现在佛像身体的各个细部都用彩绘表示，使其光彩夺目，以感天下，再就是彩绘塑像制作好后，而背光、项光则绘制在背壁上，又如胁侍菩萨的披巾，贴近身体的部分塑出，体外部分则在背壁上绘出，由塑到绘，过渡自然，连成一个和谐的整体。再如主间的主尊和两侧胁侍菩萨或弟子彩塑绘好后，其余菩萨和罗汉弟子则绘制在龛壁上。洞窟的其他空白处还按照整体规划绘制壁画，窟顶绘藻井、平棋和一些自由图案，四壁上层绕窟一周画飞天伎乐，四壁中间为佛像和佛传、本生、因缘等故事，下层画金刚力士，在这些图像的间隙处绘满千佛。在一个窟龛内，彩塑和壁画统一协调，彩塑犹如立体的壁画，壁画犹如平面的彩塑，二者交融一体，相益增辉，充分显示了我国古代艺术匠师惊人的创造能力。

莫高窟第268、272、275等窟为西凉末至北凉时开凿的。洞窟形制为盝顶式，塑像多为单身弥勒，胁侍菩萨绘在两侧，第275窟是比较有代表性的一窟，南北两壁上部塑汉式阙形龛，龛内塑交脚弥勒像，表现弥勒高居“兜率天宫”，下部绘壁画，内容为佛本生故事和供养人。交脚弥勒戴三珠宝冠，裸上身，胸挂璎珞，肩披大巾，腰围羊肠裙。裙上衣褶常用贴泥条和间刻阴线的方法表示。这时期的造像具有古朴、敦厚、庄严和粗犷的作风。面相方圆，修眉鼓眼，鼻梁高隆直通额际，即所谓的“通天鼻”，粗颈宽肩，胸平腰细，四肢健壮，躯体浑硕，是一批早期彩塑造像的代表作。

此外，还有数量较多的中心塔柱窟，即在洞窟内建中心塔柱，塔柱四面开龛，多置说法、禅定、苦修等主塑像。塑像结合铺像一般为三身，即一佛二菩萨，个别的龛窟在主尊两侧还出现了武士装的天王或力士像。裸上体着裙的“交脚弥勒”还占有一定的数量。说法佛、禅定佛多作阴刻水波纹高肉髻，着右袒式或通肩式袈裟，贴泥条或阴线刻表示的有规律的犍陀罗式衣纹密褶，给人以薄纱透体之感，具有“曹衣出水”的艺术效果。

北魏孝文帝改制以后，敦煌彩塑的造型变化很大，特别是北魏宗室东阳王元荣出任瓜州刺史以后，将中原佛教造像新的造型风格带到了河西地区。因此，北魏晚期和西魏时期，敦煌彩塑也出现了具有南朝“秀骨清像”、“褒衣博带”的艺术风格。这时的造像面相椭圆，疏眉秀目，薄唇细颈，身躯扁平修长。佛内着僧祇支，胸前束作小结，自然下垂，外穿宽肥的袈裟，衣纹以阶梯式为主，间施阴线刻。菩萨上身半裸，戴矮花蔓冠，宽博披巾缠于双臂或交叉于胸前。塑像性格的类型化更为明显，如佛的庄严慈祥、举止高雅，菩萨的清秀恬淡、风韵洒逸，力士的威猛粗犷和飞天的飘逸闲畅等都表现得恰到好处。

北周时期，成铺造像中又增加了迦叶、阿难二弟子，人物造型由“秀骨清像”逐渐变为面相圆润，鼻翼丰满，厚唇方颐，颈长胸平，腿短粗，通体显得硕大健壮，粗短有力，衣纹也较为概括洗练。

二、麦积山石窟

麦积山石窟位于甘肃天水东南45公里处，因山峰造型独特，宛如“农家积麦之状”，故名“麦积山”。观存194窟，窟龛形制比较复杂，前后变化也较大。现存泥塑、石雕、石胎泥塑造像大小7000余尊，壁画900余平方米。造像大者高达15.70米，小者仅20厘米，其中与人等高的造像就有千余尊，被誉为“东方雕塑馆”。根据窟龛形制、造像内容和特点，以及文献记载和造像铭文分析，麦积山石窟约创建于十六国时期的后秦，历经西秦、北魏、西魏、北周、隋、唐、宋、元、明、清各代，长达1500年之久。后秦、北魏、西魏、北周、隋代为其主要的造像时期，仅北魏开凿的洞窟就有70个左右，约占总数的40%。

麦积山石窟不但有敦煌莫高窟的彩塑和常见于其它石窟的石雕造像，而且也有石胎泥塑造像。这种石胎泥塑造像是在壁龛上先凿出佛像的大体轮廓，然后贴泥绘彩。较大的造像还在身躯上凿洞插木桩。为使泥粘贴牢固，泥塑造像的主体骨架是用方木和捆当地生产的竹子构成。手臂、飘带除用木竹外，有的还用细方铁条构成，佛手和指甲用竹皮削成。竹皮和铁条坚劲柔韧，不易折断，而且可以自由弯折，随心所欲地塑造形象。塑像表面所用的细泥则多用本地料光石粉加蛋清糯米汁调合而成，这种经过加工的细泥阴干后，即可防水又坚固如石。

麦积山属于后秦到西秦（约自公元334—431年）的石窟主要有第74、78、70、71、165等窟。窟龛形制以方形平顶为主，其次是方形券顶窟。造像雄健高大，布局谨严，主要分布在正壁和左右两壁。主尊造像有三世佛、交脚和思惟等菩萨，成铺组合造像有一佛二菩萨，壁画以千佛为主。造像虽和敦煌西凉、北凉时期的彩塑有些类同，但由于麦积山较敦煌更接近中原地区，所以造像的特征比敦煌同时期的造像“汉化”得更快一些。佛高肉髻刻浅波纹或磨光，较富于装饰性。高鼻垂耳，鼻头下作成整块的面，不凿鼻孔。佛多内着僧祇支，穿半披肩袈裟，衣纹作凸起的而有规律的犍陀罗式密褶。“交脚弥勒菩萨”和敦煌275窟“交脚弥勒”的造型相同，胁侍菩萨面相与佛同，高发髻，上束宝冠，长发垂肩，宝缯作折叠式垂于耳后，上身裸露，戴项圈、臂钏、玉环，斜披络腋，肩部披巾自然下垂穿肘外扬，下穿贴腿羊肠裙。佛、菩萨身躯挺直，背光、项光泥塑平贴在壁面，上绘千佛、忍冬及火焰等纹饰。其视觉效果，更加突出了佛、菩萨的高大。

从大夏灭西秦到北魏迁洛（自公元431～494年）以前的60多年内，麦积山石窟造像发展较为缓慢，实际上是后秦、西秦造像的继续。窟龛形制主要流行方形平顶窟，左右两壁各开一大龛，将佛像置于龛内，布局更为合理，窟内留出更多的空间，便于礼佛者活动。造像题材仍以三世佛为主，并出现了释迦多宝并坐说法像。佛宏健威严，衣纹厚重，和云冈石窟昙曜五窟造像风格十分接近，反映了北魏统治区域内造像艺术的一致性。

北魏迁洛之后的北魏晚期（494～534年）是麦积山石窟的最盛时期，凿窟数目最多，造像亦最精美。这时期洞窟形制变化较大，主要有四种：第一种是前时期流行的方形平顶窟，但这时常见在后壁和左右壁开小龛的作法；第二种是方形盝顶中心为藻井的洞窟；第三种是平面呈马蹄形穹窿顶的洞窟；第四种是崖阁式窟，即在崖面上雕屋脊和柱子，柱后开窟造像。造像内容仍以三佛为主，其次为七佛、弟子、菩萨、力士和供养人。一般都在大龛中列置以佛为中心的组合群像，大多为一铺三身，即佛的两侧塑胁侍菩萨，有些窟龛内还出现了五身、七身的组合造像，即佛的两侧配塑二弟子、二菩萨或配塑二弟子、二菩萨和二力士。壁画内容有七佛和祥云、莲花、飞天等，以及大型的佛本生故事，维摩诘经变和西方净土变，还发现过绘制的诵经和尚和羽人等。佛、菩萨体态窈窕扁平，清瘦康健，细眉柳尖，秀目弯似新月，小口薄唇微微含笑，着装下摆尖长飘曳，层层波褶覆盖佛座正面，加强了佛像的稳重感。衣纹采用疏密相间，起伏变化丰富而圆润的阴线条，观者可透过薄纱看到清楚的轮廓和美丽的体态。迦叶、阿难形象逼真，神态活现，现实性极强。

西魏时期（534～557年），麦积山凿窟造像活动仍然很盛。流行崖阁式窟和方形平顶窟，造像布局和北魏时期有些不同，一般正壁塑三世佛，两壁显著的位置上对称塑维摩和文殊。影塑减少，而壁画增多了。佛像造型虽然继承了北魏晚期“秀骨清像”的风格，但变化也是明显的。运用写意概括的手法，佛、菩萨身躯较为圆润，俊美潇洒，衣纹线条显得有些简练。对人物内心情绪的刻划更趋成熟，说法佛胸怀宽大，谈笑风生，菩萨通脱潇洒，面带温婉动人的微笑。

北周时期（557～581年），麦积山石窟比较流行方形盝顶窟，四角还雕仿木结构的石柱，崖阁式窟也有所发展。这时期七世佛造像大量出现，左右多配以弟子菩萨。造像风格和敦煌北周时期的彩塑一样，发展了西魏时期造像圆润的特点，摆脱了自北魏晚期以来的那种清瘦俏美的造型，成为一种敦厚壮实的艺术形象。

三、云冈石窟

云冈石窟位于山西大同城西16公里的武州川北岸的山崖上，东西连续约1公里。北魏和平（460～465年）初年开始雕造。现有大窟及中小型窟53个，造像5.1万多尊。石窟的绝大部分都是北魏中后期雕造的。

和平年间开凿的五窟，即16～20窟，为云冈早期石窟。五窟均为椭圆穹窿顶的形制。造像内容主要是三世佛和千佛。造像分布均以本尊为中心，形体高大，占据了窟内的大部分面积，佛高13.50～17米。佛两旁侍立较小的佛或菩萨，四壁上满雕千佛。以20窟为例，主佛趺坐，双手作思惟入定状，面相丰满。五官刻划简捷而有力，解剖结构大致合理，宽肩厚胸，身躯壮硕。衣着虽和敦煌、炳灵寺、麦积山石窟早期佛像大体类同，但衣纹较为扁平厚重，似毛质厚衣料凸起的式样，为“云冈风格”的代表作。

北魏献文帝至孝文帝迁洛之前（465～494年）是云冈造像最盛的时期。窟龛形制不但有前期的椭圆穹窿顶的形制，而且流行方形前后室窟型，并且还出现了类似“支提窟”式的中部立塔柱的洞窟。造像题材多样化，并出现了世俗供养人行列和佛传、佛本生故事。造像布局规整严谨，壁面雕刻多上下分层，左右分段，窟顶雕出平棋，门楣、龛楣雕刻忍冬或飞天。第6窟大约开凿在迁洛前夕，后壁上层雕三立佛，下层中间雕坐佛，两侧雕立佛，中央有一直抵窟顶高达15米的两层方形中心塔柱，上层四面雕立佛，下层四面大龛中，东龛雕交脚弥勒像，西龛雕倚坐佛，南龛雕坐像，北龛雕释迦多宝并坐像。塔柱四面大龛的两侧和窟室的东、南、西三壁，满雕30多个内容连续的佛传故事。南壁窟口上方雕维摩、释迦、文殊像等。窟室门楣、龛楣雕刻着精美的飞天图案。第6窟雕刻内容之多，布局之严谨，装饰之富丽为各窟之冠。佛的服饰也换上了褒衣博带的式样，比较真实地体现了孝文帝太和十年（486年）开始“革衣服之制”的政策。

北魏迁洛之后至孝明帝时期（494～524年），云冈凿窟造像的功德活动仍在继续。这时期的小窟龛遍布云冈各处，比较流行塔洞、千佛洞、四壁三龛式和四壁重龛式的洞窟。造像内容大体同于前时期，但佛像造型已没有前期宏壮生动，更富于世俗化和装饰性。石窟室门楣、龛楣和顶部藻井的装饰愈来愈繁缛，出现了兼施莲花的藻井。

四、龙门石窟

龙门石窟位于洛阳市南13公里的龙门口，古称“伊阙”，东西两山对峙，伊水从中间流过，石窟凿于两山，而以西山为主。始凿于北魏，后经历北齐、北周、隋、唐、五代、北宋等朝代。窟龛约有2137个，造像10万余尊，造像题记和其它碑碣3600余块，佛塔40余座。

龙门石窟没有敦煌、云冈等地的那种有中心塔柱和分前后室的窟型，平面多呈方形或马蹄形，顶多为穹窿莲花顶或平顶。佛龛也多作方形，龛楣多雕类似床榻帐幔上的垂幔流苏，说明在窟型建筑上也更中国化了。

北朝时期，龙门石窟四壁分层凿龛造像是一大特点。主像内容比较简单，主要有释迦、三世佛、交脚弥勒像和释迦多宝并坐像等。孝文帝迁洛之后，龙门凿窟造像出现了第一次高潮。这一时期的洞窟以古阳洞和宾阳中洞最为典型。

古阳洞在西山南部，进深 13.50 米、宽 6.90 米、高 11.10 米，是北魏支持孝文帝迁洛的王公贵族和高级将领发愿为孝文帝所凿的石窟。正壁（西壁）三佛，主尊释迦牟尼结跏趺坐，左胁侍观音菩萨手持宝瓶，右胁侍大势至菩萨持宝珠。南北两壁各凿三层大龛和上百个小龛。各龛多有造像题记，在书法上有名的北魏龙门二十品，此窟就占十九品之多。龛内佛像为贴壁圆雕，内容多是一佛二菩萨。主像端坐右袒，和云冈迁洛前造像服饰近似。龛楣和空白处多采用浮雕的技法，雕造七佛、维摩变、化生、飞天、龙、力士、千佛、忍冬、莲花、串珠和供养人、礼佛图，以及佛传、本生故事等图像。内容丰富多彩，严谨而又多变，庄严而又华美。位于南壁列龛第二层，孝明帝时期（516～528 年）雕造的释迦多宝龛的盝形龛楣，浮雕一组佛传故事画，以悉达太子成道为中心，共雕刻了 11 幅画面，计有“乘象入胎”、“摩耶夫人游园”、“树下诞生”、“悉达太子步步生莲”、“九龙灌顶”、“苦修成道”、“报喜”、“婆罗门占相”、“立为太子”、“山林之思”、“遣散仆马”等。这幅连环画式的佛传故事，前后衔接得自然合理，构图也颇见巧思。

宾阳中洞，洞口两侧为高浮雕护法力士，洞口甬道两壁浮雕供养天人、供养菩萨和三头四臂的护法神阿修罗，顶为浮雕莲花图案。窟室深 9.80 米，宽 11.10 米，高 9.30 米。顶为穹窿形，中央是莲花藻井。正壁中央是一铺五尊造像，主尊释迦牟尼肤坐于狮子座上，佛高 8.40 米，阿难、迦叶二弟子和文殊、普贤二菩萨侍立两侧；北壁为过去迦叶佛及二胁侍菩萨；南壁为未来弥勒及二胁侍菩萨。造像特征已和古阳洞不同，面型清秀，眼若纤月，嘴角上翘，给人以亲切感，佛着褒衣博带的冕服式服装，说明佛教艺术进一步中国化了。

宾阳中洞东壁正中为洞口，洞口内壁左右列四层浮雕，第一层为十王神，即狮子、龙、象、鸟、山、河、树、火、风、珠的形象。第二层为各高 200 厘米、宽 400 厘米的两幅帝后礼佛图，左为孝文帝礼佛图，右为文昭皇太后礼佛图。帝后礼佛的行列，均是比丘尼在前引导，帝后率先，后面跟随妃嫔、侍从，前后簇拥，场面煊赫。人物神情肃穆，步履缓慢，显现了礼佛人们虔诚的心情。礼佛图的人们因身份不同，雕刻的造型也就有差别，嫔妃和侍从身材矮小，而皇帝头戴冕梳，皇后戴建羽葆，帝后穿褒衣博带，身躯魁伟高大，熔染了最高统治者的尊严和威仪。礼佛图人物众多，摩肩接踵，雕刻刀法也极为流畅，整个画面显得浑厚深沉，华美庄重，在中同佛教艺术史上占有极其重要的地位。第三层为本生故事，左为萨埵那太子舍身饲虎的故事，右为须达那太子本生图。最上层左为“文殊问疾品”，右为“维摩变”。两幅图像雕刻得极为成熟，文殊头戴宝冠，俊俏的脸上略带慈祥的微笑，长裙曳地，双腕托着彩带，更显得落落大方、斯文雅静。维摩（或云维摩诘）清瘦病容，举止潇洒，给人以悠然超世之感。

另外，莲花洞、火烧洞、石窟寺、六狮洞等窟也是北朝晚期很有代表性的窟室。特别是莲花洞窟顶高浮雕莲花，硕大精美，为其它石窟所罕见，六个供养天人一起绕莲花翩翩翱翔，表现出《法华经·譬喻品》中所说的“诸天伎乐，百千万神，于虚空中一时俱作，雨众天华”的景象。天人身轻似燕，舞带飘飞，飞舞的动作与盛开的莲花动静相辅，构成了具有音乐韵律的气象。

此时全国各地开凿了许多石窟，但无论是窟龛形制还是造象风格和题材，都同上述四处石窟大同小异。

第五节　农业、手工业和商业的发展

一、农业

三国两晋南北朝时期的农业遗存，以洛阳的发现较为系统。洛阳个别晋墓曾出铁锄、铁镬，其形制与东汉无殊，但过去从洛阳盗掘的北魏孝子故事石棺和永安二年（529 年）“宁懋石室”上所刻画的锄都作曲柄，这是锄的新形式。镬的改进，说明加强了中耕。洛阳王湾遗址的北朝迄初唐文化层中，出有较多的铁农具，有铧、镬、锸、镰。一种呈三角形中间起脊的厚重的铧的出现，表明畜力农耕的恢复及进一步注意了深耕。镬、锸的銎，改铸成类似龟背纹的六棱形，减少了汉式圆角长方形銎木柄易脱的弊病。王湾和洛阳北朝晚期墓中，都出有宽铁镰，前端宽2.5厘米左右，后端宽4.9～5.5厘米。镰体宽有失轻便，这个变化，还不清楚它的意义。

二、手工业

1. 青铜制造业

三国两晋南北朝时期的青铜制造业，南方较北方兴盛，但从总体看，比两汉时期衰退了。考古发掘中很少见到这一时期的冶铸遗址，但近年在湖北鄂城发现了吴、晋时期的采铜和炼铜遗址，并有红烧土和炼渣。传世或出土的这一时期的青铜制品，从器物种类到风格特征，主要是沿袭两汉以来的传统，但比汉代铜器粗糙得多。另一方面，由于这一时期各民族的融合，在青铜器的铸造上也出现了各民族互相学习和借鉴而形成的共同的文化特点。当然，有些青铜器在一定程度上也反映了某一种民族的特色。

三国两晋时期的铜器种类主要有釜、鐎斗，勺、酒樽、耳杯，洗、博山炉、灯、炭炉、熨斗、唾壶、铜镜等等。由于考古发现的这一时期墓葬的随葬品绝大多数是陶瓷器，铜器很少，一般一墓仅一件，或三五件不等，因此这一时期随葬的铜器很难找出其组合规律。这一时期铜器的特征，很难与东汉时代相区别，但有些也有细微差异，如鐎斗，其形体往往较先前瘦高些，长柄柄端除仍有作兽头者外，还常以龙首作装饰。铜釜，作圆形，大腹，直口，半圆形肩，腹下收，平底，腹中心处有一宽平沿，便于提拿。酒樽，做成长筒形，平底，下有三短足。铜洗则基本沿袭汉代风格，圆唇折沿，弧形壁，内壁有的还饰双鱼纹，双鱼间有“长宜子孙”铭。铜灯上常有纪年，雁足灯是这时铜灯的主要类型。铜器以素面为主，外表较粗糙，少部分铜器具有简单的弦纹，铜洗中饰鱼纹，有少数铜器上鎏金（图3）。

南朝铜器的种类主要有鐎斗、勺、熨斗、碗、杯、盘、唾壶、虎符等等。鐎斗多微侈口，盒形平底，直腹或斜腹，口上一侧常有一流，三高蹄形足，直柄或折柄。熨斗为直腹、平沿、直柄。铜碗为扁圆腹、矮圈足。唾壶，盘形口、扁圆或扁鼓腹、圈足。铜杯，圆深腹或长圆腹、圈足或喇叭形高足，有的附有盖。铜瓶，圆形腹、长颈、

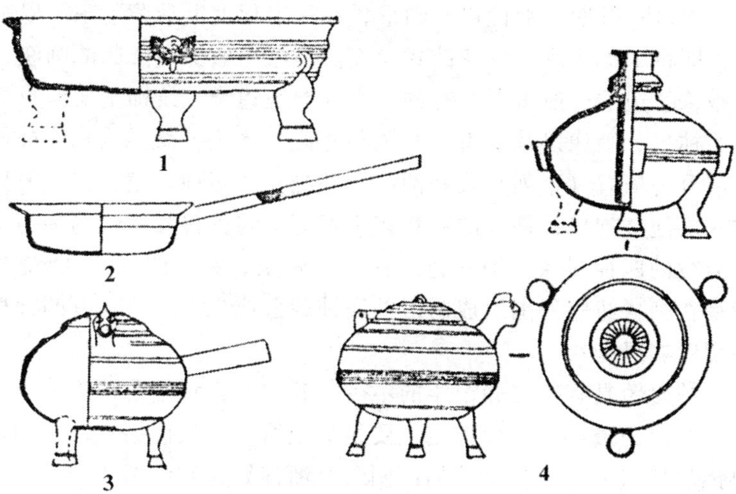

图 3　东吴朱然墓出土铜器

1. 炭炉　2. 熨斗　3. 鸡首镳盉　4. 水注

外侈圈形足。铜盘，深腹、侈口、平底。

北朝时期的青铜冶铸业很不发达，青铜生活用品较少见，质地也差，器物表面一般没有什么装饰。在内蒙古呼和浩特市美岱村发现的两座北魏墓葬出土了引人注目的镂孔高足直耳铜鍑。这种器物在辽宁北票西官营子一号墓北燕时代的冯素弗墓内也有发现。铜鍑造型特征是长圆形，深腹，口沿上有两个半圆形立耳或附耳提梁，高圈足上有三个大镂孔。此外，还有鸟兽纹的铜牌饰以及作占卜用的仿羊关节骨的铜制羊矩骨等等。这些器物均具有北方游牧民族的风格。另外，值得注意的是随着佛教在南北朝时期的进一步传播，开窟造像蔚然成风，用大量的铜铸造佛像，也是这一时期青铜铸造业的一个重要内容。

三国两晋南北朝时期，铜镜的铸造处于中衰阶段。在北方，由于战乱影响，铜镜业进入了停滞时期，产量少且铸造粗糙，大多沿用汉代旧制，多见连弧纹镜、夔凤镜、龙戏珠铜镜等；而南方作为手工业一个部门的铸镜业还比较兴盛，主要流行神兽镜、画像镜以及变形四叶镜。

在这一时期，铜镜仍作圆形，在一定程度上沿袭了东汉以来的特点，即将平板式改变成微凸式镜面。镜纽一般为高凸起的圆纽，圆形纽座，纽边的四瓣蒂形叶有的一直伸向镜边缘。纹饰主要流行高凸起式的神兽、画像以及双兽、鸾凤和夔凤纹等等。高浮雕式的神兽镜大体可分为横置（重列）式和圆绕（环绕）式两种。横置式一般分五层或六层配置神兽；神像的尊数多少不等。与神兽相配合的多为汉代以来流行的四神图像（即青龙、白虎、朱雀、玄武四神），圆绕式神兽镜是在圆形纽座外围组成圆形的四神四兽或二神二兽，有的神兽图案并配置有凤鸟纹。

神兽镜具有铭文和纪年的不少，其中有纪年铭之神兽镜以三国时吴国所出为最多，故而推定主要是吴地所产。从镜铭看，吴国铸造神兽镜的地点主要在会稽郡的山阴（今浙江绍兴）和湖北鄂城。神兽镜铭文的内容和其他时代的铭文一样，多程式化，开头一般有“造作明镜”，以下多有“幽湅三商”等内容，最后则是“希冀长寿”、“子孙满堂”、“高官厚禄”等等内容。

画像镜的题材多取自一些闻名的历史故事，如伍子胥、越王、范蠡等人的画像，也有西王母、东王公、车马神人画像镜。这类镜在雕刻技法上采用了斜雕式，使画面富于自然、优美感。

神兽镜和画像镜铭文常留有匠师的名字。如湖北宜昌出土的一面吴会稽著名工匠鲍氏所作铜镜，镜名为：“鲍氏之作，子孙享迁”。次外还见有“陈世造”、“徐伯造”等铜镜铭文。

变形四叶镜在这一时期也占有一定地位，尤其是流行于西晋时代的变形四叶凤鸟镜十分独特。在四叶纹的四面雕有四只或八只凤鸟，在凤鸟之间有的配置佛像或兽首。在镜的外区或边缘，常有连续的小连弧纹。

此外，三国两晋南北朝时期的铜镜还有不少具有“长宜子孙”，“君宜高官”、“位至三公”等吉祥语镜铭。

值得注意的是，日本古坟（主要是4世纪的前期古坟）中出土了大量被称为“三角缘神兽镜”的铜镜。镜的缘部隆起很高，断面呈三角形，镜背花纹是东王公、西王母等神像和龙虎等兽形，故名之。镜的纹样都属浮雕式，神像和兽形的数目各有不同，排列方式可分“求心式”和“同向式”两种，而以前者居多。镜的铭文有两种，一种较简单，是在若干方内重复地置“天王日月”四字。另一种文字较长，如“尚方作竟（镜）佳且好，明而日月世少有……”，“陈氏作竟（镜）用青铜，上有仙人不知老……”，“吾作明镜，幽炼三刚，铜出徐州，师出洛阳……”等。

三角缘神兽镜包括“仿制镜”和“舶载镜”两类。前者是指仿制中国的铜镜，属于“倭镜”，易于识别。关于“舶载镜”，争论的问题则比较多。长期以来，学术界普遍认为它们是中国制作后输入到日本的，而且被认为是魏镜，与《三国志·魏志·倭人传》记载的景初二年六月，倭女王遣使来到中国魏朝，曹魏统治者赠送女王卑弥呼的物品中有“铜镜百枚”相吻合。但是近年来，有的学者主张三角缘神兽镜是吴镜，是中国工匠到日本后仿制的。目前，三角缘神兽镜不仅为日本考古学界所重视，并在日本古代史研究方面也成为一个重要课题。

2. 陶瓷制造业

瓷器是我国的伟大发明之一，对世界文明的进步产生过很大作用，在世界上享有很高的声誉。因此，我国素有“瓷国”之称。

目前，学术界一般认为必须具备以下几个条件才能称之为瓷器。第一，瓷器的胎料必须是瓷土，瓷土的成份主要是高岭土，并含有长石、石英石和莫来石等成份。含铁量较低，经过高温烧成后，胎色白，具有透明或半透明性；第二，瓷器的胎体必须经过1200℃～1300℃的高温焙烧，才能具备瓷器的物理性能。各地瓷土不同，烧成温度也有差异，要以烧结为准；第三，瓷器表面所施的釉，必须是在高温下和胎体一次烧成的玻璃釉；第四，瓷器烧结后，胎体必须坚硬结实，组织致密，叩之能发出清脆悦耳的金属声。胎体吸水率不足1%，甚至不吸水。

我国瓷器的烧制和使用历史悠久。根据我国考古调查和发掘的资料分析，早在公元前16～11世纪的商代遗址和墓葬中出土的一部分高温玻璃釉器皿，已符合瓷器的标准。因此，目前大多数学者认为中国瓷器的出现是在商代。1975～1977年，中国社会科学院考古研究所发掘了山西夏县东下冯遗址，在第三层（龙山文化晚期文化层）中出土原始瓷片20余块，有罐、钵等器，器表饰篮纹、方格纹，釉汁较薄且呈青绿色，因此，有人认为早在4000年前左右的龙山文化晚期，我国黄河中下游地区就已经烧制瓷器了。

在三国两晋南北朝历时300余年期间，瓷器的烧造技术发展很快，为唐代瓷业的大发展奠定了基础。三国两晋南北朝时期的南方地区，由于战乱较少，社会相对长期稳定，制瓷手工业窑场出现了遍地开花的局面。在东起江、浙、闽、赣，西达长江中上游的湖南、湖北和四川的广大区域内，都发观了这时期的制瓷窑址。各地的窑址都有比较明显的地方特色，而浙江地区是这时期瓷器的主要产区。在浙江的北部、东北部、中部和东南部的广大区域内已初步形成了我国最早的特点明显的几个瓷业系统，它们分别属于越窑、瓯窑、婺州窑和德清窑等四个系统。

越窑系瓷业主要集中在浙江东北部的上虞、余姚、绍兴、鄞县、宁波、奉化、临海、萧山、余杭、湖州等十多个县市，是我国最先形成的窑场众多，分布地区广泛，制瓷风格比较一致的瓷窑体系，它是唐代越窑的前身。

瓯窑瓷业体系主要分布在浙江的温州一带，从发现的青瓷窑址数量和生产规模看，瓯窑制瓷业水平不如越窑。

婺州窑在浙江中部的金华地区，目前主要在武义县发现西晋时期的青瓷窑址。

德清窑系位于杭嘉湖平原的西端，目前主要在德清县城东郊的焦山，西南郊的戴家山、陈山、丁山和余杭县大陆果园以及安溪等地发现了这时期的瓷窑遗址。德清窑以烧黑瓷为主兼烧青瓷。德清窑瓷釉用含铁量很高的紫金土配置黑釉，使釉内含铁量高达7%左右，釉面光泽强，色黑如漆，是目前发现的我国最早烧制黑瓷的窑场。

除浙江省外，这时期的瓷窑还有江苏宜兴县鼎蜀镇附近的均山窑，其烧制的瓷器的年代，主要在东吴后期至西晋时期。另外，在湖南湘阴县发现的青瓷窑址始于东晋时期。江西丰城罗湖青瓷窑址的始烧年代亦可能早到东晋晚期，它是唐代洪州窑的前身。

这时期南方地区的制瓷手工业以越窑为代表。东吴时期，窑址在上虞县发现了30多处，烧瓷窑炉均为利用山的自然坡度建筑的窄长龙窑。瓷器仍保存东汉时期的特点，胎体坚硬细腻，多呈淡灰色，以淡青釉为主，其次为青黄釉。常见的生活用具有碗、罐、壶、盘口壶、碟、洗、盆、钵、盒、盘、耳杯、槅（多子盒）、薰炉、唾壶、虎子、狮形烛台、羊形水注、泡菜坛、水盂、砚和专门供随葬用的鐎斗、灶、鸡笼、狗圈、谷仓罐、碓、磨等明器，在盂上和谷仓罐上流行贴塑人物、飞鸟、走兽和佛像等。西晋虽短短几十年，却是越窑瓷器成就最突出的时期。制瓷窑场激增，在上虞县已发现的窑址达60多处，在绍兴、余杭、吴兴等地也发现了10余处。器物胎体比以前增厚，釉汁厚而均匀，釉色多见青绿色和青灰色。新出现的器物有鸡首壶、鸡头或虎头双耳罐、扁壶、猛兽尊、狮形尊、熊形尊、托盘、镂孔香薰、熊头或蛙头形水盂。随葬明器中还出现了犀牛形镇墓兽和男女俑。器物造型矮胖端庄，配以铺首、弦纹、方格纹、联珠纹或缠枝、飞禽走兽组成的纹饰带，以及贴塑龙首、羊头、熊足等装饰。东晋时期的越窑青瓷，基本上承袭了西晋青瓷的风格，缺乏独创精神，器物种类减少，明器基本上停烧，生活用具中的碗、盘数量大增。器物造型趋向简洁规整，并由低矮向瘦长发展，器物多素面，质而不华。点染酱褐釉斑很盛行，在同一件器物上可以见到几十点之多。南朝时期，越窑青瓷常见的器形主要有钵、碗、罐、壶、尊等。器物变得修长而秀美。装饰方面，以前模印的纹饰带极少使用，贴塑动物和透雕镂空花纹等几乎绝迹，点染酱褐釉斑之风也告衰竭，代之而起的是贴塑浮雕莲瓣和刻划莲花纹。

黄河中下游地区的制瓷手工业发展也很快。在河南、河北、山东、陕西等省的北朝晚期墓葬中，出土了许多具有北朝风格的瓷器。目前经过科学调查和发掘的这时期的瓷窑遗址仅有三处：山东淄博市寨里窑、山东枣庄市中陈郝窑和河北内丘县邢窑。寨里窑瓷器胎体一般较厚重，火候较高，早期的釉汁斑驳不均，多呈青褐色，晚期青釉明亮度增强。器形以碗、盘、高足盘、罐、瓶为最常见。莲花尊则代表了寨里窑制瓷的最高水平。中陈郝窑是目前北方唯一经过考古发掘的北朝晚期的瓷窑遗址，其制瓷工艺和寨里窑颇为近似。河北内丘县邢窑是唐代邢窑的前身。采集到的北朝晚期的器形有碗、杯、钵、盘、罐、瓶，以青釉为主，发现少量的白釉。白釉瓷器和河南安阳北齐武平六年（575 年）范粹墓出土的白瓷器一样，都具有釉层薄、普遍泛青的特点。邢窑白瓷的烧制成功，是我国陶瓷史上的一件大事，它是后来各种彩绘瓷器的基础。

总之，三国两晋南北朝时期，瓷器已渗入到人民生活的各个领域，逐步代替了传统的漆、木、陶、金属制品，为人们的生活用具开拓了一个广阔的领域。

三、货币

三国两晋南北朝是中国历史上大分裂、大动荡的时期，社会经济遭到了严重破坏，货币经济严重衰落，因此，这一时期也是中国货币史上的大混乱时期。

1. 三国的货币

魏文帝曾明令废止五铢钱，改用谷帛交易，直到明帝太和元年(227 年)，又恢复了五铢钱的流通。吴蜀两国皆铸行大钱，实行变相的通货膨胀政策。刘备攻取成都后铸“直百五铢”，有的钱背有一“为”字，通称“犍为五铢”，是四川犍为地方铸造的，这是方孔钱中铸记地名最早的钱。此外，蜀钱还有“直百”，“太平百钱”、“定平一百”等等。东吴孙权铸行“大泉五百”，“大泉当千”、“大泉二千”、“大泉五千”四种，后两种因折当过大，流量受阻而铸量较少。

2. 西晋、十六国的货币

西晋用魏钱，东晋沿用孙吴旧钱，大小轻重都有。大者叫“比轮”，形容其大如车轮，中者叫“四文”，即一钱当小钱四文用，小钱即沈充所铸的“小五朱”，时称“沈郎钱”，此钱既薄且小，只称“朱”不称“铢”，铜色发白，直径 2 厘米左右。整个十六国时期只有两个政权新铸过钱币：一是后赵石勒铸造“丰货”钱，二是四川成蜀李寿改国号为汉后铸“汉兴”钱，这是中国最早的年号钱。

3. 南朝的货币

刘宋时期（400～479 年）先后铸造“四铢”、“孝建四铢”、“二铢”等钱。宋明帝整理币制，泰始元年（465 年）废钱署，停铸并禁止一些新币流通，专用古钱（五铢钱）。

萧齐一代很少铸钱，只是齐武帝 11 年（490 年）在四川铸过少量铜钱外，在流通中多使用旧钱。

萧梁铸钱种类最多。梁武帝先铸“大样五铢”，有内外郭，面文“五铢”，实重四铢。又有无外郭的“公式五铢女钱”，更轻小。民间仍沿用古钱，如“直百五铢”、“太平百钱”、“定平一百”、“五铢雉钱”、“五铢对文”等等，形制混乱。由于铜料缺乏，古钱被剪凿过甚。梁武帝普通四年（523 年）乃尽废铜钱，大规模使用铁钱。梁末，又曾铸“四柱五铢”和“二柱五铢”钱，以一当“细钱二十”，旋即改为一当十。

陈文帝天嘉三年（562 年）铸五铢钱，一当小钱之十。至宣帝太建 11 年（579 年）又铸“太货六铢”钱，作十六行使，各改为一当五铢钱一。此钱面背肉好周郭，篆文清晰，是六朝钱中最精美者。

4. 北朝的货币

北魏孝文帝迁洛后（495 年）才始铸“太和五铢”。宣武帝永平三年（510 年）又铸造五铢钱，到孝庄帝永安二年（529 年）又改铸“永安五铢”。北魏分裂为东、西魏后，东魏财政困难，币制混乱，钱币名目繁多。北齐取代东魏后，于天保四年（553 年）铸“常平五铢”，制作精美，币值较高。西魏于大统六年、十二年（540 年、546 年）两次铸行五铢钱，成为西魏的主要货币。北周代替西魏后，周武帝保定元年（561 年）铸“布泉”，一枚当五枚五铢钱，书法是“玉筋篆”，笔划肥美。建德三年（574 年）又铸“五行大布”钱，一当布泉十枚。至静帝大象元年（579 年）铸“永通万国”钱，一当十枚五行大布的比价使用。北周的这三种钱币，制作精美，艺术价值很高，尤其以“永通万国”篆法绝工，为三国两晋南北朝钱币之冠。

四、商业

三国两晋南北朝时期，中原地区出现了两个经济恢复阶段，即魏晋和北魏迁洛以后。这两个阶段的出现，在农业、手工业、城址和墓葬的考古资料中都有所反映，在有关国内外商业往还的资料中则表现得尤为清楚。

魏晋墓多出南方青瓷器，个别墓还出玻璃器。玻璃器据潘尼《琉璃椀赋》："览方贡之彼珍，玮兹椀之独奇，济流沙之绝险，越葱岭之峻危，其由来也阻远"（《艺文类聚》卷73)，推断来自葱岭以西。魏晋中原地区生产的铜镜，远销至辽东，甚至在日本大量出土。中原丝织品在"丝绸之路"上发现，说明国内东部和西部物资交流从未间断。

北魏迁洛以后，大量织造各种西方纹样的高级丝织品，说明了丝织物向东方输出的日益繁荣景象。公元481年埋藏在定州五层佛塔下舍利石函中的波斯萨珊朝耶斯提泽德二世银币四枚，卑路斯银币三十七枚。此外，在十余处发现了拜占廷金币及其仿制品。大约都是经过"丝绸之路"从中亚一带传入的。当时西方传来的物品，主要是统治阶级上层追求的金银器和玻璃器。有关西方输入的金银器皿的较早材料，有从山西大同北魏平城遗址的窖藏中出土的一批金银器，其中有一件海兽纹八曲银洗大致可以确定为波斯萨珊朝制品，另外有三件鎏金高足铜杯和一部分鎏金银碗，也是输入的中亚和西亚的产品，带有强烈的希腊化风格。较迟的材料有西安发现的北周宣杨皇后的外孙女李静训墓中出土的高足金杯和银杯各一件，足作喇叭形，足部和杯身的中腰部都各有一道凸棱，具有萨珊银杯的风格。这些具有波斯萨珊王朝风格的金银器，都是萨珊帝国时代输入的。玻璃器中发现的时代较早的一批是在北燕冯素弗墓中出土的，这批玻璃器共五件，质薄透明，闪淡绿色或深绿色，器形有鸟形水注、侈口直筒形凹底杯、圜底小钵、残高足器等。造型都不类我国器物，看来是来自西方的输入品。南北朝时期，也经常发现西方输入的玻璃器，如河北定县北魏太和五年舍利石函内藏的玻璃器，景县封氏墓群内出土的玻璃器等。

中西陆路上的贸易性往还和文化交流，在中原地区经济恢复的后一阶段，确实出现了一个高潮。当时，和北方的关系也在发展，蒙古土拉河右岸嫩都斯木发现的6世纪突厥贵族墓葬中，出土有连珠双龙纹饰的丝织品即是一例。中原地区内部的贸易活动，在这后一阶段更加扩大，新烧制的瓷器很快就在今天的河南北部、河北中部以南、山西中南部的许多地点发现，甚至关中的华县也有极为相类的瓷器出土。定州白玉佛虽然不一定作商品交易，但南及北齐的邺都，北到北齐的北都太原，西抵北周的都城长安都有发现。北魏迁都以后，大型墓多出满载货物的驼、驴，北齐时期中亚墓中也随葬了这种驼、驴，专备运输的牲畜明器日益增多，生动地反映了商业交通的繁荣。

三国两晋南北朝时期的南方地区，由于瓷器、铜镜各种手工业的发展，便南方对海外的商业往来、文化交流繁荣起来。南京和长江中下游的中型以上墓葬中常见玻璃、玛瑙、珊瑚、玳瑁等质料的饰品，和随葬的香熏所焚用的杂香，主要来自南海和印度洋一带。南京象山七号墓出有嵌饰直径1毫米、未经琢磨的金刚石金指环一件，当时金刚石是今斯里兰卡、伊朗、印度的特产。南京象山七号墓出土的两件高10.40厘米、厚5～7毫米、黄白色、圜底直筒形玻璃杯，杯壁外磨刻出长形花瓣纹，南大北园所出的虽是残器，但厚仅1毫米，比上述两件更为透明，这类玻璃器是波斯萨珊朝的产品。

南方最重要的港口是广州，广州附近墓葬发现玻璃、玛瑙、珊瑚、玳瑁饰品的比例比长江中下游还多。贵州平坝两晋南朝墓多出玻璃、玛瑙、琥珀珠饰，有的墓中多者竞达数百件，这些大约都自广州传来。广东英德的一座南齐墓中出土了两枚波斯银币，其一纹饰清晰的是波斯萨珊朝卑路斯时所铸。广东曲江南华寺的南朝墓中，获得了九枚被剪过的波斯银币。英德、曲江皆往广州北上的大路上，两地出现的波斯萨珊朝银币，显然都是经由广州传入的。

国外发现吴晋南朝的遗物，以日本为最多。大和国的统治者墓中一般都随葬有中国器物，如山犁鸟居原古坟所出的吴赤乌元年（238年）铭半圆方形带神兽镜、兵存安仓古坟所出的赤乌七年（244年）铭半圆方形带神兽镜、京都上狛附近古坟所出的西晋元康纪年（291～299年）铭半圆方形神兽镜以及大阪黄金塚发现的一枚东晋所谓“沈郎五朱”钱的钱刀等，都是比较明确的我国南方的制品。

大约从5世纪开始，日本和我国的关系日益密切。日本本州中部到北九州古坟中常出现画文带神兽镜和画文带画像镜，主要是这时期从长江下游经海道，转百济到日本的。奈良、大阪的大型古坟中发现的玻璃器，也是这阶段由我国南方传入的。同时，南朝的制陶、缝衣工匠也到了日本。考古资料有：在本州中部的各地古坟中发现了一些具有我国南方风格的陶器，如钟形器、五联罐、盘口壶和类似虎子形式的陶器等。陶俑的服饰也和南朝的陶俑服饰相同——男戴盔帽着袴褶，女梳横髻服长裙。在本州伊贺山古坟中出土了刻划出我国木构建筑中特有的“斗子蜀柱”的陶屋，九州熊本千金甲一号古坟后壁上部也刻绘出“斗子蜀柱”的形象。这些考古资料使我们清楚地了解到隋唐时期中日两国频繁的使节往来和大规模的文化交流，并不是突然出现的，而是有其悠久的历史根源的。

第六节　边疆少数民族地区的文化遗存

一、东北地区

东北地区是指辽河以东的广大区域。在这个区域里，三国两晋南北朝时期的考古发现，主要是辽河、鸭绿江两水之间的魏晋十六国墓葬和高句丽遗迹。

东北地区魏晋十六国墓葬大都用石板、石块砌筑墓室，砖筑墓室少见。较大型墓多砌出前、中、后三室，中型墓砌出前后两室，小型墓只具棺室。大中型石室墓内常绘有彩色壁画，内容包括墓主人宴饮、舞乐、出行、庄宅、庖厨、门卒、属吏、守门犬等。随葬器物多装饰品，有钗、环、镯和两端作叉形的铜饰件。陶器多粗厚的罐、钵，还有两端上翘的石灰枕。大中型墓有陶明器，如井、灶、俎和圆案、耳环、豆、长颈瓶等随葬。

高句丽遗迹主要分布在桓仁地区和集安附近。桓仁地区有高句丽墓葬和山城遗址，多用未加工的石块砌成。桓仁县城西北、浑江西岸五女山东坡的山城，是较典型的高句丽早期山城，该城西连悬崖，东、南、北三面城垣皆以自然石板堆砌，城内西南隅有水泉和建筑台基。桓仁墓葬较集中，排列有序，都是积石墓。位于浑江东岸的高力墓子村附近的墓群，是其中最重要的一处，南北延续长达1000余米。墓葬可分为大中小三型，都是在地面上用自然石块起砌墓室。经过清理的中小型积石墓里，都没有发现随葬品，只有在大型积石墓里发观少量的铁质武器和马具，有刀、矛、镞、衔和带扣等，还有一些陶罐、陶壶、鎏金铜饰片、银镯和铜镯等装饰品。这三种类型的积石墓，明显地分为三个等级，表示着葬入者的不同身份。

集安附近的遗址较桓仁晚。集安县城西北的山城子山城，是东汉建安 14 年（209 年）高句丽迁都丸都。该城内外侧皆垒砌经过人工修治整齐的长方形巨大石块，内低外高，中填河卵石。城平面略作椭圆形，周 12 里。在集安北面通向辽东的两处关隘附近的山上，都发现了城址，这显然是卫护都城的山城。集安附近现存的高句丽墓葬，数量远远超过桓仁地区的高句丽墓葬，而且除了早期流行的积石墓外，还有大量的时代较晚的土封壁画石室墓。时代较早的壁画石室墓墓室作叠涩穹窿顶，壁画以墓主人的生活为主要内容。时代较晚的为叠涩盝顶或抹角叠砌式顶，壁画出现供养佛像的画面和以莲花、四神为主的内容。积石墓多随葬陶器、釉陶器和鎏金铜马具，壁画石室墓多出黄釉陶器、鎏金铜马具、金饰件等。

二、北方地区

北方地区主要指辽河以西，长城以北，西迄新疆以东的广大地区。在这个地区内，三国两晋南北朝时期的考古发现，主要有东部的慕容鲜卑、拓跋鲜卑的遗迹和西部的魏晋前凉以及匈奴族建立的北凉、大夏的遗迹。

慕容鲜卑遗迹主要分布在辽宁、青海一带，以辽宁北票最为集中。时代约相当于 3～4 世纪，墓葬均用石板砌成，平顶。随葬品中，不仅有鲜卑的步摇冠等，也有汉族的轮制陶器、漆器、铜钱和匈奴镶嵌饰物的指环等。北票还发现有徙居慕容鲜卑境内、后建立北燕的汉族冯氏墓群。比较大的有冯素弗夫妇二墓。同坟异穴，坟内围叠石块、殉狗等是明显的鲜卑风俗，椁内壁画绘主人家居、星相，漆棺绘羽人之气等，则是汉族上层墓葬习俗。随葬品中也包含汉族和北方游牧民族的器物。青海共和县有慕容鲜卑吐谷浑的都城伏俟城，即今卜卡古城。该城有用砾石叠砌的长方形外郭，东西宽约 1400 米，北垣已毁，长度不详，郭内偏东有南北内墙一道，西部有长、宽近 200 米的方形夯筑内城。内城一门，开在东壁，城内就西垣建方形台基，大约是宫殿所在。台基向东有街道直通城门，城门和宫殿皆东向，可能是沿袭“以穹庐为舍，东开向日”的旧俗。据《晋书·吐谷浑传》，吐谷浑“虽有城郭而不居”，“人民犹以毡庐百子帐为行屋”。这既说明了古城地面遗址稀少的原因，也反映了慕容鲜卑在西迁青海（4世纪初）后仍然过着以随水草畜牧为主的经济生活。

拓跋鲜卑早期活动在大兴安岭北部。1980年7月，在内蒙古呼伦贝尔盟阿里河镇西北10公里的嘎仙洞中，发现了北魏太平真君四年（443年）太武帝拓跋焘遣中书侍郎李敞致祭时所刻祝文。这一重要发现，证明这里是拓跋鲜卑旧墟石室。后来，拓跋部自东北逐渐向西南迁移，他们沿途留下的遗迹，主要是陈巴尔虎旗完工的墓群和新巴尔虎右旗札赉诺尔的墓群。前一墓群的时代早于后一墓群的时代。完工墓群的墓葬均为土坑竖穴木椁墓，墓内丛葬多具尸骨，还有殉葬的牛、马和狗等牲畜。随葬品有陶、石、骨、蚌、金、银、铜、铁器，以及珠饰、桦树皮器皿和残漆器等。陶器质粗量少，多是壶、罐器类。各种骨制品和石制品也大量出土，多是武器和工具，也有一些装饰品。金银器极少。札赉诺尔墓群均为土坑竖穴墓，内置桦木棺，葬式都是仰身直肢，多数墓为单人葬，个别有二人葬。墓内常殉有各种牲畜，有牛、羊、马等。陶器多为夹砂粗褐陶，器形以壶、罐为主。骨器的数量很多，主要是箭簇和弓弭。金属制品中，铜器多为装饰品，也有炊器，出现了高圈足铜鍑。铁器多为锻制的武器，有矛、镞、小刀。此外，还有各种用桦树皮制成的用具。

大夏的主要遗迹是陕西靖边县城北的大夏都城统万城。该城分东、西二城，西城外围有郭城。西城和郭城都用略带青灰色的夯土版筑。东城系后建，所以西城即是当时统万城的内城。内城四面各开一门，城垣外侧建马面，四隅的角楼台基用加宽作法。城内中部偏南，残存高约10米、平面呈长方形的建筑台基一处。附近出有花纹方砖和大瓦，大约是大夏宫殿的遗址。郭城面积相当宽大，但其中肯定为大夏时期的遗物极为稀少，应是大夏建都后仍没有改变畜牧经济的缘故。

三、新疆地区

三国两晋南北朝时期，新疆地区的考古资料，主要集中在若羌、民丰（当时属鄯善）、吐鲁番（当时属车师和高昌）和库车、拜城（当时属龟兹）等地。

鄯善原名楼兰，西汉元凤四年（公元前 77 年）改名鄯善。鄯善西抵尼雅河流域，东邻敦煌，首邑即今若羌。东汉在这里设西域长史，进行屯田，直迄十六国前凉时期。5 世纪末，鄯善为高车所破。楼兰古城残存城垣近方形，用泥土和红柳筑成，主要发现有建筑遗迹和用佉卢文、粟特文书写的文书。若羌东北的米兰有不少土坯建筑的寺院遗址，以塔式建筑为中心。在民丰一带也有寺院和建筑基地，出土有大批佉卢文文书。

高昌遗迹主要分布在吐鲁番。哈拉和卓古城（高昌城）是魏晋戊己校尉治所和前凉以来的高昌郡治及北魏以来的高昌都城。雅尔湖古城（交河城）是汉以来车师前王庭和麴氏高昌的交河郡城。这一带的墓葬可分为魏晋十六国和车师墓葬、麴氏高昌墓葬两期。前期墓葬多在哈拉和卓和阿斯塔那地区，可分为大、小两型，雅尔湖古城北的墓葬贫富悬殊不大，可能是车师墓葬。麴氏高昌时期的墓葬较多，出现了家族茔地。墓葬排列有序，周围以砺石围墙。墓中出土有砖、木板或土坯制的墓表、绢制的伏羲女娲像及公私文书等。此外，吐鲁番地区出土有用婆罗谜文字书写的佛经译本及粟特文文书、汉文写经等。

龟兹都城即今库车东部的皮郎古城，略作方形，周约 7 公里，东、北、南三壁保存较好，最高处尚达 4 米，城内分布有不少的夯土基址。位于城中央，南北长约 25 米，东西宽约 15 米，高出地面 3.2 米的“哈拉墩”夯土台基，可能是《晋书·西域传·龟兹传》所记的龟兹王宫遗迹。

第七章　隋　唐

第一节　概　论

一、隋唐考古概况

隋唐考古是中国考古学的一个阶段。从时间上看，它起自隋止于五代（581～960 年），是中国封建社会的昌盛时期。它结束了中国长期分裂割据的局面，揭开了我国古代历史最为灿烂夺目的篇章。它在政治、经济、军事上都非常强盛，同时，其文化也高度繁荣，并在许多方面处于世界领先地位。它通过陆路、海路交通，同亚洲、非洲和欧洲的一些国家，尤其是日本、朝鲜及中亚各国，进行频繁的文化交往和经济贸易，国际影响深远。因此，隋唐五代考古学的研究，不仅在中国考古学上占有一定的位置，在世界文化史的领域内也是十分引人注目的。

二、隋唐考古的重要发现与研究

隋唐两代三百多年的统一时代，遗留下来的文物是大量的、丰富的。中华人民共和国成立后，对这一时期的考古工作和研究取得了丰硕的成果，勘查了包括两京在内的一大批隋唐城址；调查或发掘了南北各地的隋唐陶、瓷窑址；发掘了一些隋唐居住遗址和宗教遗址；对现存于地上的隋唐遗迹、遗物，如石窟寺、佛塔、碑刻、栈道、刻铭、建筑等，进行了普查、清理和保护。与此同时，还调查了唐代陵墓，发掘了五代南唐二陵和数千座分布于全国各地的隋唐墓。从这些遗址、墓葬中出土了数以万计的文物，其中有各种陶、瓷器皿，金银器皿、铜铁器；有各种俑类及模型器。还有各类文书、丝棉麻毛织物、绢画、壁画、墓志，以及不同质地的装饰品、工艺品和其他生活用品。通过上述各项调查、发掘和发现，积累了一套比较系统、完整的实物资料，为隋唐考古奠定了坚实基础，并以这些新发现为契机衍生出了敦煌学、简牍学等新的学科领域。20世纪90年代以后，除了新的发现，试图用新视角、新观念、新手段审视隋唐考古问题的研究论述增多了，研究工作也取得了丰硕成果，对典型遗址、墓葬（或墓群）的发现与探索向深入发展，关于隋唐城市、墓葬、遗物的综合研究和专题研究也进入新的阶段。

第二节 城 址

隋唐两代的城市遗址遍布国内各省区。中华人民共和国成立后，主要对如下城址开展了考古调查与发掘工作：陕西西安隋大兴、唐长安城，河南东都洛阳城，云南大理南诏太和城，黑龙江宁安渤海国上京龙泉府城，四川成都州城，江苏扬州城，北京附近的幽州城等。

一、隋大兴、唐长安城

隋大兴、唐长安城是隋唐两代的都城遗址，位于今陕西省西安市。隋灭北周后，于开皇二年（582年）在汉长安城东南龙首原一带营造新都。因隋文帝杨坚在北周时被封为大兴公，故新都命名为大兴城。唐建国后，仍以大兴城为都城，改名为长安城，并做了局部修建和补充。唐末天祐元年（904年），朱全忠迫昭宗迁都洛阳，并令拆长安宫室屋木自渭水浮入黄河运往洛阳，隋大兴、唐长安城作为国都320余年，至此全部废毁。

1. 隋大兴城的布局

隋大兴城的设计分宫城、皇城、郭城三部分。先建宫城，皇城次之，最后修外郭城。

宫城，位于大兴城的北部正中，面积约4.2平方公里。宫城中部为宫殿区，皇帝的大兴殿位于此区的南部，宫殿区以东为太子宫，又称东宫，西为宫人居住的掖庭宫，北部为太仓，南端为内侍省。宫城南门为广阳门，唐名承天门，北门为玄武门，均已探得。

皇城，又称“子城”，位置紧靠宫城的南侧，中隔横街，北无墙，东西两墙与宫城东西墙相接，南墙为今西安城南墙所压，面积约 5.2 平方公里。皇城南壁有三个城门，东西两壁各有两个城门。东壁为延喜门、景风门，西壁为安福门、顺义门，南壁正中为朱雀门，东侧为安上门，西侧为含光门。朱雀门往北穿过皇城与宫城的广阳门相对，往南为朱雀大街与外郭城南壁的明德门相通，这便是大兴城总体设计的中轴线。皇城内布置了中央衙署与其附属机构和中央卫戍部队，皇城内既无府第又无居民，实际上是宫城的护卫城。

为了进一步加强宫城的护卫，宫城之北辟为大兴苑。大兴苑东靠浐河，北枕渭水，“东西二十七里，南北三十三里”，为皇城游猎禁区，并有重兵屯扎，起着宫城北面的扩卫作用。

郭城，亦名罗城，平而呈长方形，东西长 9721 米，南北长 8651.7 米，周长 36.7 公里。城墙全用夯土版筑，仅在城门处内外表面砌砖壁。墙基厚度一般在 9～12 米左右。城墙外有宽 9 米、深 4 米的城壕。

郭城东、西、南三壁各开三门，东为通化、春明、延兴，西为开远、金光、延平，南为启夏、明德、安化二门，其中南壁正中的郭城正门明德门最大，有五个门道，各宽 5 米，深 18.5 米。其余各门均为三个门道。城的北面四个城门，宫城的西为芳林、景耀、光化三门，东为兴安门。

郭城内有南北向大街十一条，东西向大街十四条，其中通南面三门和东西六门的“六街”，是大兴城内的主干大街。这六条大街除通延平门和延兴门的东西大街宽 55 米外，其余五条皆宽 106 米以上，特别是朱雀大街宽达 155 米。其他不通过城门的大街宽度在 35～65 米不等；顺城街宽 20～25 米，各大街两测皆有宽 2.5 米的排水沟，所以，《长安志》中“棋布栉比，街衢绳直，自古帝京未之有也”的描述是符合实际情况的。

城内的大街纵横交错，除宫城、皇城外，把郭城划分为 108 个坊。这 108 个坊，以朱雀大街为界，东属大兴县（唐改万年县），西属长安县。各坊面积大小不一，靠朱雀大街两侧的四列坊最小，其他六列坊次之，宫城、皇城两侧的六列坊最大。朱雀大街两侧四列坊只设东西向横街，其余各坊都设十字街，街宽15米左右，两端置坊门。坊四周筑夯土墙，墙基宽2.5～3米左右。坊内除十字街外，唐天宝后又增设了曲（小巷）。

城内诸坊基本上是居民区，坊的全部面积占全城的1/8，但城内各坊的人口却不均衡。据文献记载，宫城、皇城附近的各坊，人烟稠密，王府、官邸遍布，靠近郭城南墙的四排坊则较荒凉，“率无居人第宅”、“虽时有居者，烟火不接，耕垦种植，阡陌相连”（《长安志》卷七）。

大兴城内设两市，东曰都会，西曰利人，对称地置于皇城外东南和西南，各占两坊之地，周建夯土围墙，开八门，内设井字街道和沿墙街道。管理市场的市署和平准署位于井字街当中。两市内“四面立邸”、“四方珍奇，堵所积集”（《长安志》卷八），为城内手工业和商业的集中区。

大兴城内，隋初还开凿了龙首、永安、清明三条水渠。三渠分别从城东、城南入城，其用途大概主要为解决宫苑的环境用水。

2. 唐代对长安城的变革

唐王朝建立后，仍继续使用隋代的都城，将大兴城改名为长安城，亦名京师城。唐代对隋大兴城的设计与布局基本上没有变动，只是作了部分扩建和变革。

唐初主要创建了大明宫。皇帝的宫殿仍使用隋代的都城，只是把大兴殿改名为“太极殿”。太宗贞观8年（634年），在郭城的东北角，即禁苑的东部龙首原上初建“永安宫”，次年正月改名“大明宫”。当时的大明宫只是别宫的性质，其政治中心仍在太极殿。武则天于高宗龙溯2年（662年）继续大规模扩建大明宫，次年迁大明宫听政。从此，大明宫一直是唐代主要的朝会之所。大明宫南宽北窄，略呈梯形，周长7679米，其南墙即是郭城的北墙，南壁正门为丹凤门，已探得有三个门道，北面的玄武门一个门道。城内发现宫殿遗址三十余处，含元殿、麟德殿、清思殿、三清殿、朝堂及翰林院遗址进行了发掘。其中含元殿是大明宫的正殿，是当时皇帝听政和举行大典的地方，建于高宗龙溯 2 年（662 年），20 世纪 50 年代末和 90 年代进行了整体揭露。其地高出平地 15.6 米，殿基东西长 75.9 米，南北宽 42.3 米。殿面阔 11 间，进深 4 间，每间广 5.3 米。殿两侧向外延伸并南折出殿之东南、西南两阁，东曰翔鸾，西曰西凤，二阁相对，现存高 15 余米的长方形夯土台基。阁、殿之间有廊相接。殿的正南，建有南北向的三条平行的斜坡和台阶相间的砖石道，长约 70 余米，称之为“龙尾道”。麟德殿是大明宫内规模最大的宫殿之一，也是唐宫廷内举行宴会、接见藩臣和宰相奏事的场所。其兴建的时间略迟于含元殿，为三殿相连的结构，20 世纪 50 年代和 80 年代进行了发掘。前殿面阔 58 米，共 9 间，进深 4 间。前殿后为一宽 6.2 米的过道，其北接中殿，面宽同前，进深 5 间，以墙隔为中、左、右三室。后殿进深 3 间。后殿的后面另附面广 9 间、进深 3 间的建筑物。全部建筑南北长约 85 米。中殿左右有东西亭方形台基各一处。后殿左右有矩形楼阁台基各一处，东为郁义楼，西为结邻楼，两楼皆有向南延伸的廊址。

兴庆宫是开元以后规模最大的皇室建筑遗迹。其平面呈长方形，四壁皆设门，正门兴庆门在西壁北部。宫城内隔为南北两部分，北为宫殿区，南是园林区。南区正中为一东西 925 米、南北 214 米的椭圆形大水池——龙池。龙池的西南面发掘了十七处建筑遗址，1 号遗址靠近宫城南壁，长方形，面阔五间，进身三间，可能是“勤政务本楼”的基址。17 号遗址为“花萼相辉楼”。兴庆宫的特殊之处是以园林区为主体，建筑平面多样化。豪华富丽远在大明宫之上。

夹城的修建是在玄宗开元 14 年扩建兴庆宫时开始的。先在兴庆宫东壁，即外傍郭城东墙修建了北通大明宫的复壁，开元 12 年（732 年）又外傍郭城东壁建兴庆宫南通曲江芙蓉园的复壁。此即所谓“筑夹城至芙蓉园”的夹城。复壁东距郭城壁 23 米，与郭城东壁南北平行，全长 7970 米。其目的只备人主僭行，“外人不知之”，而且主要是为了去大明宫或芙蓉园游玩方便。9 世纪初，这种夹城在大明宫东、北、西三面也兴建起来。

在大明宫北部太液池周围的宽5米多的夯土台基和在台基附近发现的大量砖瓦，表明它是元和12年（817年）所建“蓬莱池周廊四百间”的遗迹。在大明宫西壁外210米处的一座殿堂遗址中出土刻有“含光殿及球场等，大唐大和辛亥岁己未日建”的志石一方，说明这处遗址是唐文宗大和5年（831年）所建的含光殿。在含光殿附近还出土前所未见的釉色复杂的玻璃饰件，如绿色和蓝色的板瓦、筒瓦和浅绿釉色的花砖等，表明含光殿是非常豪华的。

芙蓉园位于郭城东南隅，在大和、开成年间（827～840年）更加完备。经勘查，知芙蓉园周围有墙，东西广1400余米，南北长约200多米，周长约7公里。曲江池隋名芙蓉池，位于芙蓉园的西部。南北狭长，两岸屈曲极不规整，池南北长1700余米，东西最宽600余米。曲江池引水渠道有两条，分别在池的南北两端的东侧，引黄渠之水注入临江池。据文献记载，在曲江池南还建有紫云楼和彩霞亭等遗迹。

综上所述，隋大兴唐长安城在总体设计上，是以宫城承天门、皇城朱雀门、郭城明德门所在的东北线为中轴，按照左右对称的原则规划出来的。加上结构严谨，区划整齐，显然是曹魏邺城和北魏洛阳城布局的发展和完善。将宫城置于轴线北端虽沿袭前代的传统，但在宫城南面另筑皇城是从隋大兴城开始的。将宫城与其他区域隔离，既把一般居民和宫城隔得很远，又把宫城和其他大小统治者的宅地完全分开，从而加强了宫城的防卫。同时也符合封建统治者所崇奉的帝王之居“建中立级”的都城建设理想模式，形象地体现了封建中央集权思想。另外，隋唐京城的规划设计，还充分利用了自然地理条件，如都城的东部有所谓“六坡”的岗阜高地横贯城内，为了达到控制各坊的政治目的，在这些高地上布置官衙、王府、寺院和道观等建筑，除起到了监督作用外，还增强了城市的立体感。此外，风景区芙蓉园、曲江池也与都城结合为一体，不仅美化了城市，而且还提供了游览之所，为古代城市规划一大创举。

总之，隋大兴、唐长安城在中国都城发展史上占有特殊的地位。特别是唐长安城的形制，不但是中国中世纪里坊制封闭式城市的典型，也影响了邻近国家都城的形制（图1）。

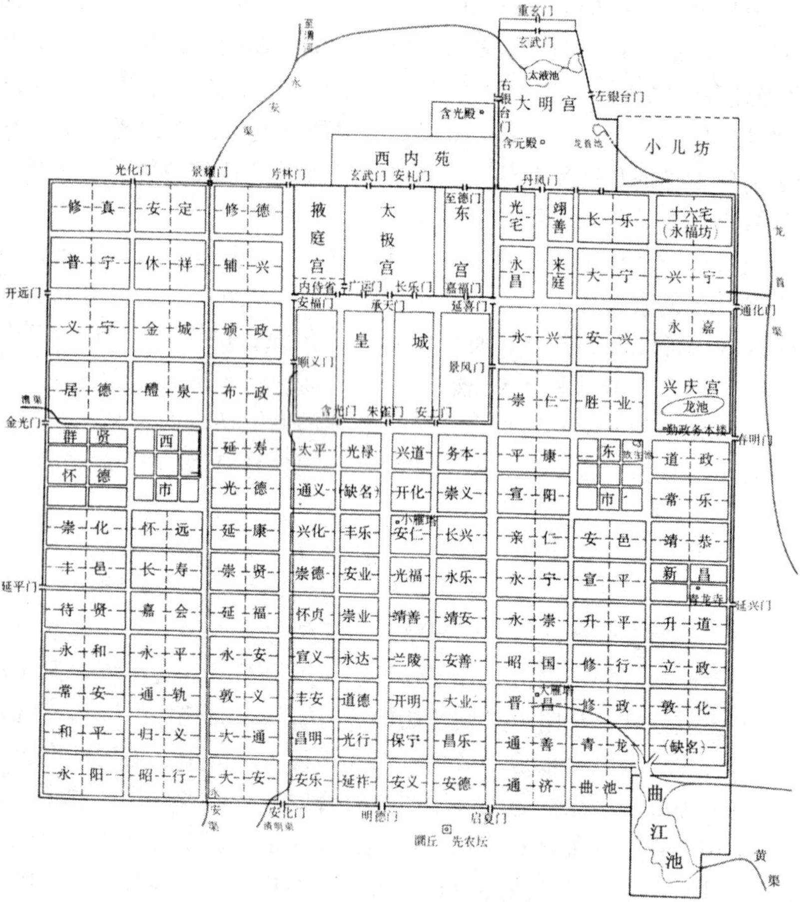

图1 唐长安城平面复原图

二、隋唐洛阳城

隋唐洛阳城位于河南省洛阳市城区及近郊，是隋唐两代的东都。该城于隋炀帝大业元年（605年）始建，次年春正月建成。其规模仅次于都城大兴城，而形制与平面布局又与大兴城不同。唐代皇帝移居洛阳前后共40余年，仅长寿二年（693年）增高了外郭城垣，乾封二年（667 年）又在东都苑东部、皇城西南隅增建了上阳宫，其他规制与隋无甚变异。

从勘查可知，隋唐洛阳城的宫城、皇城在郭城的西北角。宫城在皇城之北，宫城北面有曜仪城、圆壁城前后重叠，又有东西隔城分列左右。皇城东南有东城，其北有含嘉仓城。郭城东北部及洛水南岸部分为里坊区。

宫城南北略短，东西稍宽，东北角向南内凹，南面中段向外凸出。城墙夯筑，内外砌砖。东墙长约 1275 米，南墙长约 1710 米，西墙长约 1270 米，北墙长约 1400 米，一般宽度为 15～16 米。南面正中为应天门（隋曰则天门），东西两侧有向外凸出的对称的两堵夯墙，相距 83 米，各宽 27.5 米，这就是文献所载的“左右连阙”。应天门东边为明德门（隋曰兴教门），西边为长乐门（隋曰光政门）。北面为玄武门，西面的嘉豫门等也已勘查出来。东宫在宫城的西南隅，自为一城，东西 330 米，南北约 1000 米。宫城北部有陶光园，西北部有九州池。九州池的南岸发掘两处廊坊建筑。在宫城内中轴线上，由北向南有延续不断的夯土基址，应是中央各殿的殿址。在宫城西部，也陆续发掘出一些规模较小的殿、亭遗址。在中轴线略偏西的地方，还发掘出规模比较宏大而又有重叠关系的长方形殿址多处及圆形建筑基址一处。在应天门内右侧发现了隋唐两代为营建宫室而专门建造的烧瓦窑群，出土大批注明工匠或官工印字的砖瓦。

皇城围绕在宫城的东、南、西三面，东西两侧与宫城之间形成夹城，周围城墙仅西墙保存较好，长约 1670 米，城墙宽约 14～16 米，夯筑，内外砌砖。唐时又在夹城南端添筑了南墙，宽约 9 米余。皇城南面西侧的右掖门一门三道，门址宽 24 米，门道宽 6 米。门道两侧采用砖壁夹柱的结构，每侧共有十三根立柱，是上架过梁的建筑形式，其上盖筑门楼。门扉在门道中央，向内开启，门道内壁均经粉饰。另外，在皇城内还发掘了隋代的子罗仓。

曜仪城呈狭长形，东西长约 2100 米，南北宽约 120 米。圆壁城在曜仪城之北，呈矩形，东西长约 2110 米，东端广 590 米，西端广 460 米。曜仪城北面的圆壁南门，圆壁城北面的龙光门，均为单门道建筑。东城呈长方形，南北长约 1270 米，东西宽约 620 米。含嘉仓城呈长方形，东西约 615 米，南北约 725 米。仓城北面的德犹门为单门道结构。仓城中粮窖密集，已探出 259 座。其中第 160 号窖中还保存有约 50 万斤炭化了的谷物，绝大部分仍保持颗粒状，可见其规模之大，储粮之丰富。在宫城东北角和西北角外，还有长方形的小城址各一座，与宫城、皇城相隔离。东隔城南北约 275 米，东西约 520 米。西隔城南北约 520 米，东西约 180 米。西墙正中稍偏北，发现的一座门址为单门道结构，宽约 10 米。

外郭城的城墙全部夯筑，城垣基址宽 15～20 米。整个城址南宽北窄，形状略近方形，但南北两城墙偏向东北，东城墙偏向西北，西城墙洛水以南部分向外凸出，是沿洛水弯曲的地形兴建的。经实测，东城墙长约 7312 米，南城墙长约 7290 米，西城墙长约 6776 米，北城墙长约 6138 米。东西两墙下面发现有石板砌的下水道。

据《唐六典》及《旧唐书》记载，洛阳东部城内共 103 坊，由郭城内的纵横街道所构成。已勘查出洛河南有 55 坊，洛河北有 9 坊。坊平面呈正方或近方形，周围有坊墙，墙正中开门，坊正中设十字街“四出趋门”。文献记载城中设三市：北市（隋曰通远市）在洛河北面，西市（隋曰大同市）、南市（隋曰丰都市）在洛河南面。以南市最大，市内有纵横街道各三条，四面各开三门，由于洛河冲刷，遗迹已荡然无存。

此外，隋大业元年五月在洛阳城西筑西苑，周 200 里，唐时缩小为 126 里。在禁苑之东，皇城之西南隅有上阳宫，高宗时居此宫听政，发掘表明是傍皇城南墙而建。1989～1992 年在这里发现了唐代皇家园林，其中水池东西长 33 米以上，南北宽 3～5 米不等，廊房修在水池南北两岸，水榭跨水池将南北两岸廊房连为一体。还有六处假山和两条五彩卵石铺成的石子路，出土大量琉璃瓦、一件螭首。园林中有许多从江南地区运来的太湖石。

综上所述，洛阳城在规划方面与长安城有明显的不同，首先，洛阳城的皇城和宫城不在郭城北部正中，而位于郭城的西北隅，是有意区别于长安，表明其规格逊于长安一筹。其次，宫城除南置皇城外，北建重城，西临禁苑，东接东城。皇城、宫城本身又都内外砌砖，皇城之南并界以洛河，有助于强化对居民的控制，这与它既是都城又是战略要地相适应。再次，里坊面积缩小，这是北魏洛阳旧坊制的恢复。市场的位置也不象长安城那样左右对称，在城东部洛河两侧设南、北两市，于城西南部置西市，城市面积比京城小得多，却设了三市，市皆傍河渠，说明在设计上比长安更多地考虑了繁荣工商业的问题。

总之，洛阳城的设计规划，特别是里坊的设计，不仅影响了国内新建和改建的地方城市，还为邻近一些国家的都城所仿效（图2）。

三、隋唐扬州城

隋唐扬州城位于今江苏省扬州市。原名吴州，隋开皇9年（590年）改为扬州。由于隋炀帝在此建江都宫，其城市规模也就不同于一般地方城市。唐代安史之乱后，全国经济中心南移，扬州成为南方的重要城市和港口之一。

唐代的扬州城，有“富庶甲天下，时人称扬一益二”的声誉。其模仅此于当时的长安与洛阳的东西二京城。城址分为两部分：一部分在现今城北郊2公里的蜀岗上；另一部分在低于二、三十米蜀岗下的平地上。蜀岗上为一小城，即子城。蜀岗下为一大城，呈南北向的长方形。小城位于大城的西北角上，总面积大约20平方公里。

子城，亦称衙城，即官府衙门集中之地，建筑在蜀岗之上，可以控制罗城。据测，城周长约7000余米，从残垣可知城高约10米，四周环以深壕。城墙为夯土板筑，门阙及其附近为砖砌。南墙西起观音山，向东偏北方向至铁佛寺，全长1900米。西墙南起观音山向北笔直至子城的西北角上，全长1400米。北墙当中有两个拐角，把城墙分为三折，全长2050米。东墙居中有两段转折，总体长1500米。

罗城建在蜀岗之下的平原上，大部分埋在现代扬州城之下，没有子城保存得完整。其平面呈长方形，南北长4200米，东西宽3120米。罗城的夯土墙土质为黄灰色的砂性土，没有子城的夯土墙坚硬。在罗城中共钻探出七座城门。西城墙两座、东城墙一座、南城墙三座，北城墙一座。罗城内有南北街六条，东西街十四条，纵横交叉成

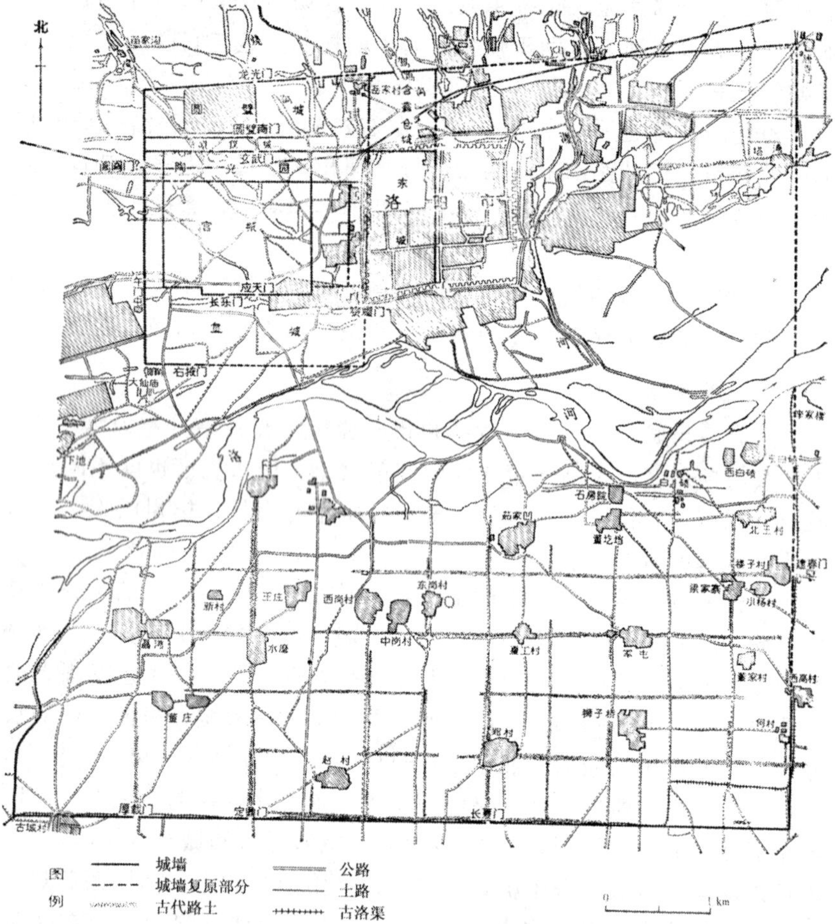

图 2 隋唐洛阳城平面图

六十多个区域，每区东西长约 500 米，南北长约 300 米。近年来配合工程建设，发现了许多重要遗迹和遗物，其中包括金属熔铸、制骨、骨雕、贝雕和蚌雕等手工业作坊的遗迹和遗物，为研究唐代手工业的生产和分工提供了实物资料。发现了唐代木船、古河道和桥梁，以及大量的各种釉色瓷器和生活用具，反映出扬州唐代的交通运输和商业的兴盛。还发现了开成元年（836 年）大唐扬州惠照寺新修佛典志、咸通十四年（873年）佛顶尊胜陀罗尼经幢和各种石雕佛像、菩萨像、动物像等佛教遗物，对研究唐代佛教在扬州的传播和对外交流有重要意义。罗城东郊的禅智寺遗址和五台山一带是唐人墓葬区。另外，值得一提的是扬州城内河道纵横，通过勘查，最主要的河流有大运河和宝障河。

总之，扬州城是隋唐时期江南的一大政治经济中心，商业及国际贸易十分发达。重视水陆运输，这是它在城市规划上的突出特点之一，城内河道纵横，并与流经城下的南北交通大动脉运河相通，显示出南北水乡城市的特点。

第三节　墓　葬

一、隋唐五代时期的埋葬制度

在以黄河流域为主的北方地区，北魏以来的埋葬制度，经隋代至唐代，一脉相承。当时贵族官僚的大墓，都是采用斜坡式的墓道，包括一段很长的隧道。隧道顶部开天井，两壁设龛。天井和壁龛的多寡基本上与墓主人的官职爵位相一致。隋代流行以土洞为墓室，高级官僚的大墓亦不例外。入唐以后，土洞墓已降为低级官僚或平民使用。一般官僚的墓室都为单室；二品以上的大官除主室外，有时还设简单的前室。从初唐到盛唐，贵族、官僚墓中流行壁画，其内容和规格视墓主人身份而有所区别。

随葬品以大量的陶俑为主。大约从武周时开始，陶俑多施三彩釉。陶俑可以分为出行时的仪卫行列和家居时的家臣使者两大类。前者自隋至初唐多武装俑，以后逐渐减少，武周时出现高大的马俑和驼俑。后者自初唐至盛唐不断增多，乐舞和游戏俑等皆变为天王俑。另外，受佛教影响，镇守墓门的一对武士俑在盛唐时演变为天王俑，其特点是脚踏伏兽和鬼魅。镇墓兽继续北魏后期以来的形态，一为人面，一为兽面，而武周时期则又进一步演变为头生角、肩附翼或手握蛇的怪兽。隋代开始出现的人身禽兽首的十二时辰俑，到开元、天宝之际更为流行。陶俑的数量，因墓主人身份而有不同的限额。

安史之乱以后，唐代墓葬制度发生了显著变化。首先是墓的构造简化，短而狭的竖井式墓道代替了斜坡式长墓道，因而天井和壁龛也不见。墓室的规模缩小，壁画也十分罕见。陶俑的数量减少，制作粗简。天王俑和镇墓兽越来越简化，在有的墓里已不用。只有十二时辰俑仍较流行。

长江以南地区的唐墓，有竖穴土坑墓和砖室墓两类，形制简单，规模甚小。砖室墓多为长方形，有的两室并列。夫妻各葬一室。随葬品多为陶瓷器皿，陶俑很少见。

唐代帝陵除少数是“积土为陵”的以外，大多是“依山为陵”。依山为陵，是唐代陵墓的一大特征。五代前蜀王建的永陵在四川成都，南唐李昪的钦陵和李璟的顺陵在江苏南京，都已经发掘。地下玄空分前、中、后三室，各室两侧又多设壁龛或耳室，这可能是承袭唐陵制度。唐陵的地下玄宫虽都未经发掘，但推测设有前、中、后三室。

二、隋唐五代的帝陵

隋唐帝王陵墓中，对唐代十八陵及武则天母杨氏的顺陵都已进行过反复调查，并对昭陵、乾陵区内的一批陪葬墓进行了发掘。对五代十国的陵墓，如成都的前蜀王建墓、后蜀孟知祥墓、南京的南唐李昪墓和李璟墓、广州的南汉王刘晟墓和杭州的吴越王钱氏墓也都作了发掘。

1. 唐代帝陵

唐代帝陵指昭宗以外的十八个皇帝的陵墓，它们分布在关中渭水北岸的三原、礼泉、乾县、富平、蒲城、泾阳诸县。依山为陵是唐代陵墓的一大特征。据调查，这种作法是从营建太宗昭陵开始的，此后便相沿成制。在依山为陵出现的同时，还形成了在帝陵区内（如帝陵东南部）辟陪葬区，以皇帝勋臣陪葬的制度。自高宗乾陵开始，陵园平面布局定形化，陵墓石刻组合也大体固定下来。

唐陵的基本布局是，墓室在山南的半腰处，高踞陵园北部，为全陵主体建筑，四周筑围墙，为内城墙，四面各辟一门，南面为正门，门外设神道，并增筑包砖土阙。内城墙以外设外城墙，南面有三道门，石刻群置于由南而北的第二、三道门之间。第一道门外分布着皇族和文武大臣的陪葬墓。内城南门内修筑献殿。此外，昭陵因山南地形险阻，在陵北玄武门内修筑一座祭坛，作为举行大典的场所，为唐十八陵中所仅有。

建筑遗迹在唐各陵的西南面均有发现，文献称之为“陵下宫”(俗称皇城)。可能是当时守陵官员和宫人居住的地方。昭陵的下宫遗址，平面呈长方形，地面上保存大型柱础多块。建陵的下宫遗址有南北长 30 米的砖瓦堆积层，砖瓦的形制与陵园各角楼及献殿遗址的相同。

唐十八陵石刻是中国古代雕刻艺术的重要宝库之一，其题材和雕刻手法均大大超过了以前的陵墓石刻，既有圆雕，也有浮雕和线雕。献、昭二陵为唐初所建，制度未定，石刻题材与乾陵以后的十六陵迥然不同。献陵的四门各有一对石虎，内城南门之南有石犀和石华表各一对。昭陵由于山南地形险阻，石刻群均集中在陵北山后的司马门内，有唐高宗永徽年间所立的十四尊“蕃酋”像，在东西两庑还有唐太宗生前所乘的六匹战马的浮雕——昭陵六骏。自乾陵以后，石刻群的组合基本固定，按性质不同可分为以下几类：狮子、石人石马和马佚、翼兽和北门六马、“蕃酋”像、华表、碑石、无字碑和述圣记碑。唐十八陵石刻大致可分为四期：初唐时期昭陵石刻群组合尚无定制，献陵使用石虎守陵，石刻风格雄健有力，继承魏晋南北朝时期的风格；盛唐时期，包括乾、定、桥三陵，石刻群组合制度化，石刻群气魄雄伟；中唐以后，包括泰、建、元、崇、丰、景、光、庄等八陵，石人中出现相对而立的文臣和拄剑武将，石马矮小，石刻制作粗俗，体态无力，线条松散，说明安史之乱后，唐王朝政治经济由盛转衰；晚唐时期的章、端、贞、简、靖五陵，石刻体态瘦小，神情萎靡不振，反映了唐王朝政治、经济窘迫，已濒临灭亡。唐陵现存的碑石，计献陵二座，昭陵四十一座，乾陵二座，桥陵五座，泰陵一座，是研究唐代历史和书法艺术的珍贵资料。

陪葬是唐代皇室埋葬制度的一个重要组成部分。贞观二十年(646 年）又进一步规定了父祖父陵，子孙从葬的制度。在十八陵的范围内。陵园区和陪葬墓有严密的区划。各陵陪葬墓数目，文献记载与实地调查结果多不符合。陪葬墓的外形主要有五种：第一种封土堆呈覆斗形，四周有围墙，南门有一对石阙，阙南立石刻。一般为皇室人物的墓葬，如昭陵的常乐公主墓、城阳公主墓，乾陵的章怀太子墓、懿德太子墓、永泰公主墓等；第二种是圆锥形墓，多为文武大臣，少数为皇族，这种类型数量最多；第三种是象山形墓，仿照汉茂陵卫青、霍去病墓的形制修筑，昭陵的李靖墓起冢象征铁山、积石山，李勣墓起冢象征阴山、铁山、乌德鞬山。此外，还有一些墓较特殊，如昭陵的新城公主墓和魏徵墓，分别葬于九峻山梁的东西两侧，依山为墓，墓前有土阙和石碑。献、定、桥、庄四陵各有一座，崇陵有五座二冢相连的并蒂形陪葬墓，昭陵的高士廉墓等则无封土堆。

2．五代陵墓

五代陵墓大都象唐代一样是依山为陵建造起来的，但其规模、气势，远不及唐陵雄伟壮观。前蜀王建墓与南唐主李昪、李璟幕，墓室分别为石结构、砖室混合结构和砖结构，皆由前中后三室组成。后蜀孟知祥墓，则是三个并列的穹窿顶圆形石室。南唐二陵墓室四壁影作仿木建筑的柱、枋、斗栱等。棺床建于中室（王建墓）或后室（南唐二陵）。墓内最主要的随葬品是哀册、谥册、谥宝等，王建墓后室还出土有墓主的圆雕石坐像，代表了内宫中各种不同职分的人物。五代帝陵的某些制度，又为宋代帝王陵墓所继承。

三、隋唐墓葬的分区与分期

隋唐墓葬的分布范围极广，在唐中央政权直接统治的区域内均有发现，其中以西安、洛阳地区数量最多，其次如山西太原、辽宁朝阳、新疆吐鲁番、湖北武汉、湖南长沙、江苏扬州、广东北江流域及沿海、福建闽江下游和晋江流域，也是隋唐墓葬发现较多的地区。根据全国发现的隋唐墓葬的形状，初步可将其划分为七个区域，即隋唐两京地区、朝阳地区、湖北地区、湖南地区、扬州地区、广东地区和福建地区。

1．隋唐两京地区

这一地区的墓不少有明确纪年，在中国隋唐墓葬研究中具有一定的典型意义。与其邻近的陕西、河南、山西、甘肃以至新疆吐鲁番等地发现的隋唐墓，虽各有一些地方性特点，但从全貌看，都与两京地区十分相近。根据墓葬形制、出土器物类型的演变和纪年墓志，两京隋唐墓可分为三期：第一期为隋至初唐，年代从6世纪晚期至7世纪晚期；第二期为盛唐时期，年代从7世纪晚期至8世纪中期；第三期为中、晚唐时期，年代从8世纪中期至10世纪初期。

两京地区隋唐墓的墓室有土洞和砖室两种。上洞墓的墓主一般为平民或下级官吏。第一期墓室平面多作方形或长方形，部分早期墓的墓室为东西宽、南北窄的横室，墓道在墓室南壁中部或偏西。墓室作方形或长方形者，墓道多位于墓室南壁中部或稍微偏东。墓道多数为斜坡式，少数作竖井或阶梯式。第二、三期和第一期的主要区别是横室墓已消失，长方形墓室逐渐增多，墓道位于墓室南壁偏东处。砖室墓的墓主属于皇室成员和高级官吏，太子和部分公主、王公的墓葬则有前后两个墓室。墓室形制从初唐到晚唐变化不大。墓室平面作方形或近似方形，四周多为中部略向外凸或稍向外张呈弧形。墓室顶部多为穹窿顶，少数为四角攒尖顶。棺床设在墓室西部，用砖或石板铺砌而成。墓室南接甬道，甬道偏于墓室东壁，甬道之南为墓道。双室墓的前后室，形状基本相同，都作方形或近似方形，前后室之间有甬道相通。

隋唐两京地区的大型墓前后变化也很大。第一期，沿袭北朝时期的传统，盛行带长斜坡墓道、多天井、小龛的形制。隋墓一品官的形制多达七个，而壁龛却较少。初唐时期一、二品官的天井最多为五个，而壁龛有的则多达十个。随葬陶俑一部分是表现家内生活的侍仆俑，另一部分为表现墓主人出行的仪仗俑。陶俑的造型呆板，有些还具有北朝遗风。镇墓兽的恐怖气氛逐渐增强。人面镇墓兽和兽面镇墓兽区别明显。武士俑由持盾演变为不持盾，形体由矮小到比较高大，造型由笨拙到比较生动威武。早期的仪仗俑以牛车为中心。男俑的冠帽主要有小冠、笼冠、风帽、濮头等类，女俑的主要特征是梳宽而低的发髻。

第二期，刀形墓盛行，墓道开始缩短，天井和小龛数量有逐渐减少的趋势。天井和壁龛以“号墓为陵”的懿德太子墓为最多，有七个天井，八个壁龛。至于一、二品官的墓，天井在五个以上的只占少数，壁龛最多不超过六个。但是对墓室构筑却更加重视，墓内多随葬仆俑和园宅、假山、建筑模型，突出炫耀其豪华优裕的家庭生活。西安、洛阳的此期唐墓中，随葬较多的唐三彩器物和俑。太原唐墓壁画多绘制大幅的树下老人图。属此期的永泰公主墓、章怀太子墓、懿德太子墓等，除具长斜坡墓道、多天井、多小龛外，还有前、后二幕室，墓内随葬品丰富，墓壁绘制大型出行图、守猎图和击球图等壁画。陶俑形象生动，装饰华丽，尤其是三彩陶俑，具有很高的艺术水平。镇墓兽的恐怖气氛更加浓厚，人面和兽面之间的差异逐渐减弱，部分镇墓兽脚下踏怪兽。武士俑逐步变为天王俑，神态威武雄猛，脚下踏一怪兽或小鬼。男俑的小冠几乎绝迹，笼冠和风帽也相对减少，幞头则较前增多。女俑端庄丰腴，一反前期清瘦羸弱之态，具有鲜明的盛唐风格。陶俑的造型也较前多样化了，除了色彩鲜艳的大型陶俑外，还出现了小型俑和仅存头、胸部的胸像俑。胸像俑的下半身可能是木质的，应是一种外着绢衣的陶、木合身俑。动物俑中出现形体高大的马和骆驼。

第三期，墓葬的斜坡墓道更短，竖井式墓道流行，天井变少，小龛移至墓室四周。厚葬之风甚盛，多以金银锦绣为饰。元和（806～820年）以后陶俑减少。表现墓主生前室内陈设的条幅式立鹤屏风画成了墓室壁画常见的内容。陶俑的种类多为第二期的延续，但其造型风格趋于纤小繁褥，与盛唐气派迥然不同。镇墓兽脚下踩踏怪兽，人面、兽面难以区别。天王俑彩绘华丽，姿态生动，践踏一个或两个小鬼，但形体矮小，气魄不大。女俑虽亦丰满，但显得臃肿（图3、图4）。

另外，与分期相适应，各期的壁画风格、陶瓷器、铜镜、墓志等随葬品的形制和花纹，也都呈现出相应的变化。

2．朝阳地区

朝阳地区除辽宁朝阳外还包括内蒙古东南部至河北北部一带。此区隋唐墓随葬品的情况与两京地区无大区别，唯朝阳唐墓所随葬的俑中，多为未经焙烧的泥俑。此区隋唐墓的最大特点是墓室通常作圆形或半圆形，大型墓室往往以砖墙隔成若干小室。

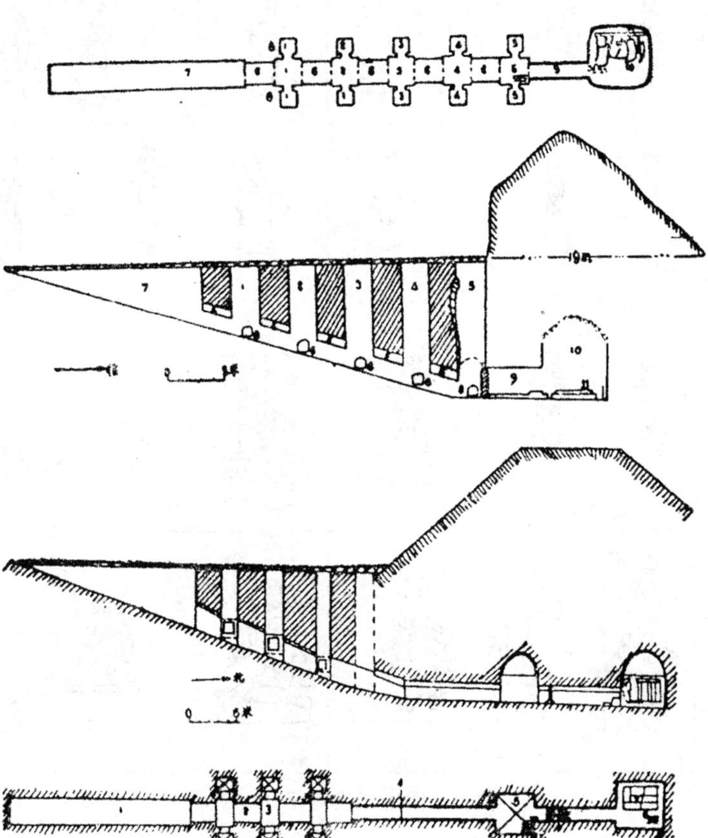

图 3　唐代墓葬形制示意图

上：方形砖室墓（其中：1～5. 天井　6. 过洞　7. 墓道　8. 小龛　9. 甬道　10. 墓室　11. 石椁）

下：双室砖室墓（其中：1. 墓道　2. 过洞　3. 天井　4. 原木门处　5. 前墓室　6. 石门　7. 石椁　8. 后墓室）

图 4　隋唐五代陶俑分期图

3．湖北地区

这一地区的墓葬主要发现于武汉一带。流行以花纹砖砌成的长方形券顶砖室墓，较大型墓附建耳室。墓内设较高的棺床，有较完善的排水设施。随葬陶（瓷）质人物俑、陶动物、陶模型器和少量青瓷器。十二生肖俑出现较早，还有人面蛇身或虺首蛇身俑等。青瓷器以生活用器为主，器形有高颈球腹盘口壶、内饰叶纹的高足盘、实足小碗、蹄足圆形砚等。此外，还经常出土三彩人物俑、动物俑和器皿。从随葬器物看，湖北隋唐墓可以分为早、晚两期。早期墓葬的形制和随葬品仍然保留着浓厚的南北朝遗风，稍晚的墓葬出土唐三彩，而晚期墓葬出土的盘口壶、瓷罐、唾盂则表现出晚唐五代的器形特征。

4. 湖南地区

这一地区的墓葬主要分布在长沙、衡阳、常德、湘阴等地。绝大多数是长方形竖穴土坑墓，墓室一端大一端小；有的墓室前端留生土二层台或挖出小壁龛。少数为砖室墓，墓砖多素面，砖室墓多为长方形券顶砖室墓，其次为前室较小的前后室墓（有的后室附建耳室）和两室并列的双室墓。随葬品以釉陶和陶器为主，器形有壶、盘、碗、罐、水注等。也随葬陶武士俑、文俑、伎乐俑、胡俑、十二生肖俑和陶马、骆驼等。多数施黄褐釉或绿釉，少数墓中发现兼施紫、白、蓝三彩釉者。瓷器有青瓷、白瓷两类，从随葬器物看，湖南唐墓至少可分为前后两期。前期器物有高足杯、盘、重口小罐、直口深腹碗、直颈盘口壶等。釉陶器一般施淡绿色薄釉，并有冰裂纹。瓷器为半陶半釉的青釉器。后期器物有重唇带盖罐、葵花形碗、敞口碗、肩部附加荷叶形饰的盘口壶等。釉陶器的釉色呈黄褐色或深绿色。并出土一种胎质厚重、颜色浑浊、制作粗糙的白瓷。

5. 扬州地区

这一地区是长江下游唐墓分布最集中的地区。墓葬形制主要有长方形竖穴土坑墓和长方形券顶单室砖墓两种。砖室墓墓壁常砌出小龛，墓室内设棺床，棺床与墓壁间留出一砖宽空隙以排水，墓砖素面。随葬品以青瓷器为主，较晚的墓内曾出土白瓷器，器形有钵、盘、杯、盂、四系罐。另有灰陶盘口壶、罐、盆以及陶砚、铜镜等。随葬陶俑为男女侍俑、胡俑、十二生肖俑和陶马。中、晚唐时期两京地区唐三彩已明显衰落，而扬州地区的唐墓中常常随葬三彩器。

6. 广东地区

该地区主要指北江流域及沿海地区，如韶关、英德、连江、广州、佛山、博罗等地。广东隋唐墓有土坑墓和砖室墓两类。土坑墓均为长方形竖穴；砖室墓则有单室、双室之分，而以单室墓占绝大多数。单室墓一般为平面长方形的券顶墓，墓底后部高于前部，后部置棺，墓壁常砌出小龛，或以半砖突出壁面以置灯盏。墓砖侧面多模印花纹。双室墓状如二单室墓并列，其间隔一堵砖壁，壁上开通道。随葬器物以釉陶为主，瓷器少见。器形有四耳或六耳罐、碗、坛等。陶坛多出于沿海，个别墓出土少量陶俑。据随葬器物的形制变化，可将该区墓葬分作前、中、后三期。前期的各种釉陶罐器体较高，底部向外撇，具有较浓厚的南朝器物遗风。流行直口深腹实足的陶碗。此后，罐类逐渐变矮，底部外撇现象消失。碗类口部日渐敞开，腹部越来越浅，实足器减少，圈足器大增。前、中期陶坛火候不高，釉层附着不牢，后期则近于瓷器。

7. 福建地区

该地区主要指闽江下游的闽侯、福清，晋江流域的泉州、晋江、南安、安溪及九龙江流域的漳浦等地。有土坑墓、砖室墓两种，以砖室墓居多。砖室墓通常为带短甬道的长方形券顶单室墓，墓底后部高于前部，后部置棺。还有一些刀形墓和多室墓。有些墓墓壁砌小龛。墓砖侧面常印植物纹和吉祥语，随葬品以瓷器为主，主要器形五盅盘、插器等应是富有地区特征的器物。漳浦刘坂乡唐墓出土陶俑四十多件，是此区唐墓中少见的现象。据随葬器物的形制变化，可将该区墓葬分为前、中、后三期。前期器物体形较矮，腹部浑圆，虎子体形较长。中期的罐、壶等器形增高，碗壁渐趋外侈，虎子体形变短。晚期的四耳罐、盘口壶等器形更为修长，流行敞口浅腹圈足碗，注子是后期流行的新器物。

第四节　手工业与商品经济的发展

一、瓷器手工业

1. 隋代陶瓷业的发展

隋代的统一，促使社会经济继续发展，瓷器生产在手工业经济中日趋重要。虽然隋代的制瓷工艺不曾表现出超越前代的建树，但北方的瓷业有了新的发展，它改变了烧瓷室址主要在长江以南和长江上游今四川省境内的趋势，起着承前启后的作用。

隋代已有烧得较好的白瓷，但都是从隋墓中发现的。如在河南安阳发掘的隋开皇十五年（595 年）张盛墓，出土的一批白瓷虽然还带有若干青瓷的特征，但比北齐武平六年（575 年）范粹墓出土的要好得多，其胎、釉质量都有提高。这批白瓷除瓷俑以外，还有罐、壶、瓶、坛、三足炉、博山炉、烛台、碗、钵、盆等日用器，可见白瓷已不是偶尔烧造。晚于张盛墓十三年的西安郊区隋大业四年（608 年）的李静训墓，也出土了白瓷器。其胎质较白，釉面光润，胎釉已完全看不到白中闪黄或白中泛青的痕迹。这批白瓷中以白瓷龙柄双连瓶和白瓷龙柄鸡头壶最为精致。西安郭家滩隋墓出土的白瓷瓶，姬威墓出土的白瓷盖罐更是隋代白瓷的代表作。此外，在安徽亳县隋大业三年（607 年）墓中也出土了几件白瓷。

青瓷在隋代仍是瓷器生产的主流。目前已发现的隋窑都是烧制青瓷的，主要有河北磁县贾壁村窑，河南安阳窑、巩县窑，安徽淮南窑，湖南湘阴窑，四川邛崃窑等。此外，隋墓中也出土青瓷，主要有河南安阳小屯村的殷墟遗址隋仁寿三年（603 年）墓，江西清江隋墓，江苏、扬州、高邮、新海连市、泰州、徐州等地的隋墓，湖北武昌地区的隋墓，以及湖南、安徽、四川、广东等地的隋墓中均有青瓷出土。隋代青瓷继承了南北朝时期青瓷的造型而有所变化，创制了许多新的器形。下面以青瓷为例来说明隋瓷的造型与装饰（图 5）。

壶有鸡首壶和盘口壶两种形式。鸡首壶由西晋到唐沿用的时间很久，其造型为洗口，以鸡首作流，肩部贴附双系。其演变趋势为鸡首由小到大，壶身由矮小到瘦长，系的形式由条状系到桥形系等。隋代鸡首壶壶身较南朝更为瘦长，壶口更高，颈变细，中部还有弦纹装饰。鸡的首部又趋向于写实，柄仍保留着南朝时期的双龙形柄，肩部双系出现了新的形式，足部微向外撇。盘口壶多流行于南方，其本质特征为盘口，有颈，系都贴附在肩上。盘口壶的演变趋势是通体由矮小发展为高大，盘口逐渐高起，颈由短到长，腹部由圆发展到椭圆。系由桥形系演变到条状系。隋代的盘口壶通体变得瘦长，盘口更高而微撇，颈长而直，腹呈椭圆形，系的形式多为条状。湖南湘阴窑烧制的一种八棱形短嘴壶，是一种新的造型，但还保留着盘口带系的形式。

罐最常见的有两种，分别流行于南北两地。北方常见并具典型性

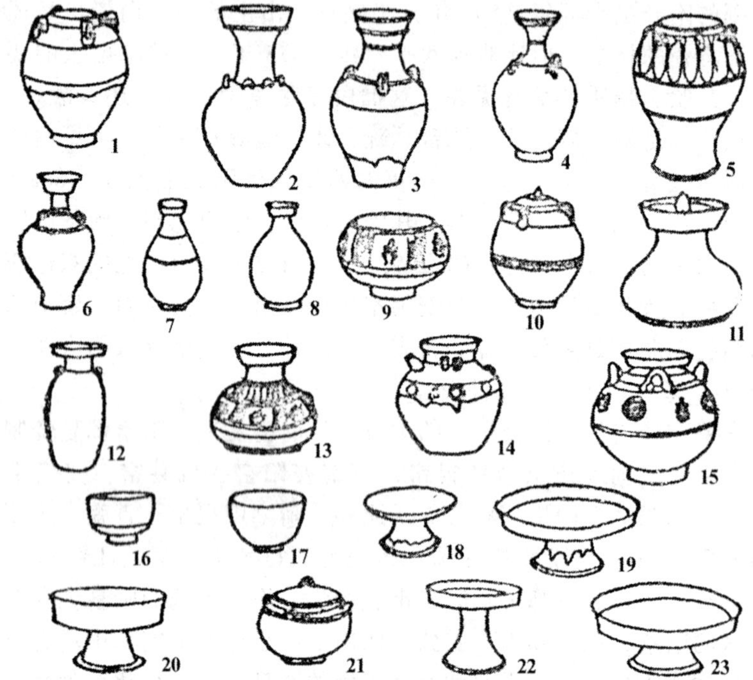

图 5　隋代瓷器器物造型示意图

1. 青釉四系罐　2、3. 盘口壶　4. 白釉四系瓶　5. 青釉莲瓣纹八系罐　6. 盘口瓶　7. 酱油玉壶春瓶　8. 青釉瓶　9. 青釉印花钵　10. 青釉四系盖罐　11. 白釉唾壶　12. 青釉双系瓶　13. 青釉印花唾壶　14. 青釉印花四系壶　15. 青釉印花四系罐　16、17. 青釉杯　18、19、20、22、23. 青釉高足盘　21. 青釉四系盖罐

的罐，直口、无颈、罐身近椭圆形，腹中部常凸起弦纹一道，分器身为二等分。肩上附帖二系、三系或四系，以四系者居多，一般称它为"四系罐"。隋朝的四系罐和南北朝相比有了显著变化。腹部凸起弦纹一道，代替南北朝的覆莲花瓣装饰。南方较为流行的罐，罐身瘦长，口直而大，无颈，丰肩，瘦颈，撇足。肩部帖附六系或八系。一般称它为六系罐或八系罐。湖南湘阴窑烧制的一种盘口罐，盘口浅，颈细而短，圆腹，平底，肩部立四系，腹部往往装饰弦纹数道，弦纹之间

印有朵花与卷叶纹一周。

瓶由北朝时期的洗口瓶演变而来，盘口，短颈，平底。它的主要变化在腹部。北朝的瓶，腹瘦长，最大径在近底处。隋瓶的颈变细长，腹径阔大略呈椭圆形。瓶的造型在隋代有许多新的创造，如安徽淮南窑中的盘口四系瓶，盘口外撇，长颈，溜肩，平底。颈部装饰凸弦纹数道，颈肩交界处贴附两系或四系，腹呈椭圆形，颈与内部往往有朵花卷叶纹和莲瓣装饰，形式美观。此种瓶在河北景县封氏墓中也有出土，但胎釉有所不同，可能为北方窑的制品。陕西西安隋墓中出土的另一种盘口瓶，在形制上与此又有较大区别。其特点是颈中部细小，并装饰以凸弦纹两道，腹部丰满，腹以下收敛，平底。

高足盘的基本特征是浅盘式，口沿微外撇，盘心平坦，常有阴圈线纹，沿线纹留有三、五、七个不同支烧痕迹。下承以高空心喇叭状足。高足盘在南北瓷窑都大量烧制，是隋瓷中一种典型器物。

隋瓷的装饰工艺有印花（模印）、划花和贴花三种。印花是隋瓷常用的一种装饰工艺，它是用瓷质的印模在胎上压印出凸凹的暗花，然后施釉，入室烧制，显出釉下的花纹。其常用纹样有朵花纹、草叶纹和几何纹。朵花纹有圈形花蕊，花蕊周围有花瓣，分五、六、七、八瓣多种花朵，装饰器物的颈部和腹部，有时也插入条纹之间与草叶纹间隔组成新的纹饰。草叶纹由四到八片草叶组成，常有规则地插入条纹之间以装饰器物的颈部和腹部。高足盘的中心也用它组成一幅完整的图案。有时也与花朵穿插使用。几何纹呈塔式，上小下大，中腰挂着两支七瓣朵花，它多与五瓣朵花穿插，组成一个单独纹样，常用作碗、高足盘的装饰。

划花是用尖利的工具在瓷胎上刻划出各种花纹，然后施釉入窑烧制，也属一种不着色的暗花。常见的纹样有莲瓣纹、卷叶纹和波浪纹，莲瓣纹的瓣作圆状和尖状两种，常刻划在器物的肩部和腹部。有时在器物上作覆莲花和仰覆莲花。用莲瓣组成的图案也是常见的，常用来装饰碗和高足盘。卷叶纹是一种荷叶变形后形成的纹样，常与莲花纹一起装饰器物的颈部和腹部。波浪纹似水波浪，刻划不规则，但很流利，经常在器物的弦纹处刻划一道或二道，用来装饰碗的口沿和盘心。

贴花是把模型浅雕图案用泥浆粘附在器物胎面，然后施釉入窑烧制。贴花在隋瓷中较为少见，一种为五片叶组成，与印朵花穿插排列，常用来装饰器物的颈部与肩部（图 6）。

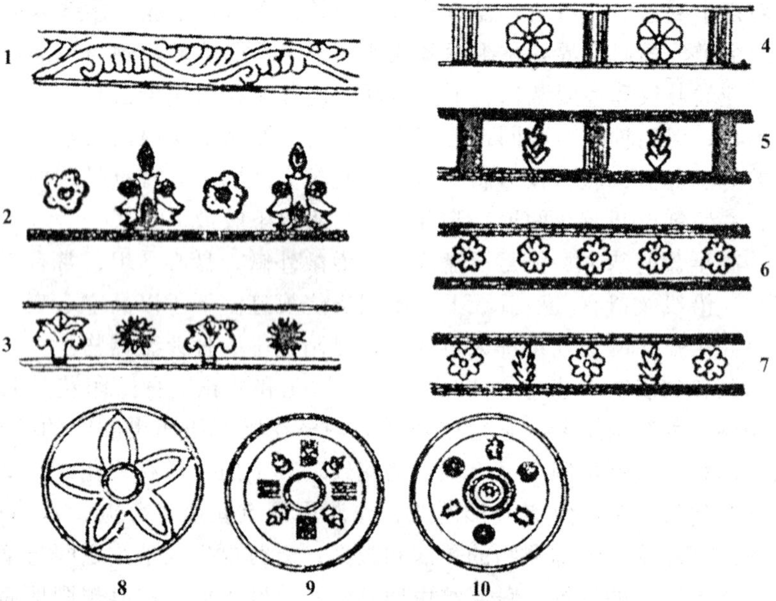

图 6 隋瓷的装饰纹样

2. 唐、五代的陶瓷

唐代是我国陶瓷业大发展的时期。唐代窑址已在十四个省、自治区发现，把后来的产瓷中心、名窑都囊括在内。人们通常用“南青北白”来概括唐代瓷业的特点。邢窑白瓷与越窑青瓷分别代表了北方和南方瓷业的最高成就，此外，还有众多的其它釉色瓷，如黄釉、黑釉、釉下彩和绞胎瓷器，以及著名的唐代三彩陶器。它们与青瓷、白瓷共同组成了唐代陶瓷业的繁荣景象。

（1）以越窑为代表的唐、五代青瓷。唐、五代越窑，主要是在三国两晋南北朝越窑的基础上发展起来的，其制瓷场地仍集中在浙江东北部的上虞、余姚、宁波等地，随着瓷器质量的提高和需求量的增加，瓷场迅速扩大，诸暨、绍兴、镇海、鄞县、丰化、临海、黄岩等县相继建立瓷窑场，形成了一个庞大的瓷业系统。其中以上虞县窑寺前、帐子山，余姚县上林湖一带最繁荣。这些地方窑场林立，瓷器产量巨大，是唐、五代到北宋时越窑的大规模生产基地。越窑产瓷基地靠近当时的重要港口—明州（宁波），许多瓷器多是从宁波经海路运往全国各地和输出海外的。唐、五代越窑瓷业大体可以分为初唐、中晚唐、五代三个时期。

初唐时期的瓷器，基本上保持着南朝和隋代的风格，胎质灰白而松，釉色青黄，容易剥落。产品种类和造型的变化不大。

中晚唐时期的瓷器，质量有了明显的提高，既有继承前代的形式，也有按照社会需要而新创的器型。瓷器胎质细腻，并且把各种生活用瓷做成花、叶、瓜果的形式，出现了敞口碗、莲花碗、海棠式碗、荷叶形碗、盘，以及瓜形注子（执壶）、粉盒、油盒、瓷塑、瓷枕和各式水盂等，器形新颖活泼，轻盈可爱。唐代晚期，坯体显著减轻，圆足纤细或外撇，制作十分认真。釉层均匀，开细碎纹和剥釉的现象少见，呈色黄或青中泛黄，滋润而不透明，隐露青光，达到了如冰似玉的效果。晚唐开始使用匣钵装烧瓷器。坯件装在匣钵内烧成，克服了以前叠装法常有烟熏或粘附砂粒的缺陷，使釉面光洁，色泽一致，为制造精细瓷器创造了条件。因此，晚唐时越瓷胎体细薄，釉面光滑，质量显著提高。

五代时期，吴越国钱氏割据政权命令越窑烧造供奉之器，庶民不得使用，故此时的越瓷称“秘色瓷”。清人评论“其色似越器，而清亮过之”。从杭州市五皇山麓钱元瓘墓、杭州施家山钱元瓘次妃吴汉月墓、临安县功臣山钱元玩墓等出土的一批秘色瓷器看，“秘色瓷”质地细腻，原料处理精细，多数呈浅灰或灰色。胎壁较薄，表面光滑。器形规整，口沿细薄，转折处分界明显，给人以轻巧之感，成型操作十分严格。胎外通体施釉，薄而均匀，釉色早期以黄为主，滋润有光泽，呈半透明状，但青绿釉的比重已比晚唐时增加。其后以青釉为主，黄釉少见，胎釉结合紧密。器形有碗、盘、洗、碟、盒、杯、钵、釜、灯、罐、罂、缸、执壶和唾壶等，造型和装饰也有一些新意。另外，五代越窑制瓷工艺的另一成就是缸、瓶等大件工艺的烧成。部分宫廷用瓷和贡瓷中镶嵌金边、银边和铜边，即“金扣瓷器”、“金银饰瓷器”、“金棱秘色瓷器”，这些在五代钱氏墓中都有发现，与文献记载的情况相符合。

除越窑外，烧制青瓷的窑址还有浙江的瓯窑和婺州窑，湖南的岳州窑、长沙窑，江西丰城窑、景德镇五代窑，以及福建、广东、四川等地发现的不少唐、五代窑址，从其分布范围看，这一时期青瓷的烧造仍然集中于南方。

（2）以邢窑为代表的唐、五代陶瓷。邢窑始烧于北朝晚期，唐代是邢窑生产精致白瓷的繁荣时期。唐代邢窑白瓷成为风靡一时的“天下无贵贱通用之”的名瓷。邢窑主要分布在河北省临城、内丘二县交界一带。

唐代邢窑以生产粗白瓷和细白瓷为主。粗白瓷釉色银灰，积釉处泛青和泛黄，胎体粗糙厚实，原料加工粗率。细白瓷胎体洁白细腻，胎体坚实，釉色类银似雪。唐代器类虽然仍以碗、杯为主，但种类明显增多。新出现的造型有执壶、葫芦口瓶、圆形多足砚、花式盘、圈足盘、高足杯、带柄杯、花口杯、三足罐、水盂、杯托、灯、盒和瓷塑人物、动物形玩具。瓷器造型非常规整统一，既有容积的形体，也有各部位巧妙结合而形成的庄重大方、雍容华贵的形态美。最常见的圆唇、敞口、玉璧形底碗，喇叭口、丰肩、小短流、圆腹执壶，圆唇、短颈、丰肩、鼓腹的平底罐最有特点。唐代邢窑生产的细白瓷仿金银器的造型较多，如高足杯、带柄杯、花口杯、菱形盘、圈足盘等，都具有金银器小巧玲珑、轻盈俏丽的气韵。在烧窑技术方面，邢窑细白瓷多是用匣钵单件仰烧的，内底无支烧痕，克服裸烧受火不均和烟熏火燎的缺陷，提高了白瓷的质量。

晚唐时期，邢州地区战事频繁，洪水泛滥，邢窑逐渐衰落下去，继之而起的是受邢窑影响的曲阳定窑白瓷，晚唐时期得到迅速发展，并取代了邢窑的地位。

除邢窑外，烧制白瓷的窑址还有河北省的临城窑、曲阳窑，河南省的巩县窑、鹤壁窑、密县窑、荥阳窑、郏县窑、安阳窑，山西省的浑源窑、平定窑，陕西省的耀州窑，安徽省的萧窑等。我国长江以南尚未发现烧白瓷的窑址，但江苏、浙江、湖南、广东、福建等省内发现的唐墓都出土白瓷，尤以湖南最多，说明唐代白瓷的生产以北方地区为主，但亦不能排除南方的诸窑场不曾烧过白瓷。

五代时期，上述唐代的窑址大多继续烧造，其中规模最大是曲阳窑、鹤壁窑、耀州窑等。江西景德镇五代胜梅亭、石虎湾、黄泥头窑是目前南方地区发现的最早的白瓷窑址。

(3) 彩绘瓷、花釉瓷和绞胎瓷。唐代瓷器虽由青瓷和白瓷主宰局面而一统天下，但彩绘瓷、花釉瓷和绞股瓷也在逐步兴起。

唐代彩绘瓷最著名的当推长沙窑。长沙窑位于长沙市望城县铜官镇石诸湖一带，所以又称“铜官窑”，它是在岳州窑的基础上发展起来的，烧造年代始于中唐，盛于晚唐，衰于五代。长沙窑以烧青釉为主，还有白釉、绿釉等。器物种类之丰富、式样之多在唐代瓷窑中首屈一指。器物造型前期丰满端庄，线条柔和圆润，后期除保持前期那种气势和规范外，形态趋求秀丽。在装饰方面除用陶模压出的鱼、鸟、狮子、葡萄、花瓣和人物图案泥块粘贴在器物表面外，还首创了釉下彩绘装饰。这种装饰的纹饰开始比较简单，先出现釉下褐彩，然后发展为褐绿两彩。釉下褐绿彩有两种：一种是在坯上用褐绿彩直接画纹饰；另一种是先在坯上刻出纹饰轮廓线，再在线上填绘褐绿彩，最后施青釉。装饰图案有联珠纹、人物、动物、花鸟、山水等，构思简洁，意境协调，表现出明丽浑朴的装饰格调。总之，长沙窑釉下彩绘丰富了唐代瓷器的装饰艺术，为后世釉上彩的发展开了先河，在工艺上也为后世奠定了基础，在中国陶瓷史上占有重要地位。

花釉瓷器是唐瓷中又一新创造。它是在黑釉、黄褐釉、天蓝釉或茶叶末釉上饰以天蓝或月白色斑点，斑点有的作有规则排列，有的任意加上几点，有的又象波浪。由于它们都装饰在深色釉上，衬托出浅色斑点，显得格外醒目。其常见的器形有各种行式的大小罐、双系壶、花口或葫芦式瓶、三足盘、腰鼓，而以壶、罐为最多。

绞胎也是唐瓷中的一个新工艺。它是用白褐两种色调的瓷土相间揉和在一起，然后拉坯成型，胎上既具有白褐相间的类似木纹的纹理。这种纹理变化多端，上釉焙烧即成绞胎瓷器，陕西、河南两省的唐墓中都出土过这类器物，有杯、碗、三足小盘、长方形小枕等。另外，在陕西乾县唐懿德太子墓中出土了一件绞胎骑马俑，人马全部是绞胎。它是目前绝无仅有的一件绞胎瓷塑。

（4）唐三彩。唐三彩是唐代低温铅釉陶质生活用具和陶塑艺术作品的总称。它用白色粘土作胎，胎体经过素烧之后，再用含铁、铜、钴、锰等元素的矿物作釉料的着色剂，在釉里加入很多的炼铅熔渣和铅灰作助熔剂，涂在器物胎体表面，再入窑烧制而成。它是由黄、绿、蓝三色做基调，呈现出深绿、翠绿、蓝、黄、白、赭、褐等各种颜色。因此，人们称它为“唐三彩”，三彩就是多彩的意思。作为助溶剂的铅，经一定焙烧后，它能增强釉面的光亮，形成斑驳灿烂的彩色釉，具有非常美的装饰效果。

唐三彩始烧于唐高宗时期（650～683 年），开元年间（713～741 年）十分流行，安史之乱（755～763 年）后开始衰落。唐三彩主要作为明器用于随葬，可能是为了适应唐代的厚葬风气而产生和迅速发展起来的。在西安和洛阳两地唐墓中出土数量最多，其他地区如扬州、山西、甘肃等地的唐墓中也有出土。

用作明器的三彩陶器，凡是与死者在世时生活相关的，如建筑、家具、生活用器、牲畜和人物等无不具备。生活用器有碗、盘、罐、瓶、壶、钵、盂、尊、烛台、枕、香炉等，而每一种器物又有许多式样。建筑物既有亭台楼阁，又有花园中堆砌的假山和水榭。家具则有仿木质的箱柜。牲畜有马、驴、骆驼、猪、牛、羊、狗，禽有鸡、鸭。人俑有贵妇人、男女侍俑、拉马俑、文官俑、武士俑、胡俑、天王俑等等，可以说是包罗万象，远比唐代任何手工业艺术部门的产品都丰富。唐三彩陶器的绚丽多彩以及塑工的高超技巧，都是我国艺术宝库中的精品。此外。唐三彩也在陶瓷工艺上对后世作出了重大贡献。宋代以后的各种各样的低温色釉和釉上彩瓷，如宋三彩、辽三彩等，都是在唐三彩工艺基础上发展起来的。直到今天，铅釉低温多彩器仍作为一种特殊的工艺，存在于中华民族文化艺术的百花园中。

（5）唐、五代陶瓷造型与装饰。唐、五代陶瓷的造型有以下几个特点：第一，陶瓷制品使用的范围更加宽广，陶瓷器类增多。第二，陶瓷造型特点总的倾向是浑圆饱满，在质量上要求更高。第三，陶瓷制品中出现了许多过去没有的新式样。段伯阳墓出土的堆花高足钵、形式新奇的跪人尊，河南新安县出土的三彩鸳鸯壶、凤头壶、双龙柄瓶、皮囊壶、花釉拍鼓、三彩塔形罐、带柄鸟形杯，以及受饮茶、饮酒之风影响产生的茶碗、茶托（茶船）、执壶、注子、酒杯等等。第四，五代的陶瓷造型沿袭晚唐风格。如瓜棱形的长嘴注子、花瓣形的茶碗、茶托以及盘碟之类多作五瓣或六瓣的形式。总之，唐到五代，陶瓷器物笨重粗重的造型渐被淘汰，代之精巧优美的新型产品，丰富多样，风格鲜明，具有新的时代特征，在工艺方面也更为成熟。唐代的雍容浑厚，五代的优美秀致，各有特色，而又表现着我国传统的民族风格。

唐及五代的陶瓷装饰多采用几条垂直的花纹，使光素的器面产生节奏感，质朴大方，制作简便，适于大量生产，故南北各窑均喜采用，成为唐代一种普遍流行的装饰。其次是堆贴花工艺有了新的发展，主要堆贴图案、人物、鸟兽等。

唐瓷的装饰工艺，还向着多样化途径发展。那些光洁绚丽的三彩釉，挥洒淋漓的花釉，变化巧妙的绞胎，以及丰富多彩的釉下彩，都表现着唐人的创造性和革新精神，为由单色釉到缤纷华美的彩瓷的发展开了先河（图7）。

二、隋唐铜镜

隋唐盛世，铜镜制造业又兴盛起来。其形制、花纹和铭文等都与汉式镜大不相同，呈现了全新的面貌，使我国铜镜制作达到了高峰。

隋和唐前期的镜仍多为圆形，到了唐代中期以后，除了圆形的外，多有方形、葵花形、菱花形、荷花形等，偶而也有钟形、盾形和其他变形镜，开始出现有柄铜镜，这是中国铜镜在形状方面的一次大变化。镜纽以圆形的为多，但也有采用兽形钮、龟形纽和花形纽的。

铜镜的花纹多种多样，大体上有十一种：①四神十二生肖镜，包括十二生肖镜、四神镜、四神十二生肖镜；②瑞兽镜，包括瑞兽铭带镜、瑞兽花草纹镜；③瑞兽葡萄镜，包括葡萄蔓枝镜、瑞兽葡萄镜、

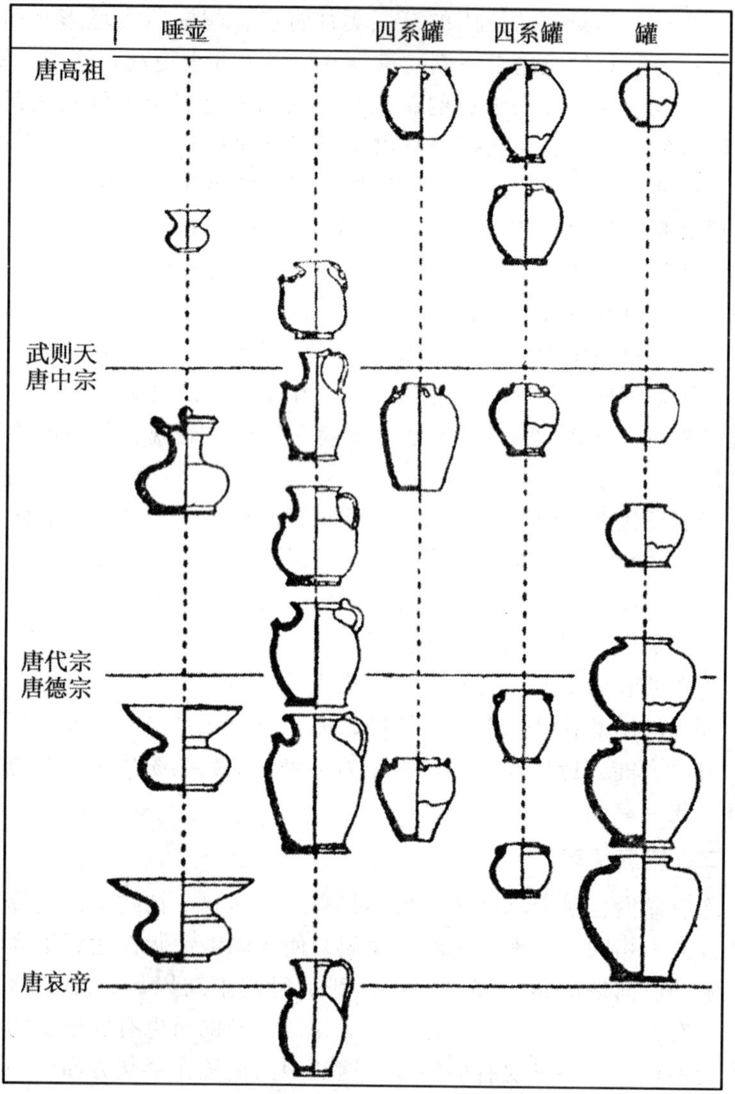

图 7 唐代瓷器典型器物示意图

瑞兽鸾凤葡萄镜；④瑞兽鸾鸟镜；⑤花鸟镜，包括雀绕花枝镜、对鸟镜；⑥瑞花镜，包括宝相花镜、花枝镜、亚字形花叶纹镜；⑦神仙人物故事镜，主要有月宫镜、飞仙镜、真子飞霜镜、三乐镜、打马毬镜、狩猎镜等；⑧盘龙镜；⑨八卦镜；⑩万字镜；⑩特种工艺镜，主要有金银平脱镜、螺钿镜、贴金贴银镜，精致的唐镜常采用这类特种工艺。总之，隋唐各类纹饰镜，其题材和风格，除反映当时新的工艺美术外，有的还吸取了中亚和西亚的因素。有的铜镜的花纹构成一幅图画，不讲求对称于镜的中心和左右对称，却有上下之别。各类纹饰镜流行时期大体上为：四神十二生肖镜类、瑞花镜类的团花镜、瑞兽镜类流行于隋至唐初，下限到唐高宗时期；瑞兽葡萄镜、瑞兽鸾鸟镜、雀绕花枝镜流行于唐高宗、武则天及唐玄宗开元时期；对鸟镜、瑞花镜、人物镜、特种工艺镜类流行于唐玄宗开元天宝至唐德宗时期；八卦镜、万字镜以及瑞花类亚字形花叶纹镜等则流行于唐德宗至晚唐时期，下限到五代时期，其中以唐玄宗开元天宝前后流行的镜类最为丰富。

隋唐铜镜的铭文，以四言句为最多，五言句次之，都属骈体诗文式。其内容如“灵山孕宝，神使观炉，形圆晓日，光清夜珠”、“晓得秦王镜，判不惜千金，非观愿照胆，特是自明心”、“照日菱花出，临池满月生，官看巾帽整，妾映美妆成”等，以镜的本身为主题。铭文的字体都是正体楷书，与汉式铜镜多用篆体和各种简化字相比，也判然不同。并且一般不用纪年，亦不记工匠的姓名。

三、唐代金银器

金银器通常是指金银质器物，也有专指金银器皿者。在中国，金银质装饰品在商代早已出现，春秋战国时代已有金银镶嵌工艺。金银器皿出现较晚，汉以前少见，到唐代才开始有较多发现。

金银器制造历来是官府手工业的部门之一，其产品为统治阶级上层所占有并用于赏赐、供奉、施舍寺观等。但唐代民间已出现与金银有关的“行”，宋代则有银铺，宋元银器上屡见“孝泉周家打造”、“庞家造洛阳子昌”等商号标记，表现了宋元以后民间金银器制造业的繁荣状况。金银器工艺可充分发挥金银延展性好的特点，造型精巧优美，装饰丰富多彩。素面者光洁悦目，纹饰者以花鸟为大宗。或清素典雅，或玲珑富丽，表现出各异的民族风格。中国金银器工艺精湛，唐代已普遍使用了板金、浇铸、焊接、切削、抛光、铆、镀、锤打、刻凿、镶嵌等技术。宋以后，各项工艺更加复杂精细，并出现了金银与漆、木器合璧的产品。金银器皿制造，在唐代是一个新兴的手工业部门，发展十分迅速。其制造中心是首都长安，到唐代后期，长江中下游的一些州，全银器皿制造也达到了相当高的水平。器物主要有金银质的壶、碗、盒、杯、盘、洗等。中华人民共和国成立以来，在西安和平门外、陕西耀县柳林背阴村、西安东南郊沙坡村、西安南郊何家村、内蒙古自治区昭乌达盟喀喇沁旗哈达沟门等地都成批发现，特别是陕西扶风法门寺真身宝塔下的唐代地宫里出土的121件金银器则最为引人注目。此外，在西安、咸阳、蓝田等地也有零星出土。

唐代前期（安史之乱以前）金银器皿数量较少，器物中有较多的波斯萨珊式金银器的器形，像八棱带柄杯、高足杯、带柄壶、多瓣椭圆形盘等。唐代后期（安史之乱之后），萨珊式金银器的器形已不用或很少用。吸取了中国铜器、陶瓷器、漆器的传统器形。常见的器类为碗、盘、盒之类。同一类型的器物，从唐代前期到后期形制也有变化，与此相适应，器物纹饰由琐碎、纤细转向繁缛绚丽，外来纹样逐渐失去相对独立的地位，而同中国传统装饰图案融为一体，从而使金银器装饰臻于完美、成熟。唐代金银器皿根据装饰纹样的变化可分为五期：第一期为高宗、武则天时期，约从7世纪初至8世纪初，花纹主要有两类。一类以翼兽、宝相花或六瓣花为中心，周围绕以比较纤细、规整的忍冬纹组成的各种图案；另一类为传统的折枝花鸟或狩猎纹。第二期为中宗至玄宗时期，约8世纪初至8世纪中。此期花纹沿袭了第一期的基本内容，但宝相花层次增多，结构复杂，显得更加富丽。忍冬纹枝蔓流畅，花繁叶茂，并同花鸟有机地结合在一起，一些器物上出现了枝叶茂盛、鲜花怒放的花卉图案。第三期为玄宗以后至代宗时期，约从8世纪中至8世纪末，图案多以羽鸟、团花为中心，周围绕以缠枝花。叶稀花艳，构图和谐，富于写实意味。第四期为德宗至文宗时期，约从8世纪末至9世纪中。此期花纹基本同三期，但构图趋于严整，讲求对称，花卉图案拘谨而欠生动，羽鸟已趋于抽象化。第五期为宣宗时期，约为9世纪中期。其花纹、鸟兽都表现出简单及抽象化的特征，尤其象涂金刻花银三足罐，器腹刻人物并附“子路”、“少正卯”、“论语注·灵公问政”等铸文题名，更是以前不曾有过的现象。

四、唐代纺织品

纺织品是衡量人类进步和文明发达的尺度之一。中国早在新石器时代就已经掌握了纺织技术。中国古代的丝麻纺织技术达到相当高的水平，在世界上享有盛名。

就唐代的纺织品来看，其生产分工明确，唐王朝官府专门设立织染署，管理纺织染作坊，唐代丝织品在各地均有出土，以新疆、甘肃为最多，传世品则以日本正仓院所藏数量最丰。

在中国丝织史上，唐代丝织品的织造和印染技术都有惊人的发展。唐代前期，传统经锦的精品已达到与斜纹纬锦不易区别的境界，纬锦织法广泛普及，产量激增，已成为国内外市场上的畅销品。唐代中期，丝织业空前繁荣，织锦不但数量显著提高，而且涌现出一大批新工艺、新产品，如花鸟纹锦、彩条斜纹经锦、晕繝提花锦等等，花纹风格也为之一新。在垂拱年间（856～688 年）的墓里还发现了双面锦和缂丝的实物标本。其他丝织品如绮、罗、绢、纱、轻容等，无不呈现出前所未有的高水平。如新疆吐鲁番阿斯塔那墓群出上的大量唐代纬线显花的织锦，花纹以联珠对禽对兽为主，有对孔雀、对鸟、对狮、对羊、对鸭、对鸡及鹿纹、龙纹等象征吉祥如意的图案，还出现了团花、宝相花、晕涧花、骑士、胡王、贵字、吉字、王字等新的纹饰。特别是唐代织金锦工艺精湛令人吃惊。如法门寺织锦所用的金丝，最细直径仅为 0.1 毫米，比头发还细。以丝线为芯，以金线一圈圈缠绕，一米长的金丝要绕 3000 多圈，武则天供奉的绣裙就是用这种织品制成的。绞缬染色更有新的发现。有红色、绛色、棕色绞缬绢、罗；蓝色、棕色、绛色、土黄色、黄色、白色、绿色、深绿色等蜡缬纱绢及绛色附缀彩绘绢等，代表印染工艺技术已达到新的水平。染色丝织物中，染缬所占比例大，品种齐全，无论是单色或是套色染缬，都染色纯正，花纹清晰，色调和谐而美丽。从分析染缬标本发现，唐代的染缬，很可能已经使用了纸质镂空花板。

五、隋唐五代货币

隋唐时期，国家统一，社会经济得到了很快的发展，中外文化的交流，贸易的往来，使得这一时期的商业有了迅速的发展，而作为商业交换媒介的货币，也起了很大的变化。

隋文帝（581～604年）受周禅即位后，于开皇元年（581年）九月铸行了统一的、符合标准的新五铢钱，通行全国，俗称“隋五铢”。这种五铢钱，每枚重约三克，其特点是外郭宽平，“五”字交叉两笔较直，五字左边旁穿处有一竖划，无内郭。铢字金首呈三角形，内斜。隋五铢发行全国后，开皇三年四月诏：“四面诸关，各付百钱为样，不同者，即坏以为铜入官。京师及诸州邸肆之上，亦皆立榜置样为准，不中样者，不入于市”。从而结束了南北朝时期货币混乱的现象，对经济的发展起了很大的促进作用。

在整个唐代，货币的形状没有多大变化，但在名称上有了很大的变革。自秦汉以来，货币都是以重量为名，虽然名称已和重量不符，如刘蜀的“直百五铢”实重在五铢之上，许多小五铢的重量则大大低于五铢。然而它终究还在一定程度上保留着铜块货币的痕迹。自唐武德四年（621年）始铸“开元通宝”钱起，以后各代皆不以重量命名货币，而代之以年号。但值得注意的是，“开元通宝”还不能算是年号钱，而以后的各种钱币则基本上是年号钱了。

在唐代，主要铸造了以下几种货币：

1. 开元通宝

这是唐代最早铸造的货币，也是在整个唐代流通使用的货币。始铸于武德四年（621年）。其特征为枚重二铢四参，每十枚重一两，“元”字第二横划上挑，有的背面有月纹，或称指甲痕。开元通宝一枚称一钱，十钱为一两，这是唐代两以下十进位的由来，自唐以后这一衡法没有变动，至清代的一钱仍与标准开元钱的重量相等。

2. 乾封泉宝

始铸于乾封元年（666年），这是正式的年号钱，每枚当开元钱十文，但行用不到一年就废止了。

3. 乾元重宝

乾元元年（758 年）铸，以一当十。次年又铸重轮“乾元重宝”，一当五十。说明“安史之乱”后，社会经济衰萎，货币贬值，因而私铸者日多，后即禁用。

4. 大历元宝、建中通宝

铸于代宗大历、德宗建中年间，铸量不多，在社会上很少流通，是较稀缺的货币。

5. 会昌开元通宝

唐武宗会昌年间灭佛毁寺，铜像钟磬等皆归州县。淮南节度使李绅请天下以州名铸于钱背，大小径寸如“开元通宝”，会昌六年（846年）铸行。这种会昌开元钱所不同的是背面铸有地名。常见的有：京（京兆府长安）、洛（东都洛阳）、杨（今江苏扬州）、益（今四川成都）、蓝（今陕西蓝田）、襄（今湖北襄阳）、荆（今湖北江陵）、越（今浙江绍兴）、宣（今安徽宣城）、洪（今江西南昌）、潭（今湖南长沙）、兖（今山东兖州）、润（今江苏镇江）、鄂（今湖北武昌）、平（今河北卢龙）、兴（今陕西汉中）、梁（今河南开封）、广（今广东广州），桂（今广西桂林）、梓（今四川三台）、福（今福建福州）、丹（今陕西宜川等。文字或在穿上，或在穿下，或在左右。钱的制作皆不精细。

6. 得壹元宝、顺天元宝

唐“安史之乱”时，史思明据洛阳铸“得壹元宝”，以一当开元通宝百枚。后史思明恶“得壹”非长祚之兆，改其文曰“顺天元宝”。此钱在洛阳附近发现较多。

五代的梁、唐、汉、晋、周五个小朝廷，实际上是偏安在北方中原地区的军阀割据政权。其铸币有：梁太祖开平年间（907～911 年）的“开平元宝”大钱，唐明宗天成年间（926～930 年）的“天成元宝”，晋高祖天福三年（938 年）的“天福元宝”，汉高祖及隐帝乾祐年间（947～950 年）的“汉元通宝”，周太祖及世宗显德年间（951～958 年）的“周元通宝”。其中，“周元通宝”因世宗废佛寺、毁佛像得铜甚多，故铸钱较多，制作亦精。

十国的货币品种也较复杂。楚王马殷因接受梁太祖天策上将军的称号，于乾化年间（911 年）铸造“天策府宝”铜、铁大钱，背文为天、策、天府、天策等；后又铸“乾封泉宝”大铜、铁钱及“乾元重宝”大钱等。闽王王审知父子（907～945 年）曾铸铜、铅、铁钱，有“开元通宝”、“永隆通宝”铜、铅、铁大、小钱；还有“天德通宝”、“天德重宝”铜、铁大钱，背文多为穿上“闽”字。南汉刘岩（917～924 年）曾铸“乾亨通宝”、“乾亨重宝”铅钱，这是我国最早的铅钱，背文“邕”字，在广州铸，十当铜钱一文。前蜀王建父子（907～925 年）曾铸有“永平元宝”、“通正元宝”、“天汉元宝”、“光天元宝”、“乾德元宝”、“咸康元宝”等铜钱。后蜀孟知祥父子（938～965 年）铸有“大蜀通宝”及“广政通宝”铜、铁钱。南唐烈祖李昪升元元年（937 年）铸“大齐通宝”，这是一种珍稀钱，到目前为止仅见两枚。嗣主李璟保大元年（943 年）铸“保大元宝”，后又铸“开元通宝”（阔缘）、“唐国通宝”、“大唐通宝”钱，这三种钱是对钱之开端，钱文有篆、隶两体，其中“大唐通宝”是我用货币中最早的国号钱。嗣主中兴二年（959 年）铸“永通泉货”大钱，对读。幽州刘仁恭父子铸“永安一百”、“永安五百”、“永安一千”四品铜、铁钱。还有利用旧范铸王莽“货布”、唐史思明“顺天元宝”、隋“五铢”等铁钱。另铸有三品“应圣元宝”背拾、“乾元重宝”背百、“应天元宝”背万钱。

六、隋唐佛教造像

隋唐佛教造像包括石窟寺造像及金属造像与石雕、石刻等。凡在十六国南北朝开凿石窟的地方，隋唐时期一般都继续开龛造像。不过，隋唐时期窟龛的形制多向“殿堂式”发展，其造像风格也有较大变化。约而言之，隋代唐初造像身体瘦长，佛与菩萨面相丰圆，服饰仍沿续北朝后期式样，佛座由狮子座、方座发展成为束腰莲座。盛唐造像比例适中，体态丰满，佛与菩萨脖子上一般都有三道级纹，佛多螺髻，菩萨很少戴冠，以高发髻者较多，站立一般都有曲线，呈 S 形。唐代后期，佛与菩萨造像丰肥，特别是菩萨造像，近似臃肿，五官集中，从艺术上来说走了下坡路。造像题材也趋于单调，一般为佛与胁侍弟子、菩萨或两边增加天王、力士的布局。

此外，隋唐佛教文物的舍利塔也很有特点，如甘肃泾川县大云寺塔及陕西扶风法门寺舍利塔地宫的发现，都为人们了解隋唐舍利瘗埋制度提供了新的考古资料。泾川大云寺地宫平面方形、砖筑、券顶、门向南，门前有短甬道，甬道两壁绘画（已脱落）。宫门上部施半圆形门楣，刻香炉、宝盖和飞天，门内两侧为天王力士。地宫内置舍利石函，石函内容放鎏金铜函、银椁、金椁，棺内玻璃瓶中盛舍利。这种瘗埋舍利的方式，直接模仿了中国传统的葬制。

七、唐代的中外经济文化交流

唐代是我国各民族空前统一，经济文化空前繁荣的时期。由于社会经济的发展，对外交通的发展，与外国的友好往来和文化交流活动非常频繁，考古发现的材料也充分地说明了这一事实。唐代的对外交流主要是西方和东方两个方面。

1. 唐代与中亚、西亚的交往

在唐代，“丝绸之路”为中国和伊朗及中亚、西亚各国的文化交流起了巨大作用。从吐鲁番出土的丝织品中看到，在丝织业高度发达的唐代，曾积极采用中亚人民喜爱的纹样，织出了大量联珠对鸟对兽纹、联珠猪头纹、联珠骑士纹锦等，同传统丝织品一起输出国外，满足了西方市场的需要。中国输出的商品还有瓷器、铜镜等。如前苏联的撒马尔罕以及伊朗、伊拉克、约旦、叙利亚境内都发现了中国的瓷器和铜镜。前苏联、伊朗、伊拉克、叙利亚境内还发现了唐三彩。印度尼西亚、菲律宾、巴基斯坦、埃及等国不止一处发现了唐至五代的中国瓷器，印度尼西亚、苏丹、埃及也有唐三彩出土。这些珍贵遗物，都是中国和亚非各国人民友好交往的见证。

2. 唐代与日本的友好交往

中日两国经济、文化的交流源远流长。到唐代，日本曾多次派遣使臣、留学生和留学僧等往返中国，中国也多次遣使回访，中日关系达到了历史上的高潮。从考古发掘可以看出，唐代的都城形制对日本的都城制度有很大的影响。日本建于7世纪后半至8世纪后半的滕原京、难波京、平城京、长冈京、平安京，其平面均作长方形，以南北中轴线纵贯城市正中，于轴线北端置宫城，轴线左右两侧对称地布置里坊，显然是模仿了长安、洛阳两城的设计特点。中国唐代优秀的手工艺品也大量运往日本，至今奈良东大寺正仓院还珍藏着数千件唐代文物。这些遗物数量大，种类多，从皇室仪仗、宗教用品到生活用具应有尽有，绝大多数是遣唐使者从唐长安城带回日本的，为研究唐代考古提供了重要资料。据日本学者研究，日本生产的“奈良三彩”，也是模仿“唐三彩”的工艺技术烧成的。日本的寺院也和中国的寺院大同小异，如日本7～8世纪建造的四天王寺、法隆寺、药师寺、东大寺、国分寺、唐招提寺等，显然是受唐代佛寺的影响而建造的。

第八章　宋元明

第一节　概　论

宋元明考古在中国考古学上是时代最晚的一个阶段。从时间上讲，它起自北宋，止于明亡（960～1644年），包括北宋、南宋、辽、金、元、明等朝代。其中辽代从阿保机建契丹国开始则应起自907年。

一、宋元明考古的特点

宋元明考古属于历史考古学的范畴，它是中国考古学中按朝代划分的一个阶段，与隋唐考古相比较，它有以下四个特点：第一，宋元明时期属于封建社会后期，民营手工业有很大发展，小商品生产发达；第二，文献与绘画等可与考古资料相印证的材料丰富，地面上存留的遗迹和建筑物增多，研究领域扩大；第三，宋元明时期的民族关系复杂，社会经济发展不平衡。北方的辽、金、西夏和元都是古代少数民族所建立的政权，元朝是北方蒙古族建立的统治全国的政权，他们在风俗习惯和文化意识方面都有自己的传统，在历史的发展过程中，他们的文化与汉文化相互交融。明代长城以南统一于汉族，汉族与北方少数民族的关系，又和宋元时代不同；第四，从晚唐五代开始，人们的生活习俗发生了很大的变革。在生活上反映最深刻的是人们起居方式的改变，桌椅等家具出现后，到北宋时期结束了自古以来席地而坐的习惯，居室内的陈设改变了，人们的起居活动从低矮向高处发展，日用器皿也从地上移至桌上，它们的形态和装饰花纹的部位都起了变化。

二、宋元明考古的重要发现和研究

中华人民共和国成立后，宋元明考古工作有了很大的发展，做了许多调查和发掘工作，其中比较重要的有以下几个方面：

第一，墓葬发掘主要有河南禹县白沙宋墓、安徽合肥北宋包拯家族墓、江苏淮安杨氏家族墓、江苏金坛南宋周瑀墓和福州南宋黄昇墓。辽墓的发掘主要是在内蒙古自治区和辽宁省境内，如赤峰辽附马墓、义县清河门辽墓、法库叶茂台辽墓和乌盟察右前旗豪欠营辽墓等。金、元墓葬的发掘，重要的有河北新城金代时立爱父子墓、河北井陉柿庄金代尹氏家族墓、山西侯马、孝义和河南焦作金、元雕砖壁画墓、山西芮城蒙古时期宋德方及潘德冲墓、大同元初冯道真墓、安徽安庆元范文虎墓、西安元代贺氏墓和苏州元末张士诚母曹氏墓等。明代墓葬发掘最重要的是北京明定陵，其次是山东曲阜明鲁王墓、四川成都蜀王世子墓、山西及江西的明代诸王墓和南京及北京的许多明代异性王侯墓。

第二，城市遗址的调查和发掘主要是宋元时代的。主要有内蒙古宁城县的辽中京遗址、辽上京遗址。北京的金中都遗址、元大都遗址。此外，还对呼和浩特市东郊的丰城故城、乌盟察右前旗的集宁路故城和昭盟克什克腾旗的应昌路故城等进行了调查。在西安发掘了元安西王府的宫殿基址和辽宁绥中城后村金代居住遗址和辽宁新民前当铺元代居住遗址。对安徽凤阳的明中都城遗址、金代界壕遗迹等作过一些调查。

第三，宋元明时代的手工业遗址，如河南鹤壁市北宋晚期煤矿遗址、河北邢台、安徽繁昌和福建同安等地的宋代冶矿遗址，都作过调查和发掘。数量最多的是分布于20个省、市、自治区的宋元明时代的瓷窑遗址，经过详细调查和正式发掘的重要窑址有浙江的龙泉窑，江西的景德镇窑、吉州窑，福建的建窑、德化窑和泉州窑，河南禹县的钧窑，陕西的耀州窑，河北的定窑和磁州窑等等。对这一时期瓷窑遗址所作的大量发掘调查工作，促进了瓷窑和瓷器有关专题的研究和讨论。其中对这一时期青花瓷器的起源，“官”和“新官”字款白瓷的产地问题等的讨论尤为热烈。此外，对这一时期各代的瓷器外销，官窑与民窑，各时代瓷器器型、纹饰演变，瓷窑窑炉、作坊的结构、规模及变化，传世瓷窑的窑口等，都进行了研究和探讨。

第四，塔基的发掘为这一时期的佛教考古提供了资料。如河北定县北宋塔基、北京房山辽代塔基和浙江金华北宋万佛塔塔基都是较重要的发现。

第五，宋元明时期地面遗址和建筑的调查，如山西芮城永乐宫元代建筑群和壁画，山西繁峙岩山寺金代建筑和壁画，浙江宁波保国寺北宋大殿，四川江油云岩寺南宋飞天藏殿，西藏的元代寺院及关于泉州宗教石刻的搜集和整理，都为这一时期的考古研究增添了新的内容。

第六，这一时期，作为中外关系方面的考古也备受重视，特别是海上航路的考古研究有相当程度的开展。除在宁波、泉州两地发现宋沉没的海船外，着重进行了古外销瓷问题的专门研究。1989 年底，“中日联合南海沉船水下考古调查队”对广东州山群岛附近海域的一艘宋代沉船进行发掘调查，这标志着我国水下考古的开端，为这一段考古增添了一项新的研究和发掘的领域。

第二节　城　址

一、宋元明时期都城规划的发展和变化

宋元明时期都城的最大变化是一改隋唐时代都城规划的封闭式坊制，而以开放式的街巷为其特点，这在中国古代城市发展史上是一次巨大的变革。北宋都城东京规划的变化，是这一巨变的转折点。根据文献记载和有关考古发现综合来看，其实从唐朝后期起，南方商业城市已经有灯火辉煌的夜市（如扬州），有些城市外部还出现了自由形式的草市（如汴州、洛阳），这些发展变化说明传统的里坊制度和具体的市场已经不能适应日益发展的手工业的要求。到了五代和北宋，这种情况更加显著。北宋的首都东京在五代后周改建汴州为都城时就已临街设店，接着宋朝取消了里坊制度和夜禁制度，形成了按行业成街的情况，一些邸店、酒楼和娱乐性建筑也大量沿街兴建起来。这些

情况显示工商业的发展使得市民生活、城市面貌和政治机构都发生变化，从而城市的规划结构出现了若干新的措施。

宋元明都城规划的另一变化是宫城位置的改变。从汴梁城开始，宫城皆居全城的中央，皇城（或内城）包围着宫城，其外再设大城，形成了以宫城为中心的重城式布局。这与隋唐都城的宫城居全城之北部、宫城前设皇城的布局相比较，宫城的地位在全城之中更加突出。宫城地位的加强还表现在对中轴线两侧建筑的安排上。明代初年的南京城和凤阳明中都表现得尤为明显，宫城前左为太庙，右为社稷坛。皇城前左侧为中央官署，右侧为五军都督府。明代北京宫城和皇城前中轴大路两侧的建置完全按南京的规划。礼制建筑和中央的军政官署集中在宫城前中轴大路两侧，是皇权至上的思想在都城规划中的反映。对全城中轴线在通过宫城后的终止点，也有意识地作了安排。元大都的中轴线终止在万宁寺的中心阁上，到明永乐时北京城的中轴线则终止在鼓楼和钟楼上，充分发挥了这两座高层建筑在全城中的稳定作用，这在都城规划上是成功的设计。

辽金都城与宋元都城不同，以辽上京和金上京为例，它们都分南、北二城，辽上京的北城为皇城，是宫殿之所在，南城为汉城，是工匠和被俘虏的汉人所居之处。金上京南城西北部为宫殿区，北城为居民和工商业区。辽金都城的南北城之制，是辽金初期奴隶制残余的产物，随着封建化（汉化）的加深，则又出现了摹仿北宋都城制度的辽中京和金中都。至于元上都，它是一座离宫式的城市，规划布局有其特殊的形式，全城由宫城、内城、外城和关厢等部分组成。由于上都是帝后避暑之处，因此布局不求规整对称，殿堂亭榭多是随意布置，具有浓厚的离宫色彩。

二、宋代城址

由于唐末、五代以来手工业和商业的发展，宋代城市数量增长很快，尤其是中小城市得到了迅速发展。这一时期的主要城市有北宋的都城东京（今开封市）和以园林著名的西京（今洛阳市），南宋的都城临安（今杭州市），以及扬州、平江（今苏州市）、成都等手工业、商业城市。此外，由于对外贸易的发展，沿海的广州、明州（今宁波市)、泉州等城市也在唐代的基础上进一步繁荣起来。

北宋东京的前身是唐朝的汴州，原是一个地方的首府，位于黄河中游的大平原上，正当大运河的中枢，水陆交通便利，手工业和商业相当发达，是当时世界上最大的商业城市之一。

东京有三重城，每重城墙之外都有护城壕环绕。最外面为新城，扩建于后周，周长约 19 公里。南面有三座门，另有水门两座，东、北各四门，西面五门。内为旧城，即唐汴州的外城，位于新城中央稍偏西北，周长约 9 公里，每面各有三座门。最里面是宫城，居旧城的中央稍偏西北，是在原唐代节度使治所的基础上发展起来的，每面各一座城门，南面正门叫丹凤门（宣德门），过丹凤门为一条南北轴线。在宫城，沿轴线布置着皇帝的朝殿和寝宫。在宫城外，这条轴线直穿旧城南面正中的朱雀门和新城南面正中的南熏门。在轴线两侧，布置着衙署、寺观、王公宅第以及作坊、店铺、民宅等。著名的相国寺，就坐落在旧城内的中轴线东侧。在城市总体布局上更加突出中轴线，注重严整对称，是宋代城市的显著特点。

北宋中期以后，东京已取消了有围墙的里坊和市场，出现了井字形街道甚至斜街，店铺、作坊等都临街建造。宋画《清明上河图》就反映了新城东水门外汴河沿岸街市的繁华风光。

东京对防卫的重视超过了已往的都城。三重城墙之外各有护城壕环绕，新城沿城墙每百步设有“马面”，每座城门都有瓮城，上建敌楼。

东京有汴河、蔡河、金水河、五丈河诸水环绕，又正当大运河的中枢，给交通运输、城市用水和防卫都带来很多便利。另外，结合城市建筑修造人工山水园林，也是东京的一个特色。从宋画《金明池夺标图》可以看到新城新郑门外的金明池，并有湖心岛和临水殿阁等布置。

三、辽代城址

辽代的都城有五京。上京临潢府（今内蒙古自治区巴林左旗林东镇南)、中京大定府（今内蒙古自治区宁城县)、东京辽阳府（今辽宁省辽阳市)、西京大同府（今山西省大同市)、南京析津府（今北京市西南)。其统治中心，早期在上京，圣宗以后迁往中京。保存较好的有上京和中京遗址。

1. 辽上京临潢府

上京为辽代五京之一，辽太祖耶律阿保机创建辽国后，于神册三年（918 年）开始筑城，初名皇都。天显元年（926 年）扩建，天显十三年改称上京，并设立临潢府。

上京由皇城和汉城两大部分组成。城墙由黄土版筑而成，周长约 6400 米。皇城在北，是契丹族居住的区域，残墙最高达 9 米，现存有南、西、北三面门址。门外都加筑瓮城，东、西、北三面墙上还保留有马面遗迹。城内东、南一带建筑遗迹很多，有的还残存院墙痕迹，应为官署、府第、庙宇和作坊。自皇城南墙正中向北，有一条大道直通大内（宫殿区），形成皇城的中轴。各组建筑物间有不规则的道路相连接。城内西部的小山上有寺庙和窑址。城内北部为空旷地带，没有发现建筑遗址，应是搭设毡帐的地区。大内位于皇城中部，是宫廷所在，四周有围墙，残墙仅高一米多，南墙遗迹已很不明显。主殿基址在城中部最高处，殿后有排列整齐的小型建筑台基。

汉城在南面，是汉、渤海、回鹘等族居住的地方，它的北墙就是皇城的南墙，现存有四座门址。由于北音戈洛河河床逐渐北移到皇城南墙附近，城内遗迹受洪水冲刷，仅保存了北部中央部分。

2. 辽中京大定府

中京为辽代五京之一，其兴筑选择在原奚王牙帐所在地，从辽统和二十一年（1003 年）开始，到统和二十五年基本建成，并设立大定府。辽亡后，金代改称北京路大定府，元代又改称大宁路，明代初年设大宁卫，永乐三年（1403 年）撤销卫所，沦为废墟。

辽中京城市布局仿北宋汴京的制度，有外城、内城和宫城三重。外城址平面呈长方形，东西宽 4200 米，南北长 3500 米，南墙正中开门，并有瓮城。四角有角楼，但未见马面。自南门朱夏门到内城南门阳德门，全长 1400 余米，正中有一条宽 64 米的大街贯穿其中，形成中轴线。两侧有南北向经路各三条，东西向纬路各五条，路面宽 4～15 米，对称严整。由这些街道组成坊区，是汉族居住的地方，坊有石砌墙基。此外还有廊舍（集市）、官署和佛寺遗址。外城东、南、西面各开一门，南部为坊市。

内城在外城中央偏北，平面呈长方形，东西宽 2000 米，南北长 1500 米。西墙上残存马面痕迹，其余三面经金、元、明改建，马面已不存。城内多是空旷地方。自南墙正中的阳德门址到宫城南门阊阖门址，有一条宽约 40 米的大道。该道在阊阖门南约 85 米处，与一条宽 15 米的东西道路相交。这条东西道路两端向北转折，通入宫城。

宫城即大内，位于内城北部中央，平面呈正方形，每面长 1000 米。北墙即内城的北墙，另筑东、西、南三墙。四角有角楼基址，阊阖门有三个门道，东西两侧各有一座掖门，并有南北向道路通入城内，分别与宫殿基址相对。该城的考古勘查和发掘资料，与宋人路振所著《乘轺路》的记载基本吻合。

四、金代城址

金同辽一样，也设五京。金太祖完颜旻建都上京会宁府（今黑龙江省阿城县白城子），历四帝，凡 38 年。海陵王完颜亮于贞元三年（1153 年）迁都原辽南京析津府（今北京市），定为中都（大兴府），直至贞祐二年（1214 年）被元军所破，弃城逃往南京开封府。此外，还经营有东京辽阳府和西京大同府。

1. 金上京会宁府

金上京是金代初期的都城。金太宗时称会宁府。熙宗天眷元年（1138 年）称上京。贞元元年（l153 年）海陵王迁都中都，削上京之号。正隆二年（1157 年）毁上京宫殿、宗庙及诸大族邸第等建筑，夷为耕地。世宗大定十三年（1173 年）复称上京，大定二十一年（1181 年）陆续修复宫殿、城垣，但实际上并不是首都。

金上京分南北二城，平面呈曲尺形，北城南北长 1828 米，东西宽 1553 米，南城东西长 2148 米，南北宽 1528 米，两城之间筑隔墙，有门相通。全城现有九个可能是城门址的豁口。夯土城墙、角楼和马面、瓮城等遗迹尚存。南城西北部有皇城，南北长 645 米，东西宽 500 米。皇城午门外有土阙，午门内的中轴线上有五个宫殿台基，两侧有左右廊基址，殿基平面呈“工”字形。

2. 金中都遗址

金中都是在金海陵王天德三年（1151年），在辽燕京城（又称南京城，即唐幽州城）的基础上扩建而成的，并重建宫城。贞元元年（1153年）新宫告成，从上京迁都于此，改名为中都。

金中都外郭城的东、西、南各开三门，北城垣据《金史》记载有四个城门，总计十三个城门。宫城位于全城的中央，平面呈长方形。前朝是大安殿，经钻探得知面阔为十一间，与文献记载相符。宫城正南门应天门、皇城正南门宣阳门和外郭城正南门丰宜门同在一条轴线上。丰宜门内大街、端礼门内大街、会城门内大街，以及丰宜门和端礼门之间东西向横排的街巷，都已被勘查出来。据考古复原研究，金中都原属于辽南京城范围内的街道，仍保存着唐代街坊的形式，而金代新扩展的部分，则改变为沿大街两侧平行排列街巷的形式。两种不同形式的城市街道共处于一个城市之中，是金中都规划的特点。

五、元代城址

元代都城遗址有两处：元上都和元大都。蒙古宪宗六年（1256年）开始兴建上都（今内蒙古自治区正蓝五一牧场境内），宣德五年（1430年）废弃。大都（今北京市旧城的内城及其以北地区〕始建于元世祖至元四年（1267年）至元世祖忽必烈时期，大都城的规模已基本定型，成为当时世界上著名的大城市。

1. 元上都开平府

元上都开始兴建于蒙古宪宗六年（1256年），初名开平府，中统五年（1264年）改名上都，又名上京、滦京，为帝后避暑之地。明洪武二年（1369年）复名开平府，不久废府改卫，宣德五年（1430年）废弃。

元上都由宫城、内城、外城和关厢等部分组成，城墙用黄土版筑，宫城和内城的城墙，还分别用砖、石包砌。

宫城位于内城中部偏北，平面为长方形，长620米，宽570米，四角建角楼，东、南、西三墙正中设城门。在城墙外24米处围有一层石砌的夹城。由于上都是帝后避暑之处，因此布局不求规整对称，颇具离宫色彩。在城内中轴线上，通向三个城门的大道交叉处，有一方形建筑台基，北墙正中有凹形大建筑台基，其他的殿堂亭榭则多是随意布局。还利用地湿多水的条件，在宫内挖掘了许多池沼。

内城位于外城东南角，平面成方形，每边长1400米，南北各一门，东西各两门。街道布置整齐对称，多官署建筑，西北角有乾元寺遗址，东北角有华严寺遗址。

外城包围着内城的西、北两面，每边长2200米。南、西两墙各设一门，北墙设两门。城内北部的土岗为帝王游乐的苑囿区，西部为建筑布局整齐的官署和作坊区。外城东、南、西三面的关厢地带，是庶民居住区和集市贸易场所，地表有密集的小型建筑基址。城北约一公里的山坡下，还有许多类似兵营建筑的遗迹。

2．元大都遗址

元大都始建于元世祖至元四年（1267年），至元十一年（1274年）建成宫城，至元十三年（1276年）建成大城。至元二十二年（1285年）颁布从金中都旧城迁居大都新城的占地办法，开始全面营建大都。在元世祖忽必烈时期，大都城的规模已基本定型，成为当时世界上著名的大城市。其城市的规划在中国封建社会后期的府城发展中占有重要的地位，并直接为明清北京城所继承。

元大都的平面呈长方形，南北长约7600米，东西宽约6700米，面积约50余平方公里。皇城位于城南部的中央地区，俗称"阑马墙"，墙基宽约3米左右。宫城偏在皇城东部，纵贯宫城中央的南北大路，即该城的中轴大路已被发现，这一发现纠正了元大都中轴线偏西的说法，证实了元大都的中轴线与明清北京城的中轴线相连未变。

元大都的街道在城的东北部分尚有遗迹，在南北向主干大街的东西两侧，等距离地排列着许多东西向的胡同。大街宽25米左右，胡同宽约6～7米。从光熙门大街至北顺城街之间，排列东西向胡同22条。这和今天北京内城中从朝阳门（元称齐化门）至东直门（元称崇仁门）之间排列22条东西向胡同是相同的，这就为复原元大都的街道布局提供了科学依据。元大都城内的河湖水系可以分为两个系统，一是由高梁河、海子河、通惠河构成漕运水系统。一是由金水河、太液池构成的宫苑用水系统。从此有计划地解决了该城的用水和漕运，并且有良好的排水系统。

此外，还在元大都城内发现了和义门瓮城城门、水涵洞、下水道以及十余处居住遗址。

六、明代城址

明代城址遗址有三处：南京城、北京城和中都城。

1. 明南京城

明南京城位于今江苏省南京市，为明代早期的都城。原名应天府城，始建于元至正二十六年（1366年），洪武二年（1369年）大规模兴建新城和宫城，费时四年。以后又继续建造各主要城门和“后湖城”，到洪武十九年初步完工。洪武二十二年又加筑了外郭城。如果连外郭城在内，明南京城可称世界古代第一大城。

明南京城是由明太祖朱元章亲自主持设计建造的。外郭城利用应天府城外围的黄土丘筑成，周长60公里，共有18个城门。内城周长33.7公里，城墙平均高14～21米，基宽14米，以条石作基，砖砌内外壁。以石灰、米汁加桐油粘接，中夯砖块、砾石和黄土。开有13座城门，以聚宝门（今称中华门）最大。宫城（皇城）在东，即在中山南麓，南北长2.5公里，东西宽2公里，现仅遗存石柱础和琉璃瓦等。市区在南，军事区在西北，报时报警用的钟楼、鼓楼设在三区的中心，并把周围一些险要地形和沿江要塞都包括在其中。

2. 明中都城

明中都城位于安徽省凤阳县，是明太祖朱元璋在其故乡林濠所建的都城遗址。该城于洪武二年（1369年）开始兴建，至洪武八年停建。由于兴建和使用的时间短暂，未形成政治中心，但它在城市规划上的某些布局，包括宫城内的宫殿布局，却影响了明北京城的规划。

中都城平面近方形，东西7760米，南北7170米，西南角的凤凰嘴向外突出。外城九个城门。皇城（明代称“禁垣”）位于全城的南部稍偏西，平面呈长方形，南北长2160米，东西宽1860米，有四个城门。皇城承天门外左为城隍庙和国子监，右为宫城庙和帝王庙。宫城（明代称“皇城”）在皇城中央稍偏南处，平面近方形，南北长960米，东西宽890米，亦有四个城门。宫城内尚存奉天殿、文华殿和武英殿的基址，而以午门墩台保存最好，门洞内石须弥座上的雕刻，尤为精美。宫城北为苑囿。午门外左为太庙和中书省，右为社稷和大都督府、御史台。大明门外云济街东西两端为鼓楼和钟楼，鼓楼的高大墩台仍保存完整。洪武八年停建中都后，到洪武十六年首先拆中都宫殿的建筑材料修建龙兴寺，天顺三年（1459 年）又拆中书省、大都督府和御史台等五百余间建筑重修龙兴寺。此时，中都宫殿已仅存遗址，中央官署也仅存中都留守司了。但在皇城东侧，从天顺以后都陆续修建了五所“高墙”，专门囚禁皇族宗室罪犯。它们崇垣深壕，望楼敌台，犹如郡县城郭，是明中都城中很特殊的建筑。

3. 明北京城

明北京城位于今北京市内外旧城区。洪武元年（1368 年）明军占领元大都后，立即废弃大都城的北部，将北城墙向南缩入约五公里，改大都为北平府。永乐元年（1403 年）改称北京，永乐十五年营建新宫城，永乐十七年展筑南城垣，永乐十八年新宫建成，正式迁都于此。嘉靖三十二年（1553 年）增筑外城，由于财力不足，仅将内城南面的地区，包括天坛、山川坛和居民稠密的工商业区围筑于外城之内。

明北京城平面呈“凸”字形，面积约为 25.4 平方公里。内城九门，外城七门，宫城在内城的中央，前朝为皇极殿（清改建后称太和殿），后宫为乾清宫。东、西华门在皇极殿前方的左右。宫城后面用人工堆成万岁山（今称景山），以为屏障。宫城前方左为太庙，右为社稷坛。宫城之外筑皇城，皇城内除西部为西苑太浴池，东南隅为“南内”重华门外，东部和北部都是为皇家服务的内官衙署和作坊仓库等。在皇城南方承天门（清改称天安门）至大明门之间为千步廊，左为宗人府和吏、户、礼、兵、工五部及其它院监，右为五军都督府和锦衣卫等，除三法司（邢部、督察院、大理寺）以外，中央主要官署都集中在皇城前方两侧，改变了元大都官署分散的布局。内城的街道从长安城以北，仍沿元大都之旧。城外街道除个别地段有整齐的规划外，绝大部分或沿用旧路，或利用废弃的沟渠。

总之，明北京城是在元大都的基础上发展起来的，其规划的重点是宫城和皇城，特别是宫城前的中轴大路两侧，对称地布置着太庙和社稷坛、中央官署和五军都督府、天坛和山川坛，从而加强了纵深效果，烘托了宫城的地位，突出了皇权至高的思想，这在封建社会都城规划的设计上是非常出色的。

第三节　墓　葬

一、宋辽西夏明帝陵

1. 巩县宋陵

宋代帝陵的布局基本上仍沿袭唐代的制度，只是陵园的规模较小。北宋八陵皆位于河南省巩县境内嵩山、洛河间丘陵上。宋太祖赵匡胤至宋哲宗赵煦七代皇帝，以及被追尊为宣祖的赵匡胤之父赵弘殷的陵墓皆在这里。这八座陵墓按地望可分作四区，依次为：一区宣祖永安陵、太祖永昌陵、太宗永熙陵；二区真宗永定陵；三区仁宗永昭陵、英宗永厚陵；四区神宗永裕陵、哲宗永泰陵。巩县宋陵于宋靖康、建炎年间遭金兵破坏，至元代地面建筑全部被毁。

①宋陵选地及陵墓平面布局。巩县宋陵对陵地的选择及对地形的利用有两大特点：一是改变了历代帝陵或居高临下，或倚山面河的惯例，面嵩山而背洛水，陵区内诸帝后陵中轴线的方向率皆北偏西六度左右，正朝者嵩山之少室主峰；二是各陵地形，南高北低，置陵台于地势最低处，一反中国古代建筑逐渐增高、置中心建筑于崇高地位的常例。这些大概是受了当时风水堪舆学说的影响。

北宋八陵依同一制度建造，布局基本一致，每陵皆有兆域、上宫和下宫。兆域，或称茔域，四周植棘枳等为标记。兆域内除皇陵外，还有祔葬的皇后陵，以及宗室子孙和当朝重臣的陪葬墓。上宫，即陵台四面所筑陵垣以内部分。陵台居上宫中心，夯土筑成覆斗形，南面置石雕宫人一对。陵垣亦夯土筑成，总体作四方形，四面各设一门，四隅有角阙。东、北、西三门之外，各置石雕蹲狮一对。南门系正门，门道内置石雕宫人一对，门外置石雕武士、奔狮各一对。南为神道石刻。夹神道建鹊台、乳台各一对。乳台以北为列石，自南至北依次为望柱、象及驯象人、瑞禽、角端、仗马及控马官、虎、羊、客使、武臣、文臣等，共60件。下宫乃日常奉飨之所，建于皇陵西北，地面建筑今已荡然无存。永定、永昭、永厚、永裕诸后陵北面、永熙后陵南面皆有面南蹲狮一对，是仅存的下宫遗迹。

②陵墓石刻。前述望柱、各种动物和各种人物，仅列于帝、后陵前者，即有550多件，加上陪葬之亲王、大臣墓，总数可达千件以上。这些石刻，形象多样，线刻、浮雕及圆雕无不俱备，集中反映了北宋石刻艺术的风貌和大型陵墓石刻的发展脉络。

与唐陵相比，宋陵石刻有两个特点：一是造型浑厚，但力感差，气魄不大，不如唐陵的神态生动，气势雄伟；二是表现手法细腻，无论是望柱的纹饰，或是各种人物的冠服佩饰，均精心刻划。根据各类石刻的形态和装饰变化，可将宋陵石刻分作前、中、后三期。前期约当10世纪末至11世纪初，包括永安、永昌、永熙、永定四陵。各类人物造型较粗壮，带有晚唐遗风。中期约当11世纪前半叶，包括永昭、永厚二陵。人物造像由粗壮逐渐变为修长，文臣静雅，武臣也有“儒将”风度。晚期约当11世纪后半叶至12世纪初，包括永裕、永泰二陵。瑞兽图案失去了活泼神情，腹部两侧增饰云朵及水波纹，着意渲染其神秘色彩。人物皆作修长体态。

2. 辽庆陵

辽圣宗耶律隆绪和仁德皇后、钦爱皇后的永庆陵，辽兴宗耶律宗真和仁懿皇后的永兴陵，辽道宗耶律弘基和宣懿皇后的永福陵，总称庆陵。位于内蒙古自治区巴林右旗索博力嘎（白塔子）北约十余公里的大兴安岭中。陵墓分布在一条东西横亘的大山南麓。三座陵东西排列，间距约两公里，通称为东陵、中陵和西陵。

①墓葬形制。三座陵墓都有陵门、享殿和神道，均为东南向。遗迹多残毁，在中陵享殿的西南方残存石刻陀罗尼经幢一座。墓室都有前、中、后室及四个侧室，用沟纹砖石灰浆砌，墓壁用砖三层，墓顶用砖二层，墓内及墓门都抹石灰，再彩绘壁画。东陵保存较好，前室平面方形，其余各室是圆形，各室之间有长甬道相连。墓内全长21.2米，最宽15.5米，最高约6.5米。东陵曾出土有坊、榑、斗拱

等小木作构件，但原有结构情况不明。中陵和西陵均已塌毁，墓室多为八角形，前室呈十字通道状。三陵出土文物多已散失，仅存部分石刻哀册（图1）。

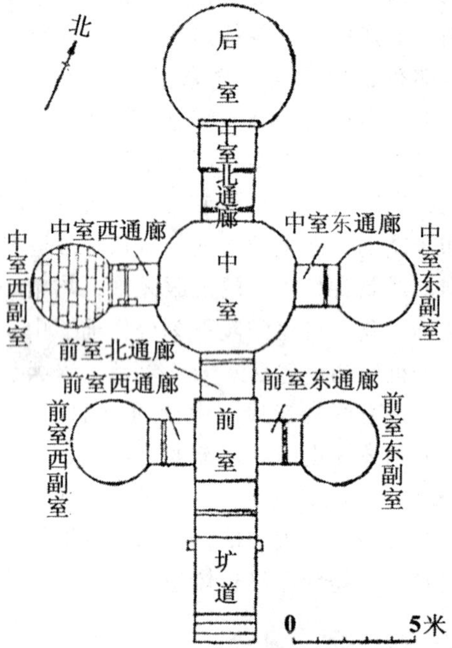

图1 辽圣宗东陵墓室平面图

②壁画。三座陵墓内都有壁画，现仅东陵保存了摹本和照片资料。内容有装饰图案、人物和山水等。墓门及墓内砖砌仿木结构上，饰红、绿彩，墓门上鸱吻饰黄褐色。仿木结构细部及墓壁上方，用工笔彩绘龙凤、花鸟、祥云、宝珠以及网格状图案，是已发现的辽墓壁画中等级最高的。在墓道、前室及其东西侧室、中室和各甬道壁画上，彩绘与真人等高的人物七十余个。人像上方都墨书契丹小字标题。最有特色的壁画是中室四壁所绘的山水画，分别绘春、夏、秋、冬四季风光，构图严谨，鸟兽形象生动，应是描绘辽皇室四时捺钵之所的景色。

3. 西夏王陵

西夏王陵墓包括李继迁裕陵、李德明嘉陵、李元昊泰陵、李谅祚安陵、李秉常献陵、李乾顺显陵、李仁孝寿陵、李纯祐庄陵、李安全康陵，另外还有李遵顼和李德旺两个无号的帝陵，共11座。陪葬墓253座，但已遭严重破坏。其中裕陵和嘉陵是李元昊称帝后追尊的陵号。年代约自11世纪中叶至13世纪初。陵区在今宁夏回族自治区银川市西贺兰山东麓，东西约五公里，南北约十公里。

1972年，发掘了第八号陵，陵园遗迹在地面上保存很清楚。在陵园的正南立双阙，双阙间辟神道，双阙以北神道两侧立一座碑亭，亭北为神墙、月城和内城。月城在内城之南，东西宽约100米，城内石道两侧立石象生。内城平面长方形，南北长183米，东西宽134米，四角建角楼，每面正中各开一门，南门三个门洞，门内为献殿。地宫在内城西北隅，地面上有塔式灵台。外神墙与内城相距15米，用石块垒砌。陵园的最外一周可能原设有篱棘，但现只存四角上的夯土角台。地宫主室呈扁长方形，南北5.6米，东西6.8～7.8米，前有甬道，甬道壁上绘有武士等题材的壁画。主室两侧各有一小耳室。由于早年遭破坏，墓室结构已不清楚，随葬品仅存残缺金银饰件、铜甲片、铁器和陶瓷碎片等。根据已发现的汉文残碑推测，该陵可能是西夏第八个皇帝李遵顼的陵墓，葬于西夏乾定四年，即宝义元年(1226年)。

2003年由国家文物局组织发掘第三号陵，茔域面积15万平方米，是西夏帝王陵园中占地最大的和保护最好的一座，考古专家认定其为西夏开国皇帝李元昊的“泰陵”，这次发掘是西夏王陵考古史上规模最大的一次，其范围是西夏王陵3号陵地面建筑遗迹，包括月城和陵城。目前，只对月城东墙、陵城东门和东南角阙进行了清理发掘。出土的珍贵文物主要有：大量的砖、瓦，以及饰以兽面纹的滴水瓦当，还有形象逼真的套兽、脊兽等。其中，以在陵城东南角阙和东门出土的、用于建筑装饰的“妙音鸟”（佛经上称为迦陵频伽）最为重要，其数量之大，外型之完美，实属罕见，神态更是栩栩如生。同时，在清理陵城东南角阙时发现，角阙由5个呈近圆形的夯土台基组成，台基外层以青砖包砌。根据周围出土的建筑装饰构件推测，其上面原来可能有装饰性建筑。专家认为，这种由多个近圆形建筑组成的角阙目前尚属首次发现。

总之，西夏王陵和巩县宋陵的平面布局颇不相同，特别是内城呈长方形，前加月城，以及地宫偏处内城西北角并上建塔式陵台，应是西夏王陵自身特点，而为北宋诸陵所不见。

4. 明皇陵

明皇陵是朱元璋父母的陵墓，在今安徽省凤阳县城西南，北距明中都城约五公里。洪武二年至十二年间（1369～1379 年）建。明皇陵外垣为夯土所筑，平面呈长方形，周长 14.4 公里，内城为砖筑，南北长 1100 米，东西宽 750 米，每面中央各辟一门，上建明楼。北门内神道两侧立华表和石象生二十八对，金水桥前西侧立皇陵碑，东侧立无字碑。坟丘在内城后部中央，其前立享殿。坟丘仍继承了自汉代以来的方形覆斗式，但已废除了唐宋诸陵上下宫之制，改平面方形的内陵园为平面长方形的内城，石象生移入内城，突出了坟丘前享殿的地位。同时，改变了秦汉以来帝后不同陵之制，改为帝后合葬。

5. 明孝陵

明孝陵是明太祖朱元璋的陵墓，位于南京市东郊的钟山（紫金山）南麓独龙阜。营建时间不明，仅知洪武九年（1376 年）和十四年曾两次拆迁该地的蒋山寺和宝公塔，让地建陵，洪武十五年九月皇后马氏葬入，始有孝陵之名，洪武十六年完成了陵墓的主体建筑孝陵殿等，洪武三十一年朱元璋死，与马氏合葬。全部工程延续到永乐三年（1405 年）方全部完工。

孝陵南起下马坊，北至方城圜丘，纵深达 2.6 公里。全部陵园原有垣墙，据记载长 22.5 公里。其主要建筑自北向南为宝城、明楼、具服殿、宰牲殿、左右庑、享殿（孝陵殿）、文武方门。然后是神道石刻，有文臣武将各四尊，华表两座，石兽二十四只。再后为神功圣德碑、大金门、神烈山碑。孝陵新创了明楼，改方坟为圆坟，外建圆形宝城，这对以后的明代诸陵和清陵都有重要影响。至于神道依山势作回转曲折布置，则是孝陵所特有的设计。孝陵把唐宋时帝王陵寝设上下二宫的制度合二为一，自陵门以内到神厨、神库、殿门、享殿与东西庑，平面作长方形，这一作法也影响至后世。孝陵建筑基础大部分采用须弥座式的石雕台基，上刻朴素而又精美的纹饰。神道石刻技法简朴，形态稍嫌呆滞，但具有静谧肃穆之感，是明初石雕艺术的代表。

6. 明十三陵

明十三陵是明代十三个皇帝陵墓的总称，位于北京市昌平县天寿山下。明代自成祖朱棣至末帝崇祯朱由检，共计十四帝，除景帝朱祁玉因故别葬金山外，其他皇帝的陵墓都在这里。其名依次为长、献、景、裕、茂、泰、康、永、昭、定、庆、德、恩陵。

陵区北、西、东三面环山，各陵都建在山下。以长陵为中心，向左右排列，陵区周围40里，四周因山设有围墙，大红门是陵园的大门，门前有石牌坊、下马碑，门内有神路通各陵。神路中央有“大明长陵神功圣德碑”，碑周围有四个石华表。神路两侧除神道石柱外，又有石兽二十四个，狮子、獬豸、骆驼、象、麒麟、马各四个，都是两卧两立。石人十二个。内有武臣、文臣、勋臣各四个。石人石兽均用整块白玉雕成。神路中央的棂星门也用白石砌建。各陵园的布局大体相同，陵门前有无字碑，门内有祾恩门和祾恩殿，殿后有碑楼门、石五供，再后有宝城环绕。宝城上建有明楼，楼内立石碑刻着皇帝的庙号、谥号。宝城内封土下面的地下宫殿是埋葬皇帝皇后的。各陵都葬皇帝一人，皇后人数不等。建筑规模以成祖朱棣的长陵最大，末帝朱由检用的是田贵妃的墓室，规模最小。

各陵都有管陵机构“神宫监”，设在各陵附近，也有护陵的“卫”，有种植祭祀用瓜果的“园”。此外还有扶尘殿、行宫、神马房、祀祭署、朝房等建筑，现已不存。

以上谈了北宋、辽、西夏、明帝陵，至于南宋六陵攒宫（即暂时安厝的葬身地）皆在绍兴，元灭南宋后被破坏，现在地面上已无痕迹，从文献记载中看亦有“上宫”、“下宫”。金陵被明人破坏，布局不清。元人无陵。

二、宋墓的分区和分期

墓葬是宋代考古的一个重要方面，所做的考古工作较多。根据目前的研究，宋墓可以分为五区。

1. 中原北方地区

指黄河流域及其以北的北宋疆域内的地区。该地区的北宋墓大体上以神宗熙宁元年（1068 年）为界分为前、后两期。前期以土坑墓为多，也有砖室墓，砖室墓中有简单的仿木建筑，随葬品以瓷罐、碗为主，有时也有较精美的瓷器。后期仿木建筑雕砖壁画墓流行，墓中随葬品稀少，砖室墓中也有平面长方形券顶的，夫妇合葬的还有双室并列的券顶砖室墓，并有较多的日用器皿随葬。

2. 长江中下游、浙江、江苏、安徽、湖北地区

该地区的北宋墓以竖穴土坑墓为主，也有平面长方形的砖室墓，随葬品较中原北方地区的墓为多，都以实用器皿随葬，有瓷器、漆器和铜镜等装饰品，瓷器以影青瓷器为主。南宋时期长方形砖室墓数量增多且多双室并列的夫妇合葬墓，即所谓“同坟而异葬”。随葬品中出现龙泉青瓷器，时代愈晚，数量愈多。

3. 湖广地区

指湖南、广东和广西。墓葬形制基本上与长江中下游地区的相同。随葬品以陶器为主，特别是形制特殊的多角罐和堆塑陶坛是该地区宋墓中特有的明器。两广宋墓中出土的堆塑陶坛尤其复杂，有蟠龙龟蛇、楼阁亭塔、乐舞人物，有的还贴塑佛像。

4. 赣闽地区

指江西和福建。江西宋墓除砖室墓外还有石椁墓，随葬品以陶俑为主，包括四神十二辰俑和神煞俑，福建宋墓中还有石俑，江西景德镇附近的南宋墓中多瓷俑。江西宋墓中流行随葬龙虎瓶，特别在南宋墓中，龙虎瓶是必备的明器。福建西北部的宋墓除随葬龙虎瓶外，还流行随葬多角罐。

5. 川贵地区

指四川和贵州省乌江北岸地区。四川宋墓有两种类型，一种是长方形砖室墓，多双室或三室并列，北宋时多随葬陶器 ，很少发现陶

俑。南宋时多火葬，墓室缩小，出现上下层之间铺以石板的双层墓，随葬品以陶俑为主，淳熙（1174 年）以后俑上施釉，嘉定（1208 年）以后流行三彩俑，陶器中以双耳罐、三足炉和蟠龙提梁罐最具特色。这种墓集中发现在以成都为中心的平原地区。另一种是带雕刻的石室墓，多是双室并列，有的有前、后两室，室内刻简单的仿木建筑，近门处刻武士，四壁刻四神，后壁刻妇人启门状，也有刻孝子故事的。这种墓分布于四川近山区的地带。在贵州省乌江北岸也有发现，遵义宋墓的后壁上刻墓主人坐像。

三、辽墓的类型和分期

辽代墓葬可以分为两类，第一类是契丹贵族墓葬，多分布于内蒙古东部的西拉木伦河和老哈河流域，以及辽宁西北部地区。这类墓或为砖室墓，或用石板堆砌，内壁围柏木板（椁室）。多殓以木棺，或将尸体直接陈于棺床上，流行在尸体上戴铜面具和穿铜丝网络或铜丝手套，以随葬马具和鸡冠壶为其特征。第二类是汉族官吏或地主的墓葬，多集中在北京、河北北部、山西大同和辽宁西部。这类墓多沿宋墓旧制，盛行火葬，用小型石棺装骨灰，随葬品以各种小型的日用器具模型等陶明器为主。

辽墓可分为三期：第一期自穆宗应历八年（958 年）至圣宗太平十一年（1031 年）；第二期为兴宗重熙时期（1032～1055 年）；第三期自道宗清宁元年（1055 年 ）至辽亡（1125 年）。

四、金元墓和明墓

金代初年的墓葬发现较少，吉林扶余发现的石棺墓，随葬大量铁工具，可能是早期女真贵族墓。河北新城时立爱父子墓和河北井径柿庄六号墓，均为壁画墓，也是金代初年的汉人墓。大定以后的金代墓发现较多，黑龙江绥滨县的墓葬，用羊距骨和桦皮桶随葬，尚保持着地方的民族习俗。中原和北方的金墓在不同的地区也各有特点。北京、朝阳和大同等地金墓多为石椁火葬，时有精美瓷器出土。河南焦作、武陟等地金墓以嵌伎乐庖厨人物雕砖为其特色。山西南部的新绛、侯马金墓则以雕饰繁缛的仿木建筑和雕砖而著称，如侯马董氏墓为这类墓葬的典型。这种仿木建筑雕砖壁画墓，在山西中部和河北西部、河南、山东、陕西、甘肃等地均有发现。

元代早期墓葬主要是指成吉思汗八年（1213年）至元世祖至元八年（1271年）之间的蒙古时期的墓葬，较重要的有山西芮城永乐宫全真教道士宋德方和潘德冲墓、山西大同龙翔观道士冯道真墓，前者有满刻线画的石椁，后者墓室有壁画和衣物、木器、钧釉瓷器等随葬品。至元十七年统一全国后的元代墓葬，在陕西发现的多方形砖室墓，随葬品以陶制家具、家畜模型及大量黑色陶俑为主。四川元墓仍沿袭南宋墓的习俗，随葬三彩俑。山西元墓多为仿木建筑雕砖壁画墓，多画金银线帛斛斗库和饲养六畜，以及孝子故事等壁画，但是雕砖装饰简化，说明此类墓发展到元代已逐渐退化。南方的元墓沿南宋旧制，多砖室券顶，夫妇合葬仍为“同坟而异葬”的双室并列的砖室墓，特别注意尸体防腐，盛行厚葬，多用金银器皿随葬。

明人一般官吏地主的墓葬，多为简单的长方形砖圹，但都更讲究棺椁密封和尸体防腐措施。随葬品多用生前遗物，种类繁多，出土了很多贵重的瓷器、漆器、金银器，甚至有些书画也被埋入墓中。有些王侯的墓还出土了大量成组的仪仗釉陶俑或木俑，有的墓中还流行用铅锡制成的各种明器模型随葬。

第四节　制瓷手工业

一、宋代陶瓷

宋代是我国制瓷业发展史上的一个繁荣昌盛时期。陶瓷史家们通常用多种瓷窑体系的形成来概括宋代瓷业发展的面貌。宋代瓷窑体系的区分，主要根据各窑瓷器的造型、釉色、装饰和焙烧工艺的异同，分为定窑、耀州窑、磁州窑、钧窑、龙泉窑和景德镇窑等六大窑系。

1. 定窑

定窑是宋代名窑之一，其烧瓷地点在今河北省曲阳县涧磁村及东西燕山。根据考古发掘和调查的资料证明，涧磁村窑始烧于唐而终于金代晚期。可列入定窑系的诸窑还有山西的平定窑、阳城窑、介休窑和四川彭县窑等，都制造定窑风格的瓷器。

宋定窑以烧白瓷为主，其胎料加工精细，经过良好的筛选，因此，作成的器物胎质坚硬精致、洁白细腻。由于釉料中的氧化钛含量较高，加之用氧化焰烧窑，釉色白中泛黄，显现出象牙白的质感，柔和悦目。器物表饰有刻花、划花和印花三种。刻花装饰是当时南北瓷窑最常用的一种装饰手段，定窑的刻花刚劲有力，以刻花卉为主，并有花果、莲鸭、云龙等纹饰。定窑刻花器常在这些纹饰轮廓线的一侧划以细线相衬，以增加纹饰的立体感，使主题纹饰更加突出。定窑印花装饰始于北宋中期，成熟于后期。纹饰多在盘、碗的里部，布局严谨，层次分明，线条清晰，密而不乱，在宋代印花白瓷中最具代表性，对南北瓷窑的影响较大。其装饰题材以各种花卉最多见，动物、禽鸟、水波游鱼纹等也有一定数量，婴戏纹则较少见。

北宋中期定窑工匠为了适应薄胎印花瓷器的烧制和省工省料增大窑内的装烧量，发明了覆烧法。覆烧法就是把碗、盘之类器皿反扣在匣体内焙烧。在使用覆烧法之前，碗、盘都是用普通匣体装烧，一件匣钵只能装烧一件。覆烧法改用垫圈组合的匣钵取代普通匣钵，每一垫圈的高度只占普通匣体高度的1/5。因此，用同样的窑炉可以得到近五倍的产品。使用覆烧法，瓷碗、盘口部会出现无釉的缺点。为了弥补这一缺欠，定窑采用越窑青瓷器上包镶金口或银口的做法，这就是《宋会要辑稿》记载中的“金扣”、“银扣”和“金装定器”。另外，在定窑遗址中曾发现过刻有“官’、“尚食局”、“五王府”等宋晚期的白瓷片，说明定窑有部分产品是为官府和宫廷烧造的。此类器物胎薄釉润，造型优美，为定窑上乘之作。

2. 耀州窑

耀州窑是我国著名的古瓷窑之一。窑址在今陕西省铜川市黄堡镇。根据考古调查和发掘资料证明，耀州窑始烧于唐代，北宋为鼎盛时期，金元时期逐渐衰落，烧瓷历史长达六、七百年之久。此外，河南省境内的临汝窑、宜阳窑、宝丰窑，广东省境内的西村窑和广西省境内的永福窑等，都仿烧耀州窑青瓷。

北宋耀州窑以烧青瓷为主，青釉翠绿而泽润，酱釉、黑釉和白釉点彩的瓷器数量极少。器类非常丰富，以碗、盘最多，盒、瓶、罐、壶、盆、盏托、执壶、枕、钵、炉、香薰等次之。每种器物又有多种样式，而且瓜棱、葵瓣、多折等造型难度较大的器物，也能做到规整周正，瓜瓣折棱距离与弧度相适应。器物装饰手法主要以刻花为主，其次还有印花、剔花和镂孔。另外，唐代习用的模制、贴塑装饰手法也继续沿用。刻花是耀州窑具有代表性的装饰技术，尤以刻花的刀锋犀利和线条流畅为宋代同类装饰之冠。越窑和定窑是以竹刀、竹尖在胎未干时刻划出花纹，磁州窑的刻花则是平刀把整个花纹的地子削平。而耀州窑的刻花，则是用金属工具，在胎体上刻出花纹轮廓线后，然后用斜刀将纹样外缘坯土刻得较深，距纹样远的地方刻得较浅，纹饰微凸起，地子形成一个坡面，层次分明，产生一种浮雕阴影的感觉。施釉后入窑焙烧，刻花被罩于釉下，透过碧绿的玻璃质釉层，显现出具有浅浮雕装饰效果的纹样，风格浑厚沉着，令人赏心悦目。刻花装饰艺术多见于碗、瓶、罐、壶、钵、盒等器物的外壁，也有一些碗的内壁亦施用刻花。宋代晚期，往往刻花和划花巧妙地结合运用到一件器物上。瓷器装饰纹样可归纳为人物、动物、花卉草木和几何图案四大类。纹饰布局严整统一，讲求对称而富于变化。耀州窑产品以民用为主，由于具有独特地方风格，产品质量在北方民用青瓷之中居于上乘，因此，它被地方官吏所选中，以常年例贡形式，烧造贡瓷供北宋宫廷使用。

3. 磁州窑

磁州窑是北方地区最大的一个民窑体系，始烧于晚唐，盛于宋金元。以河北邯郸彭城镇为中心，窑场遍布于河南、河北、山西、山东等地。

磁州窑烧造的瓷器种类繁多，而生产的瓷枕最为著名。一个窑场可能同时有几个一定规模的制作瓷枕的作坊。瓷枕的生产时间始自北宋中期，下限可能终止于元代。传世的磁州窑瓷枕中带“张家造”标记的最多，其生产时间也最长，长达300余年。瓷枕的造型甚为丰富，有长方形、半圆形、云头形、葵花形、菱花形、鸡心形、八字形、椭圆形和银锭形等式样，也有塑成人形和虎形的。瓷枕造型的演变基本上是由小到大，由短而逐渐增长的。

磁州窑的装饰技法有白釉划花、白釉剔花、白釉红绿斑、珍珠地划花、低温三彩和白釉釉下画黑彩等。白釉釉下画黑彩，亦称白釉黑花，是磁州窑瓷器的主要装饰技法，它的特点是将传统的刻、划、剔成的图案变成绘画艺术，即将中国传统的水墨画和线描、白描画的技巧运用在瓷器装饰上。其内容可分为图案类、动物类、人物类和花木植物类，此外，还继承和发展了长沙窑在瓷器上题诗作词的传统，图文并茂，有的以诗为主，配合一些边饰图案，有的以画为主，题诗标记。瓷器是造型的艺术美和胎釉质感美结合的实体，再在其上题诗作画，诗情画意和实体形象互为结合，更能唤起制瓷工匠和用瓷人丰富的联想，在审美想象力的腾飞中得到艺术的启迪。

4．钧窑

钧窑是我国北方著名的瓷窑之一。以河南禹县城关附近的钧台窑为中心形成了钧窑系，与定窑、耀州窑、磁州窑共同组成了北方四大瓷业系统。目前已在四省十二个县、市发现了烧钧瓷的窑址，河南省除禹县外，还有临汝、郏县、新安、鹤壁集、安阳、林县、浚县、淇县，河北省磁县，山西省浑源县和内蒙古自治区呼和浩特市。钧窑始烧于晚唐，盛于宋、金、元时期，烧瓷历史达千年之久。

钧窑瓷器的独特之处在于它是一种乳浊釉，并以这种瑰丽异常的釉色闻名天下。乳浊釉内有的含有少量的铜，烧出的釉色青中带红，即紫红、玫瑰紫、海棠红，有如蓝天中的晚霞。而其青色也不同于一般的青色，近于蓝色。钧窑大部分产品的基本釉色是各种浓淡不一的蓝色乳光釉，蓝色较浅的称为天青，较深的称为天蓝，比天青更淡的称为天蓝。这几种釉都具有萤光一般幽雅的蓝色光泽，其色调之美，实非言辞所能表达。这种蓝色的乳光釉是钧窑的一个重要特色。另外，在有的釉面上还留有长条形裂纹，被称为“蚯蚓走泥纹”，也是钧窑的特征之一。

宋代以前，青瓷是我国陶瓷生产中的主流。宋代钧窑首先创造性地烧造成功红铜釉，为我国陶瓷工艺、陶瓷美学开辟了一个新的境界，对后来的陶瓷业有着深刻影响。如元代名贵的釉里红，明清时期的宝石红、齐红、郎窑红、桃花片以及某些窑变花釉，都与钧窑瓷器有一定的渊源关系。

钧窑的烧造曾受宫廷的严格控制。考古资料发现，烧坏的瓷器均砸碎深埋，以防产品和技术外流于民间，有的产品是专为宫廷烧造的陈设瓷器。宋室南迁后，钧窑一度停烧，但钧窑烧造技术并未失传，到元代蓬勃发展，形成了一个庞大的钧窑系。

5. 龙泉窑

龙泉窑是宋代新兴起来的青瓷窑，位于今浙江省龙泉县境内。从窑址遗存的早期标本可以看出，龙泉窑创烧于北宋早期，南宋晚期是龙泉窑的极盛期，元代在烧大件器物的技术上有突破，明中期以后逐渐走向衰落，清代中叶结束。

在宋代民窑诸窑系中，龙泉青瓷的兴起是最晚的。但由于海外市场的支持，终于迅速发展成为一个窑场众多的庞大窑系。在南宋中晚期，龙泉青瓷极盛，除在今龙泉县境内有众多的烧瓷窑场外，并及邻境的庆元、遂昌、云和等县，而形成了一个新的青瓷窑系，江西吉安的永和窑和福建泉州碗乡窑也烧造龙泉风格的青瓷，北宋龙泉窑的产品以常见的日用品如盘、碗为主，盆、钵、罐少量烧制。造型制作工整，底部修理平滑，胎骨较薄，器物比较普遍地使用刻花，辅以蓖划纹，此外还有波浪、云纹、蕉叶、团花和婴戏等纹饰，特别是刻花线条纤细而秀丽。南宋中期，龙泉窑逐渐形成了自己的风格，制瓷技术和瓷器质量明显提高。器物造型纯朴，器底与胎骨厚重，圈足宽阔而矮，具有稳重感。胎色有白胎和黑胎两类，以白胎为主。白胎青瓷胎质细腻致密，白中泛青，釉层柔和，足底露胎处呈赭红色，俗称“朱砂底”。纹饰以莲瓣、弦纹为主，到宋末出现双鱼、龙纹和贴花牡丹等。黑胎青瓷胎薄釉厚，胎色灰黑俗称“铁骨”。釉色青润，多开片，部分器物的口沿露紫色，圈足底呈铁色，即所谓“紫口铁足”，纹饰少见。从器物的品种看，早期的器物仍继续生产，并出现了炉、瓶、盆、渣斗、塑像等器物，器皿造型很多，每种器物都有多种样式。南宋晚期的龙泉窑特别讲究青釉的色调，窑工们运用多次上釉的办法使釉层呈现出一种温润滋厚的感觉，粉青和梅子青就是其代表性的品种，它们成为青釉釉色之美的顶峰。

6. 景德镇窑

景德镇窑位于今江西省景德镇市。始烧于南朝，唐、五代、宋、元、明、清各代均为著名瓷器产地。青白瓷是景德镇窑工匠师们仿照玉器而发明的，其釉色介于青白二色之间，青中有白而又白中泛青，青白淡雅，湿润如玉，因此称为青白瓷。又由于青白瓷胎薄，釉汁明澈，纹饰隙处积釉呈色较深，对光可以映见青色纹影，所以一般又习称为“影（映）青”。

到了宋代，青白瓷大量生产，并形成风尚。窑场在江西发现的最多，除景德镇外，还有南丰白舍窑，赣州七鲤镇窑、吉州窑，金溪县里窑等，此外，还有福建的崇安、光泽、浦城等窑，浙江的文成、江山、临安等窑，广东的潮州、西村、封开等窑，广西的藤县、桂平等窑，安徽的繁昌窑，湖北的武昌窑和四川的灌县窑等，形成了一个庞大的青白窑系。

北宋初期的景德镇的产品有碗、盘、壶等，薄沿、深腹、厚底、高圈足。胎质洁白细密，釉色白中稍泛黄，装饰以素面居多，仅少量器外有刻划纹，有的内底有印花或文字。北宋中期除碗、盘外，盒、壶、罐等增多，出现覆烧芒口器，称为青白色的影青釉，薄处泛白，厚处呈青绿色，光泽透明。碗的形制多斜腹、薄壁、厚沿、厚底、小低圈足，装饰以刻划为主，采用一边深、一边浅的“半刀泥”刻花法，刻线流利。在壶、罐类器肩部有牡丹、菊花、莲花、飞凤、水波等印花纹样。北宋晚期至南宋器形品种多样，多直口弧壁或撇口斜壁的芒口碗，碗口、腹壁胎皆薄，仍以影青釉为主，装饰多为印花，题材非常丰富，有花草虫鸟、人物、动物，造型极为生动（图2）。

二、辽金陶瓷

1. 辽代陶瓷

辽瓷以富有游牧民族特色的皮囊壶（因形如鸡冠又称鸡冠壶）、鸡腿瓶的造型而闻名于世。辽瓷除了某些器物造型特异，瓷烧品系和工艺大体与华北白瓷系统诸名窑相同，因此，辽代的瓷器也是北宋时期中国制瓷工业的一个重要组成部分。目前已发现七处辽代瓷窑遗

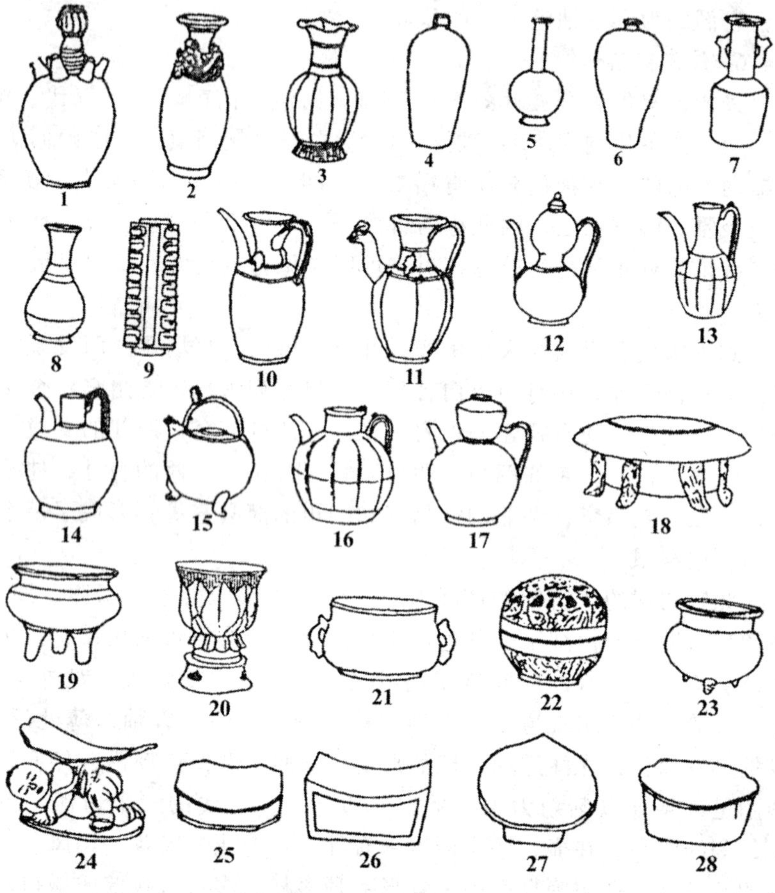

图2　宋代瓷器造型示意图

1. 白釉莲花瓣口六管瓶　2. 凸雕龙纹瓶　3. 青白瓷瓜棱瓶　4. 白地黑花瓶（梅瓶）　5. 刻花虫禽纹（直颈瓶）　6. 刻花瓶（梅瓶）　7. 双耳瓶　8. 青白瓷瓶（玉壶春瓶）　9. 琮式瓶　10. 刻花双系壶　11. 刻花双系凤头壶　12、17. 刻花葫芦式壶　13、16. 青白瓷瓜棱壶　14. 刻花壶　15. 刻花凤纹提梁壶　18. 刻花五足炉　19. 鬲式炉　20. 青白瓷浮雕莲瓣炉　21. 鱼耳炉　22. 青白瓷镂空熏炉　23. 三足炉　24. 孩儿枕　25. 白釉黑花枕　26. 白釉刻花枕　27. 白地黑花枕　28. 珍珠地刻花枕

址，即上京地区的林东辽上京窑、林东南山窑、林东白音戈勒窑，中京地区的赤峰缸瓦窑，东京地区的辽阳江官屯窑，南京地区的北京龙泉务窑，西京地区的大同市西郊青瓷村窑址。

辽代制瓷工艺大体可归为中原的三个系统：类似定窑的白瓷系统，类似磁州窑的白釉绘花、划花系统和类似唐代的低温铅釉系统。应该特别指出，辽代三彩器的产品和以生产俑像为主的唐三彩不同，它主要烧制器皿，如盘、碟、鸡冠壶、凤首壶、陶砚、佛塔等。施釉技巧上也有明显的差别，唐三彩色彩淋漓，晕染成趣，流畅而又活泼。而辽三彩色彩雅静，不论是纹饰图案，还是块状彩斑，色彩不相混染，明快简洁。

辽代陶瓷器的造型多种多样，根据其特点可分为中原式器皿和契丹式器皿两大类。中原式的陶瓷器大都是仿照中原固有的样式烧制，如碗、盘、杯、盆、碟、罐、壶、盒、瓮、香炉及棋子、砚等。属于契丹式的陶瓷器主要有盘口长颈瓶、凤首瓶、鸡冠壶、鸡腿瓶、海棠式长盘、三角形碟和方碟等。契丹式陶瓷器形体雄浑粗犷，多是仿照契丹族木制、皮制和各种金属制品而烧制的，有其鲜明的北方游牧民族特色。

辽代陶瓷在装饰技术方面也受到中原地区的影响。从装饰手法上看，可分为胎上装饰和釉色装饰两种。属于中原传统形式的器皿，两种手法并用，与中原大同小异；属于契丹族形式的器皿，虽也两种手法并用，但却表现出独特的民族风格，胎上装饰有刻划花、印花、贴花三种。多数是在成坯后挂釉前进行的，也有在挂釉后加工的，但所占的比例较少。釉色装饰有施多种色釉和用色釉描画二法。施多种色釉装饰的有三彩器、两彩器或单色釉加彩等等，用色釉描画作装饰的，则有白釉黑花器。所画花纹简单，是辽代晚期才出现的一种装饰方法。此外，还有在瓷器表面涂朱画彩和描金的，但不易保存，是一种特殊的装饰方法。

2. 金代陶瓷

金代陶瓷器在我国陶瓷史上是一个不可缺少的组成部分，它的生产大致可以分为两个时期，即海陵王完颜亮迁都燕京以前为前期，迁都以后为后期。

前期是指迁都前在东北地区的生产，代表窑址有辽宁省抚顺大官屯窑和辽阳江官屯窑，它们都是在辽代基础上发展起来的。器物多数属日用粗瓷，如碗、盘、碟等，制作不规整。瓶、壶、罐等器物，往往附有双系、三系或四系的，这是金代早期瓷器的特点之一。另外，器物釉色单调，造型朴拙，缺少装饰，仅见有白里绘黑花的，其他如刻、划、印、雕、加彩等技法极其少见。这些说明，金代早期的陶瓷器其生产水平较关内地区为低。

后期是指迁都燕京以后在关内广大地区的陶瓷生产，代表窑址有河北曲阳定窑、磁县观台窑及河南汝县钧窑、陕西铜川耀州窑等。这一时期的北方中原瓷窑部分地得到恢复，其产品质量和生产工艺较东北地区要高。

就整个金代陶瓷来看，器物以生活用瓷中的碗、盘、罐、瓶、壶为多，其次为杯、洗、炉、盏托、瓷枕和玩具等。大部分日用器皿承袭宋式，还有一些虽不多见但很特殊的器型与器类，如白釉黑花葫芦形瓶、瓷雷、黑釉桃形壶等，都是历代陶瓷中罕见的。器物的花纹装饰总的趋向是日益简化，题材以各种折枝、缠枝花卉和萱草纹为主流，其次有水波、鱼鸭、人物、婴戏莲、犀牛望月等。在装饰技法上，有刻花、划花、印花、剔花、笔绘、塑贴、加彩和绞釉等。

三、元代瓷器

元代制瓷工艺在我国陶瓷史上占有极为重要的地位。元代的钧窑、磁州窑、霍窑、龙泉窑、德化窑等在前代的基础上仍继续生产传统品种，而且因为外销瓷的增加，生产规模普遍扩大，大型器物增多，烧瓷技术也更加成熟。尤其重要的是，元朝统治者在景德镇专门设置了“浮梁瓷局”，来掌管瓷器生产的有关事务，制瓷业逐渐形成向景德镇集中的趋势。景德镇的印花卵白釉、在器里印有“枢府”款的瓷器，是最具时代特征的器物，以及青花瓷器的烧制成熟和釉里红瓷器等等，表现了景德镇窑在元代高超的工艺水平。这里着重介绍景德镇制瓷业的新成就。

1. 青花瓷

青花瓷器是指用钴料在瓷胎上绘画，然后上透明釉，在高温下用还原或半还原焰一次烧成，呈现出蓝色花纹的一种釉下彩瓷器。据目前发现的有关资料分析，青花瓷器可能创烧于唐代，宋代仍是偶然生产，到元代，青花瓷器达到相当成熟的程度，并成为全国瓷器的主流。

元代青花瓷器和元代其它瓷器一样，具有形大、胎厚、体重、质硬的特点。器形主要有罐、梅瓶、玉壶春瓶、执壶、高足杯、四系小口扁壶、菱口盘、碗等等。装饰特点是层次多，画面满，从器口直到器足，满布各种纹饰，但层次清楚，繁而不乱。纹饰种类繁多，有人物故事、松竹梅、龙凤、花鸟、水禽、瓜果、游鱼、海马、异兽、云肩、变形莲瓣以及杂宝等等。装饰技法主要是彩绘，从而使元代以前中国瓷器上的刻、划、印花装饰技法退居次要地位。另外，元青花使用的青花钴料，有进口料和国产料两种。进口青花料含锰量极低，含铁量较高，且含有砷。用进口料画的青花色泽浓绝，釉面有黑色斑点，元代“至正型”一类大件瓷器，多采用进口料。国产青花料含锰量高，含铁量低，与进口料相反，青花成色蓝中带黑，没有黑色斑点。景德镇元代青花瓷器往往在一件器物上同时使用两种青花料，在描绘纹饰轮廓线时用国产料，而敷染青彩时使用进口料，两种青料各显所长，品相不同，韵味极佳。

2. 釉里红瓷器

元代景德镇烧造的釉里红是一个新创的品种，它是指以铜红料在胎上绘画纹饰后罩以透明釉，在高温还原焰气氛中烧成，使釉下呈现红色花纹的瓷器。其制作工序与青花相同，但釉里红的烧成难度比青花大的多。由于元代釉里红是初创阶段的产品，烧造工艺掌握不好，红色往往不够纯正，常见晕散、发灰或发黑。成色鲜红的产品很少。纹饰比较简单，大都以浓笔涂抹，与明初精细线条绘画的釉里红截然不同。绘画题材也比青花少，人物故事一类少见，有的产品同时用青花和釉里红进行装饰，极为华丽美观。

3. 枢府（卵白）釉瓷

枢府器是元代官府机构（枢密院）在景德镇定烧的瓷器。胎体厚重，釉呈失透状，色白微青，恰似鹅蛋色泽，故称卵白。早期器物由于釉中含铁量稍高，色微闪青。晚期器物随着釉中含铁量的减少，色趋纯正。洁白润泽的枢府卵白釉，是明初永乐甜白釉的前身。枢府器以印花为主，盘、碗等圆器采用压模印花装饰，印花题材比较简单，常见一种双龙纹。另一种常见的印花纹饰是缠枝花卉，在花卉中间往往印有对称的“枢府”二字，枢府器即由此得名。枢府器常见的为盘、碗、高足碗等小件器皿，其中比较典型的是一种小足、平底、敞口、深腹的折腰式样，俗称折腰碗。在同时期的青花、青白釉瓷器中也有这类造型，为元代景德镇的典型器物。

四、明代瓷器

在明代，除了宋元时期的大窑场如磁州、龙泉等地仍有烧造外，不同程度的粗细陶瓷器生产遍及山西、河南、甘肃、江西、浙江、广西、广东、福建等省。其中，山西的法华器、德化的白瓷和江苏宜兴的紫砂器更是这一时期的特殊成就。而福建、广东等地的外销瓷生产也有着相当大的规模。但是，就整个制瓷业来说，代表明代水平的是全国制瓷业中心——江西景德镇。明代景德镇青花瓷器又有了新的发展，并成为全国瓷器生产的主流。同时，景德镇工匠成功地烧制出了多种多样的彩瓷。彩瓷的发明，是中国瓷业装饰工艺上的一场影响深远的变革。它的出现使以往一贯占统治地位的单色釉逐渐退居次要地位，我国瓷苑出现了一个色彩缤纷、百花争艳的崭新局面。下面重点介绍明代的彩瓷。

彩瓷，从广义角度讲，应该包括点彩、釉下彩、釉上彩和斗彩，但习惯上所谓的明代彩瓷，则是专指釉上彩和斗彩而言。

1. 斗彩

斗彩创烧于明成化时期，是由青花加彩繁演出来的一种优美的装饰艺术，它使釉下青花和釉上彩合为一体，既比青花富丽，又比单纯的釉上彩柔和婉润。斗彩的绘制办法是先在胎体上用青料画好图案的轮廓，罩上透明釉，入窑焙烧后，再在图案的轮廓内用低温彩料填绘，复入烘彩炉中焙烧，即成斗彩。成化斗彩最为杰出，釉上彩设色很多，有的彩色加六种以上，彩色鲜明透亮。尤其是红彩，用在纹饰中以缀出星点和花朵，其鲜艳耀目，为历代后仿者所难以企及。黄彩更是变化多端：鹅黄娇嫩透明，杏黄色略显暗红，蜡黄稍微透亮，姜黄则色浓光弱。绿彩亦有深浅之分，大都透亮闪黄，可细分为水绿、叶子绿、山子绿、松绿、孔雀绿。蓝彩多为孔雀蓝，醒目雅素；特殊者为浓黑紫色，似乌暗的金属氧化皮，能泛出五光十色的光晕。

斗彩工艺近人还细分为青花点彩、青花覆彩、青花染彩、青花填彩和青花加彩等。所谓青花点彩，即图案主要用釉下青料画成，只是用釉上彩稍加点缀。青花覆彩，即在釉下青料已画成的图案轮廓内，覆盖釉上彩色。青花染彩，即在青花图案轮廓边缘，用釉上彩色烘托相衬。青花填彩，即先用釉下青花双钩各种图案的轮廓线，再以釉上彩色填入。斗彩的主要特点是以工整细腻取胜，线条清晰挺秀，色调明快谐和，有工笔画的艺术效果。

斗彩瓷器特别是成化斗彩，基本上都是官窑产品。器类除个别的大型罐、壶和大型碗外，多是小型的酒杯和高足杯，既可实用，又可清玩。

2. *五彩*

五彩就是多彩的意思。始烧于宣德年间。按照《南窑笔记》对彩瓷的分类，“五彩”应该指单纯的釉上彩。用红、黄、绿、蓝、黑、紫等各种彩料，按图案纹饰的需要施于烧好的瓷器上，再在彩炉中二次焙烧而成。五彩的着色剂为铜、铁、钴、锰等金属类，即文献中所说的“铅粉、焰硝、青矾、黛赭石、黑铅、松香、白炭、金箔、古铜……黄色用石末铅粉入矾少许配成。用铅粉石末入铜花为绿色。铅粉石末入青料则成紫色”。

明代的五彩器主要以红、绿、黄为主。画法均用单线平涂，纹饰浓艳翠丽，强烈鲜明。当时的五彩瓷器主要是官窑产品，生产数量很大。绘画题材以莲塘鸳鸯、风俗人物、故事人物、四季花卉、珍禽异兽、缠枝宝相、游龙、龙凤呈祥、立鹤鱼藻、百子百鹿为主，辅以山石、花果、荷叶、缠枝、回文等。运笔遒劲，色调富于变化。

3. 素三彩

素三彩始自明正德时期，一般多以紫、黄、绿、白为主色，不用红色，故名。它的制作方法是在白瓷器上先进行线描，再加彩低温烘烤成。常见的传世素三彩器主要有碗、盘、瓶、盒、文具等，均为民窑产品。

主要参考书目

1. 夏鼐主编:《中国大百科全书·考古学》，中国大百科全书出版社，1986 年。

2. 中国社会科学院考古研究所:《考古工作手册》，文物出版社，1982 年。

3. 栾丰实、方辉、靳桂云著:《考古学理论·方法·技术》，文物出版社，2002 年版。

4. 中国科学院考古研究所:《新中国的考古收获》，文物出版社，1961 年。

5. 中国社会科学院考古研究所:《新中国的考古发现和研究》，文物出版社，1984 年。

6. 文物编辑委员会:《文物考古工作三十年》，文物出版社，1979 年。

7. 文物编辑委员会:《文物考古工作十年》，文物出版社，1991 年。

8. 北京文物研究所:《新中国考古 50 年》，文物出版社，1999 年。

9. 中国硅酸盐学会:《中国陶瓷史》，文物出版社，1982 年。

10. 谢辰生、吕济民主编:《中国大百科全书·文物博物馆》，中国大百科全书出版社，1995 年。

11. 安金槐主编:《中国考古》，上海古籍出版社，1992 年。

12. 张之恒主编:《中国考古学通论》，南京大学出版社，1995 年。

13. 孙英民、李友谋主编:《中国考古学通论》，河南大学出版社，1999 年。

14. 蔡凤书、宋百川主编：《考古学通论》，山东大学出版社，1988 年。

15. 沈颂金：《考古学与二十世纪中国学术》，学苑出版社，2003 年。

16. 张忠培：《中国考古学——走近历史真实之道》，科学出版社，2004 年。

17. 李学勤：《走出疑古时代》，辽宁大学出版社，1997 年。

18. 苏秉奇：《中国文明起源新探》，三联书社，2001 年。

19. 杨楠主编：《考古学读本》，北京大学出版社，2004 年。

20. 夏鼐：《夏鼐文集》，社会科学文献出版社，2000 年。

21. 王幼平：《旧石器时代考古》，文物出版社，2000 年。

22. 吴汝康、吴新智、张森水主编：《中国远古人类》，科学出版社，1989 年。

23. 张宏彦：《中国史前考古学》，高等教育出版社，2003 年。

24. 严文明：《走向二十一世纪的中国考古学》，文物出版社，1997 年。

25. 刘庆柱：《古代都城与帝陵考古学研究》，科学出版社，2000 年。

26. 张光直：《考古学专题六讲》，文物出版社，1986 年。

27. 林梅村：《古道西风——考古新发现所见中西文化交流》，三联书店，2000 年。

28. 朱凤瀚：《古代中国青铜器》，南开大学出版社，1995 年。

29. 中国科学院考古研究所编：《梁思永考古论文集》，科学出版社，1959 年。

30. 苏秉琦：《苏秉琦考古学论述选集》，文物出版社，1984 年。

31. 邹衡：《夏商周考古论文集》，文物出版社，1984 年。

32. 张光直：《中国青铜器时代》，三联书店，1999 年。

33. 阎文儒：《中国考古学》，广西师范大学出版社，2004 年。

34. 易漫白：《考古学概论》，湖南人民出版社，1985 年。

35. 俞伟超:《考古学是什么》, 中国社会科学出版社, 1996 年。

36. 张忠培:《中国考古学:实践·理论·方法》, 中州古籍出版社, 1994 年。

37. 向达:《唐代长安与西域文明》, 三联书店, 1957 年。

38. 张忠培:《中国北方考古文集》, 文物出版社, 1990 年。

39. 李伯谦:《中国青铜文化体系研究》, 科学出版社, 1997 年。

40. 仇士华主编:《中国碳十四年代学研究》, 科学出版社, 1990 年。

41. 陈淳编著:《考古学理论》, 复旦大学出版社, 2004 年。

42. 北京大学考古系编:《考古学研究》, 北京大学出版社, 1994 年。